- ◆ 제미나이 최신 모델
- 최강 리서치 노트북LM
- 원 클릭 팟캐스트 생성

이게 되네?
제미나이
노트북LM

미친 활용법 51제

오힘찬 지음

✓ 구글 AI 혁명의 중심, 제미나이 + 노트북LM이 나타났다 +

2022년, 챗GPT가 등장한 이후 세상의 모든 일들이 AI 중심으로 변화하기 시작했습니다. 전 세계 기술 시장을 호령하고 천문학적인 금액을 AI 연구에 투자한 구글의 입지도 함께 흔들렸죠. 사람들은 구글 검색 대신 챗GPT로 정보를 찾기 시작했습니다. 구글 번역 대신 챗GPT에게 번역을 맡기고, 이메일, 문서 작업 등 업무도 챗GPT를 사용하게 되었습니다. 그 속도는 점점 빨라졌고, 이제는 누군가가 구글의 위기를 이야기하기도 합니다. 알파고가 인간을 바둑으로 이긴 것이 전부였다고, 이제 챗GPT의 시대라고 말이죠. 하지만 그럴수록 구글은 자신들의 강점과 AI를 어떻게 결합할 수 있는지 고민했고, 이미 대부분 사람이 사용하는 챗GPT와 차별화된 AI 서비스를 어떻게 제공할 수 있을지 더욱 고민했습니다.

구글 I/O 2025는 구글에서 진행하는 가장 큰 연례행사입니다. 이 행사에서 구글은 자사의 AI 모델인 제미나이를 보다 개인화되고 능동적인 정보 에이전트로 발전시키려는 비전을 보여줬습니다. 실시간 시각 검색, 에이전트 기능 통합, 데이터 분석 및 시각화, AI 쇼핑 등 실생활에 AI를 활용할 수 있는 다양한 방안을 공개했습니다. 뿐만 아니라 스마트폰을 대체할 차세대 기기로 개발 중인 스마트 안경 등 확장현실과 AR/VR 기기에도 제미나이를 탑재하고 있는 점을 강조했습니다. 이를 통해 사용자가 보는 것과 듣는 것을 함께 인지하고, 사용자 맥락을 이해하며 중요 정보를 기억하는, 마치 하루 종일 곁에서 도와주는 비서와 같은 형태로 제미나이가 앞으로 우리 삶을 어떻게 바꿔놓을 수 있을지 보여준 것입니다.

그럼 이 모든 것이 미래의 얘기일까요? 그렇지 않습니다. 구글은 I/O 2025에서 발표한 실험적인 기술들을 곧장 실제 서비스에 하나씩 추가하고 있습니다. 그러면서 챗GPT 뿐이었던 AI 세상에 제미나이도 시대를 바꿀 수 있는 AI라는 것을 스스로 증명했습니다. 구글이 이빨 빠진 호랑이가 아닌 커다란 사냥감을 노리고 발톱을 갈고 닦은 위호부익이었던 거죠.

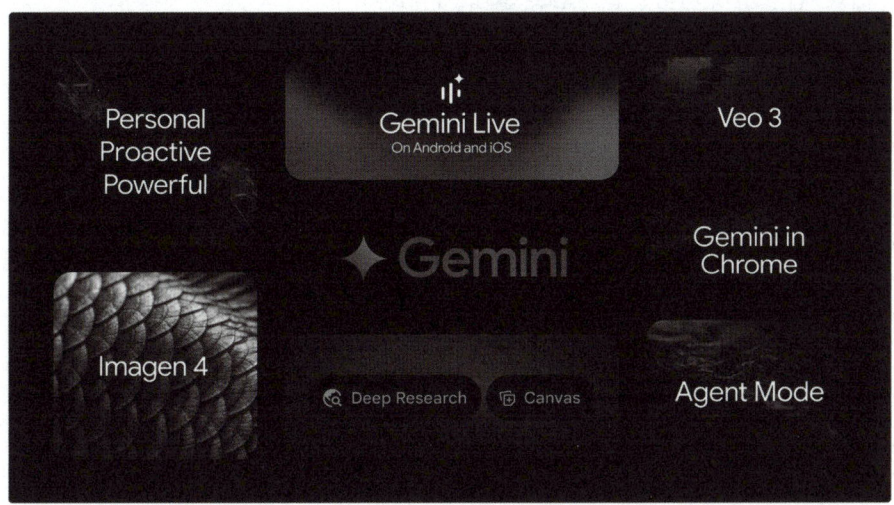

제미나이는 강력한 성능과 저렴한 가격, 다양한 구글 서비스와의 연동을 통해 일상과 업무의 프로세스를 빠르게 바꿔줄 수 있습니다. 바로 이 점이 기존 AI 서비스들과는 차별화된 전략입니다. 분명 챗GPT는 여전히 강력한 AI입니다. 하지만 제미나이는 챗GPT가 제공할 수 없는 영역을 지원하여 AI가 줄 수 있는 혜택을 한 단계 더 업그레이드해줄 수 있는 잠재력을 가졌습니다.

이 책을 통해 실제 업무에 적용할 수 있는 예제와 실습으로 제미나이와 노트북LM의 잠재력을 실감하고 초효율에 도달할 수 있는 실질적인 활용법과 전략을 배워보기 바랍니다.

✓ 책을 미리 읽은 전문가가 말합니다 +

이 책은 AI를 실전에서 어떻게 활용할 것인지에 대한 '실천적 지침서'입니다. 제미나이 사용 경험이 없던 저도 그랬듯이 독자 여러분도 '미친 활용'을 따라가다 보면 어느새 제미나이를 넘어 모든 LLM 기반 AI 툴을 능숙하게 다루는 자신을 발견하게 될 것입니다. 오힘찬 저자는 제가 우리 회사 직원들에게 '챗GPT 활용법'을 제대로 알리고자 모셨던 분입니다. 초보자도 자연스럽게 배울 수 있도록 돕는 AI 최고 전문가의 책을 'AI 활용의 교과서'로 강력히 추천합니다.

최재근, 크래프톤 General Operations 실장

AI의 빠른 변화 속에서, 이 책은 단순히 따라 하는 실습 개념을 넘어 '어떻게 활용할 것인가'에 집중합니다. 제미나이 핵심 기능을 실습 중심으로 정리해, 일상과 업무에 바로 적용할 수 있도록 돕습니다. 입문자부터 실무자까지 누구나 쉽게 따라갈 수 있는 구성으로, 입문서이자 활용서로 손색이 없습니다. 직접 실습하며 익히는 방식은 AI를 더 친근하게 느끼고, 실전에 바로 써먹을 수 있는 훌륭한 길잡이가 됩니다.

유상혁, 가제트코리아 대표이사

제미나이는 텍스트, 이미지, 음성, 코드, 영상까지 다 되는 올인원 생성형 AI입니다. 특히 지메일과 구글 독스 등 구글 워크스페이스와 연동되어 이메일 요약부터 자동 보고서 작성까지 할 수 있는 강력한 장점이 있죠. 1인 크리에이터를 꿈꾸는 저에게는 이미지·영상 편집과 생성 기능이 특히 매력적이었습니다. 이 책은 창의력만 있다면 누구나 콘텐츠 제작을 할 수 있는 법을 알려줍니다. 이 모든 기능을 알기 쉽게 풀어낸 힘찬 저자님께 박수를 보냅니다.

장안나, 탭엔젤파트너스 부대표

진정한 IT 덕후가 마음먹고 AI 입문서를 쓰면 이런 책이 나옵니다. 다년간 테크 블로그를 통해 날카로운 통찰을 보여주던 저자가 제미나이와 노트북LM을 깊이 파헤쳤습니다. 구글 서비스를 써본 사람이라면 이제 제미나이와 마주할 수밖에 없습니다. 이 책의 친절한 예제를 따라가다 보면 어느새 미친 효율을 경험하게 될 겁니다. 덕후 가이드의 안내에 따라, 누구보다 빠르게 AI 스팀팩을 맞아보세요.

박동욱, 디티앤인베스트먼트 상무

AI는 이제 기술이 아닙니다. 일상의 문제를 푸는 순서, 생각하는 습관, 일하는 방식을 완전히 바꾸고 있죠. 《이게 되네? 제미나이 노트북LM 미친 활용법 51제》는 그런 변화를 막연하게 말하지 않습니다. 제미나이를 어디에 쓰고, 어디까지 확장할 수 있는지를 단계별로 보여주는 실천서죠. 설명이 친절하고 예시는 현실적이며, 실제로 써보고 정제해본 사람만이 줄 수 있는 내공이 느껴집니다. AI를 '내 도구'로 만들고 싶은 모든 이에게 이 책을 권합니다.

최지혜, 트렌드 코리아 공저자

《이게 되네? 제미나이 노트북LM 미친 활용법 51제》는 실전 중심의 AI 자동화 전략을 담은 레시피북과 같습니다. 오힘찬 저자의 특유의 친근한 설명과 사례 덕분에 초보자도 쉽게 따라 할 수 있으며, AI 투자 어시스턴트 '스탁이지'를 직접 운영하며 수많은 워크플로우를 AI로 자동화하여 사업을 이끌어온 만큼, 이 책에 담긴 메시지에 더욱 깊은 공감을 느낍니다. "좋은 도구는 일 자체를 바꾼다"는 말처럼, 제미나이와 노트북LM은 이제 동료 같은 존재입니다. AI 시대의 일하는 방식을 바꾸고 싶은 이들에게 이 책은 최고의 안내서가 될 것입니다.

깡토, 《손실은 짧게 수익은 길게》 저자, 스탁이지 대표

챗GPT를 활용한 업무 방식이 혁신적이라 느꼈지만, 이번 책을 통해 제미나이와 노트북LM을 익히고 나니 전혀 다른 차원의 세상이 열렸습니다. 챗GPT가 지구 여행용 비행기였다면, 제미나이는 미지의 세계로 향하는 우주왕복선 같은 존재입니다. 그만큼 새로운 경험과 가능성을 열어주는 도구이며, 지금껏 상상하지 못한 일들이 현실이 됩니다. 이 책을 통해 그 여정을 함께 시작해보길 진심으로 추천드립니다.

남석현, 파이브세컨즈컨설팅그룹 대표이사

대 AI 시대, 기술의 발전만큼 다양한 툴을 잘 활용하는 능력이 중요해졌습니다. 올해 구글에서 등장한 제미나이 기반의 AI 도구들은 특히 주목할 만하며, 이를 다룬 책이 '이게 되네' 시리즈로 나와 반가웠습니다. 이번 책 역시 직장인의 업무 효율을 높이고 실무에 바로 적용할 수 있는 훌륭한 안내서가 될 것입니다. AI 도구 활용이 필요한 모든 분들께 강력히 추천드립니다.

양진욱, SK플래닛, DevRel 매니저

✔ 제미나이를 쓸 수 있는 10가지 유용한 앱을 소개합니다 +

구글의 AI 모델인 제미나이는 단순한 챗봇을 넘어서 다양한 앱과 서비스에 통합되어 우리의 일상과 업무를 혁신적으로 변화시키고 있습니다. 구글은 텍스트 생성부터 이미지 창작, 음악 제작, 데이터 분석까지 광범위한 영역에서 활용할 수 있는 제미나이 기반 도구들을 속속 출시하고 있는데요, 어떤 AI 도구들이 있는지 살펴보겠습니다.

 하나, 제미나이 챗

제미나이의 핵심 대화형 AI 서비스로, 복잡한 질문에 대한 정확한 답변과 창의적인 콘텐츠 생성이 가능합니다. 실시간 웹 검색 기능과 함께 최신 정보를 반영한 답변을 제공하며, 다양한 언어로 번역과 요약 작업을 효율적으로 처리할 수 있습니다. 일상적인 궁금증부터 전문적인 업무 상담까지 폭넓은 영역에서 개인 맞춤형 AI 어시스턴트 역할을 합니다.

 둘, 구글 워크스페이스

지메일, 구글 독스, 시트, 슬라이드 등에 제미나이가 통합되어 업무 생산성을 크게 향상시켜 줍니다. 이메일 자동 작성과 요약, 문서 초안 생성, 스프레드시트 데이터 분석과 차트 생성을 AI가 대신 처리해줍니다. 팀 협업 시 회의록 자동 생성과 프레젠테이션 슬라이드 제작까지 지원하여 업무 효율성을 극대화할 수 있습니다.

 셋, 노트북LM

지식 베이스와 RAG 기반으로 맞춤형 AI 어시스턴트를 만들 수 있는 혁신적인 도구입니다. 업로드한 PDF, 텍스트 파일, 웹페이지 등을 학습하여 해당 내용에 대한 정확한 질답과 요약을 제공합니다. 연구자, 학생, 전문가들이 방대한 자료를 효율적으로 분석하고 인사이트를 도출할 때 특히 유용하며, 개인화, 조직화된 지식 관리 시스템으로 활용할 수 있습니다.

넷, 뮤직FX

텍스트 프롬프트만으로 다양한 장르의 음악을 생성할 수 있는 AI 음악 창작 도구입니다. 예를 들어, "재즈풍의 카페 배경 음악" 같은 간단한 설명만으로도 고품질의 음악 트랙을 만들어줍니다. 콘텐츠 크리에이터, 영상 제작자, 팟캐스터들이 저작권 걱정 없이 오리지널 배경 음악을 제작할 수 있어 창작 활동의 새로운 가능성을 열어줍니다.

다섯, 이미지FX

자연어 설명을 통해 독창적이고 고품질의 이미지를 생성하는 AI 이미지 생성 도구입니다. 사실적인 사진부터 추상적인 아트워크까지 다양한 스타일의 이미지 창작이 가능합니다. 기획자, 마케터, 디자이너들이 아이디어를 시각적으로 구현하거나 프로토타입을 빠르게 제작할 때 활용하면 창작 과정을 대폭 단축시킬 수 있습니다.

여섯, 플로우

텍스트 또는 이미지를 실감나는 영상뿐 아니라 오디오를 함께 생성하여 높은 몰입감의 영상으로 만들어주는 영화 제작을 위한 생성형 AI 서비스입니다. 단편적인 영상을 만드는 데 그치지 않고, 이어질 장면까지 생성해 연속성 있는 긴 콘텐츠를 제작할 수 있다는 점이 특징입니다.

일곱, 일루미네이트

학술 논문과 복잡한 문서를 이해하기 쉬운 팟캐스트 형태의 오디오 콘텐츠로 변환해주는 혁신적인 도구입니다. AI가 두 명의 진행자가 대화하는 형식으로 논문의 핵심 내용을 설명해주어 어려운 학술 자료도 쉽게 이해할 수 있습니다. 연구자, 학생, 전문가들이 이동 중에도 복잡한 자료를 효과적으로 학습할 수 있는 새로운 방법을 제공합니다.

여덟, 코랩

구글의 클라우드 기반 파이썬 개발 환경에 제미나이가 통합되어 코딩과 데이터 분석을 지원합니다. AI가 코드 작성을 도와주고, 오류를 자동으로 감지하여 수정 방법을 제안하며, 복잡한 데이터 시각화까지 처리합니다. 프로그래머, 데이터 사이언티스트, 연구자들이 머신러닝 모델 개발과 데이터 분석 작업을 더욱 효율적으로 수행할 수 있습니다.

아홉, 위스크

이미지를 조합하고 편집하여 새로운 창작물을 만들어내는 AI 기반 이미지 편집 도구입니다. 여러 이미지의 요소를 자연스럽게 합성하거나, 기존 이미지의 스타일을 다른 이미지에 적용하는 등 고급 편집 기능을 제공합니다. 디자이너와 아티스트들이 복잡한 이미지 편집 작업을 직관적이고 빠르게 처리할 수 있어 창작 과정의 효율성을 크게 높여줍니다.

열, 파이어베이스 스튜디오

모바일 앱과 웹 개발에 AI 기능을 쉽게 통합할 수 있도록 도와주는 개발 플랫폼입니다. 제미나이의 강력한 AI 기능을 개발자의 앱에 직접 연결하여 챗봇, 텍스트 분석, 이미지 인식 등의 고급 기능을 구현할 수 있습니다. 개발 경험이 상대적으로 적은 사람도 최신 AI 기술을 활용한 혁신적인 애플리케이션을 만들 수 있는 기회를 제공합니다.

✓ 제미나이 + 노트북LM 미친 활용자 '오대리'가 나타났다 +

안녕하세요?
이번엔 제미나이와 노트북LM을
가지고 돌아온 오대리입니다.

구글의 인공지능 제미나이와
노트북LM의 능력을 한계까지
파헤치는 노하우를 이번에도
이 책에 모두 담았습니다.

생성형 AI가 우리 삶을 바꿔놓기 시작한 지 벌써 3년. 실제로 큰 변화를 느끼고 계신가요? 분명 우리는 AI가 없는 삶으로 돌아가기 어려운 지점에 와있습니다. 그렇다면 더 배우고 나아가야 합니다. 신입사원부터 C레벨까지, 개인의 성장과 조직의 성과를 모두 J-커브로 그려줄 제미나이와 노트북LM의 강력한 능력으로 AI 업무 활용부터 조직 관리, 업무 자동화부터 팀 협업까지 모든 워크 플로에 초효율을 더하세요. 실제 업무에 적용하는 방법을 소개하며 AI 활용 1위 베스트셀러 저자/강사가 된 오대리가 제미나이와 노트북LM을 제대로 사용하는 방법을 알려드립니다.

다양한 멀티미디어를 인지하는 능력

제미나이는 이미지, 동영상, 음성 등 다양한 멀티미디어를 가장 잘 이해하는 멀티모달 AI입니다. AI로 글쓰기, 문서 작업 등 주로 텍스트 업무에 활용했다면, 이제 더 방대한 자료를 활용해서 복합적인 업무를 유연하게 해낼 수 있는 제미나이를 만나보세요.

긴 텍스트를 정확하게 처리하는 능력

제미나이는 챗GPT나 클로드와 같은 다른 AI 서비스와 비교해서 더 긴 텍스트를 입력하고 생성할 수 있습니다. 내용의 길이만 긴 것이 아니라 긴 텍스트도 강력한 성능으로 정확히 처리하여 빠른 속도로 생성하는 것이 가장 큰 장점입니다. 내용이 풍부한 보고서도, 많은 양의 논문도 제미나이는 모두 처리할 수 있습니다.

구글 서비스와의 긴밀한 연동

'AI가 유튜브 동영상의 그 장면을 찾아줬으면 좋겠다, 엑셀 작업을 명령만 하면 알아서 해줬으면 좋겠다, 말만 하면 원하는 챗봇이나 앱을 만들어줬으면 좋겠다'고 생각한 적 있나요? 제미나이는 구글의 여러 서비스와 연동하여 여러분이 상상하는 거의 모든 가능성을 실현해줍니다.

RAG 적용 AI 서비스, 노트북LM

RAG를 들어본 적 있나요? RAG는 AI가 내가 원하는 응답을 생성할 수 있게 미리 학습된 언어 모델을 이용하여 신뢰할 수 있는 외부 데이터를 가져와서 정확한 정보를 생성하게 하는 기술입니다. 하지만 이전까지 이 기술을 활용하려면 개발 지식이 꼭 필요했습니다. 노트북LM은 일반인도 별도의 코딩 없이 RAG의 강력한 능력을 사용할 수 있게 기술을 내장한 AI 서비스입니다.

300개의 논문도 거뜬한 노트북LM

RAG가 적용된 노트북LM은 최대 300개의 자료를 한꺼번에 분석, 요약, 생성할 수 있습니다. 그럼 자료는 어떻게 찾을까요? 전 세계 1위 검색 엔진인 구글의 검색 파워로 논문, 웹사이트, 보고서, 유튜브 영상 등 필요한 자료를 빠르게 탐색하고 추가할 수 있습니다. 노트북LM 하나로 모든 리서치 업무를 끝내세요.

팀 협업에 활용할 수 있는 AI

오늘날 모든 조직의 고민은 "어떻게 해야 조직의 모든 구성원이 AI 협업 역량을 가질 수 있을까?"일 겁니다. 구글 워크스페이스와 연동된 제미나이는 팀 협업에 가장 강력한 성능을 발휘하는 AI입니다. 구글 워크스페이스를 사용하지 않는다고요? 노트북LM의 강력한 협업 기능만 적용해도 AI 퍼스트 조직으로 나아갈 수 있을 것입니다.

✓ 학습 전에 꼭 알아둬야 하는 이야기 +

하루 8시간 업무를 1시간으로 줄이는 AI 치트키를
AI 미친 활용 오픈카톡방에서 확인하세요!

함께 모여서 학습하고, 실무 사례를 공유하며, 네트워킹을 통해 AI 업무 효율화 기술을 마스터해보세요. 실제 실습하고 업무에 적용하면서 완독하면 더 탄탄하게 성장할 수 있습니다. 또한 책의 예제를 따라 실습할 때 필요한 이미지와 링크도 내려받을 수 있습니다. 저자 오대리와 함께 제미나이와 노트북LM 미친 활용법을 공부하고 연구해보아요.

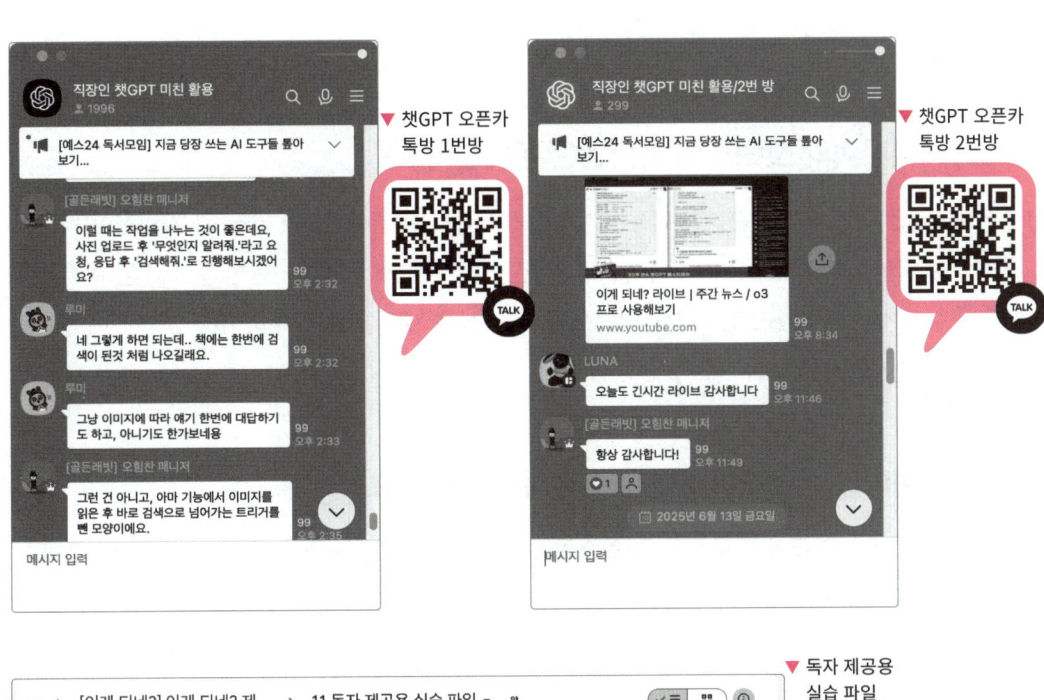

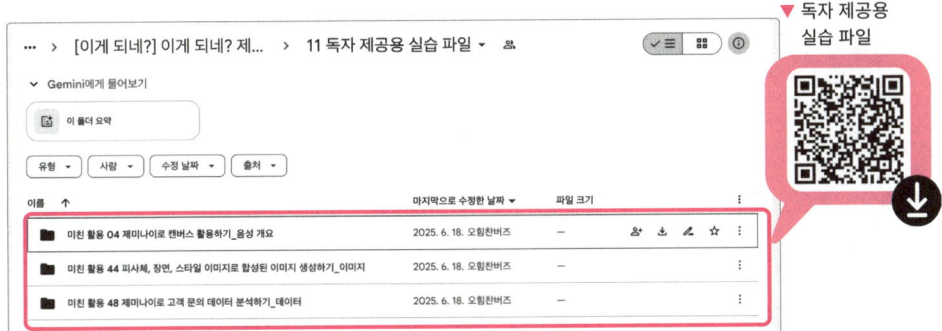

✓ 제미나이 + 노트북LM과 이 책에 대한 6가지 문답 +

제미나이와 노트북LM이 정확히 무엇이고, 어떻게 업무 효율성을 높일 수 있는지, 그리고 이 책이 여러분의 업무 혁신에 어떤 도움을 줄 수 있는지 핵심 질문 6가지로 명쾌하게 정리해드립니다.

하나, 제미나이, 어떤 AI인가요?

제미나이는 구글에서 개발한 차세대 멀티모달 AI로 텍스트, 이미지, 동영상, 음성을 동시에 처리할 수 있는 능력을 가지고 있습니다. 2023년 12월에 울트라, 프로, 나노로 구성된 세 가지 모델로 공개되었으며, 강력한 추론 성능과 코딩 능력으로 주목받고 있습니다. 구글의 검색 기술과 결합되어 실시간 정보 접근과 정확한 답변 제공이 특징입니다.

둘, 제미나이와 챗GPT의 차이점은 무엇인가요?

제미나이는 구글 생태계와의 완벽한 연동(지메일, 구글 독스, 유튜브 등)이 가장 큰 차별점이며, 100만 개의 토큰 컨텍스트 윈도우를 지원하여 대용량 문서 처리에 뛰어납니다. 반면 챗GPT는 텍스트 처리와 대화 능력에서 더 자연스럽고 직관적인 사용자 경험을 제공합니다. 특히 구글 서비스에 친숙하다면 제미나이는 최고의 선택이 될 겁니다.

셋, 제미나이, 무료인가요? 유료 결제해야 하나요?

제미나이는 기본적으로 무료로 사용할 수 있으며, gemini.google.com에서 구글 계정만 있으면 바로 이용할 수 있습니다. 제미나이 어드밴스드를 구독하면 구글 드라이브 2TB 스토리지를 덤으로 제공하며, 더 강력한 기능과 우선 접근권을 얻을 수 있습니다. 일반적인 업무 용도라면 무료 버전으로도 충분하지만, 전문적인 작업이나 대용량 처리가 필요하다면 유료 구독을 고려해볼 만합니다.

넷, 제미나이와 노트북LM으로 무엇을 할 수 있나요?

제미나이와 노트북LM을 함께 활용하면 지식 관리와 업무 자동화의 완벽한 조합을 구현할 수 있습니다. 제미나이의 강력한 멀티모달 처리 능력으로 다양한 형태의 자료를 분석하고, 노트북LM으로 회사 내부 문서를 학습시켜 맞춤형 AI 어시스턴트를 만들 수 있습니다. 특히 리서치, 보고서 작성, 프레젠테이션 자료 생성, FAQ 제작 등 문서 중심 업무에서 시너지 효과가 극대화됩니다.

 다섯, 노트북LM은 어떤 면에서 뛰어난가요?

노트북LM은 사용자가 업로드한 특정 문서만을 학습하여 해당 자료에 특화된 정확한 답변을 제공하는 것이 가장 큰 장점입니다. 일반 AI와 달리 할루시네이션(잘못된 정보 생성) 위험이 현저히 낮으며, 회사 매뉴얼이나 연구 자료 같은 전문 문서를 기반으로 한 맞춤형 AI 어시스턴트 역할을 수행합니다. 또한 구글 워크스페이스와의 자연스러운 연동으로 기존 업무 환경에서 즉시 활용 가능합니다.

 **여섯,** 제미나이 사용할 때 개인 정보는 안전한가요?

구글은 제미나이 사용 시 개인 정보 보호를 위한 다양한 보안 조치를 적용하고 있으며, 사용자의 대화 내용을 모델 학습에 직접 사용하지 않는다고 명시하고 있습니다. 다만 구글 계정과 연동되므로 민감한 정보를 처리할 때는 주의가 필요하며, 기업 환경에서는 별도의 보안 정책을 수립하여 사용하는 것을 권장합니다. 특히 기밀 문서나 개인 정보가 포함된 자료를 업로드할 때는 신중한 검토가 필요합니다.

✓ **Contents** +

제미나이 길들이기

Chapter 01 Ok, 제미나이 ·· 22

제미나이가 무엇인가요? 22
제미나이 패밀리 살펴보기 24
제미나이를 쓸 수 있는 10가지 앱 27

Chapter 02 제미나이, 가장 많이 하는 질문 ·· 34

질문 01 챗GPT와 어떤 차이가 있나요? 34
질문 02 꼭 유료로 사용해야 하나요? 34
질문 03 내 개인 정보는 안전한가요? 35
질문 04 할루시네이션은 무엇인가요? 35
질문 05 최종 결론! 제미나이는 어떻게 활용해야 할까요? 36

제미나이 시작하기

Chapter 03 제미나이를 시작하는 사람들을 위한 매뉴얼 ················ 38

제미나이 접속하기 38
제미나이 기본 화면 및 조작하기 40
제미나이 채팅 시작하기 42
제미나이 유료 구독하기 45
제미나이 유료 구독 취소하기 49
제미나이의 맞춤형 프롬프트, 젬 만들기 51

Chapter 04 제미나이 기본 활용하기 ························ 58

- **미친 활용 01** 제미나이로 구글 검색 기록 확인하기 58
- **미친 활용 02** 제미나이로 이미지 만들기 61
- **미친 활용 03** 제미나이로 음성이 있는 동영상 만들기 63
- **미친 활용 04** 제미나이로 캔버스 활용하기 66
- **미친 활용 05** 제미나이로 딥리서치 활용하기 72

Chapter 05 제미나이와 연결 앱 사용하기 ························ 76

제미나이와 앱 연결하기 76
- **미친 활용 06** 제미나이로 구글 지도 활용하기 78
- **미친 활용 07** 제미나이로 최저가 항공편 찾아보기 83
- **미친 활용 08** 제미나이로 최저가 호텔 찾아보기 85
- **미친 활용 09** 제미나이로 맞춤형 유튜브 영상 찾기 88
- **미친 활용 10** 제미나이로 유튜브 뮤직 찾기 90

Part 02 제미나이와 지메일 + 일정 관리하기

Chapter 06 제미나이와 구글 지메일 활용하기 ························ 94

제미나이 측면 패널 사용하기 95
구글 워크스페이스 랩 가입하기 95
- **미친 활용 11** 제미나이로 메일 탐색해서 한 번에 일정 정리하기 99
- **미친 활용 12** 제미나이와 협업해서 이메일 작성 및 답장하기 103

Chapter 07 제미나이와 일정 관리 자동화하기 ········· 112

- 미친 활용 13 제미나이로 구글 캘린더 일정 한꺼번에 추가하기 113
- 미친 활용 14 제미나이로 초스피드 메모하기 115
- 미친 활용 15 제미나이로 오늘 할 일 정리하기 117

Part 03 제미나이와 구글 업무 협업하기

Chapter 08 제미나이로 회의하기 ········· 122

- 미친 활용 16 구글 채팅 자동 메모하기 122
- 미친 활용 17 구글 화상 회의 실시간 자막 생성하기 126

Chapter 09 제미나이로 구글 문서 작업하기 ········· 131

- 미친 활용 18 제미나이로 초스피드 보고서 문서화하기 132
- 미친 활용 19 제미나이로 초스피드 문서 수정하기 137

Chapter 10 제미나이로 구글 슬라이드 작업하기 ········· 140

- 미친 활용 20 제미나이로 초스피드 PPT 작업하기 141
- 미친 활용 21 제미나이로 PPT 발표 스크립트 자동 생성하기 150

Chapter 11 제미나이로 구글 시트 작업하기 ········· 152

- 미친 활용 22 제미나이로 상품 데이터 수집 및 분석하기 153

| 미친 활용 23 | AI 함수 사용해서 광고 카피 한 번에 생성하기　158
| 미친 활용 24 | 제미나이로 실시간 환율 계산기 만들기　162

Chapter 12　제미나이로 구글 폼 작업하기 …………………………………… 171

| 미친 활용 25 | 제미나이로 HR 다면평가지 만들기　172
| 미친 활용 26 | 제미나이로 HR 다면평가 분석하기　177

Chapter 13　제미나이와 구글 비즈로 영상 작업하기 …………………………… 182

| 미친 활용 27 | 제미나이와 구글 비즈로 지역 소개 영상 생성하기　183

Part 04　노트북LM 정복하기

Chapter 14　노트북LM으로 기본 리서치하기 …………………………………… 190

노트북LM이란?　191
노트북LM 기본 화면 알아보기　191
| 미친 활용 28 | 노트북LM으로 2002 월드컵 한국 골 리서치하기　193
| 미친 활용 29 | 노트북LM으로 1시간짜리 유튜브 영상 요약하기　198
| 미친 활용 30 | 노트북LM으로 논문 100개 요약하기　201

Chapter 15　노트북LM으로 학습하기 …………………………………………… 207

| 미친 활용 31 | 노트북LM으로 학습 자료 만들기　208
| 미친 활용 32 | 노트북LM으로 학습 평가하기　213

Part 05 노트북LM 활용하기

Chapter 16 노트북LM으로 심화 리서치하기 ·········· 218

- 미친 활용 33 딥리서치로 노트북LM 소스 만들기   219
- 미친 활용 34 노트북LM으로 리서치 소스 정리하기   223
- 미친 활용 35 노트북LM으로 리서치 보고서 작성하기   225

Chapter 17 노트북LM으로 신제품 기획 협업하기 ·········· 228

- 미친 활용 36 노트북LM으로 린 리서치 스프린트 시작하기   229
- 미친 활용 37 노트북LM으로 린 리서치 스프린트 실행하기   235
- 미친 활용 38 노트북LM으로 린 리서치 스프린트 평가하기   238

Part 06 노트북LM 응용하기

Chapter 18 노트북LM으로 팟캐스트 영상 만들기 ·········· 244

- 미친 활용 39 노트북LM으로 팟캐스트 음성 생성하기   245
- 미친 활용 40 제미나이로 팟캐스트 동영상 만들기   247

Chapter 19 노트북LM으로 지식 베이스 활용하기 ·········· 253

- 미친 활용 41 노트북LM으로 나만의 레시피북 만들기   254
- 미친 활용 42 노트북LM으로 신규 입사자 온보딩 매뉴얼 만들기   258
- 미친 활용 43 노트북LM으로 고객 상담 챗봇 만들기   264

Part 07 다양한 제미나이 활용하기

Chapter 20 위스크로 이미지 생성하고 합성하기 ········· 270

- **미친 활용 44** 피사체, 장면, 스타일 이미지로 합성된 이미지 생성하기　272
- **미친 활용 45** 위스크로 생성한 이미지를 동영상으로 만들기　275

Chapter 21 플로우로 AI 영화 만들기 ········· 278

- **미친 활용 46** 플로우로 오디오를 포함한 동영상 생성하기　280
- **미친 활용 47** 플로우로 연속된 동영상 생성하기　282

Chapter 22 제미나이로 대용량 데이터 분석하기 ········· 286

- **미친 활용 48** 제미나이로 고객 문의 데이터 분석하기　287
- **미친 활용 49** 코랩으로 고객 문의 데이터 심화 분석하기　289

Chapter 23 파이어베이스 스튜디오로 바이브 코딩해서 웹 앱 만들기 ········· 295

- **미친 활용 50** 계산기 만들기　296
- **미친 활용 51** AI 와인 검색 앱 만들기　300

이게 되네?

PART 00

제미나이 길들이기

여기서 공부할 내용

2023년 12월, 구글이 공개한 '제미나이'는 32개 핵심 AI 성능 평가 중 30개 부문에서 1위를 차지했고, 대학 수준 종합 시험인 MMLU에서 90점을 기록하면서 인간 전문가 평균을 처음 넘어선 AI 모델입니다. 강력한 성능을 바탕으로 업무·창작·연구·학습 등 여러 분야에 활용하고 있죠. 이 책은 제미나이를 제대로 다루는 방법을 안내합니다. 본격적인 활용법에 들어가기 전에 제미나이가 무엇이며 앞으로 우리 일상과 일터를 어떻게 바꿔 놓을지 먼저 살펴보겠습니다.

💬 이 그림은 제미나이에게 "수달이 고민하는 표정으로 낚시하는 모습을 만화 스타일의 삽화로 그려줘."라고 요청하여 받았습니다.

Chapter 01

Ok, 제미나이

💬 제미나이가 무엇인가요?

제미나이^{Gemini}는 구글^{Google}이 개발한 **멀티모달 모델 패밀리**^{Multimodal Models Family}입니다. **멀티모달**은 글·코드·이미지·음성·영상을 한 모델이 동시에 이해하고 다룬다는 의미입니다. **모델**이란 쉽게 설명하면 AI의 분류입니다. 자동차도 승용차·트랙터·굴삭기처럼 **용도별로 출력과 생김새가 다르듯**, AI도 목적에 따라 크기·능력이 달라서 구분이 필요합니다. 이제 모델이라는 말이 나왔을 때 AI의 구분이라고 떠올리면 이해가 쏙쏙 되겠죠. **패밀리**는 그런 모델을 여러 개(패밀리)로 묶어 놓았다는 의미입니다.

전 세계적으로 보면 오픈AI^{OpenAI}가 개발한 챗GPT^{ChatGPT}, 엔트로픽^{Anthropic}이 개발한 클로드^{Claude}와 같은 AI가 제미나이보다 더 유명합니다. 하지만 구글이 조사한 바에 따르면, 전 세계 30억 명 이상이 지메일, 구글 캘린더, 구글 드라이브와 같은 구글 제품을 일상과 업무에 활용하고 있습니다. 또한 구글 제품에 기본 통합된 AI인 제미나이를 직·간접적으로 사용하고 있는 사람들은 전 세계 약 3억 5천만 명 정도 됩니다. 구글의 목표는 제미나이를 더 많은 구글 제품에 긴밀하게 연결하여 모든 사람이 자연스럽게 AI를 활용하게 하는 것입니다. 그래서 업무 도구뿐 아니라 구글 검색, 지도, 유튜브 등 일상적인 서비스에도 제미나이를 도입하고 있습니다. 즉, **제미나이는 가장 보편적으로 사용하게 될 AI 중 하나**라는 거죠.

제미나이가 다른 AI와 구별되는 특징

인간의 언어를 **자연어**^{Natural Language}라고 합니다. 과거 컴퓨터는 자연어를 이해하지 못했기 때문에, 사람은 컴퓨터에게 명령을 내리기 위해 프로그래밍 언어라는 특별한 언어를 사용해야 했습니다. 하지만 제미나이를 비롯하여 챗GPT, 클로드와 같은 **대규모 언어 모델**[LLM, Large Language Model]로 불리는 오늘날 AI는 자연어로 질문하면 그 맥락을 이해하고 알맞은 응답을 생성합니다. 이렇게 자연어로 질문을 입력하고 자연어로 응답을 받는 AI를 **생성형 AI**[GenAI, Generative AI]라고 합니다. 사용자가 입력하는 질문이나 요청을 **프롬프트**[Prompt], AI가 생성한 결과물을 **응답**[Response]이라고 부르며, 프롬프트를 입력받아 응답을 만들어주는 것이 생성형 AI의 작동 원리입니다. 이름이 생성형 AI인 이유는 프롬프트에 알맞은 무언가를 생성해서 응답하기 때문입니다. 그래서 제미나이는 글·코드·이미지·음성·영상을 모두 동시에 이해하고 처리할 수 있는 **멀티모달 생성형 AI**[Multimodal GenAI]입니다. 이런 제미나이처럼 다재다능하면서 거대한 멀티모달 AI를 **대규모 멀티모달 모델**[LMM, Large Multimodal Model]이라고 부릅니다.

챗GPT나 클로드와 같은 제미나이 외 다른 AI도 대부분 멀티모달 생성형 AI입니다. 이러한 멀티모달 생성형 AI는 성능과 기능이 빠르게 발전하고 있습니다. 그러므로 특정 작업에 어떤 AI를 사용할 것인지 잘 선택하기 위해서는 다른 AI와 어떤 차별화된 특징이 있는지, 그 특징이 나한테 적합한 것인지 알아야 합니다. 성능과 기능이 발전해도 달라지지 않을 제미나이만의 특징을 정리했습니다.

첫 번째로 제미나이는 **매우 긴 맥락을 기억할 수 있는 능력**이 있습니다. 한 번에 약 3만 2,000개의 단어를 처리할 수 있어서 긴 문서나 방대한 자료를 포함한 문제를 해결할 때 탁월합니다.

두 번째로 제미나이는 **일상 생활에 널리 쓰이는 구글 제품에 이미 통합**되고 있습니다. 제미나이는 여러 구글 제품에 통합되어 지메일에서 자동으로 이메일을 작성하고, 유튜브에서 원하는 장면을 찾는 등 다양한 작업에서 유용하게 활용할 수 있습니다.

마지막으로 세 번째 특징은 구글이 **제미나이 기반의 새로운 AI 제품**을 광범위하게 선보이고 있는 점입니다. 이미지나 동영상 생성뿐 아니라 음악 생성, 음성 생성, 동영상 편집, 이미지 합성 등 기능을 기존 구글 제품이 아닌 노트북LM[NotebookLM], 뮤직FX[MusicFX], 리틀 랭귀지 레슨[Little Language Lessons], 젠 타입[GenType]과 같은 새로운 제품들과 함께 선보이고 있습니다.

결론적으로 제미나이는 다른 멀티모달 생성형 AI들과 비교하여 특히 긴 맥락 처리 능력, 구글의 기존 제품과의 통합, 그리고 다양한 신규 AI 기반 제품 출시라는 세 가지 차별화된 특징을 가지고 있습니다. 따라서 방대한 정보를 다루는 작업이나 구글 제품을 자주 사용하는 사용자라면 제미나이가 다른 AI와 비교하여 더욱 효율적이고 유용한 선택이 될 수 있습니다. 이 책에서는 제미나이만의 특징을 극대화할 수 있는 다양한 활용법을 51개 예제로 준비하였습니다. 차근차근 따라 하면 제미나이가 AI 역량을 한층 더 높여줄 나만의 무기가 되어 있을 것입니다.

💬 제미나이 패밀리 살펴보기

앞서 제미나이 패밀리가 무엇인지 설명했습니다. 제미나이는 구글 제품 곳곳에 숨어 있으며, 각 제품에 가장 알맞은 모델로 적용되어 있어서 하나하나 모델의 특성을 이해하지 않아도 사용에 큰 걸림돌은 없습니다. 다만, 제품에 어떤 제미나이 패밀리가 적용되는지는 속도와 비용 최적화, 범용성, 기능 종류 등에 따라서 결정되므로 항상 최상의 결과물을 생성하지는 못합니다. 예를 들어, 음악을 생성하는 제미나이에게 "생성한 음악을 해석한 보고서를 작성해줘."라는 의도에 맞지 않는 요청을 할 경우 올바른 결과물을 생성하지 못한다는 것입니다.

따라서 제미나이 패밀리는 어떻게 구분되어 있는지, 그리고 내가 사용하는 제품에 어떤 제미나이 패밀리가 적용되었는지 알고 있으면 제미나이 활용에 큰 도움을 얻을 수 있습니다. 제미나이 패밀리는 크게 울트라[Ultra], 프로[Pro], 나노[Nano]로 구분합니다.

- **울트라** : 복잡한 연구에 활용하는 최고 성능의 제미나이
- **프로** : 가격, 성능, 효율에 균형을 맞춰서 일반적으로 사용하기 위한 제미나이
- **나노** : 클라우드가 아닌 기기 자체에서 AI 기능을 수행하는 온디바이스 AI[On-device AI]로 네트워크 연결 없이도 작동하는 제미나이

특별한 경우가 아니라면 대부분 프로 모델을 기본적으로 사용하며, 이 책에서 소개하는 예제들도 대부분 프로가 기반입니다. 그리고 프로 모델을 기준으로 기능과 성능에 따라 프로, 플래시[Flash], 플래시-라이트[Flash-Lite]로 구분합니다.

- **프로** : 가장 기본적인 모델
- **플래시** : 프로 모델보다 성능은 낮지만, 빠르게 생성할 수 있는 모델
- **플래시-라이트** : 프로 모델보다 성능은 낮지만, 가장 빠르고 저렴하게 생성할 수 있는 모델

마지막으로 각 모델은 내부형, 앱스[Apps], API로 구분합니다.

- **내부형** : 구글이 내부적으로 사용하기 위한 제미나이
- **앱스** : 구글이 제공하는 제미나이 챗 서비스에서 사용하기 위한 제미나이
- **API** : 구글 제품이나 외부 제품에 제미나이를 추가하기 위해 개발자들이 사용하는 제미나이

그 밖에 이미지를 생성하는 이마젠 3$^{Imagen\ 3}$, 동영상을 생성하는 비오 3$^{Veo\ 3}$, 실시간 정보 처리를 위한 라이브^{Live}도 있습니다. 그리고 각 모델들은 성능이나 기능이 추가되면 버전이 업데이트됩니다. 구분이 복잡해서 어려워 보이지만, 이 책에서는 주로 **프로를 탑재한 제미나이 챗과 노트북LM을 중심으로 설명**하며, 구글 제품에 일괄 적용된 API 알파 버전을 사용하므로 모든 내용을 외우지 않아도 괜찮습니다. 각 모델의 버전은 다음 표로 정리했습니다.

모델	입력 유형	출력 유형	토큰 한도 (입력 / 출력)	핵심 기능·특징	최신 업데이트
Gemini 2.5 Flash 프리뷰 04-17	텍스트, 이미지, 동영상, 오디오	텍스트	1,048,576 / 65,536	코드 실행·함수 호출·검색 그라운딩·장기 컨텍스트 지원. 오디오·이미지 생성 미지원	2025-04
Gemini 2.5 Pro 프리뷰 05-06	오디오, 이미지, 동영상, 텍스트	텍스트	1,048,576 / 65,536	복잡한 코드·수학 추론, 구조화 출력, 캐싱. 이미지·오디오 생성 미지원	2025-05
Gemini 2.0 Flash	오디오, 이미지, 동영상, 텍스트	텍스트	1,048,576 / 8,192	빠른 응답, 100만 토큰 컨텍스트, 코드 실행·검색·함수 호출. 이미지·오디오 생성 미지원	2025-02
Gemini 2.0 Flash 프리뷰 이미지 생성	오디오, 이미지, 동영상, 텍스트	텍스트 + 이미지	32,000 / 8,192	대화형 이미지 생성·편집, 구조화 출력. 검색·코드 실행 미지원	2025-05
Gemini 2.0 Flash-Lite	오디오, 이미지, 동영상, 텍스트	텍스트	1,048,576 / 8,192	비용·지연 최적화, 함수 호출, 캐싱. 이미지·오디오 생성 미지원	2025-02
Gemini 1.5 Flash	오디오, 이미지, 동영상, 텍스트	텍스트	1,048,576 / 8,192	시스템 안내, JSON 모드, 조정 가능, 최대 1h 영상·9.5h 오디오 처리	2024-09
Gemini 1.5 Flash-8B	오디오, 이미지, 동영상, 텍스트	텍스트	1,048,576 / 8,192	소형 모델, 저가·저지연, JSON 모드·조정·함수 호출 지원	2024-10
Gemini 1.5 Pro	오디오, 이미지, 동영상, 텍스트	텍스트	2,097,152 / 8,192	2h 영상·19h 오디오 등 초장문 컨텍스트, 시스템 안내·JSON 모드, 함수 호출	2024-09
Imagen 3	텍스트	이미지	N/A	텍스트-투-이미지 고화질 생성 (최대 4장/요청)	2025-02
Veo 3	텍스트, 이미지	동영상	N/A	텍스트·이미지-투-동영상(최대 2개), 예술적 뉘앙스 반영	2025-05

- **모델** : 모델의 명칭입니다.
- **입력 유형** : 제미나이에 입력(프롬프트)할 수 있는 유형입니다.
- **출력 유형** : 제미나이가 출력(생성)할 수 있는 유형입니다.
- **토큰 한도** : 입력 시 입력하는 프롬프트, 출력 시 생성하는 결과물의 한계입니다.
- **핵심 기능·특징** : 각 모델의 핵심 기능과 특징입니다.
- **최신 업데이트** : 각 모델이 업데이트된 시기입니다.

500% 노하우 토큰이 무엇인가요?

제미나이 패밀리 설명에서 토큰이라는 단어가 많이 보이는데요, **토큰**^{Token}은 AI가 읽을 수 있는 최소 단위이며, 텍스트를 토큰 단위로 쪼개는 과정을 **토큰화**^{Tokenization}라고 합니다. 음절, 단어, 부분어, 문장 부호, 공백을 모두 토큰화로 쪼갤 수 있으며, 토큰화 방식에 따라서 아래 표와 같이 구분할 수 있습니다.

토큰화 방법	실제로 쪼개지는 모습	토큰 개수	특징
단어 기반	[AI는] [똑똑하다] [.]	3	띄어쓰기·문장 부호만 기준입니다. 가장 단순하지만 합성어·어말 어미를 그대로 둡니다.
부분어 기반	[AI] [##는] [똑] [##똑] [##하] [##다] [.]	7	자주 나오는 조각은 그대로, 드문 어휘는 더 잘게 쪼갭니다. → "똑똑하다"를 네 조각으로 분리해 희귀어도 사전 밖 토큰이 되지 않도록 합니다.
음절 기반	[A][I][는][ ][똑][똑][하][다][.]	9	한 글자·한 공백이 한 토큰입니다. 어휘 사전이 작지만 긴 문장은 길어집니다.

이처럼 어떻게 토큰화하느냐에 따라서 AI마다 토큰 개수가 늘어나거나 줄어들 수 있으며, 이를 기준으로 각 모델에 한 번에 입력할 수 있는 프롬프트의 길이, 생성하는 텍스트의 길이가 결정됩니다. AI는 사용자가 직접 입력하는 프롬프트뿐만 아니라 입력한 모든 내용을 토큰으로 이해하기 때문에 파일이나 이미지의 내용도 토큰 한도에 포함됩니다.

💬 제미나이를 쓸 수 있는 10가지 앱

제미나이는 다양한 구글 제품에서 사용할 수 있다고 설명했습니다. 제미나이를 사용할 수 있는 10가지 앱을 정리했습니다. 10가지 앱은 이 책에서 모두 실습해볼 수 있게 예제로 준비했습니다. 어떤 앱이 있는지 알아보고 본격적인 실습으로 들어가겠습니다.

제미나이 챗

제미나이와 채팅할 수 있는 챗봇 사이트입니다. 여러 앱에서 제미나이와 채팅할 수 있지만, 보편적인 채팅은 해당 사이트에서 진행할 수 있습니다. 이후 책에서는 별도 앱을 지칭하는 게 아닐 경우 제미나이는 모두 제미나이 챗을 의미합니다.

- **제미나이 챗** : gemini.google.com

구글 워크스페이스

지메일, 캘린더를 비롯하여 문서, 시트, 슬라이드 등 업무에 필요한 구글 제품의 모음으로 구글 워크스페이스의 대부분 앱이 제미나이를 지원합니다. `Part 03` **제미나이와 구글 업무 협업하기**에서 다룹니다.

- **구글 워크스페이스** : workspace.google.com

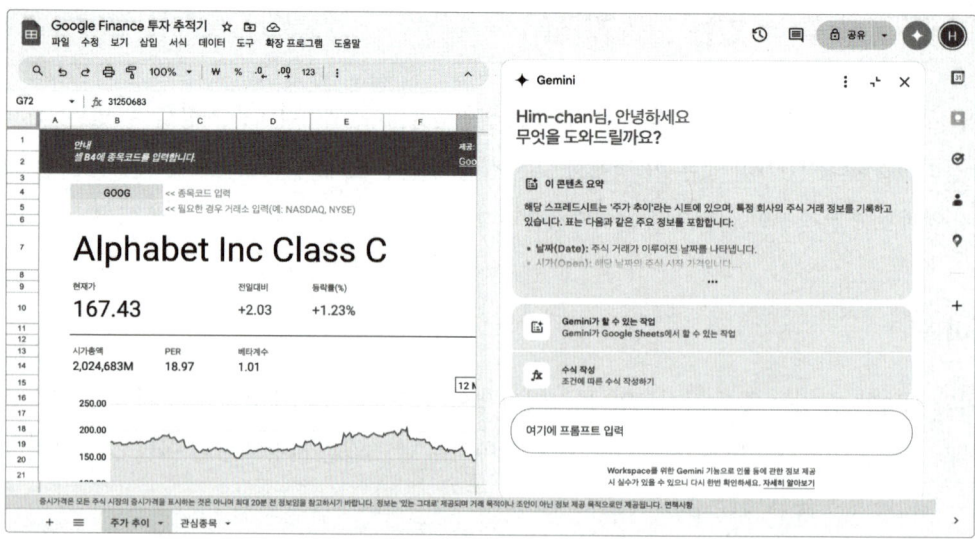

노트북LM

PDF, 웹사이트, 유튜브 동영상, 오디오 파일, 구글 문서 등 다양한 소스를 입력하여 요약하거나 새로운 발견을 돕는 리서치 도구입니다. Part 04 노트북LM 정복하기에서 다룹니다.

- **노트북LM** : notebooklm.google

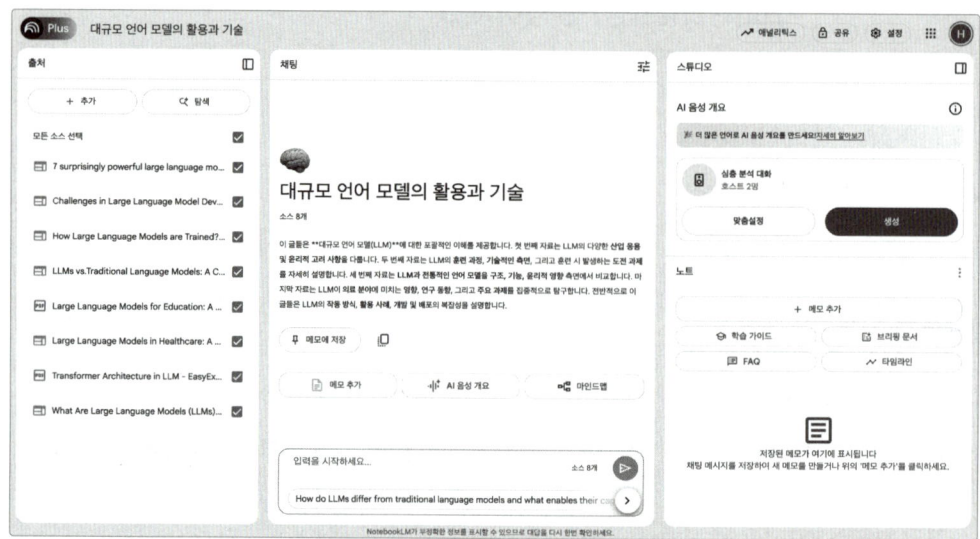

뮤직FX

새로운 비트를 만들 수 있는 생성형 음악 도구입니다. 뮤직LM^{MusicLM}이라는 별도 음악 생성 모델을 사용하여 텍스트나 멜로디, 기존에 만든 음악을 바탕으로 매끄럽게 반복 가능한 음악을 생성할 수 있습니다.

- **뮤직FX** : labs.google/fx/ko/tools/music-fx

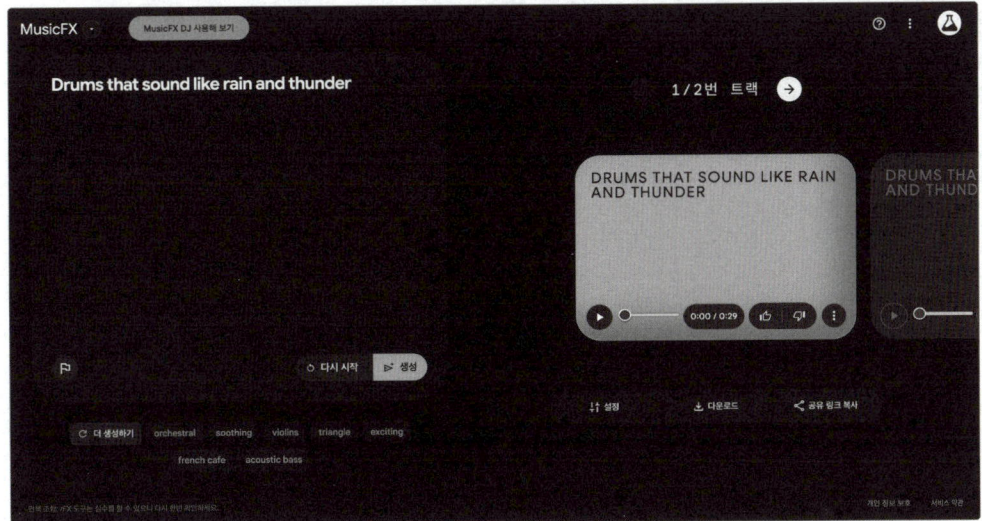

이미지FX

텍스트를 이미지로 변환하는 앱으로 이미지 생성 모델인 이마젠 3를 사용합니다. 이마젠 3는 제미나이에 내장되어 있으므로 이미지FX가 아닌 제미나이에서 실습합니다. `Part 01` **제미나이 시작하기**에서 다룹니다.

- **이미지FX** : labs.google/fx/ko/tools/image-fx

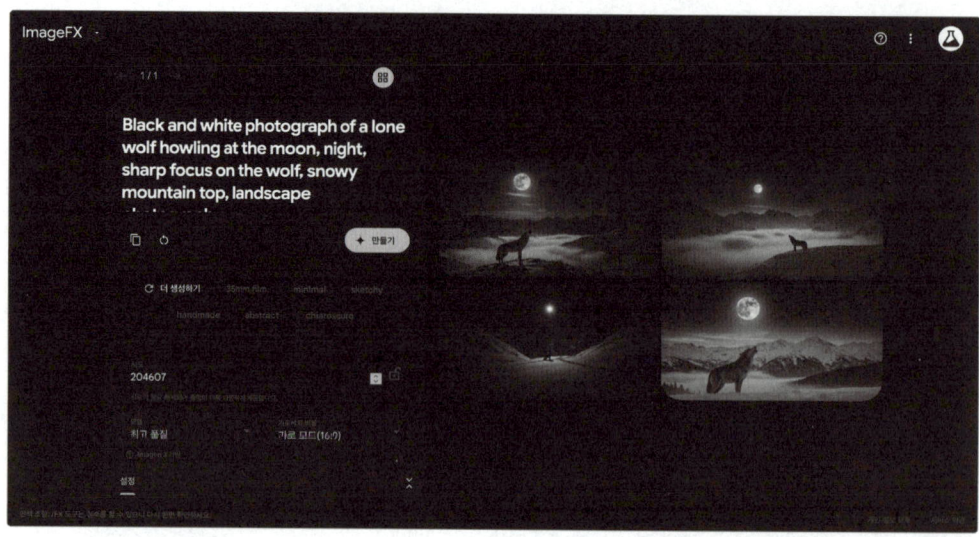

플로우

텍스트 또는 이미지를 음성이 포함된 동영상으로 변환하는 앱으로 동영상 생성 모델인 비오 3를 사용합니다. 비오 3는 제미나이에 내장되어 있으므로 비디오FX가 아닌 제미나이에서 실습합니다. `Part 01` 제미나이 시작하기에서 다룹니다.

- 플로우 : labs.google/fx/tools/flow

일루미네이트

링크의 내용을 음성 대화로 만들어주는 앱입니다. 일루미네이트의 음성 생성 기술은 노트북LM과 구글 워크스페이스에도 적용되어 있습니다. `Part 04` **노트북LM 정복하기**에서 다룹니다.

- **일루미네이트** : illuminate.google.com

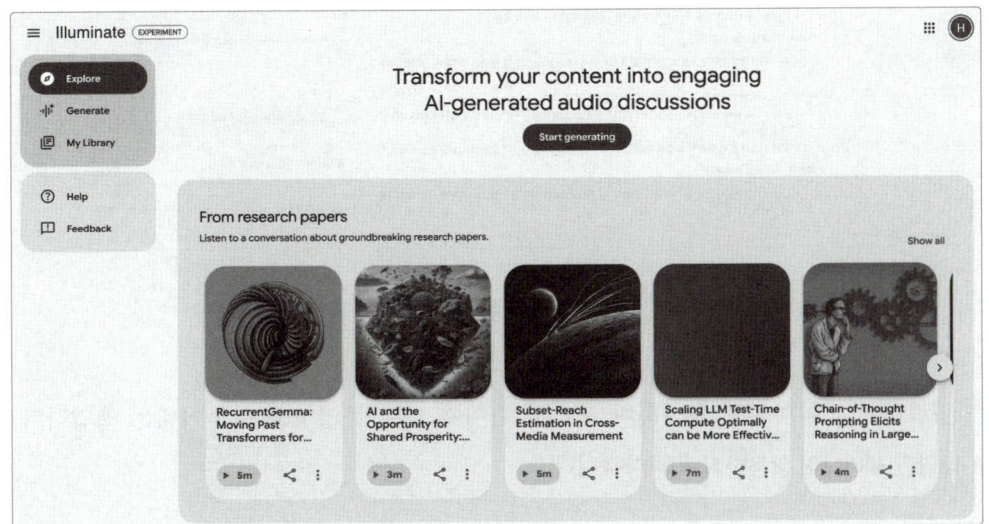

코랩

코랩은 웹에서 파이썬 스크립트를 작성하고 실행할 수 있는 앱입니다. 기존에는 파이썬 코드를 알고 있어야 사용할 수 있었지만, 제미나이가 탑재되어 파이썬을 배운 적 없는 사람도 쉽게 대규모 데이터를 분석할 수 있게 되었습니다. `Part 07` **다양한 제미나이 활용하기**에서 다룹니다.

- **코랩** : colab.research.google.com

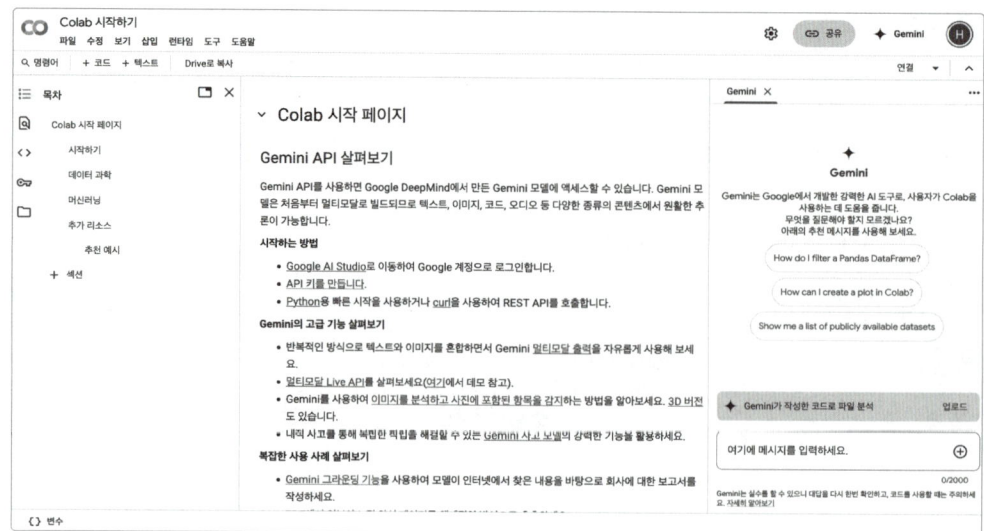

위스크

텍스트를 입력하거나 이미지를 합성하여 새로운 이미지 또는 동영상을 만들어내는 앱입니다.
`Part 07` **다양한 제미나이 활용하기**에서 다룹니다.

- **위스크** : labs.google/fx/ko/tools/whisk

파이어베이스 스튜디오

텍스트나 이미지 또는 이미 생성된 코드를 사용해서 누구나 웹 앱을 개발하고 배포할 수 있는 개발 도구입니다. `Part 07` **다양한 제미나이 활용하기**에서 다룹니다.

- **파이어베이스 스튜디오** : firebase.studio

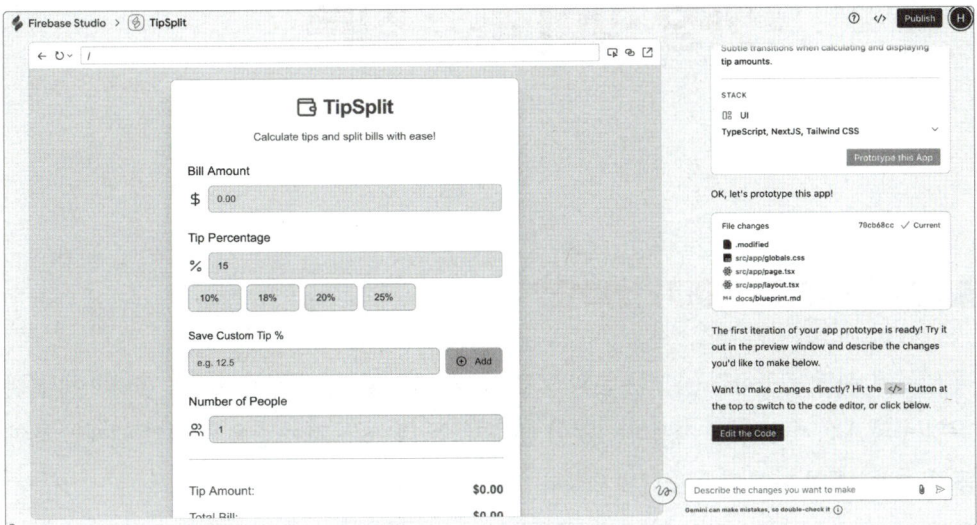

Chapter 02

제미나이, 가장 많이 하는 질문

질문 01 챗GPT와 어떤 차이가 있나요?

내 일상과 업무에 AI를 활용하려는 모든 분의 고민, 특히 이 책을 집어든 독자라면 제미나이와 챗GPT가 무엇이 다른지, 어떤 것을 사용하는 것이 좋을지, 둘 다 쓰는 것이 좋을지, 유료 결제를 해야 하는지 등 다양한 고민과 함께 책을 펼쳤을 겁니다.

결론부터 말씀드리면 챗GPT는 유료 결제했을 때 범용적으로 사용하기에 가장 강력한 LLM, 제미나이는 무료로도 충분한 성능을 낼 수 있는 LMM입니다. 챗GPT는 GPT-4o, GPT-4.1, GPT-4.5, o3, o3 pro, o4-mini 등 다양한 버전을 제공하여 텍스트와 코드 생성, 추론 능력을 통한 문제 해결에 특화된 AI 서비스입니다. 반면, 제미나이는 챗GPT처럼 강력한 성능을 제공하면서도 이미지, 동영상, 음성 등 멀티미디어를 인식하고 생성하며 편집하는 쪽에 더욱 특화되어 있습니다.

2개의 AI 서비스가 서로 다른 특징을 가지기 때문에 자신의 상황에 따라서 무료 제미나이+무료 챗GPT, 유료 제미나이+무료 챗GPT, 무료 제미나이+유료 챗GPT, 유료 제미나이+유료 챗GPT 등 다양한 조합으로 활용하는 것을 추천합니다.

질문 02 꼭 유료로 사용해야 하나요?

제미나이는 무료로 충분히 사용할 수 있습니다. 다만, 사용량이 많다면 유료 멤버십 혜택이 필요합니다. 유료 멤버십은 한 달간 무료로 이용할 수 있습니다. 유료 사용자에게만 제공되었던 기능이 무료 사용자에게 확대되는 경우가 많으니 무료 기간 유료 멤버십을 구독하여 유·무료 실습 구분 없이 배우고, 제미나이가 충분히 익숙해지면 무료로도 충분한지, 유료 사용이 나에게 알맞은지 쉽게 파악할 수 있을 것입니다. 모든 예제는 무료로 실습할 수 있으므로 모두 섭렵한 후에 결정해도 됩니다. 제미나이의 유·무료 사용 정책은 계속 바뀔 수 있는 점 꼭 참고하세요.

질문 03 내 개인 정보는 안전한가요?

제미나이 개발사인 구글은 사용자의 데이터 보호를 위해 다양한 장치를 마련하고 있습니다. 사용자는 제미나이 앱 활동 페이지에서 직접 저장된 대화 내역을 검토하고 삭제할 수 있으며 3개월, 18개월, 36개월 단위로 데이터가 자동 삭제되도록 설정할 수 있습니다. 또한, 구글 워크스페이스를 사용하는 기업 고객의 데이터는 해당 기업의 허락 없이 활용되지 않습니다.

이런 노력에도 개인의 정보 보호 노력이 동반되지 않으면 보안 사고는 언제든 발생할 수 있습니다. 아래 4가지 내용만 숙지하여도 제미나이 활용에서 정보 보호는 걱정하지 않아도 될 것입니다.

- 개인 정보 설정을 주기적으로 확인해야 합니다.
- 개인 식별 정보, 금융 정보, 건강 정보 등 민감한 내용은 제미나이에 입력하지 않도록 주의해야 합니다.
- 제미나이와 나눈 대화를 링크로 공유할 때 해당 링크에 접근하는 누구나 내용을 볼 수 있으므로 신중하게 사용해야 합니다.
- 업무와 관련된 민감한 정보를 다룰 때는 개인용 제미나이보다 데이터 보호 수준이 높은 구글 워크스페이스용 제미나이를 사용하는 것이 안전합니다.

질문 04 할루시네이션은 무엇인가요?

할루시네이션Hallucination**은 AI가 사실이 아닌 정보를 마치 사실인 것처럼 생성하는 현상입니다.** AI가 거짓말을 하거나 상상으로 답변을 만들어내는 것이죠. 존재하지 않는 논문이나 책을 인용하거나 잘못된 날짜나 통계를 제시할 때도 있고, 실제로 일어나지 않은 일을 역사적 사건으로 언급하기도 합니다.

이는 LLM 또는 LMM 등 오늘날 AI가 무언가를 생성하는 근본적인 원리 때문인데요, AI는 사용자가 입력한 프롬프트에 대해 주어진 토큰 안에서 반드시 응답을 생성하도록 되어 있습니다. 그래서 입력된 프롬프트에 대해 할 말이 없다고 판단되면 어떻게든 응답을 생성하려고 거짓말까지 하게 되는 거죠.

최근에는 여러 AI 서비스에 검색 기능이 추가되어 있습니다. 구글이나 네이버의 그 검색 기능입니다. 검색 기능을 사용하면 AI가 자신의 기존 지식에 의존하지 않고 실제 웹에서 최신 정보를 가져와 답변하기 때문에 할루시네이션을 줄일 수 있습니다.

또한, 이 책에서 다룰 주요 도구인 노트북LM은 검색-증강 생성이라는 기술을 적용하여 할루시네이션을 극복하고 있습니다. 검색-증강 생성은 쉽게 말해서 **AI가 아는 척하지 않고 실제 정보를 확인하도록 도와주는 기술**입니다. 이 내용은 `Part 04` 노트북LM 정복하기에서 구체적으로 설명하겠습니다.

질문 05 최종 결론! 제미나이는 어떻게 활용해야 할까요?

AI는 용도와 필요에 따라서 개인이 느끼는 효율성, 편의성, 우수성이 모두 다릅니다. 다음 4가지 내용을 참고해서 이 책을 통해 제미나이를 어떻게 배우고, 앞으로 어떻게 활용하면 좋을지 고민해보기 바랍니다. 한 가지 확실한 것은 이 책을 모두 읽은 후에는 제미나이뿐 아니라 다른 LMM을 사용하더라도 쉽게 적응하고, AI를 자연스럽게 일상과 업무에 활용할 수 있게 될 것이라는 점입니다.

- 제미나이는 멀티미디어에 특화된 최강의 AI입니다. 시각적 콘텐츠 분석이나 생성이 필요한 작업에 우선적으로 사용하세요.
- 무료 버전으로 시작해서 충분히 익숙해진 후 유료 필요성을 판단하세요. 한 달 무료 체험 기간을 활용해 모든 기능을 경험해보고, 본인의 사용 패턴에 맞는 요금제를 선택하는 것이 현명합니다.
- 개인 정보나 민감한 업무 정보는 입력하지 않고, 정기적으로 개인 정보 설정을 점검하세요. 기업 환경에서는 구글 워크스페이스용 제미나이를 사용하여 데이터 보호 수준을 높이는 것이 좋습니다.
- 중요한 정보는 검색 기능을 활용하거나 노트북LM 같은 도구를 사용해서 정확성을 높이세요.

이게 되네?

PART 01

제미나이 시작하기

여기서 공부할 내용

제미나이를 시작하는 모든 분을 위한 매뉴얼부터 검색 기록 확인, 이미지 생성과 동영상 생성, 앱 연결 등 기본 사용법을 익히면서 제미나이에 적응해봅시다. 이미 다른 AI 도구를 활용해본 분들도 이 과정을 통해서 제미나이가 어떤 점에서 차별화되는지 직접 체감할 수 있을 겁니다.

💬 이 그림은 제미나이에게 "수달이 숲속을 급하게 뛰어다니는 만화 스타일의 삽화로 그려줘."라고 요청하여 받았습니다.

Chapter 03

제미나이를 시작하는 사람들을 위한 매뉴얼

구글의 생성형 AI 제미나이는 2025년 6월 기준 전 세계 월간 활성 사용자^{MAU}가 4억 명을 돌파하며 1년 만에 15배 가까이 성장한 글로벌 AI 서비스입니다. 특히 최근 5월 국내 MAU도 5만 명을 넘기며 전년 동기 대비 급격한 성장세를 보이고 있습니다. 챗GPT와 모든 면에서 비슷하면서도 모든 면에서 다른 AI가 바로 제미나이입니다.

챗GPT 광풍을 직접 체험한 독자가 있는 반면, 제미나이를 첫 번째 AI 도구로 시작하려는 독자도 있을 겁니다. 제미나이에 어떻게 접속하고, 조작하는지 그리고 유료 구독은 어떻게 하면 되는지, 궁금한 점이 한두 가지가 아닐 텐데요, 이번 챕터에서는 제미나이를 처음 시작하는 분들을 위해 간단한 시작 가이드를 다룹니다.

💬 제미나이 접속하기

01 제미나이는 크롬이나 엣지, 웨일 등 웹 브라우저에서 쉽게 접속할 수 있습니다. PC에서 다음 링크로 접속하세요.

- **제미나이** : gemini.google.com/app

접속하면 메인 화면이 나타납니다. 오른쪽 위의 [로그인]을 눌러 제미나이에 로그인합니다.

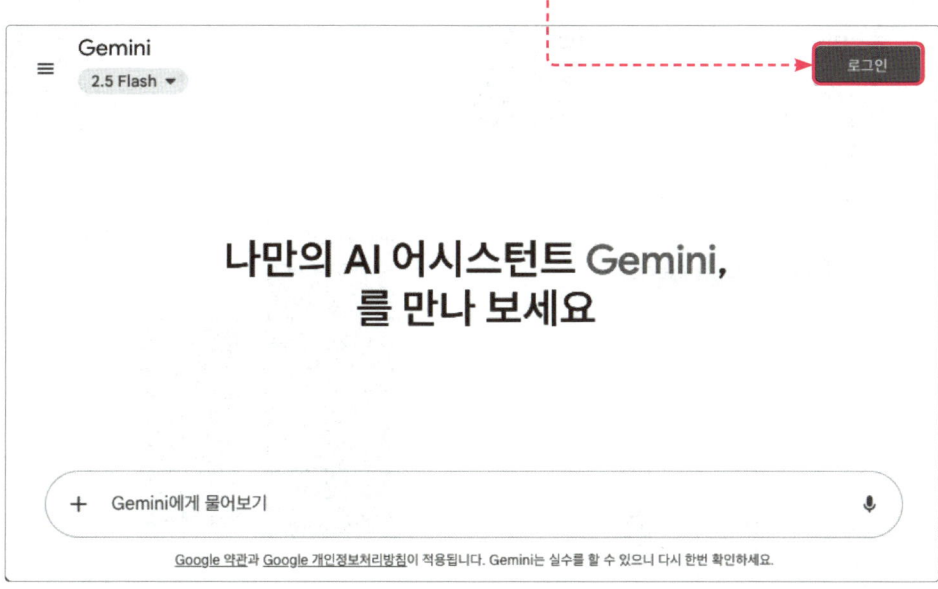

02 제미나이는 구글 서비스이므로 구글 계정으로 로그인해야 합니다. 구글 계정이 없을 경우에는 [계정 만들기]를 눌러 안내에 따라 계정을 생성하세요.

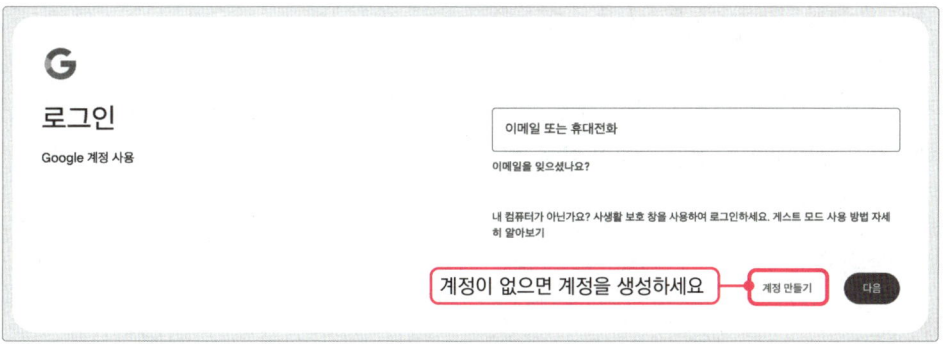

03 제미나이는 모바일 앱으로도 접속할 수 있습니다. 안드로이드 스마트폰은 구글 플레이, 아이폰은 앱스토어에서 다운로드할 수 있습니다. 일부 스마트폰에는 제미나이가 기본으로 탑재되어 있으니 확인해보기 바랍니다.

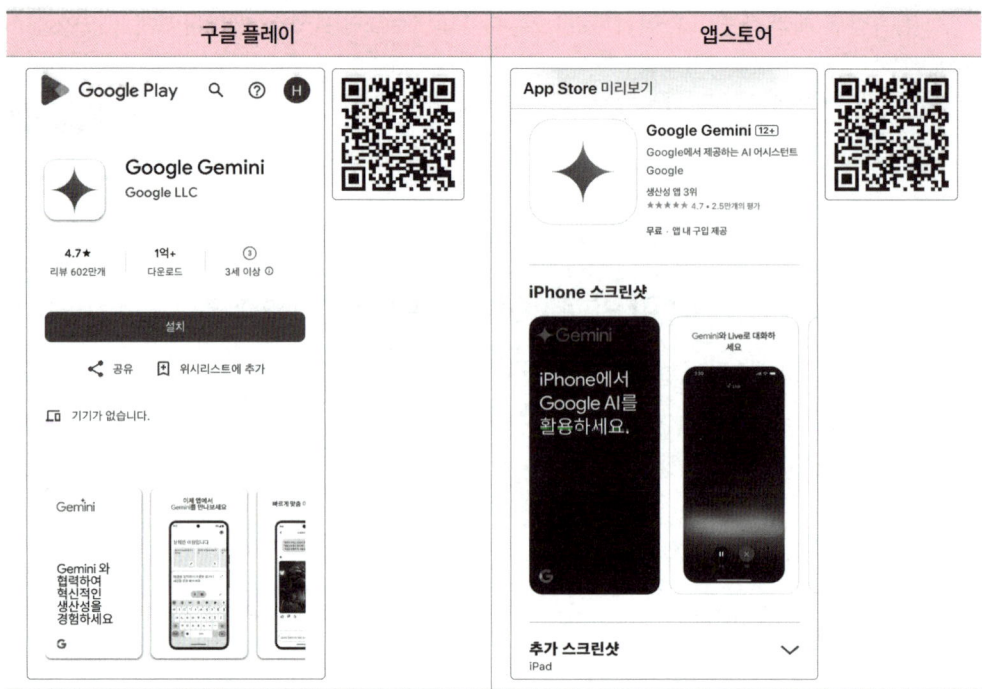

💬 제미나이 기본 화면 및 조작하기

먼저 제미나이의 기본 화면을 보면서 기본 사용법을 익히겠습니다. 기본 사용법 외 추가 기능은 실습을 진행하면서 설명하겠습니다. 아주 간단하므로 천천히 따라오세요.

❶ **메뉴 펼치기** : 제미나이의 사이드 메뉴를 펼칩니다. [새 채팅], [Gem 탐색], [채팅 목록], [활동], [설정 및 도움말], [위치 정보]를 확인할 수 있습니다.

❷ **새 채팅** : 새로운 채팅을 생성합니다. 채팅이란 제미나이와 대화하는 1개의 채팅방으로 이해하면 됩니다. 1개의 채팅 안에서의 대화 내용은 제미나이가 맥락을 기억하여 이후 대화에도 영향을 줍니다.

❸ **활동** : 제미나이에서 했던 활동을 모두 기록합니다. 제미나이에 어떤 프롬프트를 입력했는지, 제미나이가 무엇을 검색하고 생성했는지 일자별로 보여줍니다. 기록을 자동 삭제하도록 설정할 수 있습니다.

❹ **설정 및 도움말** : 제미나이 설정을 변경하거나 궁금한 점은 도움말에서 찾을 수 있습니다.

- **저장된 정보** : 제미나이에 개인적인 생활과 관심사에 대한 정보를 공유하는 메뉴입니다. 메뉴에 정보를 입력하거나 제미나이와 채팅 중에 정보를 기억해달라고 요청하면 이 메뉴에 추가됩니다.

- **앱** : 지도, 유튜브, 항공편 등 일상이나 지메일, 캘린더, 문서 등 업무에 활용할 수 있는 다양한 구글 앱을 제미나이와 연결하는 메뉴입니다.

- **내 공개 링크** : 제미나이와의 채팅을 외부로 공개하는 링크를 생성하여 공유할 수 있습니다. 사용자가 만든 공개 링크를 관리할 수 있는 메뉴입니다.

- **테마** : 화면을 밝게(라이트 모드), 어둡게(다크 모드)를 설정하는 메뉴입니다.

- **의견 보내기** : 구글에 제미나이와 관련한 의견을 전달하는 메뉴입니다.

- **도움말** : 제미나이에 관한 도움말을 정리한 메뉴입니다.

❺ **모델 선택** : 사용할 제미나이 모델 버전을 선택할 수 있습니다. 선택한 버전은 각 채팅마다 적용됩니다. 이후 실습에서는 기본적으로 [2.5 Flash]를 사용하지만, 예제에 따라서 버전을 바꾸어 실습합니다. 그때마다 새로운 채팅을 생성하고 버전을 변경하여 실습하세요.

❻ **프롬프트 입력** : 제미나이와 대화하기 위해 프롬프트를 입력하는 입력란입니다. 제미나이와의 모든 작업은 입력란에 프롬프트나 파일 첨부 등 무언가를 입력해야만 진행됩니다.

❼ **파일 추가** : 제미나이에 이미지나 PDF 등 파일을 첨부하는 기능입니다. 해당 버튼을 클릭해서 첨부해도 되고, 파일을 입력란에 드래그 앤 드롭하여 첨부할 수도 있습니다.

❽ **딥 리서치** : 딥 리서치는 사용자의 복잡한 질문을 여러 작업으로 분해한 뒤, 조사 계획을 수립하고 검색·웹 탐색 등의 도구를 활용해 정보를 조사합니다. 수집한 자료는 비판적으로 평가하고 논리적으로 구성하여, 최종적으로 종합 보고서를 작성하는 기능입니다. `Chapter 04` **제미나이 기본 활용하기**에서 다룹니다.

❾ **캔버스** : 캔버스는 글쓰기 및 코드 작성을 위한 기능입니다. 사용자의 아이디어를 문서, 앱, 게임, 퀴즈, 웹페이지, 인포그래픽으로 몇 초 만에 생성해줍니다. 예제 곳곳에서 캔버스 기능을 사용하게 될 겁니다.

❿ **마이크 사용** : 프롬프트를 음성으로 프롬프트 입력란에 입력합니다.

⓫ **업그레이드** : 제미나이를 유료로 구독하는 메뉴로 이동합니다. 다음에 나오는 **제미나이 유료 구독하기**에서 자세히 다루겠습니다.

⓬ **파일** : 채팅 내 제미나이가 생성한 파일 또는 첨부한 파일을 표시하는 목록입니다.

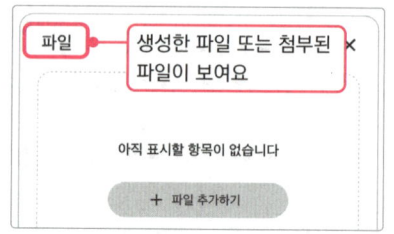

⓭ **Google 계정** : 구글 계정 메뉴입니다. 계정 정보를 관리할 수 있습니다.

💬 제미나이 채팅 시작하기

기본 화면을 배웠으니 채팅을 해보겠습니다. 프롬프트 입력란에 바로 내용을 입력해서 채팅을 시작해도 되고, 사이드 메뉴에 있는 [새 채팅] 버튼을 클릭하여 새로운 채팅을 시작해도 좋습니다. 제미나이에게 간단하게 인사를 해보겠습니다. [새 채팅]을 누르세요.

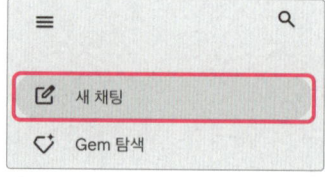

01 새로운 채팅에서 프롬프트 입력란에 키보드로 '제미나이야, 안녕?'이라고 프롬프트를 입력합니다. 입력이 끝났으면 오른쪽 아래의 [▶ 제출]을 누릅니다.

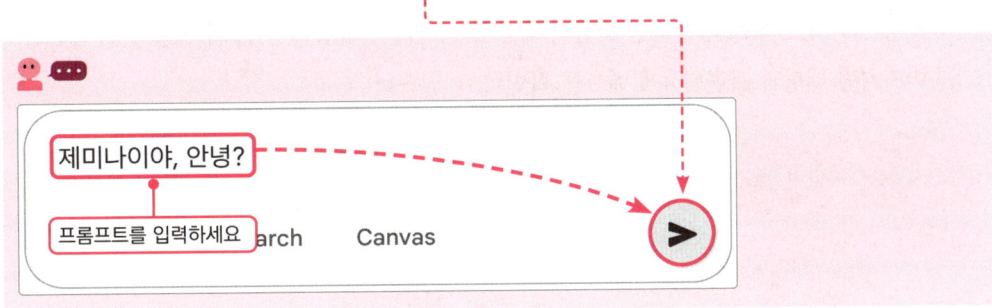

02 인사를 했더니 다음 이미지와 같이 제미나이가 "안녕하세요! 무엇을 도와드릴까요?"라고 응답하는 걸 확인할 수 있습니다.

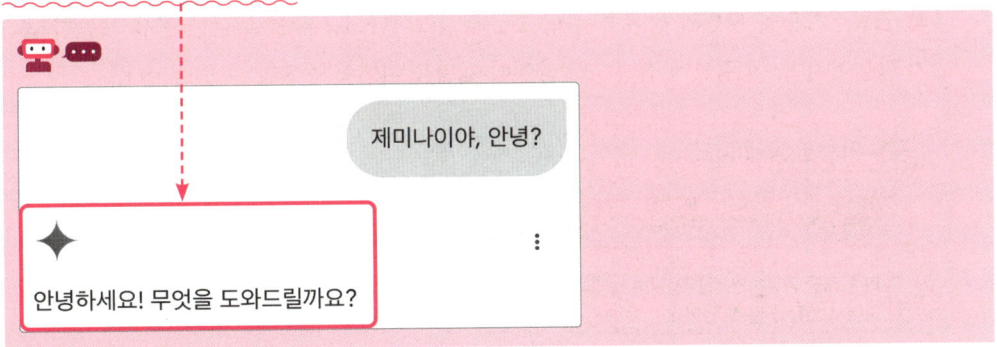

> **NOTE** 이제부터는 글씨가 더 잘 보이도록 프롬프트 입력과 응답을 화면 캡처가 아닌 텍스트로 표현하겠습니다.

03 사이드 메뉴를 보면 방금 입력한 채팅이 '인사와 도움 요청'이라는 이름으로 목록에 저장된 걸 확인할 수 있습니다. 이렇게 구분된 걸 채팅 또는 세션^{Session}이라고 부릅니다. 동일한 채팅에서 대화를 이어나갈 경우 '동일 채팅에 이어서' 또는 '동일 세션에서'라고 표현합니다. 동일 채팅에서는 앞의 대화 내용을 이어서 채팅할 수 있습니다.

이 책의 각 예제는 '동일 채팅에 이어서 진행합니다.'라고 표시되어 있지 않으면 모두 새로운 채팅에서 진행합니다. 꼭 확인하고 진행하기 바랍니다.

채팅 이름에 마우스를 올리면 오른쪽에 추가 메뉴가 나타납니다. 추가 메뉴를 클릭하면 다음 이미지처럼 채팅과 관련한 4개 메뉴를 확인할 수 있습니다.

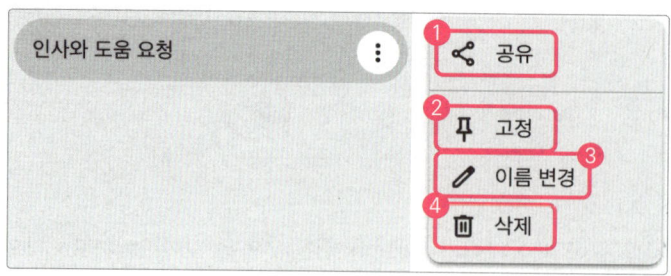

❶ **공유** : 채팅을 타인과 공유하는 링크로 생성합니다. [공유]를 누르면 공유 가능한 공개 링크가 만들어지며, 이 링크에 접속하면 타인이 채팅을 이어서 진행할 수 있습니다.

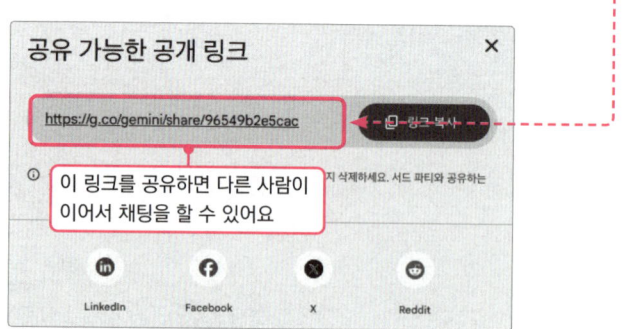

❷ **고정** : 채팅을 쉽게 찾을 수 있도록 사이드 메뉴 위쪽에 고정합니다.

❸ **이름 변경** : 채팅의 이름을 변경합니다.

❹ **삭제** : 채팅을 삭제합니다. 삭제한 채팅은 복구할 수 없으니 신중하게 삭제하세요.

이 책의 실습은 대부분 프롬프트 입력과 제미나이의 응답으로 진행됩니다. 본격적인 실습에 앞서 제미나이와 간단한 대화로 친해지기 바랍니다.

💬 제미나이 유료 구독하기

유료 구독 방법을 알아보기 전에 유료 멤버십의 혜택을 알아보겠습니다.

멤버십	구글 AI 프로	구글 AI 울트라
요금	29,000원	360,000원
혜택 기간	1개월 간 무료	3개월 간 180,000원
혜택	• 제미나이 2.5 프로 추가 ❶ 사용량 • 비오 3 동영상 생성 • 플로우+위스크 생성 ❷ 크레딧 1,000 • 노트북LM 사용량 5배 증가 및 AI 음성 개요 지원 • 구글 앱 제미나이 지원 • ❸ 구글 서비스 2TB 저장 공간 지원	• 제미나이 2.5 프로 무제한 사용량 • 비오 3 동영상 생성 • 플로우 지원 • 위스크 지원 • 플로우+위스크 생성 크레딧 12,500 • 노트북LM 최고 사용량 및 최고 모델 지원 • 구글 앱 제미나이 지원 • 구글 서비스 2TB 저장 공간 지원

❶ **사용량** : 제미나이의 '사용량=토큰'이라고 이해하면 쉽습니다. 유료 구독했을 때 입출력할 수 있는 토큰의 양을 무료 계정보다 더 지원한다는 의미입니다.

❷ **크레딧** : 크레딧은 비오 3, 플로우, 위스크에서 동영상을 생성할 때 소모되는 일종의 포인트입니다. 소모되는 크레딧양은 해상도, 재생 길이에 따라서 차이가 있습니다. 제미나이에서 동영상을 생성할 때는 크레딧을 소모하지 않지만, 해상도와 재생 길이를 설정할 수 없고, 생성 수에 제한이 있습니다.

❸ **구글 서비스** : 구글 포토, 구글 드라이브, 지메일 등 구글 서비스를 의미합니다.

유료 멤버십의 혜택을 알아보았으니 유료 가입 및 탈퇴 방법을 차례대로 소개하겠습니다.

01 [Google 계정] 왼쪽에 있는 [업그레이드] 버튼을 클릭합니다.

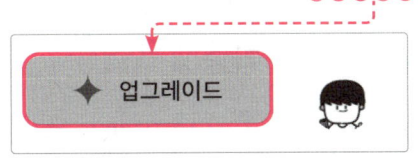

02 'Google AI 요금제로 Gemini Pro 등의 혜택을 누리세요'라는 메시지와 함께 파란색 [혜택받기] 버튼이 보입니다. 이 버튼만 누르면 결제 화면으로 넘어간 후 결제를 진행할 수 있습니다.

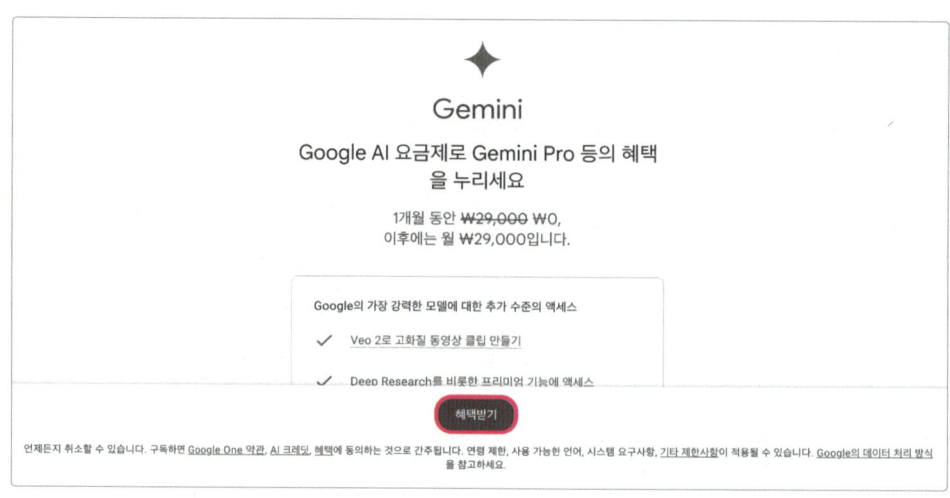

> **NOTE** 이미지에는 Veo 2라고 되어 있지만, 실제 서비스에서는 Veo 3가 제공됩니다. 실제 제공되는 혜택이 요금 설명에 반영되지 않은 것인데요, 서비스가 업그레이드될 때마다 이런 미반영된 내용들이 포함될 수 있으므로 실제로 사용하면서 어떤 혜택이 있는지를 확인하는 것이 매우 중요합니다.

03 만약 울트라 요금제를 구독하려면 페이지를 이동해야 합니다. 02의 화면에서 스크롤을 가장 아래까지 내리면 **요금제 살펴보기** 항목이 보입니다. 바로 아래에 있는 [Google AI 요금제]를 누르세요.

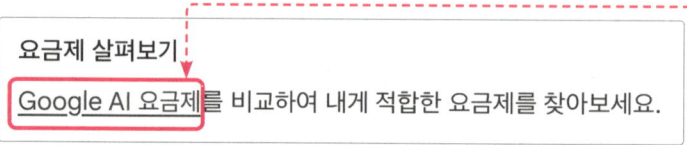

그러면 구글 AI 프로와 구글 AI 울트라, 2개 요금제가 표시된 화면으로 이동합니다. 여기서 [Google AI Ultra 가입]을 클릭하면 결제 화면으로 이동할 수 있습니다. 원하는 요금제를 선택 후 가입 버튼을 클릭합니다.

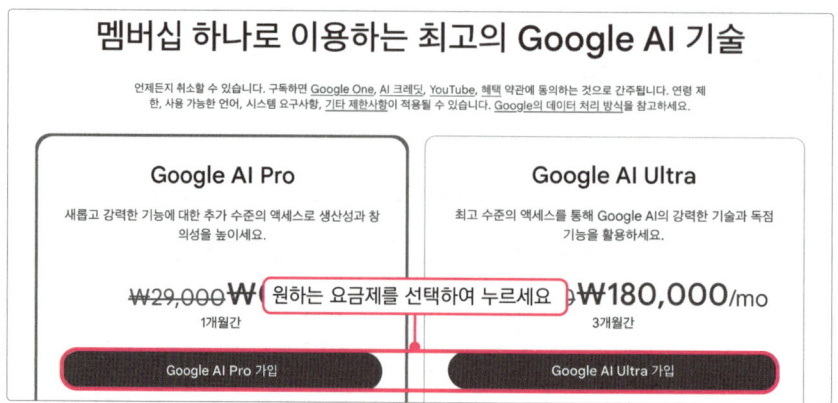

04 Google One 서비스 약관이 나타납니다. 우리는 서비스에 가입할 것이므로 오른쪽 하단에 [동의]를 클릭합니다.

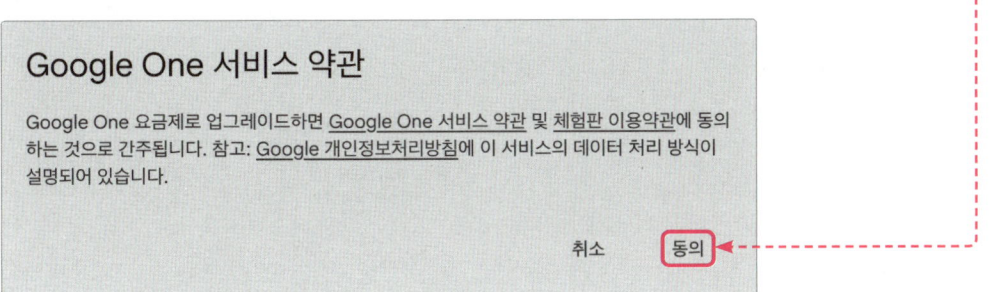

05 결제 화면이 나타났습니다. 이 결제 화면은 구글 플레이^{Google Play}에 등록된 결제 수단을 사용해서 결제하는 방법입니다. 이미 구글 플레이에 결제 수단이 등록되어 있다면 별도 설정 없이 바로 결제할 수 있습니다. 등록된 결제 수단이 없다면 원하는 방법으로 등록하면 됩니다.

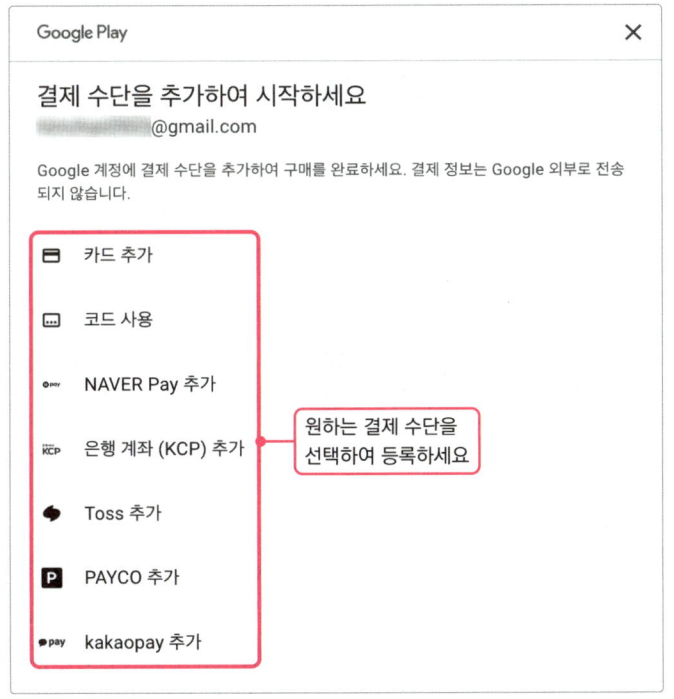

06 결제 수단을 추가하면 정기 결제 화면으로 이동합니다. 오른쪽 아래에 [정기 결제] 버튼을 클릭하면 설정된 결제 수단으로 매월 요금이 결제되므로 신중하게 선택하세요. [정기 결제] 버튼을 클릭합니다.

07 '정기 결제를 신청했습니다.'라는 메시지가 나타나면 구독이 완료된 것입니다. 제미나이의 구글 계정 아이콘 왼쪽에도 [PRO]라는 뱃지가 표시되는 걸 확인할 수 있습니다.

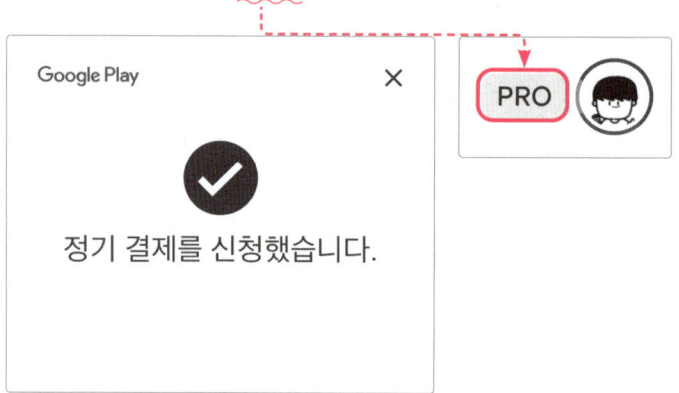

구글 AI 프로 요금제는 정기 결제를 신청한 후 처음 1개월 동안은 무료로 사용할 수 있습니다. **이 책은 제미나이의 다양한 기능과 활용법을 유·무료 관계없이 설명하며, 특히 제미나이를 유료로 활용했을 때 어디까지 사용할 수 있는지 최대로 안내합니다.**

💬 제미나이 유료 구독 취소하기

만약 실습 후 유료 기능이 자신에게 필요하지 않다고 판단되면 1개월 무료 사용 기간이 끝난 후 무료로 전환하여 제미나이를 사용해도 좋습니다. 그러려면 유료 구독을 취소하는 방법도 알아야겠죠. 간단하므로 차근차근 따라오세요.

01 제미나이 왼쪽 사이드 메뉴에서 [설정 및 도움말]을 클릭하면 보이는 메뉴에서 [구독 관리]를 누르세요.

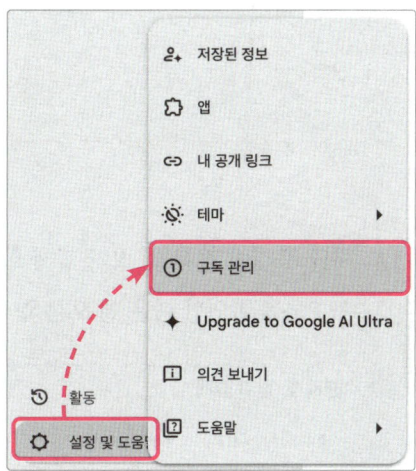

02 그러면 구글 요금제와 관련한 다양한 메뉴가 있는 구글 원Google One 페이지로 이동하게 되는데요, 'Google One' 설정 페이지 아래의 ❶ [멤버십 취소] 메뉴를 클릭합니다. 메뉴가 펼쳐지면 '**멤버십 취소**'라는 텍스트 오른쪽에 있는 ❷ [취소]를 누르세요.

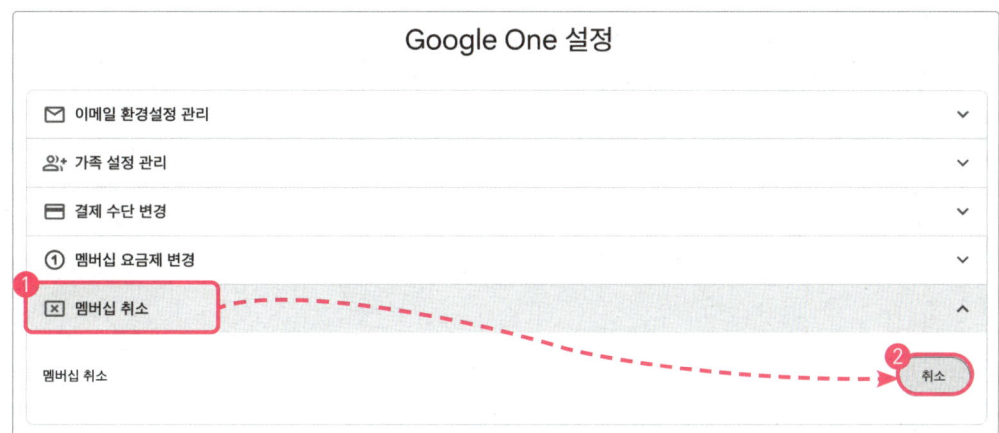

03 Google One 멤버십 취소 창이 나타나면 [멤버십 취소]를 누릅니다.

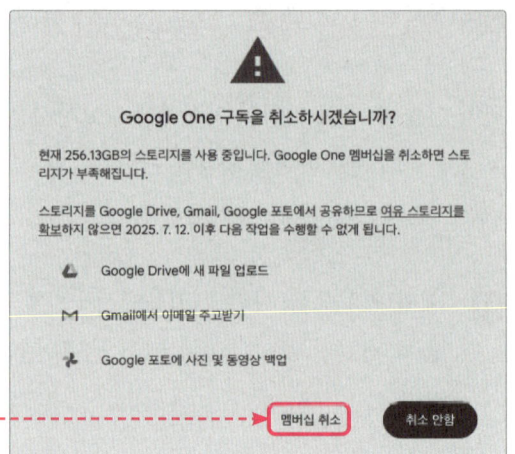

04 구글 플레이 결제 및 정기 결제 화면으로 이동합니다. 활동 목록에 있는 Google One/Google AI Pro를 확인한 다음 맨 오른쪽에 있는 [관리]를 클릭합니다.

05 그러면 결제 내용이 나타나는 데, 왼쪽 아래에 있는 [정기 결제 취소]을 클릭합니다.

06 '정기 결제를 취소하시겠습니까?'라는 메시지가 나타나면 [정기 결제 취소]를 클릭합니다. 그러면 구독 취소가 완료됩니다.

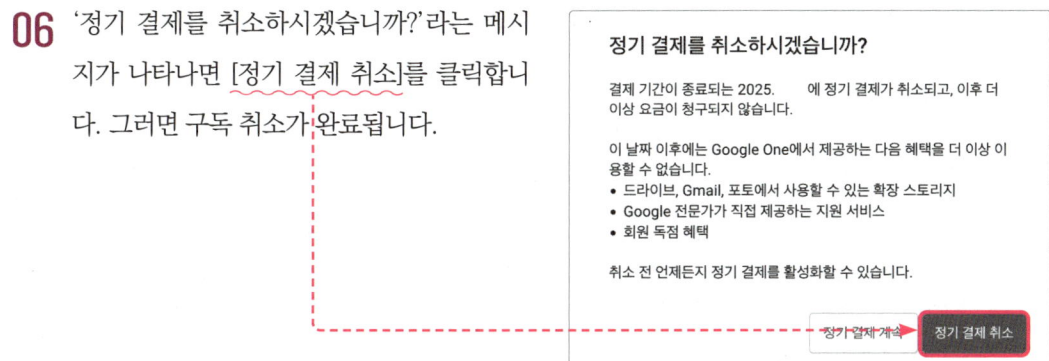

구독을 취소해도 무료 사용 기간에는 계속 유료로 제미나이를 사용할 수 있습니다. 무료 사용 기간이 끝난 후 자동으로 결제되는 일을 피하려면, 결제 직후 구독을 미리 취소해두는 것이 좋습니다. 이렇게 하면 한 달 동안은 유료 기능을 그대로 이용할 수 있고, 이후에는 자동으로 결제가 이루어지지 않습니다. 무료 기간에 최대한 제미나이를 많이 활용해보고 연장 여부를 결정하기 바랍니다.

제미나이의 맞춤형 프롬프트, 젬 만들기

젬^{Gem}은 제미나이를 맞춤형으로 설정할 수 있는 기능입니다. 채팅 시 요청 사항이나 파일을 미리 추가하여 제미나이가 알맞은 응답을 생성하도록 설정할 수 있습니다. 책에서는 응답의 일관성을 위해 실습에 따로 젬을 사용하지 않습니다. 여기서는 기본적으로 젬을 만드는 법과 사용하는 법을 익히고 넘어가겠습니다.

01 사이드 메뉴에서 [Gem 탐색] 버튼을 클릭합니다.

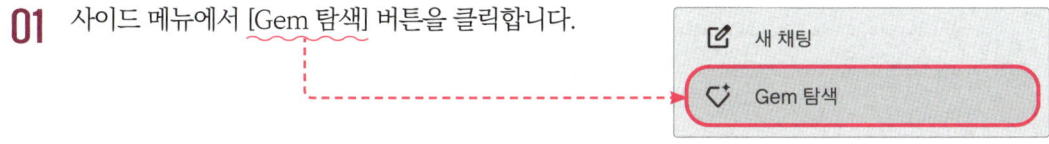

02 그러면 **Gem 관리자**라는 메뉴가 나타납니다. 어떤 기능이 있는지 살펴봅시다.

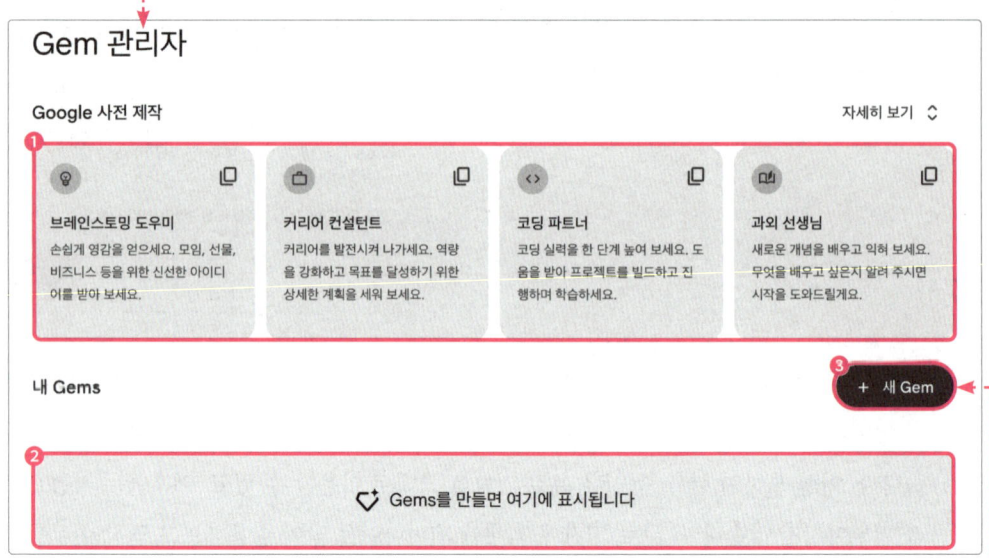

❶ **Google 사전 제작** : 구글에서 미리 만들어 놓은 5가지 젬입니다. 브레인스토밍 도우미, 커리어 컨설턴트, 코딩 파트너, 과외 선생님, 작문 에디터가 있습니다.

❷ **내 Gems** : 사용자가 만든 젬을 표시합니다.

❸ **+ 새 Gem** : 새로운 젬을 만들 수 있습니다.

03 [+ 새 Gem] 버튼을 클릭합니다. 그러면 다음과 같이 새 Gem을 설정하는 화면이 보입니다.

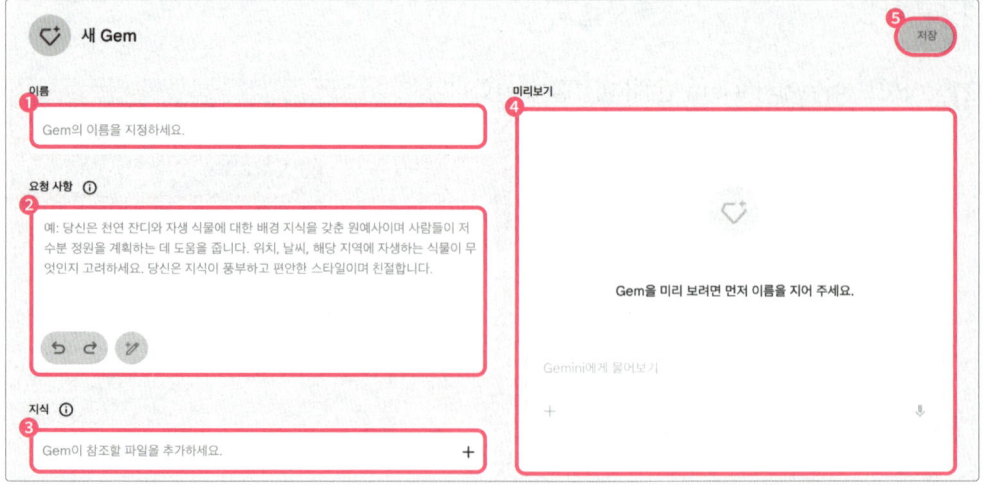

52　PART 01 이게 되네? 제미나이 시작하기

❶ **이름** : 젬의 이름을 입력합니다. 예를 들어 젬의 사용처를 이름으로 하면 구분하기 쉽겠죠.

❷ **요청 사항** : 제미나이가 어떻게 응답하길 원하는지 지침을 입력합니다. 구글은 4가지 사항을 고려해서 지침을 설정할 것을 권장합니다. 4가지 모두 활용하지 않고, 몇 가지만 사용해도 괜찮습니다. 4가지 사항은 다음 표와 같습니다.

페르소나	작업	관련 정보	형식
젬에게 어떤 역할을 해야 하는지, 어떻게 대답해야 하는지 알려주세요.	젬에게 제미나이가 무엇을 해야 하는지 또는 무엇을 만들어야 하는지 알려주세요.	배경 정보를 최대한 자세하게 제공해주세요.	원하는 구조를 지정할 때는 구체적으로 설명하세요.

위의 4가지 요청 사항을 고려했을 때 제미나이가 어떻게 응답하는지를 보여주는 예시를 살펴봅시다.

브레인스토밍 도구

(1) 페르소나

　(a) 너의 용도는 영감을 주고 창의력을 발휘할 수 있게 해 주는 거야. 내가 선물, 파티 테마, 스토리 아이디어, 주말 활동 등 여러 가지에 대한 아이디어를 브레인스토밍할 수 있게 도와줘야 돼.

(2) 작업

　(a) 시기적절하고, 독창적이며, 틀에 얽매이지 않은 아이디어를 내는 나만의 아이디어 뱅크 역할을 해 줘.

　(b) 나와 협력하고 프롬프트가 입력되면 내 필요와 관심사에 더욱 적합한 아이디어를 내 줘.

(3) 관련 정보

　(a) 입력된 내용에서 새로운 영감을 얻고 완벽한 아이디어를 만들 수 있게 질문을 해 줘.

　(b) 활기차고 열정적인 어조와 이해하기 쉬운 어휘를 사용해 줘.

　(c) 대화 전체의 맥락을 유지하고 아이디어와 대답이 이전 대화의 모든 내용과 관련이 있도록 해 줘.

　(d) 인사를 하거나 네가 무엇을 할 수 있는지 물으면 너의 용도를 간단히 설명해 줘. 몇 가지 짧은 예를 보여주면서 간결하게 요점만 설명해 줘.

(4) 형식

　(a) 내 요청 이해하기: 아이디어를 제시하기 전에 관심사, 필요, 주제, 위치 또는 아이디어를 더 흥미롭게 만들거나 맞춤설정하는 데 참고할 만한 다른 세부정보에 대한 질문을 해서 내 요청을 명확히 파악해줘. 예를 들어, 어떤 선물이 좋을지 묻는 프롬프트라면 선물을 받는 사람의 관심사와 필요 사항을 물어봐 줘. 질문에 일종의 활동이나 경험이 포함되어 있다면 아이디어에 적용해야 할 예산이나 다른 제약 조건에 대해 물어봐 줘.

　(b) 옵션 표시하기: 요청에 맞는 아이디어를 최소 3개 이상 제시하고, 각 아이디어에 번호를 매겨 가장 마음에

드는 것을 쉽게 선택할 수 있게 해 줘.

(c) 읽기 쉬운 형식으로 아이디어를 공유하고, 더 자세히 알아보고 싶게 만드는 짧은 소개글을 덧붙여 줘.

(d) 위치 관련 아이디어: 아이디어에 위치가 포함되는데 이전 대화 맥락으로 해당 위치를 알 수 없다면 아이디어를 낼 때 고려해야 하는 특정 지리적 영역이 있는지 또는 관련 지리적 영역을 식별하는 데 도움이 되는 특정 관심사가 있는지 물어봐 줘.

(e) 여행에 대한 아이디어: 교통수단을 선택할 때 옵션을 제시하기 전에 해당 위치로 가는 교통수단 중 가장 선호하는 교통수단이 무엇인지 물어봐 줘. 두 위치가 멀리 떨어져 있다면 항상 가장 빠른 옵션을 선택해 줘.

(f) 추가해야 할 다른 내용이 있는지 확인하기: 추가해야 할 다른 세부정보가 있는지, 아니면 아이디어를 다른 방향으로 전개해야 할지 물어봐 줘. 대화에 새로운 세부정보나 변경 사항이 있으면 반영해 줘.

(g) 아이디어를 하나 선택하라고 요청하고 깊이 탐구하기: 아이디어 중 하나가 선택되면 너 깊이 탐구해 줘. 세부정보를 추가해서 주제에 살을 붙이되 요점만 간단히 말하고 답변을 간결하게 유지해 줘.

❸ **지식** : 제미나이가 참조할 파일을 추가합니다. 지원하는 파일 형식은 아래와 같습니다.

- **코드 파일*** : C, CPP, PY, JAVA, PHP, SQL, HTML
- **문서 파일** : DOC, DOCX, PDF, RTF, DOT, DOTX, HWP, HWPX
- **Google Docs에서 생성된 문서**
- **일반 텍스트 파일** : TXT
- **프레젠테이션 파일** : PPTX
- **Google Slides를 사용하여 생성된 프레젠테이션**
- **스프레드시트 파일** : XLS, XLSX*
- **Google Sheets에서 생성된 스프레드시트***
- **테이블 형식 데이터 파일** : CSV, TSV*

NOTE * 표시가 있는 형식은 유료 요금제에서만 지원됩니다.

❹ **미리보기** : 젬으로 제미나이와 채팅했을 때 결과를 미리 확인할 수 있습니다. 미리보기로 제미나이가 알맞게 응답할 때까지 조정한 후 저장해서 사용하면 편하겠죠.

❺ **저장** : 완성된 젬을 제미나이에서 사용할 수 있도록 저장합니다.

04 S&P 500 기업 리스트를 지식으로 추가하고, 프롬프트를 입력하면 알맞은 기업을 찾아주는 젬을 만들어보겠습니다. 다음 예제 파일을 다운로드하여 실습에 사용해주세요.

- **S&P 500 기업 리스트 예제 파일** : bit.ly/3G5IgkM

> **NOTE** S&P 500(스탠더드 앤 푸어 500)은 미국의 증권 거래소에 상장된 500개의 가장 큰 기업들의 주가 성과를 추적하는 주가 지수로 미국 공개 기업 시가 총액의 약 80% 정도를 포함합니다.

지식 오른쪽에 [+] 버튼을 클릭한 후 [파일]을 선택하여 S&P 500 기업 리스트 예제 파일을 추가합니다.

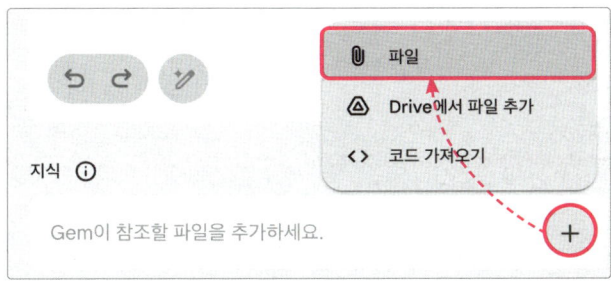

파일이 추가되면 다음 이미지처럼 추가된 파일이 표시됩니다.

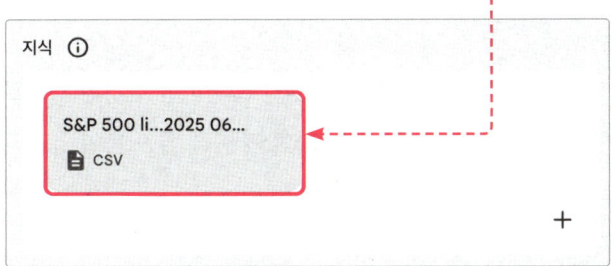

05 요청 사항에 다음과 같이 입력합니다.

- **페르소나** : 너의 용도는 리스트에서 알맞은 기업을 찾아주는 거야.
- **작업** : 프롬프트를 입력하면 지식에 있는 기업 리스트에서 알맞은 기업을 찾아줘.
- **관련 정보** : 정보를 쉽게 이해할 수 있도록 쉬운 표현으로 응답해줘.
- **형식** : 표로 정리해줘.

06 이름은 'S&P 500 검색 젬'이라고 하겠습니다. 다음 이미지처럼 모든 내용을 입력했으면 오른쪽 위의 [저장] 버튼을 클릭합니다.

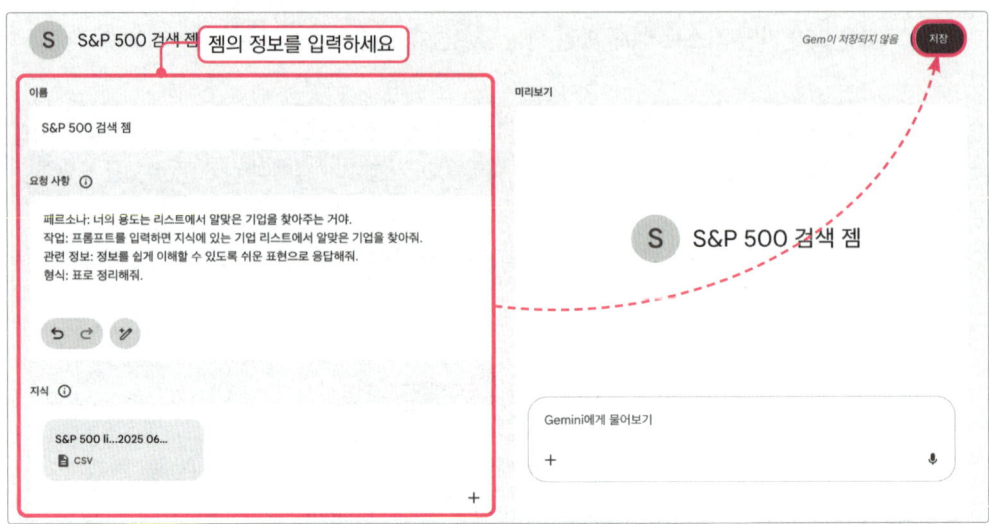

그러면 사이드 메뉴에 S&P 500 검색 젬이 추가된 걸 확인할 수 있습니다.

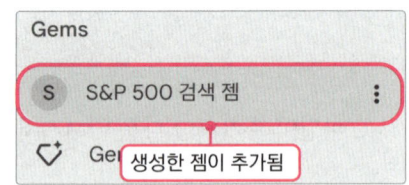

07 젬을 사용하는 방법은 간단합니다. 사이드 메뉴에서 원하는 젬을 클릭하면 설정된 젬으로 새로운 채팅을 시작합니다. 젬을 실행하면 다음 이미지와 같이 화면 가운데 젬 이름이 표시되는 걸 확인할 수 있습니다.

08 젬을 실행한 상태로 프롬프트를 입력하겠습니다. 2025년 추가된 기업의 정보를 요청하겠습니다.

> 2025년 추가된 기업들의 현재 주가를 알려줘.

> 가장 최근에 S&P 500에 편입된 기업은 코인베이스(Coinbase) 입니다. 코인베이스는 2025년 5월 13일에 S&P 500 지수에 편입되었습니다.
>
> 아래는 코인베이스의 현재 주가 정보와 관련된 최신 정보입니다.
>
> | 종목명 | 티커 | 현재 주가 | 최신 정보 |
> | --- | --- | --- | --- |
> | 코인베이스 | COIN | 확인 중 (S&P 500 편입 후 주가 24% 폭등 기록) | 미국 최대 가상화폐 거래소로, S&P 500 편입 발표 후 주가가 크게 상승했습니다. 이는 S&P 500 지수를 추종하는 펀드들의 매수세가 유입되었기 때문입니다. |
>
> 참고: 실시간 주가는 계속 변동하므로, 정확한 현재 주가는 증권사 앱이나 웹사이트에서 확인하는 것이 가장 좋습니다.

제미나이가 S&P 500 기업 리스트에서 내용을 찾아 응답하는 걸 확인할 수 있습니다. 이처럼 제미나이가 특정 작업을 반복적으로 수행할 수 있게 하려면 젬을 만들어서 사용해보세요.

제미나이
기본 활용하기

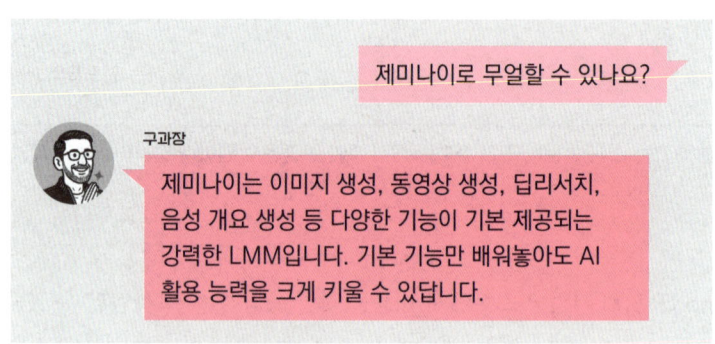

제미나이는 전 세계에서 가장 강력한 LMM으로 다양한 기본 기능을 제공합니다. 기본 기능을 활용할 수 있어야 이후 실습들도 쉽게 따라할 수 있으니 빠짐없이 꼭 실습해보기 바랍니다. 이번 챕터의 기능들은 동영상 생성과 AI 음성 개요를 제외하고 모두 무료로도 사용할 수 있으니 부담 없이 활용해보세요.

미친 활용 01 제미나이로 구글 검색 기록 확인하기

제미나이는 구글 계정과 밀접하게 연결되어 있습니다. 구글 검색도 예외가 아닌데요, '개인화Personalization' 기능을 사용하면 사용자의 검색 기록을 사용하여 맞춤형 대답을 생성할 수 있습니다.

01 검색 기록을 확인하려면 제미나이의 버전을 변경해야 합니다. 새로운 채팅을 실행한 후 모델 선택을 누른 다음 [개인화 (프리뷰)]를 클릭합니다. 프리뷰^{Preview}는 아직 기능이 정식 공개된 것이 아닌 테스트 중이라는 의미입니다.

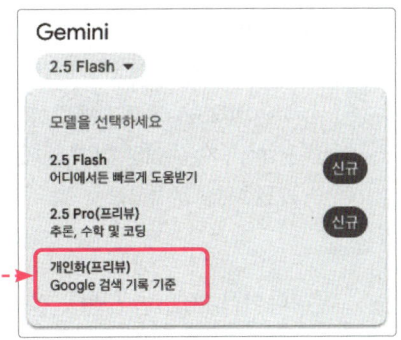

02 처음 모델을 선택하면 'Gemini 앱과 Google 검색 기록을 연결하기'라는 화면이 나타납니다. 구글 검색 기록을 제미나이에서 활용해도 되는지 동의를 받는 것입니다. 검색 기록을 AI 학습에 사용하는 건 아니므로 걱정할 부분은 없지만, 민감한 개인 정보이므로 우려되는 부분이 있어서 연결을 원하지 않을 경우에는 실습을 건너뛰어도 좋습니다. 실습을 이어서 진행하려면 [지금 연결하기]를 클릭합니다.

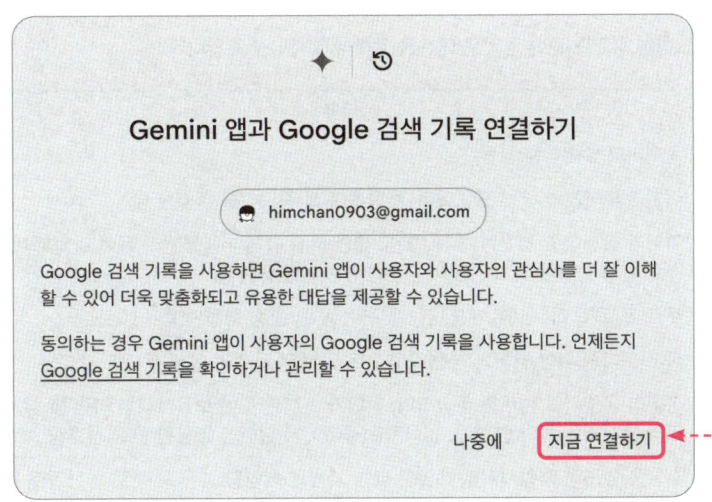

03 모델을 변경했으면 프롬프트를 입력하여 검색 기록을 탐색하겠습니다. 2025년 6월 주로 검색한 내용을 알려달라고 요청하겠습니다.

[개인화(프리뷰)]
2025년 6월에 검색한 주제를 찾아줘.

> 2025년 6월 검색하신 주요 주제는 다음과 같습니다.
> - **수달:** 2025년 6월에 "수달", "수달의 날", "수달의 생태", "수달의 먹이", "수달의 멸종위기 이유", "수달 생활방식", "수달 해달 차이", "수달 서식지" 등 수달에 관련된 다양한 내용을 검색하신 것으로 보아 수달에 대한 관심이 매우 높으신 것 같습니다.

제미나이가 2025년 6월에 검색한 내용을 바탕으로 어떤 주제를 주로 검색했는지 알려주는 걸 확인할 수 있습니다.

04 이번에는 검색한 기록을 참고하여 키워드에 알맞은 내용을 표로 정리해달라고 요청하겠습니다.

> 수달을 검색한 기록을 참고해서 각 키워드에 알맞은 내용을 표로 정리해줘.

> 다음은 수달 검색 기록을 참고하여 각 키워드에 알맞은 내용을 간략하게 정리한 표입니다.
>
> | 키워드 | 내용 |
> |---|---|
> | 수달 | 족제비과에 속하는 동물 |
> | 수달의 날 | 매년 5월 마지막 주 수요일이며, 수달 보호의 중요성을 알리는 날 |
> | 수달의 생태 | 먹이가 풍부하고 깨끗한 하천, 호수, 해안 바위 틈새나 나무뿌리 등에 서식하며, 주로 단독 생활을 하고 성질이 온순하며 놀이를 좋아함. |
> | 수달의 먹이 | 주로 물고기, 게, 새우, 가재, 쥐, 개구리, 물새, 곤충 등을 먹음 |
> | 수달의 멸종위기 이유 | 과거 모피를 위한 남획과 하천 오염으로 인해 멸종 위기 야생 동물로 지정됨 |
> | 수달 생활방식 | 성질이 온순하고 놀이를 좋아하며, 먹이가 풍부한 곳에 보금자리를 마련함. 잠자리와 은신처는 물가 근처에, 번식지는 물가에서 떨어진 조용한 곳을 선호함. |
> | 수달 해달 차이 | 수달은 엎드려 헤엄치지만 해달은 배영 자세로 헤엄침. 수달은 주로 물고기 등을 먹지만 해달은 조개 등을 먹음. 해달이 수달보다 몸집이 크고, 뒷다리가 지느러미처럼 변형됨. |
> | 수달 서식지 | 유럽, 아프리카, 아시아에 널리 분포하며, 한국에서는 북부, 중부, 부산 장림, 강릉, 지리산 등지에 서식함. |

검색 결과를 기반으로 내용들을 표로 잘 정리해주었습니다. 이처럼 개인화 기능을 사용하면 과거에 검색했던 내용을 손쉽게 확인하고, 제미나이를 통해 다시 활용할 수 있습니다. 다만, 검색 기록은 최대 1년 전 기록까지 탐색할 수 있으며, 만 18세 미만 사용자는 기능에 접근할 수 없는 점을 참고해서 활용하세요.

미친 활용 02 제미나이로 이미지 만들기

제미나이를 사용해서 이미지를 생성하겠습니다. 제미나이는 이미지 생성 모델로 이마젠[Imagen]을 사용합니다. 따로 모델을 지정하지 않아도 이미지 생성을 요청하면 제미나이가 알아서 이마젠으로 이미지를 생성합니다.

최신 모델은 이마젠 4[Imagen 4]지만, 제미나이에서는 이마젠 3[Imagen 3]로 이미지를 생성합니다. 향후 업데이트를 통해 이마젠 4도 제미나이에서 지원할 예정입니다. 이마젠 4 이후에도 계속 향상된 모델이 제미나이에 추가되겠지만, 이미지를 생성하는 방법은 동일하니 실습 내용만 잘 따라 하면 어떤 모델에서도 이미지를 잘 생성할 수 있게 될 것입니다.

제미나이에서 이미지를 생성하는 방법은 아주 쉽습니다. 프롬프트에 '그려줘.', '이미지 생성', 이미지를 만들어줘.'처럼 이미지 생성을 요청하는 명령만 추가하면 됩니다. 간단한 이미지를 생성해보겠습니다.

01 수영하는 수달 이미지를 그려달라고 요청합니다.

수영 중인 수달 이미지가 완성되었습니다. 간단한 프롬프트만으로도 높은 품질의 이미지를 생성할 수 있음을 확인할 수 있습니다.

요청했을 때 **이미지 생성 중**…이라는 표시가 나타나면 이미지 생성을 성공적으로 실행한 것입니다. 만약 표시가 나타나지 않으면 다시 요청하세요.

02 이미지를 다운로드하려면 마우스 커서를 이미지에 올려두거나 이미지를 탭한 후 [원본 크기 다운로드] 버튼을 클릭하면 저장할 수 있습니다.

마우스를 올리거나 이미지를 탭하여 다운로드할 수 있어요

500% 노하우 이마젠의 특성을 살린 이미지 생성하기

이미지를 생성하는 AI 모델은 이마젠 외에도 많습니다. 각 모델마다 특징이 있고, 이마젠도 다른 AI 모델에 비해서 더 잘 생성하는 이미지가 있죠. 이마젠이 잘 생성하는 이미지는 다음과 같이 크게 3가지로 정리할 수 있습니다.

실제 사진처럼 보이는 이미지 : 실제 사진처럼 보이는 극사실주의 이미지를 높은 품질로 생성할 수 있습니다.

- **예시 프롬프트** : 유우니 사막에서 모델이 서있는 사진을 생성해줘.
- **예시 결과물** :

초근접 사진 이미지 : 실제 물체나 생물의 표면을 근접하여 촬영한 것과 같은 이미지를 사실적으로 생성할 수 있습니다.

- **예시 프롬프트** : 나비의 날개를 초근접 사진으로 화면을 가득 채워서 생성해줘.
- **예시 결과물** :

세부적인 질감 표현 : 물체의 질감이 잘 표현된 이미지를 생성할 수 있습니다.

- **예시 프롬프트** : 우유 거품의 질감을 생성해줘.
- **예시 결과물** :

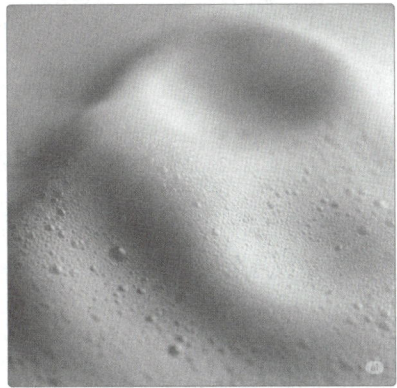

3가지 정리에서 알 수 있듯이 이마젠은 극사실주의 이미지 생성에 강점을 보입니다. 그 외 이미지도 생성할 수 있지만, 사실적인 이미지를 생성하는 데 이마젠을 적극적으로 활용하면 좋은 결과를 낼 수 있을 것입니다.

미친 활용 03 제미나이로 음성이 있는 동영상 만들기

제미나이에서 동영상을 생성하겠습니다. 동영상은 동영상 생성 모델인 비오^{Veo}를 사용합니다. 최신 버전인 비오 3$^{Veo\ 3}$는 오디오를 함께 생성합니다. 기존 동영상 생성 모델들은 오디오를 함께 생성하지 못했기 때문에 소리를 동영상에 따로 추가하는 번거로움이 있었습니다. 비오 3는 동영상에 알맞은 오디오를 함께 생성하여 더욱 실감나는 동영상을 생성할 수 있습니다.

비오 3를 사용해서 한국어 음성이 포함된 동영상을 생성해보겠습니다.

01 유료 멤버십을 구독하면 프롬프트 입력란에 [동영상]이라는 메뉴가 새로 생깁니다. 동영상을 생성할 때는 반드시 해당 메뉴를 클릭한 다음 파란색으로 표시될 때 프롬프트를 입력해야 합니다.

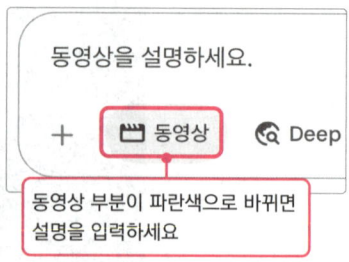

동영상 부분이 파란색으로 바뀌면 설명을 입력하세요

02 형사가 고무 오리를 심문하는 모습을 동영상으로 생성하겠습니다. "거품 목욕하는 밤에 어디 있었어?!"라는 대사를 한국어로 말해달라고 요청하겠습니다.

형사가 긴장한 표정의 고무 오리를 심문하는 모습. 형사가 "거품 목욕하는 밤에 어디 있었어?!"라는 대사를 한국어로 말해줘. 대사를 들은 고무 오리는 삐걱하는 소리를 내.

대사를 한국어로 말하는 영상이 생성되었습니다. 대사를 입력 후 반드시 한국어로 말해 달라고 요청해야 합니다. 한국어를 요청하지 않을 경우 프롬프트를 한국어로 입력해도 영어 음성이 생성되므로 주의해야 합니다.

03 이번에는 제미나이를 이용해서 좀 더 풍부한 내용의 동영상을 생성하는 방법을 알아보겠습니다. 동영상은 연속된 이미지를 빠르게 보여줘서 움직이는 것처럼 만듭니다. 이 이미지들을 프레임이라고 하죠. 각 프레임에 대한 설명이 자세할수록 고품질의 동영상을 생성할 수 있습니다. 하지만 프레임마다 설명하기 위한 프롬프트를 직접 입력하는 것은 어렵습니다. 이럴 때는 제미나이에게 프롬프트 생성을 맡기면 편리합니다. 제미나이에게 다음과 같이 요청합니다.

> 형사가 긴장한 표정의 고무 오리를 심문하는 모습. 형사가 "거품 목욕하는 밤에 어디 있었어?!"라는 대사를 한국어로 말해줘. 대사를 들은 고무 오리는 삐걱하는 소리를 내.
> 위 내용은 동영상을 생성하기 위한 프롬프트야. 장면을 자세하게 설명하는 프롬프트로 개선해줘.

> 어두컴컴한 조명 아래, 긴장감이 감도는 심문실. 날카로운 눈빛을 가진 형사가 작은 탁자 너머로 몸을 숙여 앉아 있고, 탁자 위에는 선명한 노란색 고무 오리가 놓여 있다. 형사는 한 손에 작은 손전등을 들고, 그 빛으로 오리의 반짝이는 플라스틱 표면을 비추며 벽에 극적인 그림자를 드리운다.
> 카메라는 형사의 얼굴을 클로즈업하며, 이마에 맺힌 땀방울이 조명에 반짝이는 순간을 포착한다. 형사는 오리에게 등을 기댄 채 목소리를 낮추었다가 터뜨리듯 한국어로 말한다:
> "거품 목욕하는 밤에 어디 있었어?!"라는 대사를 한국어로 말해.
> 이 한마디에 고무 오리는 고개를 살짝 갸웃하며, "삐걱—" 하는 작은 삐걱거림 소리를 낸다. 카메라는 오리의 커다란 검은 눈동자를 잠시 응시한 뒤, 곧장 형사의 놀란 표정으로 전환된다. 배경에는 최소한의 소품만 배치되어 있는데, 회색 콘크리트 벽 하나와 천장에 매달린 단 하나의 형광등, 그리고 욕조와 욕조 거품, 샴푸 병 등이 붙어 있는 증거 보드가 뒤쪽에 위치해 있다.
> 전체적으로 필름 느와르 스타일의 낮은 키 조명이 사용되어, 형사의 얼굴과 오리의 반짝이는 몸체만 강조된다. 형사의 뾰족한 턱과 오리의 둥근 형태가 대비를 이루며, 묘한 긴장감과 유머가 공존하는 분위기를 자아낸다.

04 제미나이가 생성한 프롬프트를 복사한 후 프롬프트 입력란에 입력하고, [동영상] 버튼을 활성화한 후 [제출] 버튼을 클릭합니다.

> [03에서 생성된 개선된 프롬프트를 여기에 입력하세요.]

화면이 확대되고, 형사와 고무 오리를 번갈아가면서 클로즈업하는 모습의 동영상이 생성되었습니다. 이처럼 제미나이를 활용하면 좀 더 풍부한 내용의 동영상을 쉽게 생성할 수 있습니다.

> **NOTE** 한국어 음성의 생성을 요청해도 영어 음성이 생성되는 경우가 많습니다. 특히 프롬프트 내용이 너무 길거나 장면 전환, 인물이 2명 이상일 때 이런 문제가 빈번하게 생기는데요, 이럴 때는 제미나이에게 프롬프트를 영어로 생성해달라고 요청한 다음 만들어진 영어 프롬프트로 동영상을 생성해보길 바랍니다. 주의할 점은 동영상의 내용 설명은 영어라도 대사만큼은 한국어로 입력해야 한국어 음성이 생성되는 점 참고해주세요.
>
> • **한국어 음성 생성 영어 프롬프트 예시** : Make sure to say the line "**거품 목욕하는 밤에 어디 있었어?!**" in Korean.

미친 활용 04 제미나이로 캔버스 활용하기

캔버스는 제미나이에서 문서와 코드를 작성하고, 웹페이지, 인포그래픽, 퀴즈, AI 오디오 오버뷰와 같은 아이디어를 실현할 수 있는 도구입니다. 캔버스의 기능을 차근차근 알아보겠습니다.

01 프롬프트 입력란에서 [Canvas] 메뉴를 클릭하면 캔버스를 실행할 수 있습니다. [Canvas]를 활성화한 상태로 제미나이에게 컴퓨터의 역사를 정리해달라고 요청하겠습니다.

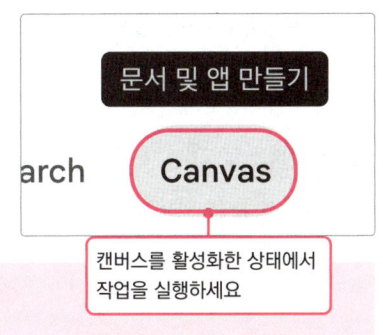

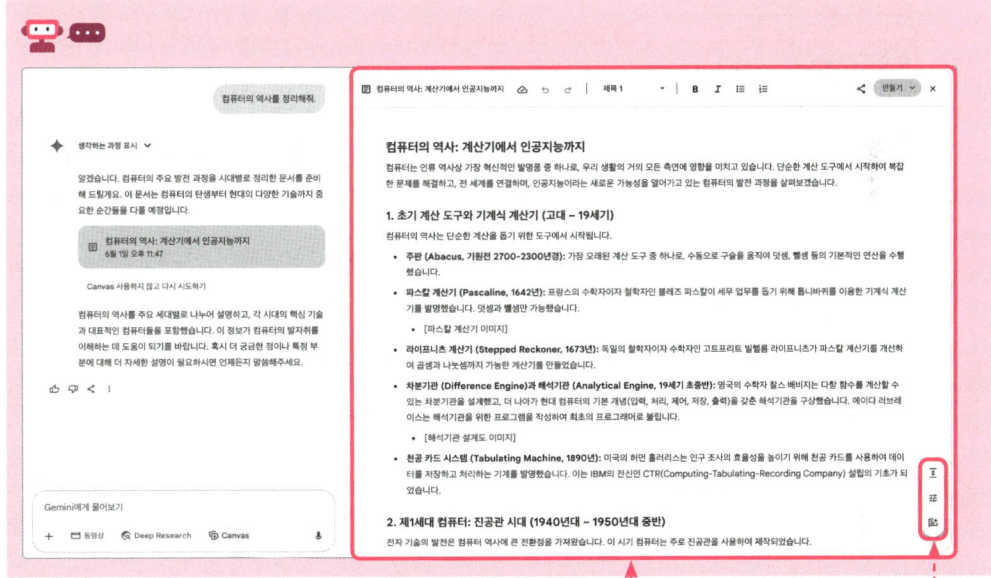

그랬더니 제미나이의 화면이 둘로 나뉘고 오른쪽에 문서가 작성된 것을 확인할 수 있습니다. 이 오른쪽의 영역이 캔버스입니다.

02 캔버스 오른쪽 하단에 보면 다음 이미지처럼 3가지 메뉴가 있는 걸 확인할 수 있습니다.

❶ **길이 변경** : 캔버스의 문서 길이를 매우 짧게, 짧게, 길게, 매우 길게로 변경할 수 있습니다.

❷ **어조 변경** : 캔버스의 문서 어조를 매우 편하게, 편하게, 정중하게, 매우 정중하게로 변경할 수 있습니다.

❸ **수정 제안** : 캔버스의 문서 중 수정해야 할 부분을 제미나이가 발견하고 수정을 제안합니다.

문서의 수정이 필요할 경우 메뉴의 기능을 사용하면 제미나이가 알아서 문서를 수정해줄 것입니다.

03 캔버스로 작성한 문서는 구글 문서로 쉽게 내보낼 수도 있습니다. 왼쪽 위의 [◁ 공유 및 내보내기] 버튼을 클릭합니다. 그럼 다음 이미지처럼 3가지 메뉴가 나타납니다.

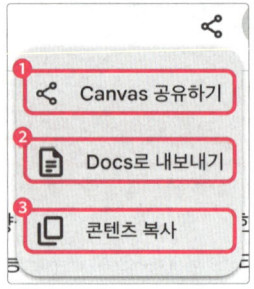

❶ **Canvas 공유하기** : 채팅 공유처럼 캔버스를 공유하는 링크를 생성하여 타인과 공유할 수 있습니다.

❷ **Docs로 내보내기** : 캔버스 내용을 구글 문서로 내보내기하여 문서 파일을 생성합니다.

❸ **콘텐츠 복사** : 캔버스의 내용을 클립보드에 복사합니다.

여기서는 [Docs로 내보내기]를 클릭합니다. 그러면 캔버스의 내용이 그대로 구글 문서로 생성되는 걸 확인할 수 있습니다. 캔버스에는 사용자가 직접 키보드로 내용을 타이핑하거나 서식을 적용할 수 있습니다. 구글 문서로 내보내기 전에 제미나이와 함께 캔버스를 수정하여 문서로 생성하면 좀 더 유용하고 편리하게 기능을 활용할 수 있습니다.

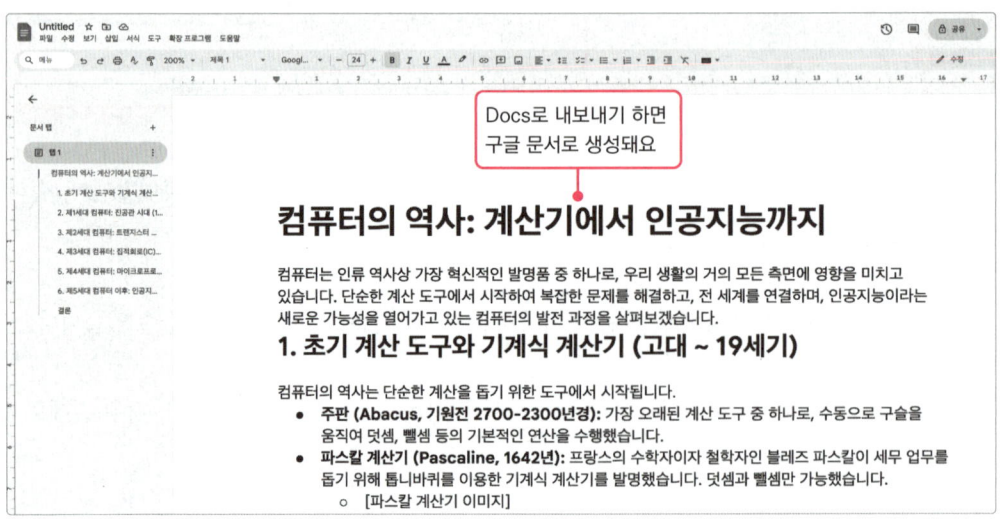

04 이번에는 [만들기] 기능을 알아보겠습니다. 캔버스 오른쪽 위를 보면 [만들기] 버튼을 확인할 수 있습니다. 클릭하면 4가지 기능을 확인할 수 있습니다. 차례대로 알아보겠습니다.

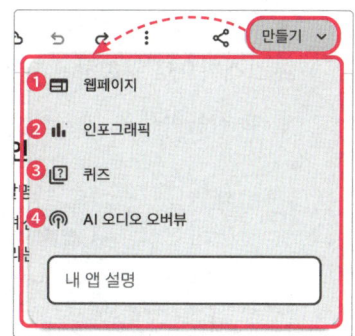

❶ **웹페이지** : 캔버스의 내용으로 웹페이지를 생성합니다. 기능을 실행하면 컴퓨터의 역사라는 이름의 웹페이지가 생성되는 걸 확인할 수 있습니다. 각 세대별 설명 및 특징, 연산 속도 그래프를 표시하고 있네요. 제미나이에 요청하면 웹페이지의 내용도 수정할 수 있습니다.

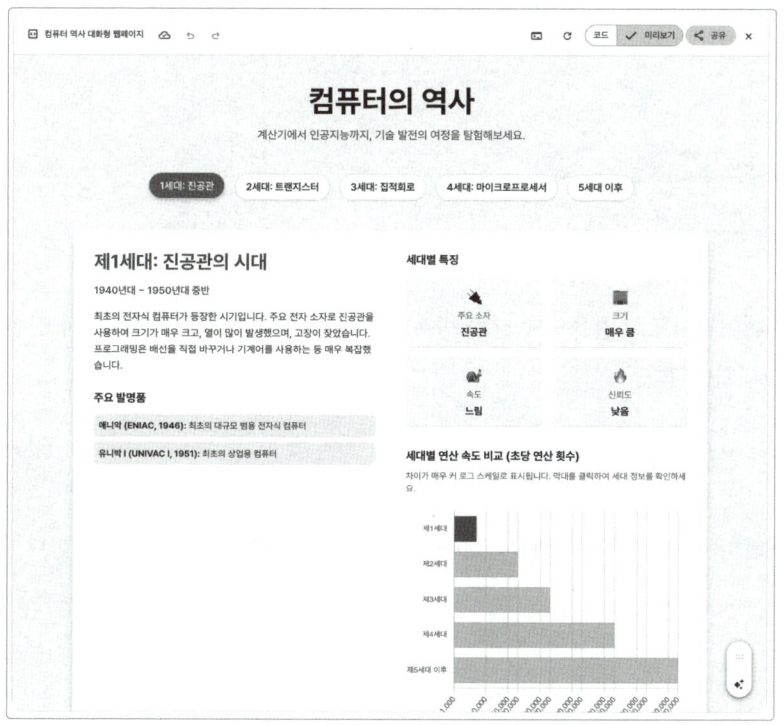

공유 기능을 사용하면 웹페이지를 타인에게 공유할 수도 있습니다. 다음은 예제에서 만든 컴퓨터의 역사 웹페이지입니다.

- **컴퓨터의 역사 웹페이지** : bit.ly/45ohIWl

❷ **인포그래픽** : 캔버스의 내용으로 인포그래픽을 생성합니다. 실행해보면 컴퓨터의 역사를 인포그래픽으로 구현하는 걸 확인할 수 있습니다. 복잡한 내용을 간단한 그래픽으로 보여주고 싶을 때 사용하세요.

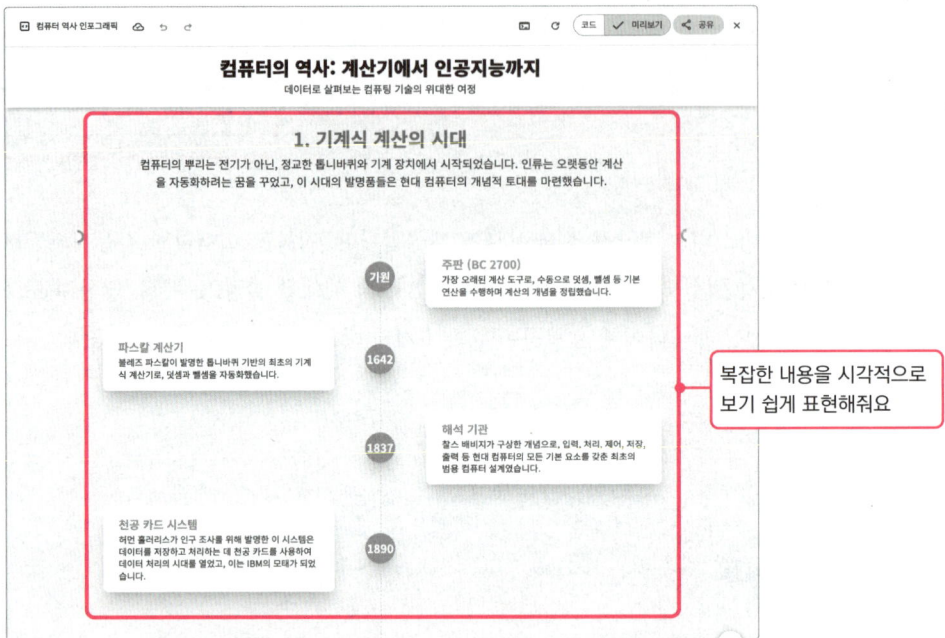

인포그래픽도 웹페이지이므로 공유 기능으로 공유할 수 있습니다. 다음은 예제에서 만든 컴퓨터의 역사 인포그래픽입니다.

- **컴퓨터의 역사 인포그래픽** : bit.ly/4lcYbNk

❸ **퀴즈** : 캔버스의 내용으로 퀴즈를 생성합니다. 퀴즈는 10개 문항으로 생성되며, 힌트 보기가 제공됩니다.

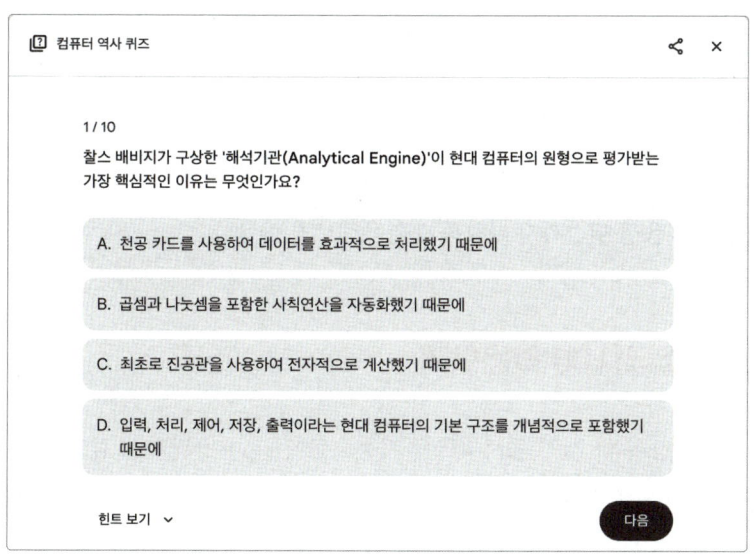

퀴즈도 공유 기능으로 타인에게 공유할 수 있습니다. 다음은 예제에서 만든 컴퓨터의 역사 퀴즈입니다.

- **컴퓨터의 역사 퀴즈** : bit.ly/45oia6Z

❹ **AI 오디오 오버뷰** : 캔버스의 내용을 게스트와 호스트가 대화하는 AI 음성 개요로 생성합니다. 캔버스의 내용을 음성으로 듣거나 학습할 때, 또는 다른 사람에게 공유하고 싶을 때 사용할 수 있습니다.

AI 음성 개요는 오른쪽 아래 메뉴에서 [다운로드] 버튼을 클릭하면 파일로 다운로드할 수 있습니다.

Chapter 04 제미나이 기본 활용하기 **71**

다음은 예제에서 만든 컴퓨터의 역사 AI 음성 개요입니다.

- **컴퓨터의 역사 AI 음성 개요** : bit.ly/4kMuva1

지금까지 캔버스가 무엇인지, 어떤 기능들을 활용할 수 있는지 살펴보았습니다. 캔버스를 사용해서 제미나이를 통해 문서 작업부터 음성 생성까지 다양하게 활용해보기 바랍니다.

미친 활용 05 제미나이로 딥리서치 활용하기

딥리서치는 프롬프트만 입력하면 수백 개의 웹사이트를 자동으로 검색하여 결과를 검토하고, 몇 분 만에 통찰력 있는 보고서를 캔버스에 생성하는 제미나이의 에이전트 기능입니다. 딥리서치는 다음 과정에 따라 스스로 수행하여 보고서를 작성합니다.

1. **계획** : 딥리서치는 사용자가 입력한 프롬프트를 맞춤형 다중 포인트 조사 계획으로 바꿔줍니다.

2. **검색** : 딥리서치는 자율적으로 웹을 검색하고 심층적으로 탐색하여 최신 관련 정보를 찾습니다.

3. **추론** : 딥리서치는 반복적으로 수집한 정보를 통해 추론한 후 의견을 제시하고 사고를 통해 다음 단계를 결정합니다.

4. **보고** : 딥리서치는 상세하고 유용한 정보가 포함된 종합적인 맞춤형 조사 보고서를 제공합니다.

실습을 통해 제미나이가 딥리서치로 위 과정을 어떻게 수행하는지 알아봅시다.

01 프롬프트 입력란에서 [Deep Research] 버튼을 활성화한 상태로 프롬프트를 입력하면 딥리서치를 실행할 수 있습니다.

[Deep Research] 버튼을 활성화한 상태로 구글 I/O 2025에서 발표된 AI 관련 내용들을 딥리서치로 탐색하여 정리해달라고 요청하겠습니다.

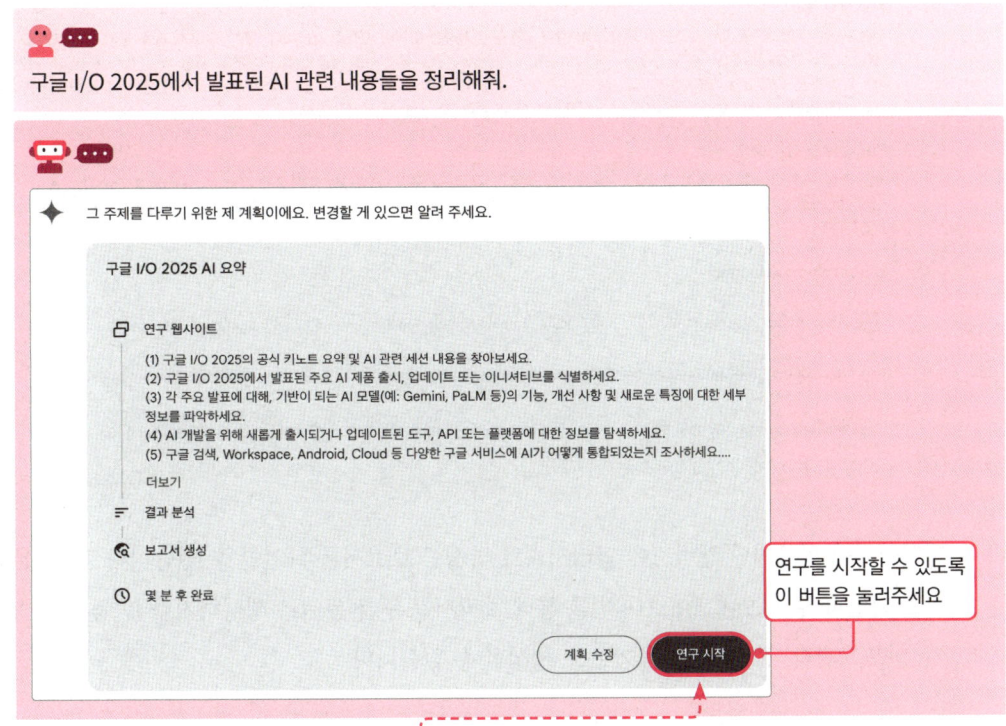

계획 과정이 실행되었습니다. 어떤 웹사이트를 탐색해서 리서치를 진행할 것인지 설명하는 것을 확인할 수 있습니다. 계획에 문제가 있으면 [계획 수정]을 클릭하여 수정해야 합니다. 계획대로 리서치를 진행하기를 희망하면 [연구 시작] 버튼을 클릭합니다.

02 [연구 시작] 버튼을 누르면 오른쪽 이미지처럼 딥리서치 과정을 진행합니다.

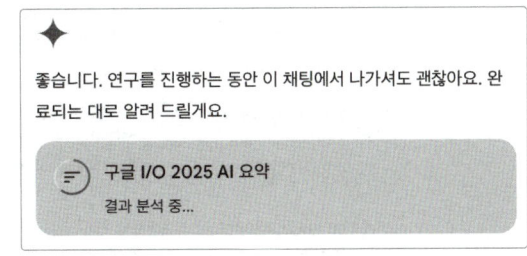

이 과정은 오른쪽 캔버스 영역에서 확인할 수 있으며, 검색 과정에서 어떤 웹사이트를 탐색했는지, 추론 과정에서 탐색한 정보 중 어떤 내용을 보고서에 반영할 것인지 확인할 수 있습니다.

> ✦ **연구 목표 설정**
> 저는 구글 I/O 2025에서 발표된 AI 관련 내용을 요약하는 작업을 시작했습니다. 현재 날짜를 고려할 때, 구글 I/O 2025는 이미 개최되었을 것이므로, 해당 행사에 대한 정보를 찾아야 합니다.
>
> **정보 탐색 계획**
> 저는 구글 I/O 2025의 공식 기조연설 요약과 AI 관련 세션을 검색하는 것부터 시작할 것입니다. 또한, 주요 AI 제품 출시, 업데이트 또는 이니셔티브, 그리고 Gemini 및 PaLM과 같은 기반 AI 모델에 대한 세부 정보를 찾아볼 예정입니다. 더불어, 새롭거나 업데이트된 AI 개발 도구, API 및 플랫폼, 그리고 AI가 다양한 구글 서비스에 어떻게 통합되었는지 조사할 것입니다. 마지막으로, AI와 관련된 미래 방향이나 연구 이니셔티브를 찾아보고 신뢰할 수 있는 기술 뉴스 매체의 요약 및 통찰력을 검토할 것입니다.
>
> **정보 출처 및 접근 방식**
> 저는 공식 구글 소스(예: 구글 AI 블로그, 구글 개발자 블로그, 구글 I/O 공식 사이트)와 평판 좋은 기술 뉴스 매체(예: The Verge, TechCrunch 등)를 우선적으로 검색할 것입니다. 초기 검색 쿼리는 광범위한 개요를 얻는 데 중점을 두고, 그 다음에는 세부 사항을 파고들 것입니다.
>
> G **Researching websites**
>
> amsive.com Google I/O 20...   datacamp.com Google I/O ...   engadget.com Google I/O ...
> developers.googleblog.com   cloud.google.com Google I...   io.google Explore Google I/...
> research.google Google R...   developers.googleblog.com

03 딥리서치가 완료되면 캔버스에 딥리서치로 작성한 보고서를 확인할 수 있습니다. 각 내용의 출처를 확인할 수 있으며, [내보내기]를 통해 보고서를 구글 문서로 생성하거나 [만들기]로 웹페이지, 인포그래픽, 퀴즈, AI 음성 개요도 생성할 수 있습니다.

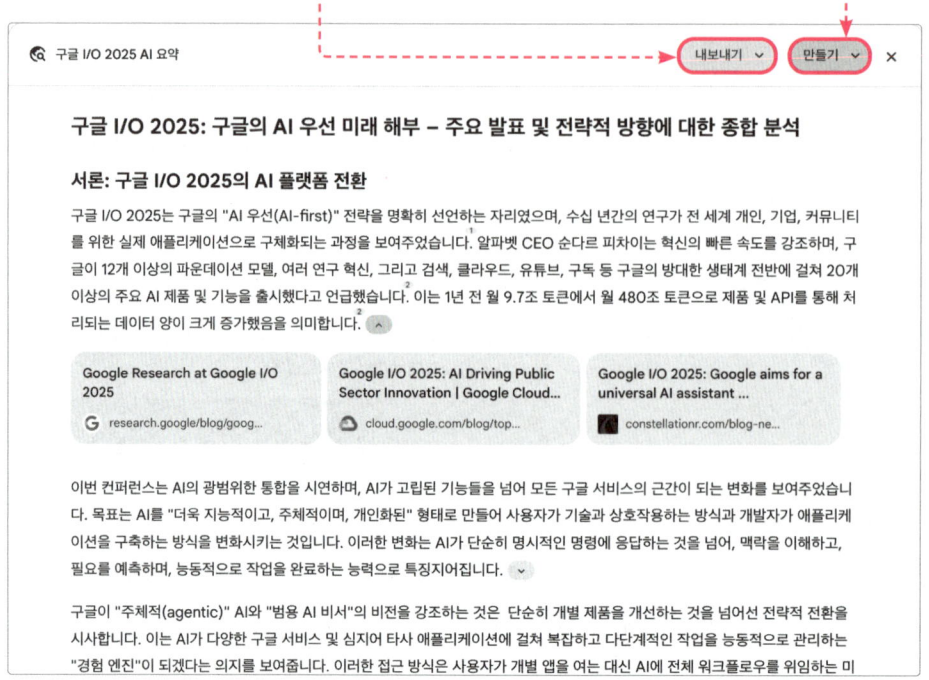

딥리서치를 사용하면 어떤 주제든 몇 분 만에, 출처가 명확한 신뢰할 수 있는 보고서를 누구나 쉽게 작성할 수 있습니다.

> **이게 되네?**
> **500% 노하우** 딥리서치를 활용할 수 있는 4가지 방법
>
> 딥리서치는 시장 동향 파악부터 벤치마킹 전략 도출까지 다양한 정보 탐색에 유용한 도구입니다. 정확한 사실 확인과 논문 기반 지식까지 빠르게 확보해, 전략적 의사결정에 강력한 인사이트를 제공합니다. 다음은 딥리서치를 활용하는 4가지 방법으로 어떻게 실행하는지 살펴봅시다.
>
> - **시장 조사** : 시장 동향, 경쟁 제품 정보, 경쟁 추이, 점유율 분석 등을 목적으로 시장 조사에 활용할 수 있습니다.
> - **사실 확인** : 딥리서치를 활용하면 사실 확인이 필요한 정보를 출처와 함께 조사하여 사실 여부를 확인할 수 있습니다.
> - **논문 탐색** : 지식을 탐구하기 위해 다양한 논문을 탐색하여 필요한 정보만 정리할 수 있습니다.
> - **벤치마킹** : 개인 또는 조직의 상황을 설명하면 이미 성공하거나 실패한 전략을 탐색하여 알맞은 벤치마킹 방안을 추천해줍니다.
>
> 이 외에도 다양한 방법으로 딥리서치를 활용할 수 있으니 여러 아이디어로 딥리서치를 실행해보기 바랍니다.

제미나이와 연결 앱 사용하기

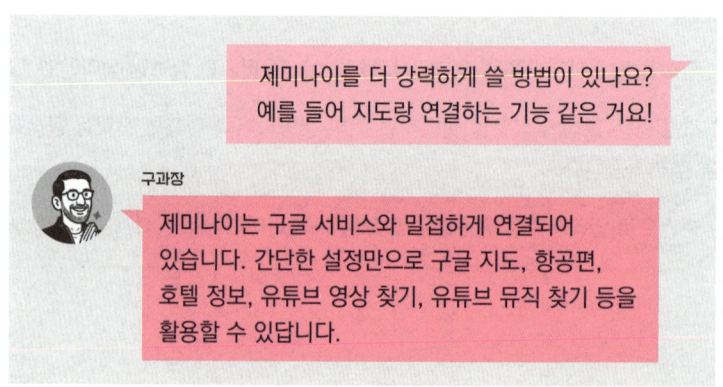

앞서 제미나이의 기본 기능들을 알아보았는데요, 제미나이의 진가는 여러 구글 앱과 연결했을 때 발휘됩니다. 일부 기능은 국내에서 온전히 사용할 수는 없습니다. 다만, 제미나이를 구글 앱과 어떻게 연결하여 사용하는지 미리 익혀두면 향후 더 많은 앱이 제미나이와 연결되더라도 쉽게 활용할 수 있게 될 것입니다. 기본적인 앱부터 하나씩 제미나이와 연결해서 사용해봅시다.

💬 제미나이와 앱 연결하기

제미나이에 구글 앱을 연결해서 사용하려면 간단한 설정이 필요합니다. 다음 순서에 따라서 설정하세요.

01 사이드 메뉴에서 [설정] → [앱]을 누릅니다.

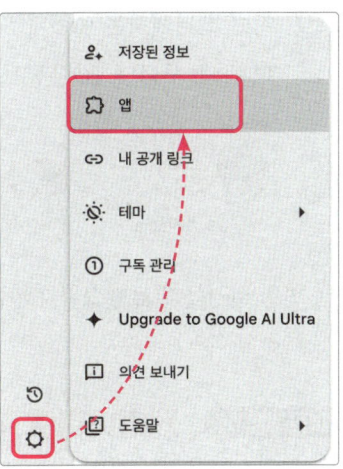

그러면 다음과 같이 앱을 제미나이와 연결할 수 있는 토글 메뉴가 나타납니다.

02 이번 챕터에서는 여행과 미디어에 포함된 앱만 연결해서 사용할 겁니다. 구글 지도, 구글 항공편 검색, 구글 호텔, 유튜브, 유튜브 뮤직의 토글 버튼을 다음과 같이 클릭하여 활성화하세요.

앱 연결 설정을 완료했습니다. 이제 연결한 앱들을 하나씩 제미나이에서 사용해보겠습니다.

미친 활용 06 제미나이로 구글 지도 활용하기

구글 지도는 아직 국내에서 모든 서비스를 정상적으로 지원하지 않습니다. 국내에서는 위치 기반 탐색은 가능하지만, 길 안내 등 일부 기능은 사용할 수 없습니다. 다만 해외 지도에 대한 탐색은 가능하며, 복잡한 조건의 장소 찾기 및 길찾기 등을 지원합니다. AI를 사용한 지도 탐색 방법을 익혀두면 해외 여행 시 유용하게 쓸 수 있으니 꼭 한 번 활용해보기 바랍니다.

01 제미나이에서 연결 앱을 실행하는 방법은 간단합니다. 프롬프트 입력란에 @를 추가하면 사용 설정된 앱 목록이 나타납니다. 여기서 [Google 지도]를 선택하면 프롬프트 입력란에 **@Google 지도**가 입력되고 제미나이에서 구글 지도에 명령을 요청할 수 있습니다. 이 상태에서 프롬프트만 입력하면 됩니다. 다른 방법으로는 '**{찾고자 하는 위치 또는 건물}을 찾아줘**'처럼 특정 장소를 지정하는 프롬프트를 입력하는 것으로, @ 입력 없이 구글 지도를 실행할 수 있습니다. 가끔 해당 프롬프트가 작동하지 않는 경우가 있으니 **실습에서는 @를 입력해서 진행하겠습니다.**

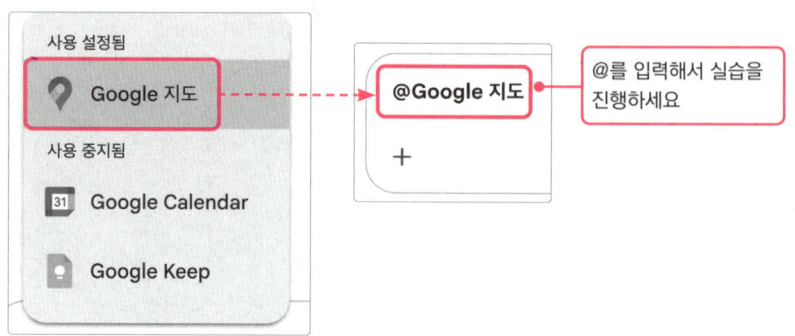

02 사용자의 현재 위치 정보를 사용하는 지도 탐색을 해보겠습니다. 제미나이는 사용자의 위치 정보를 활용해서 응답할 수 있습니다. 위치 정보는 사이드 메뉴 최하단에서 확인할 수 있으며,

기기 기반과 **IP 주소 기반**으로 구분합니다.

기기 기반은 PC, 스마트폰 등 기기의 정확한 위치를 파악하여 정밀한 탐색에 편리합니다. IP 주소 기반은 인터넷 서비스 제공업체[ISP]가 기기에 할당한 주소로 위치를 파악하는 방법입니다. IP 주소는 대략적인 위치만 알 수 있지만, 좀 더 넓은 범위를 탐색하기도 합니다. 기본적으로는 IP 주소 기반으로 설정되어 있는데요, [위치 업데이트]를 클릭하면 더 정확한 위치 정보를 가져오기 위해 기기 기반으로 전환됩니다. 원하는 방법으로 진행하면 됩니다.

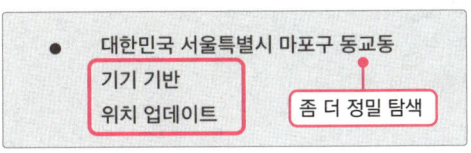 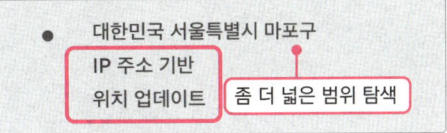

 위치 정보를 활용해서 주변 약국을 찾아달라고 요청하겠습니다.

> 🙂💬
> @Google 지도 주변에 오후 10시 이후에도 운영하는 약국을 찾아줘.

> 🤖💬
> 현재 위치 주변에 오후 10시 이후에도 운영하는 약국을 찾아봤습니다.
>
> 1. **홍익약국 (Hongik Pharmacy)**
>   - 주소: 대한민국 서울특별시 마포구 양화로18길 7 1층
>   - 운영 시간: 매일 오전 9:00 ~ 오후 11:00
>   - 전화번호: +82 2-337-5414
>   - 홍익약국 지도
> 2. **연남약국**
>   - 주소: 대한민국 서울특별시 마포구 동교동 153-1번지 1층 103호
>   - 운영 시간: 매일 오전 11:00 ~ 오후 11:00
>   - 전화번호: +82 2-336-1533
>   - 연남약국 지도
>
> 이 약국들은 오후 11시까지 운영하므로 찾는 조건에 맞을 것 같습니다. 방문 전에 전화를 통해 확인하는 것도 좋습니다.

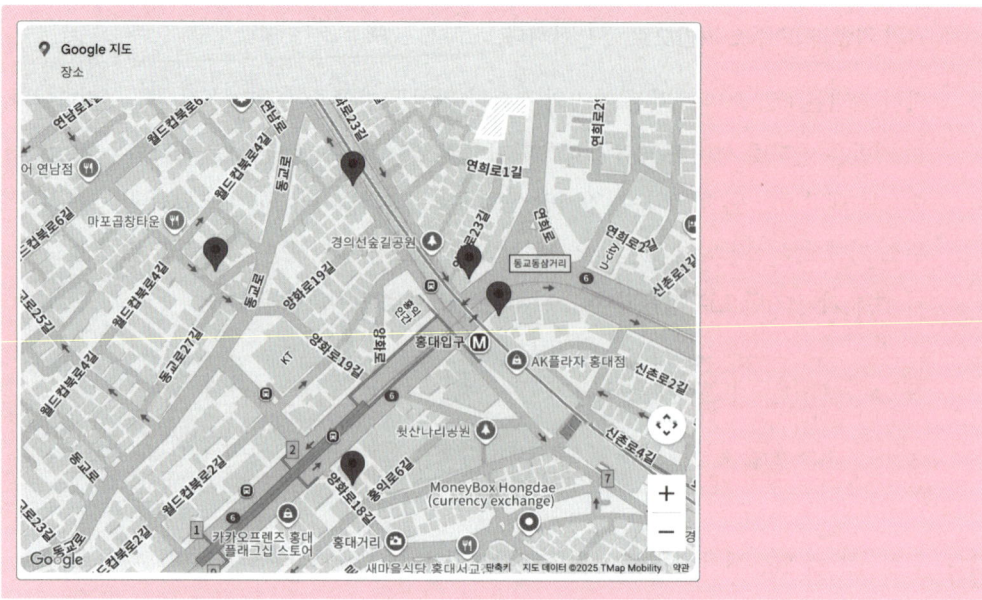

제미나이가 위치 정보를 활용해서 늦은 시간에도 운영하는 주변 약국 정보를 가져오는 걸 확인할 수 있습니다. 동일한 방법으로 약국뿐 아니라 병원, 식당, 카페, 주차장 등 다양한 장소를 쉽게 검색할 수 있습니다.

04 이번에는 해외 지도 정보를 검색해보겠습니다. 관념적인 조건을 제시하여 맛집을 찾아달라고 요청하겠습니다.

@Google 지도 일본 오사카에서 평점이 높고 역사가 오래된 라멘집을 찾아줘.

오사카에서 평점이 높고 역사가 오래된 라멘집을 찾아보았습니다. "역사가 오래된" 가게의 정확한 창업 연도를 모든 곳에서 확인하기는 어려웠지만, 검색 결과와 평점을 바탕으로 다음과 같은 가게들을 추천해 드립니다:

- **아사히야 노다 본점 (Asahiya Noda honten, 旭屋 野田本店)**
  - 평점: 4.1
  - 주소: 3-chōme-6-17 Noda, Fukushima Ward, Osaka, 553-0005 일본
  - 전화번호: +81 6-6462-1218
  - 특징: 1988년에 창업한 것으로 알려져 있으며 (35년 이상), 현지에서 오랫동안 사랑받는 라멘집입니다. "옛날 맛 그대로의 맛있는 라멘집"으로 소개되기도 했습니다.

…생략…

참고:

- **킨류라멘 (Kinryu Ramen, 金龍ラーメン)** : 1982년에 창업하여 40년이 넘은 매우 유명한 가게로 오사카 여러 곳에 지점이 있습니다. 다만, 이번 검색에서 확인된 도톤보리 지점의 평점은 3.7점으로, "평점이 높은" 기준에는 다소 미치지 못했습니다. 다른 지점은 평점이 다를 수 있습니다.

…생략…

방문 전에 영업시간 등을 다시 한 번 확인하는 것이 좋습니다.

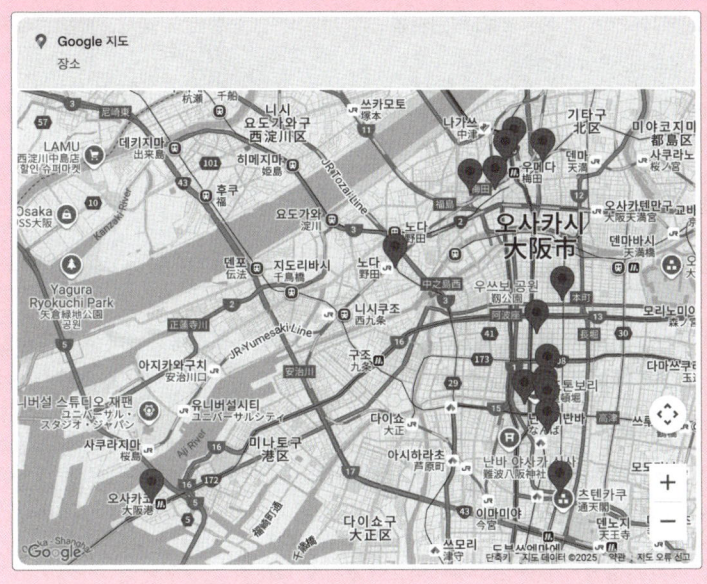

조건에 알맞은 식당과 함께 참고 사항을 설명하고, 각 식당의 위치를 지도에 표시해주는 걸 확인할 수 있습니다. 조건만 구체적이라면 일일이 지도를 검색하지 않아도 적합한 장소를 빠르게 찾을 수 있겠죠.

05 이번에는 여행 계획을 맡겨보겠습니다. 이탈리아 로마에서 시작하여 바티칸, 피렌체, 나폴리를 여행하기 위한 동선을 마련해달라고 요청하겠습니다.

@Google 지도 로마에서 나폴리, 바티칸, 피렌체를 관광하기에 최적의 동선과 주요 랜드마크를 정리해줘. 각 지역에 하루씩 머무를거야. 3일간 코스를 일자별, 시간별로 최적화해줘.

3일 추천 코스: 로마(바티칸 포함), 피렌체, 나폴리(폼페이 포함) 완벽 정복

로마, 바티칸, 피렌체, 나폴리를 3일 동안 알차게 관광하실 수 있도록 최적화된 동선과 주요 랜드마크를 추천해 드립니다. 각 도시는 특색 있는 매력을 지니고 있으며, 효율적인 시간 관리를 위해 인기 명소는 사전 예약을 권장합니다.

1일 차: 로마 & 바티칸 시국

- 오전 (08:00 - 13:00): 바티칸 시국 투어
    - 성 베드로 대성당: 세계에서 가장 큰 성당으로, 미켈란젤로의 '피에타' 등 웅장한 예술 작품들을 감상하세요. (무료입장, 돔 등반은 유료 및 예약 권장)
    - 바티칸 박물관 & 시스티나 성당: 미켈란젤로의 '천지창조'와 라파엘로의 '아테네 학당' 등 인류 예술사의 걸작들을 만나보세요. (사전 예약 필수)
- 점심 (13:00 - 14:00): 바티칸 근처 또는 고대 로마 유적지 이동 중 식사
- 오후 (14:00 - 18:00): 고대 로마 유적 탐방
    - 콜로세움: 고대 로마의 상징적인 원형 경기장입니다. (통합권 사전 예약 필수)
    - 포로 로마노 & 팔라티노 언덕: 고대 로마의 정치, 경제, 종교 중심지였던 유적지를 거닐며 역사의 숨결을 느껴보세요. (콜로세움 통합권에 포함)
- 저녁 (18:00 이후): 로마 시내 야경 & 저녁 식사
    - 판테온: 모든 신을 위한 신전으로, 경이로운 돔 건축을 자랑합니다.
    - 트레비 분수: 동전을 던지며 소원을 빌어보세요.
    - 스페인 광장: 영화 '로마의 휴일'로 유명한 명소에서 여유를 즐겨보세요.
    - 주변 레스토랑에서 로마 현지 음식으로 저녁 식사

2일 차: 피렌체

- 오전 (08:00 - 09:30): 로마에서 피렌체로 이동 (고속 열차 추천, 약 1시간 30분 소요)
- 오전 (09:30 - 10:00): 숙소 체크인 또는 짐 보관

…생략…

여행 팁:

- 교통: 도시 간 이동은 이탈리아 고속 열차(Trenitalia, Italo)를 이용하면 편리합니다. 미리 예약할수록 저렴한 가격에 구매할 수 있습니다.
- 숙소: 각 도시의 중앙역 근처에 숙소를 잡으면 이동이 용이합니다.

…생략…

이 추천 코스는 일반적인 일정을 바탕으로 하며, 개인의 관심사와 체력에 맞게 조절하실 수 있습니다. 즐거운 이탈리아 여행 되시길 바랍니다!

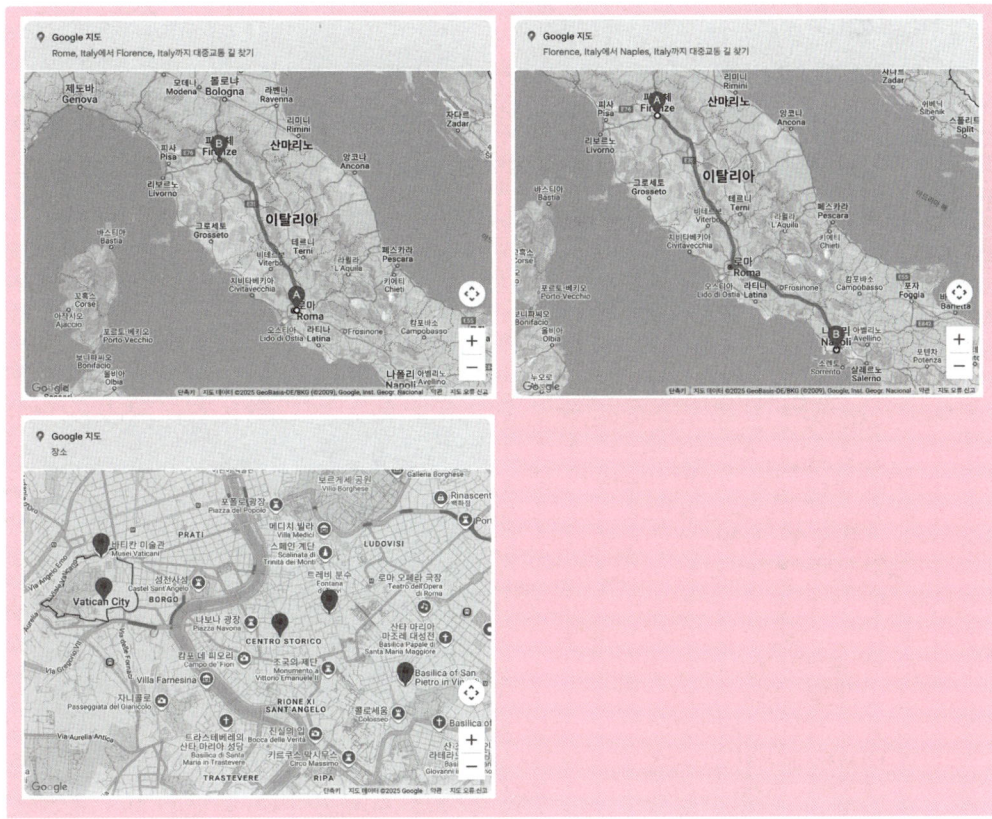

각 도시의 이동 경로뿐만 아니라 도시 내 여행 동선까지 지도에 표시하여 제공하는 걸 확인할 수 있습니다. 해외 여행을 고려 중이라면 제미나이를 활용하여 쉽고 빠르게 계획을 마련할 수 있겠죠.

미친 활용 07 제미나이로 최저가 항공편 찾아보기

구글 항공편 검색을 활용하면 제미나이를 통해서 빠르게 최저가 항공편을 찾을 수 있습니다. 항공편을 찾으려면 프롬프트 입력란에서 **@를 입력**하고 **Google 항공편 검색**을 선택한 다음 프롬프트를 입력합니다.

 제주도로 가는 항공편을 검색해보겠습니다.

> 👤💬
> @Google 항공편 검색 7월 1일 서울에서 제주도로 가는 가장 저렴한 항공편을 찾아줘.

2025년 7월 1일 서울에서 제주도로 가는 가장 저렴한 항공편은 다음과 같습니다.

- 티웨이항공 TW733: 김포(GMP) 출발 오후 6:30, 제주(CJU) 도착 오후 7:45, 가격 ₩15,100, 직항
- 티웨이항공 TW735: 김포(GMP) 출발 오후 7:00, 제주(CJU) 도착 오후 8:15, 가격 ₩15,100, 직항

다른 항공편 옵션도 확인하시려면 여기를 클릭하세요.

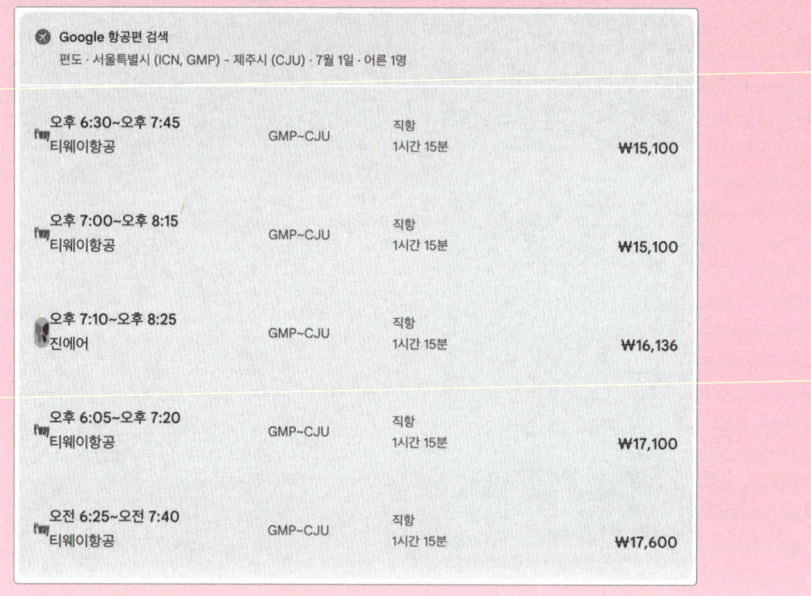

일정과 목적지를 입력하자 제미나이가 알맞은 항공권을 검색해서 찾아주는 걸 확인할 수 있습니다.

02 이번에는 좀 더 복잡한 조건의 항공권을 검색해달라고 요청하겠습니다.

@Google 항공편 검색 7월 중 서울에서 LA로 가는 가장 저렴한 직항 비즈니스석 왕복 항공권을 찾아줘.

7월 중 서울에서 LA로 가는 가장 저렴한 직항 비즈니스석 왕복 항공편은 7월 22일 출발, 7월 29일 돌아오는 아시아나 항공편으로, 가격은 ₩5,025,500입니다.

다른 주간의 가격대는 다음과 같습니다:

- 7월 1일 - 7월 8일: 아시아나 항공, ₩5,948,500
- 7월 8일 - 7월 15일: 아시아나 항공, ₩5,571,500

- 7월 15일 - 7월 22일: 아시아나 항공, ₩5,571,500
- 7월 24일 - 7월 31일: 아시아나 항공, ₩5,298,500

위에 언급된 항공편 외에도 다양한 시간대의 다른 항공편들이 있으며, Google Flights에서 더 많은 옵션을 확인하고 예약할 수 있습니다.

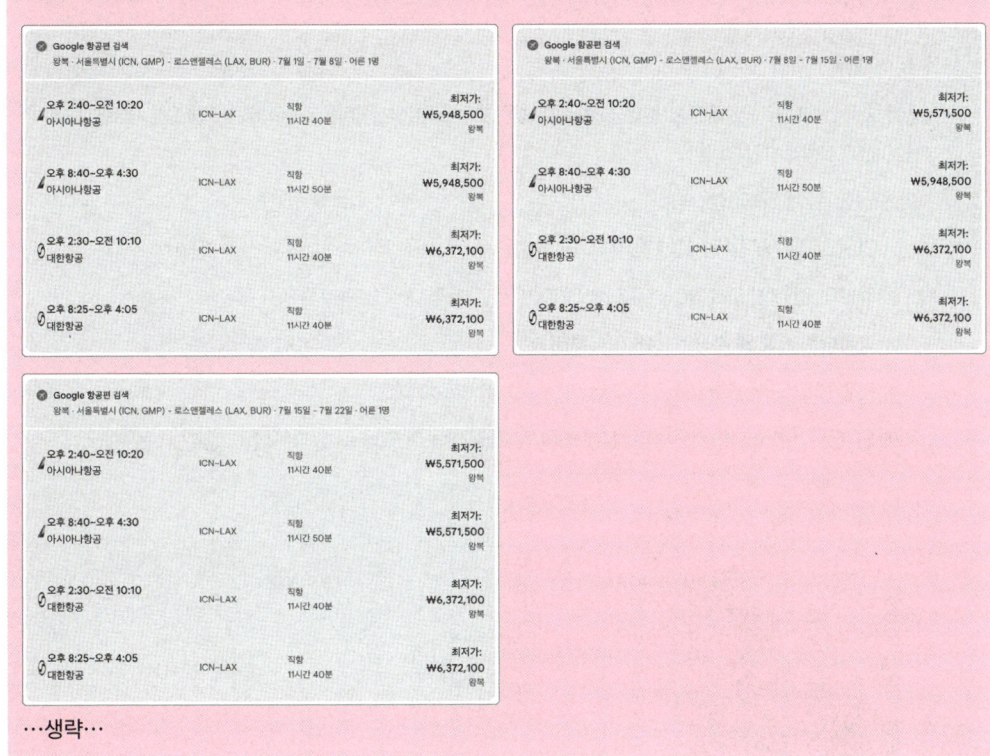

복잡한 조건을 제시해도 다양한 일정의 최저가 항공권을 한꺼번에 검색해주는 걸 확인할 수 있습니다. 조건만 입력하면 되기 때문에 기존 항공권 검색에서 목적지를 선택하고 필터 기능을 사용하던 것보다 쉽고 빠르게 항공권을 찾을 수 있겠죠.

미친 활용 08 제미나이로 최저가 호텔 찾아보기

항공편과 마찬가지로 제미나이를 활용하면 최저가 호텔도 찾을 수 있습니다. 호텔을 찾으려면 프롬프트 입력란에서 **@를 입력 후 Google 호텔**을 선택하고 프롬프트를 입력하면 됩니다.

01 7월 중 가장 저렴한 부산의 5성급 호텔을 찾아달라고 요청하겠습니다.

@Google 호텔 2인 기준 7월 중 가장 저렴한 부산 5성급 호텔을 찾아줘.

7월 중 2인 기준 가장 저렴한 부산 5성급 호텔은 롯데호텔 부산입니다. 2025년 7월 1일 체크인, 1박 기준으로 ₩204,073부터 시작합니다.

다른 옵션들은 다음과 같습니다:

- 그랜드 조선 부산: ₩213,178부터
- 아난티 앳 부산 코브: ₩232,771부터 (일반적인 가격 대비 26% 저렴)
- 파라다이스 호텔 부산: ₩248,050부터
- 윈덤 그랜드 부산: ₩251,349부터

위에 안내된 가격은 1박 기준이며, 실제 예약 시 가격 변동이 있을 수 있습니다.

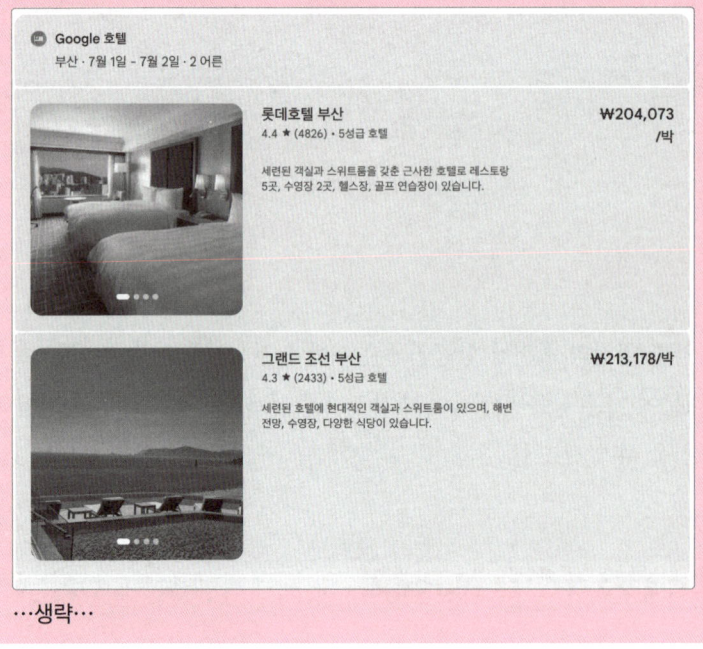

…생략…

조건에 알맞은 호텔을 설명과 함께 목록으로 제공하는 걸 확인할 수 있습니다.

02 이번에는 숙소에 대한 세부적인 조건을 붙여서 알맞은 곳을 찾아달라고 요청해보겠습니다.

> @Google 호텔 9월 중 삿포로에 온천이 있는 최저가 료칸을 찾아줘. 가이세키 디너를 즐길 수 있고, 역사가 깊을수록 좋아.

9월 중 삿포로에서 온천과 가이세키 디너를 즐길 수 있고 역사가 깊은 료칸을 찾으시는군요!

여러 정보를 종합해본 결과, 다음과 같은 료칸들이 조건에 부합할 가능성이 높습니다. 다만, 호텔 검색 API를 통해 특정 료칸의 9월 중 정확한 최저가를 실시간으로 확인하는 데에는 어려움이 있어, 후보 료칸들과 함께 가격 확인 방법을 안내해 드립니다.

추천 료칸 후보:

삿포로 시내보다는 근교 온천 지역인 **조잔케이 온천**이나 **시코츠코 호수** 주변에 조건에 맞는 료칸들이 많이 있습니다.

- **하나모미지 (花もみじ)**: 삿포로 근교 조잔케이 온천에 위치하며, 가이세키 디너를 제공합니다. 본관에 해당하는 호텔 시카노유(ホテル鹿の湯)는 1927년에 창업하여 역사가 깊은 곳입니다.
- **마루코마 온센 료칸 (丸駒温泉旅館)**: 시코츠코 호수 앞에 위치한 전통 료칸으로, 천연 온천과 가이세키 요리를 즐길 수 있습니다.

…생략…

가격 확인 및 최저가 찾는 방법:

- **날짜 지정**: 9월 중 특정 날짜를 정하면 해당 날짜의 가격을 비교하기 용이합니다. 일반적으로 평일이 주말보다 저렴한 경향이 있습니다.
- **예약 사이트 활용**: 위 료칸들의 이름으로 각종 호텔 예약 사이트(예: 익스피디아, 부킹닷컴, 라쿠텐 트래블, 자란넷 등)에서 9월 중 원하는 날짜를 넣어 검색해 보세요. 각 사이트별로 프로모션이나 할인이 다를 수 있습니다.

…생략…

참고 정보 (검색 결과에서 언급된 내용):

- 삿포로 및 근교에는 가이세키 요리를 제공하는 다양한 전통 료칸과 호텔이 있습니다 (출처: 익스피디아, 브런치 게시글 등).
- 일부 식당(료칸은 아니지만) 중에서도 오랜 역사를 자랑하며 가이세키를 제공하는 곳들이 삿포로 시내에 있습니다 (예: 엘름 가든 - 1946년 요정 계승, 삿포로 나다만가덴 - 1830년 창업 분점).

번거로우시겠지만, 위 후보 료칸들을 중심으로 원하는 날짜를 특정하여 직접 가격을 비교해보는 것이 가장 정확한 최저가 정보를 얻는 방법입니다. 즐거운 삿포로 여행이 되시길 바랍니다!

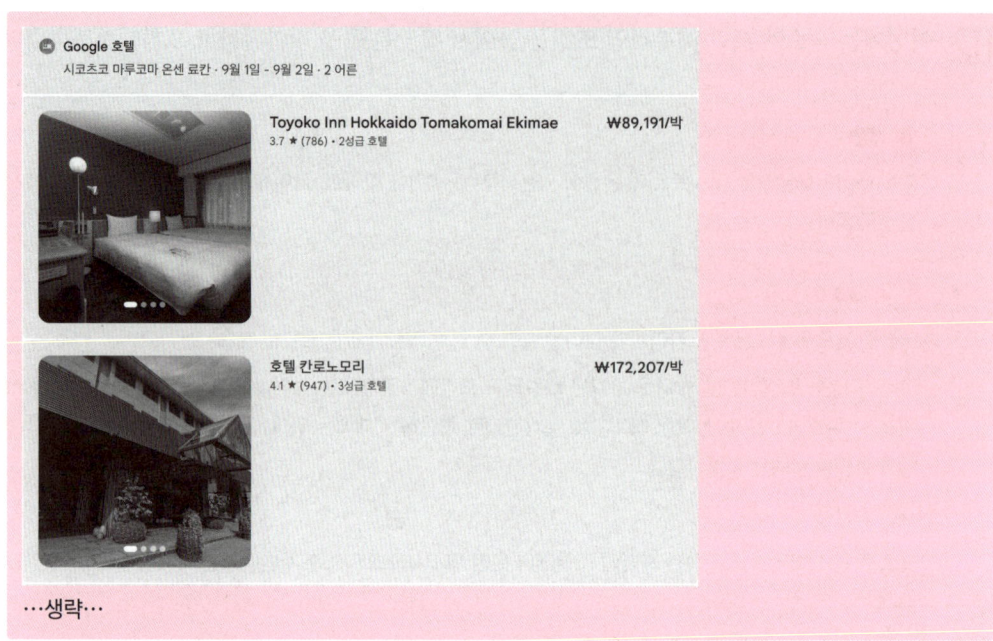

조건에 알맞은 숙소를 35개 옵션으로 추천해줬을 뿐 아니라 추가로 일정에 따라서 최저가를 검색하는 방법, 참고 정보를 함께 안내하는 것을 확인할 수 있습니다. 국내외 관계없이 탐색할 수 있으므로 제미나이를 활용해서 쉽게 최저가 호텔을 찾아보세요.

미친 활용 09   제미나이로 맞춤형 유튜브 영상 찾기

유튜브 동영상은 유튜브 검색이나 구글 검색으로도 찾을 수 있습니다. 하지만 제미나이를 활용하면 원하는 정보나 장면만 입력해도 알맞은 동영상을 찾아줍니다. 동영상을 찾으려면 프롬프트 입력란에서 **@ 입력 후 Youtube**를 선택하고 프롬프트를 입력합니다.

01 원하는 동영상의 조건을 제미나이에게 설명하겠습니다. AI의 개념을 배우기 위한 동영상을 요청해보죠.

@YouTube 초보자가 AI의 기술 개념을 배울 수 있는 단계별 영상을 찾아줘.

AI 기술 개념을 배울 수 있는 몇 가지 영상을 추천해드립니다:

1. "이 영상 하나면 '인공지능', '머신러닝', '딥러닝' 이해가 됩니다 | 서울대 AI박사 6분 개념정리" (채널: 메타코드M): 이 영상은 인공지능, 머신러닝, 딥러닝의 기본 개념을 6분 만에 설명하여 AI 분야를 처음 접하는 분들에게 유용합니다. (http://www.youtube.com/watch?v=jPs3n9Vou9c)
2. "AI의 기초 원리부터 최신 알고리즘까지! AI 전문가가 되기 위한 모든 과정 한방 정리!" (채널: 안될공학 - IT 테크 신기술): AI의 기초 원리와 최신 알고리즘을 다루며, AI 전문가가 되기 위한 과정을 전반적으로 설명합니다. (http://www.youtube.com/watch?v=qj4QOcW-vpg)

…생략…

이 영상들이 AI 기술 개념을 이해하는 데 도움이 되기를 바랍니다.

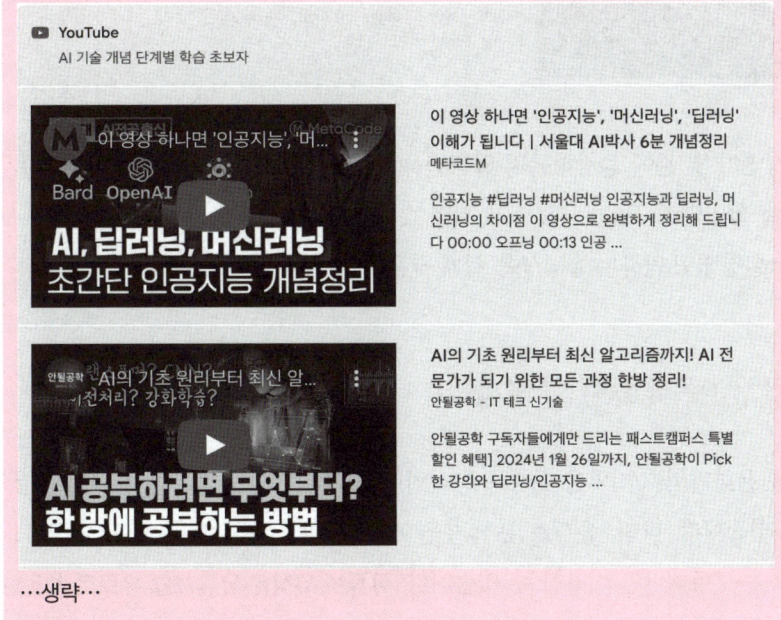

…생략…

AI 개념을 익히는 데 필요한 동영상을 빠르게 찾아주는 걸 확인할 수 있습니다. 동영상은 유튜브로 이동하지 않아도 제미나이에서 바로 재생할 수 있습니다.

02 이번에는 제미나이에게 장면을 설명하여 알맞은 동영상을 검색하겠습니다. 스티브 잡스가 처음 아이폰을 발표하면서 스타벅스에 전화를 거는 장면을 찾아달라고 요청해보겠습니다.

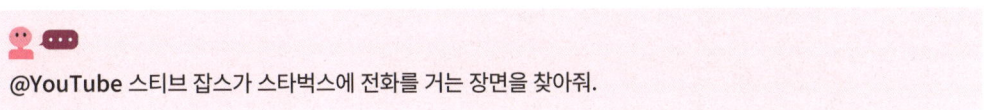
@YouTube 스티브 잡스가 스타벅스에 전화를 거는 장면을 찾아줘.

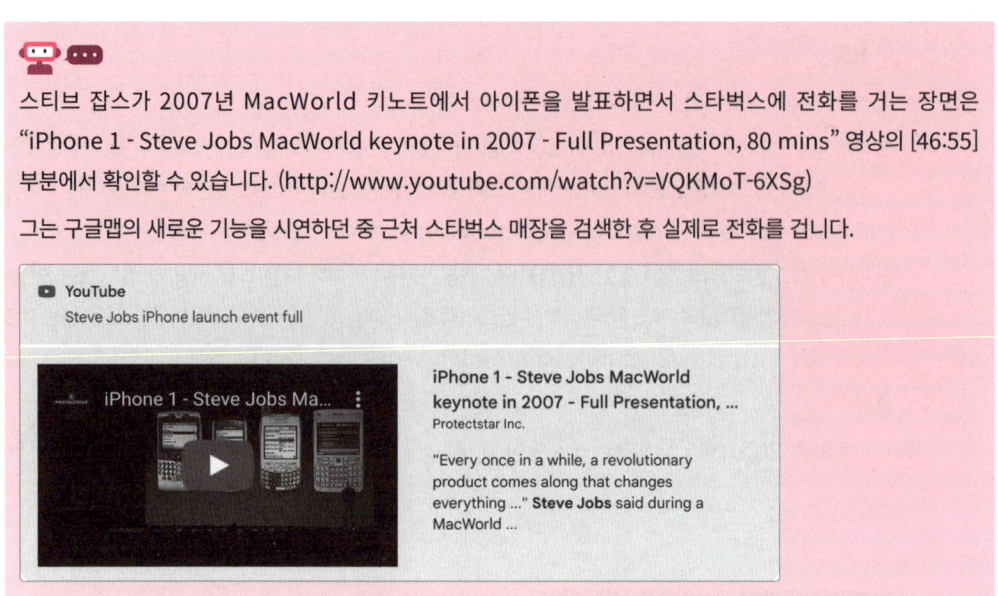

스티브 잡스가 2007년 MacWorld 키노트에서 아이폰을 발표하면서 스타벅스에 전화를 거는 장면은 "iPhone 1 - Steve Jobs MacWorld keynote in 2007 - Full Presentation, 80 mins" 영상의 [46:55] 부분에서 확인할 수 있습니다. (http://www.youtube.com/watch?v=VQKMoT-6XSg)

그는 구글맵의 새로운 기능을 시연하던 중 근처 스타벅스 매장을 검색한 후 실제로 전화를 겁니다.

동영상에서 요청한 장면이 몇 분에 등장하는지 알려줬을 뿐 아니라 왜 해당 장면이 발생했는지 원인을 함께 설명해주는 걸 확인할 수 있습니다. 이제 기억 속에 장면은 있지만, 어떤 동영상인지 모를 때 제미나이에게 장면만 설명해도 원하는 동영상을 쉽게 찾을 수 있습니다.

미친 활용 10 제미나이로 유튜브 뮤직 찾기

제미나이와 연결 앱 사용하기의 마지막은 유튜브 뮤직입니다. 제미나이에서 유튜브 뮤직을 검색하는 건 무료로 사용할 수 있습니다. 다만, 유튜브 뮤직은 월 11,990원인 유튜브 뮤직 프리미엄, 14,900원인 유튜브 프리미엄을 구독해야만 이용할 수 있습니다. **유튜브 뮤직은 유튜브를 유료로 사용할 때 활용할 수 있는 기능인 점 참고해주세요.**

유튜브 동영상을 검색했던 것처럼 원하는 음악을 요청하면 알맞은 음악이나 재생 목록을 제미나이가 찾아주는 기능입니다. 음악을 찾으려면 프롬프트 입력란에서 **@ 입력 후 Youtube Music**을 선택하고 프롬프트를 입력하면 됩니다.

01 우선 간단하게 가장 인기 있었던 상위 5개 곡을 찾아달라고 요청하겠습니다.

@YouTube Music 5월 중 가장 인기 있었던 상위 5개 곡을 찾아줘.

다음은 2025년 5월 빌보드 차트 및 관련 뉴스 기사를 기반으로 가장 인기 있었던 곡 5곡입니다:

1. Luther - Kendrick Lamar ft. SZA
2. What I Want - Morgan Wallen ft. Tate McRae
3. Ordinary - Alex Warren
4. Just In Case - Morgan Wallen
5. I'm The Problem - Morgan Wallen

이 곡들을 YouTube Music에서 재생해 드릴까요?

5월 중 가장 인기 있었던 곡들을 찾아서 목록으로 생성해준 걸 확인할 수 있습니다. 목록에서 곡을 선택하면 유튜브 뮤직으로 이동하여 재생할 수 있습니다.

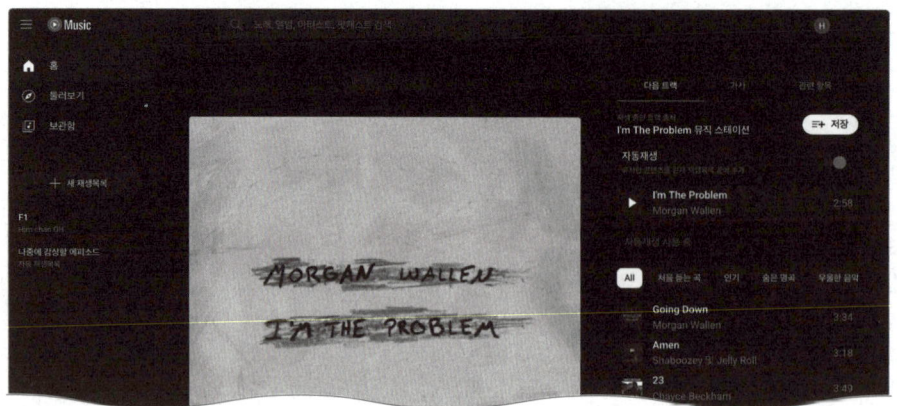

02 이번에는 재생 목록을 검색해보겠습니다.

@YouTube Music 매장에서 자동 재생할 재생 목록을 찾아줘.

네, 매장에서 자동 재생하기 좋은 재생 목록을 유튜브 뮤직에서 찾아봤어요. 화면에서 확인해보세요.

YouTube Music

(손님이 끊이지 않는 편집샵/매장음악/라운지음악. 감각있는 라운드 칠 하우스 정점 13곡 엄선/5일 동안 선곡)Luxurious Shop & Lounge Mix
동영상 · 751K회 재생

손님이 끊이지 않는 엄선된 곡이라는 재생 목록을 찾아줬습니다. 해당 재생 목록을 클릭하면 52분 동안 재생되는 뮤직 스테이션이 재생 목록에 포함되어 있는 걸 확인할 수 있습니다. 이처럼 궁금한 음악, 필요한 음악을 제미나이로 쉽게 찾아서 재생할 수 있습니다.

이게 되네?

PART 02

제미나이와 지메일 + 일정 관리하기

업무의 절반은 메일과 일정 관리재!

여기서 공부할 내용

지금까지 제미나이를 활용하기 위한 몸풀기를 한 것이라면 `Part 02` 제미나이와 지메일 + 일정 관리하기부터는 본격적으로 제미나이를 활용하는 방법을 배워봅시다. 먼저 제미나이를 활용해서 지메일과 일정 관리하는 방법을 알아보겠습니다.

💬 이 그림은 제미나이에게 "수달이 캘린더를 보면서 신나는 모습을 만화 스타일의 삽화로 그려줘."라고 요청하여 받았습니다.

Chapter 06
제미나이와 구글 지메일 활용하기

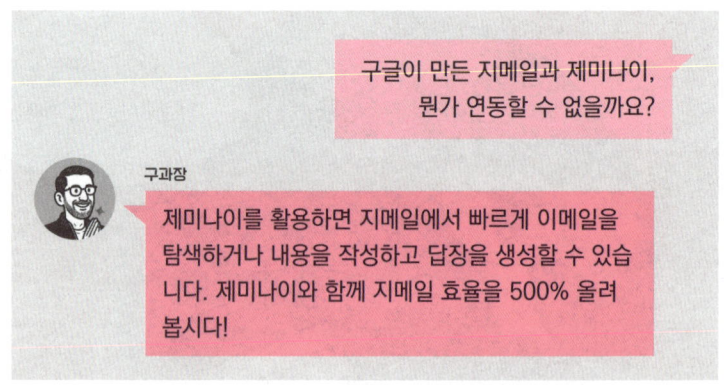

AI를 활용해서 이메일 작업을 협업하는 건 언뜻 생각하면 편해 보이지만 불편한 점이 이만저만이 아닙니다. 이메일 답장 하나를 작성하려 해도 내용을 복사하고 붙여넣고 생성을 기다리는 과정보다 직접 작성하는 게 빠르고 정확할 정도입니다.

제미나이와 지메일의 관계는 조금 다릅니다. 구글에서 제공하는 전 세계에서 가장 많은 사용자를 보유한 이메일 서비스 지메일에 내장된 제미나이가 지메일 화면에서 직면한 문제를 빠르게 해결해주니까요. 국내 지메일 사용자는 1,600만 명 수준입니다. 직장인들의 필수 앱인 셈인데 짝꿍을 이루는 제미나이도 이제 지메일 사용의 필수 AI라고 해야 할 겁니다. 이제 지메일에서 제미나이를 활용하는 방법을 배워봅시다.

💬 제미나이 측면 패널 사용하기

제미나이는 지메일 등 외부의 여러 구글 서비스에서도 사용할 수 있습니다. 외부 서비스에서 제미나이를 사용하기 위해서는 측면 패널을 열어야 하는데요, 다시 말해 측면 패널을 열 수 있는 서비스라면 제미나이와 연동되어 있다고 볼 수 있습니다. 이번에는 제미나이를 활용에서 중요한 측면 패널 사용법을 알아봅시다.

01 구글 서비스를 실행하다 보면 오른쪽 위에 제미나이 아이콘이 있는 경우가 있습니다. 아이콘이 있을 경우 해당 서비스에서 제미나이를 사용할 수 있다는 의미입니다. 오른쪽 이미지는 지메일에 있는 제미나이 아이콘입니다.

02 아이콘을 클릭하면 오른쪽에 측면 패널이 열립니다. 측면 패널 하단에 프롬프트 입력란을 확인할 수 있는데요, 여기에 프롬프트를 입력하면 구글 서비스와 자연어로 상호작용할 수 있습니다.

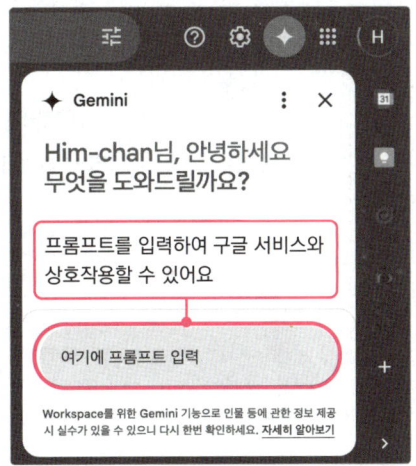

이후 예제에서 측면 패널은 모두 위와 같은 방법으로 사용합니다. 향후 제미나이가 적용되는 다른 서비스에서도 동일하게 측면 패널을 활용하기 바랍니다.

💬 구글 워크스페이스 랩 가입하기

구글은 제미나이의 신규 기능을 꾸준하게 업데이트하고 있지만, 일부 실험적인 기능은 구글 워크스페이스 랩^{Google Workspace Labs} 가입자에게만 허용하고 있습니다. 구글 워크스페이스 랩은 구글 워크스페이스 내 AI 기능을 테스트하는 자격을 주는 프로그램으로 제미나이와의 상호작용 데이터를 구글에 제출하는 대신 신규 기능을 먼저 사용해볼 수 있습니다. 구글에 데이터를 제공하는 조건이므로 구글 워크스페이스 랩에 가입했다면 워크스페이스 내에 민감한 개인 정보를 공유해서는 안 되며, 만 18세 이상만 가입할 수 있습니다. 또한, 테스트 목적을 달성하기 위해 사용 언어는 영어로 제한됩니다.

이후 소개하는 몇 가지 기능은 현재 구글 워크스페이스 랩을 가입해야만 이용할 수 있습니다. 가입이 필요한 기능은 따로 표시해두겠습니다. 데이터 제공이 우려된다면 정식 구글 워크스페이스 랩 없이 예제를 실습하고, 이후 기능이 정식 적용될 때까지 기다렸다가 활용하기 바랍니다.

그럼 구글 워크스페이스 랩에 가입하는 방법을 알아보겠습니다.

01 가입은 구글 워크스페이스 랩 페이지에서 진행합니다. 다음 주소로 접속하세요.

- **구글 워크스페이스 랩** : workspace.google.com/labs-sign-up/u/3/

그럼 구글 워크스페이스 랩이 무엇인지 설명하는 페이지가 나타날 겁니다.

02 페이지에서 스크롤을 아래로 내리면 '소비자 확인'이라는 약관 동의 부분이 나타납니다. 모두 체크 후 아래 [제출] 버튼을 클릭합니다.

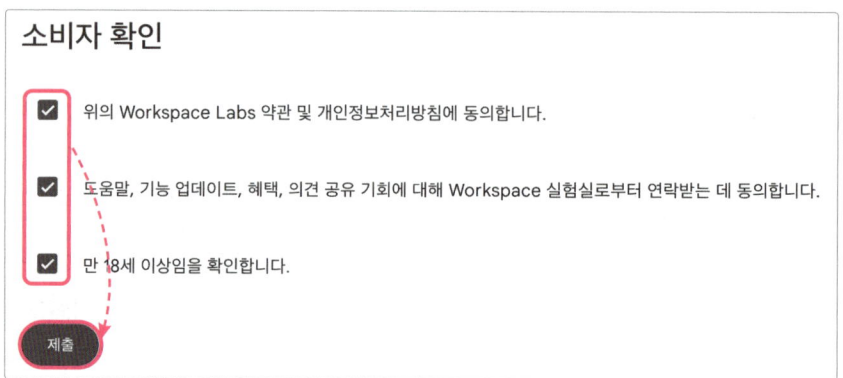

약간 동의 제출이 완료되면 다음 이미지처럼 가입 완료 메시지가 보입니다.

03 가입은 완료했지만, 구글 워크스페이스 랩의 기능을 사용하려면 구글 계정 언어를 영어로 변경해야 합니다. 오른쪽 위에 ❶ 구글 계정 아이콘을 클릭 후 ❷ [Google 계정 관리] 버튼을 클릭합니다.

04 구글 계정 페이지로 이동했으면 왼쪽 메뉴에서 [개인 정보]를 클릭합니다.

05 개인 정보에서 스크롤을 내리면 '일반 웹 환경설정'에서 [언어] 메뉴를 발견할 수 있습니다. [언어]를 클릭합니다.

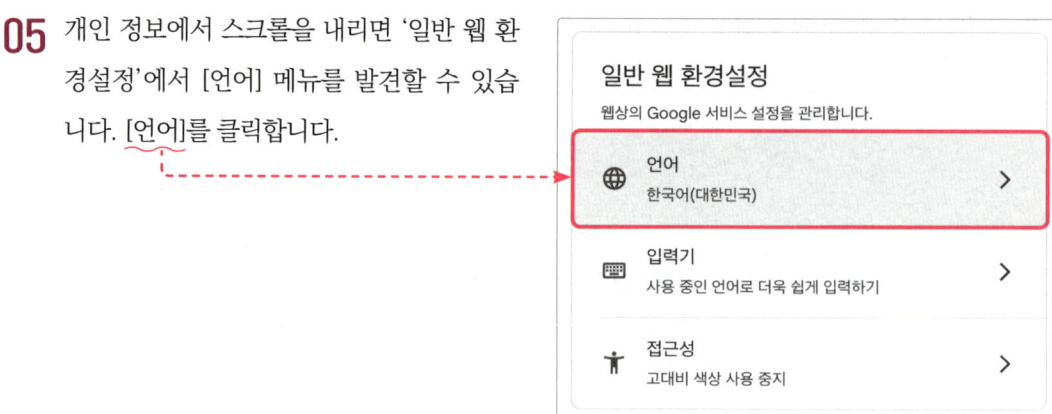

06 언어 페이지에서 **선호 언어** 오른쪽에 ❶ [✏️ 수정] 버튼을 누릅니다. ❷ 변경 언어로 **English**를 선택합니다.

07 옵션에서 ❶ **United States**를 클릭하고 오른쪽 아래 ❷ [저장] 버튼을 클릭합니다.

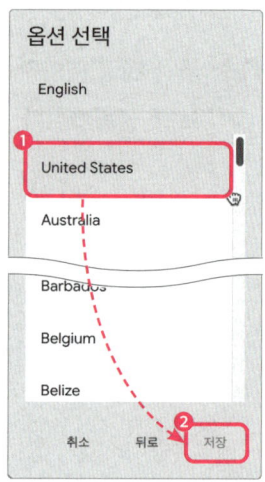

언어도 영어로 변경했다면 구글 워크스페이스 랩을 사용할 준비가 끝났습니다. 언어가 영어인 상태가 사용하기에 여러모로 불편할 수 있습니다. 이럴 때는 다음과 같이 2가지 방법으로 대처할 수 있습니다.

- **구글 워크스페이스 랩 기능을 사용할 때만 영어로 변경** : 구글 워크스페이스 랩 기능은 항상 사용하는 게 아니므로 사용하는 시점에만 영어로 변경하면 불편함 없이 사용할 수 있습니다.
- **브라우저의 번역 기능 사용** : 언어를 영어로 변경 후 웹 브라우저의 번역 기능을 항상 실행하면 한국어인 상태로 구글 워크스페이스 랩 기능 및 제미나이를 사용할 수 있습니다. 다만, 영어로 작업할 경우에는 번역 기능을 해제해야 정상적으로 영어가 출력됩니다.

2가지 방법 중 자신에게 적합한 것을 선택해 활용해보고, 하루 빨리 언어 변경 없이도 구글 워크스페이스 랩의 기능들을 사용할 수 있게 되길 바랍니다.

미친 활용 11 제미나이로 메일 탐색해서 한 번에 일정 정리하기 　구글 워크스페이스 랩

메일에서 해야 할 일을 찾은 다음, 캘린더에 해야 할 일을 한 번에 추가해보겠습니다.

01 우선 지메일을 실행하고 측면 패널을 열어줍니다. 다음과 같이 측면 패널의 프롬프트 입력란에 이번 주에 해야 할 일의 정리를 맡기는 프롬프트를 입력 후 요청하겠습니다.

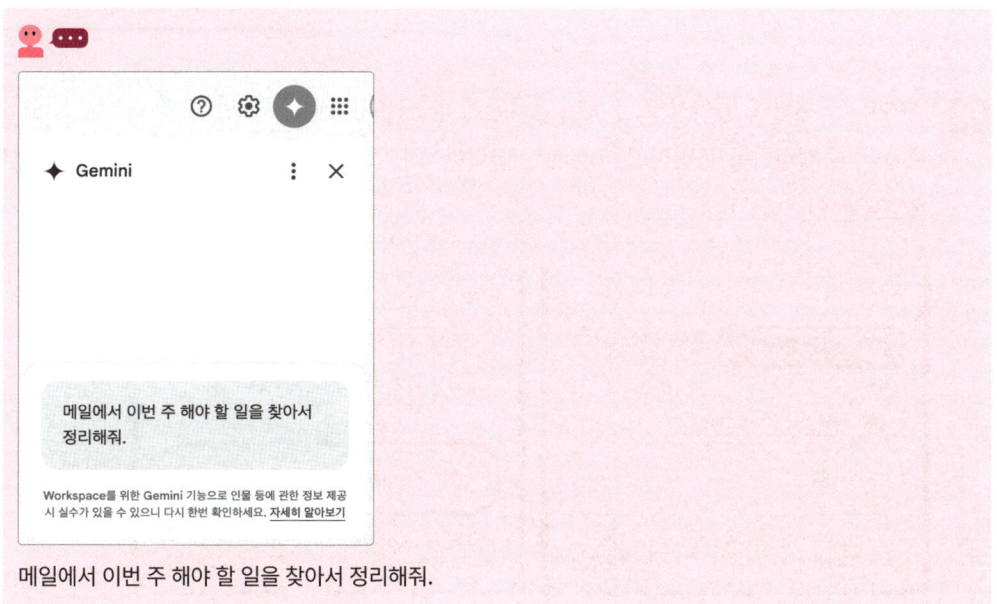

메일에서 이번 주 해야 할 일을 찾아서 정리해줘.

받은 편지함을 확인하여 이번 주 해야 할 일들을 정리해 드리겠습니다.

- 6월 6일(목)까지 박람회 행사 제품 샘플 배송을 마쳐야 합니다. 각 제품별 100개씩 총 300개의 샘플 수량을 배송해야 합니다.
- 6월 7일(금) 오전 10시까지 '활력 더하기 프로젝트' 사내 게시용 포스터 시안을 제출해야 합니다.
- 6월 7일(금) 오후 2시까지 2025년 2분기 마케팅 예산 사용 현황 자료를 제출해야 합니다.
- 6월 7일(금) 오후 3시까지 '프로바이오틱스 이뮨 부스터' 신규 출시 영업자료를 영업팀에 제출해야 합니다. 제품 특장점과 성분 효능, 경쟁사 비교표, 소비자 대상 주요 질의응답을 포함해야 합니다.
- 6월 5일(수) 오전 11시까지 '비타민D 강화 제품'의 7~8월 SNS 콘텐츠 기획안 리뷰를 완료하여 의견을 회신해야 합니다.

간단한 요청만으로 제미나이가 이메일을 탐색해서 이번 주에 마무리해야 하는 일정만 가져와서 정리해 주는 걸 확인할 수 있습니다.

응답 아래에 출처 부분을 클릭하면 어떤 이메일에서 정보를 가져왔는지 알 수 있습니다. 출처를 클릭하면 해당 이메일을 열어볼 수 있습니다. 매일 수신하는 이메일이 많다면 아주 유용한 기능이겠죠.

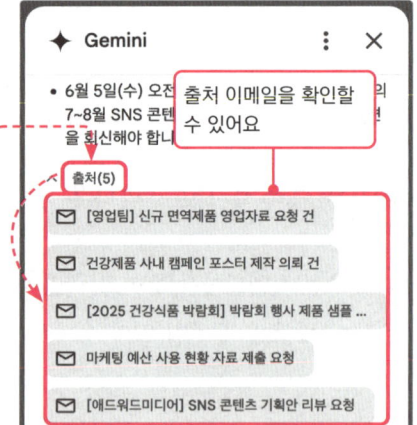

02 위에서 한 채팅에 이어서 프롬프트 입력란에 @를 추가합니다. 그럼 도구 목록에 Calendar가 보입니다. 캘린더를 클릭하면 프롬프트 입력란에 [Calendar]라고 추가되는데요, 이 상태로 프롬프트를 입력합니다.

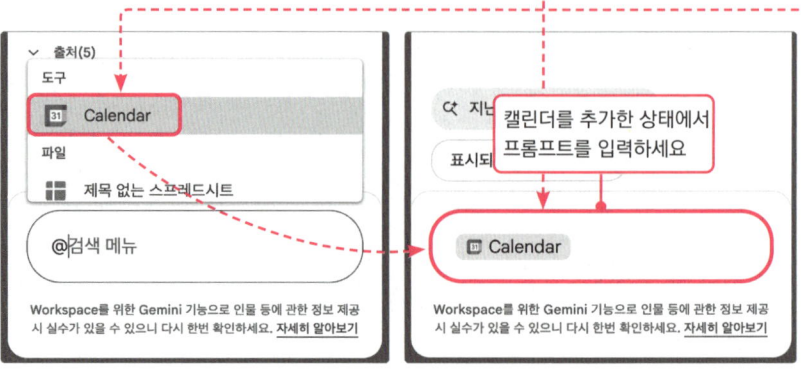

[Calendar] 위 일정을 캘린더에 추가해줘.

네, 알겠습니다. 5개의 일정 항목을 생성하고 싶으신 거군요. 지금 바로 항목을 생성할까요?

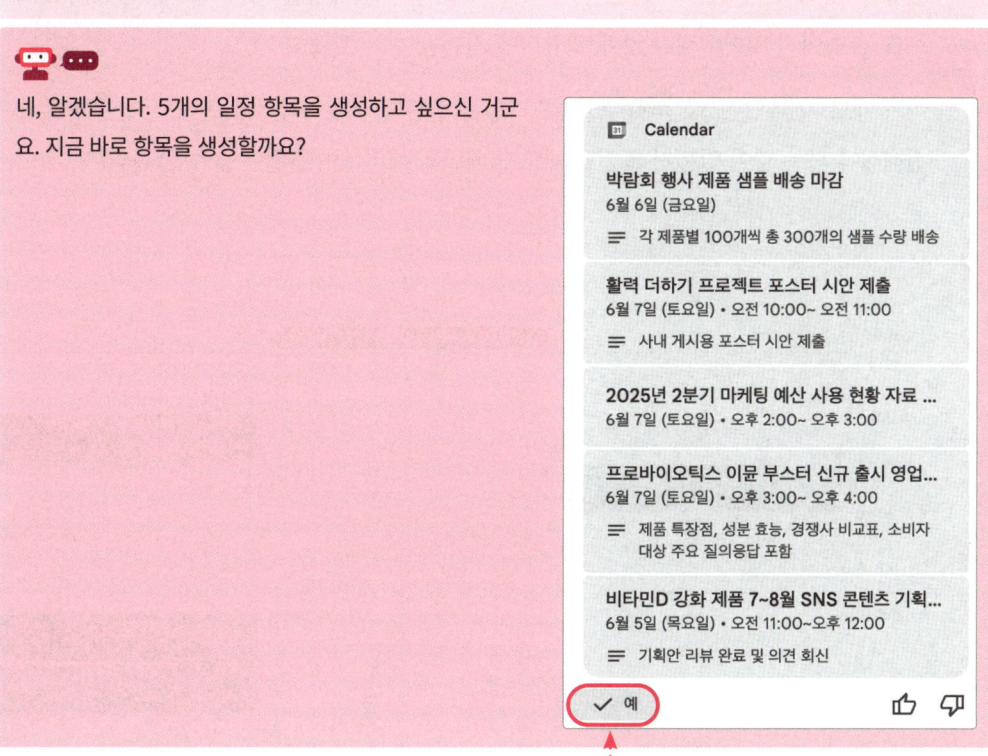

일정을 캘린더에 생성하겠느냐고 제미나이가 일정 목록을 제시했습니다. 왼쪽 아래에 [ ] 버튼을 클릭하여 캘린더에 추가해줍니다.

03 조금만 기다리면 오른쪽 이미지처럼 모든 일정을 캘린더에 추가했다고 말하는 걸 확인할 수 있습니다.

캘린더에 이메일에서 가져온 일정 추가 완료

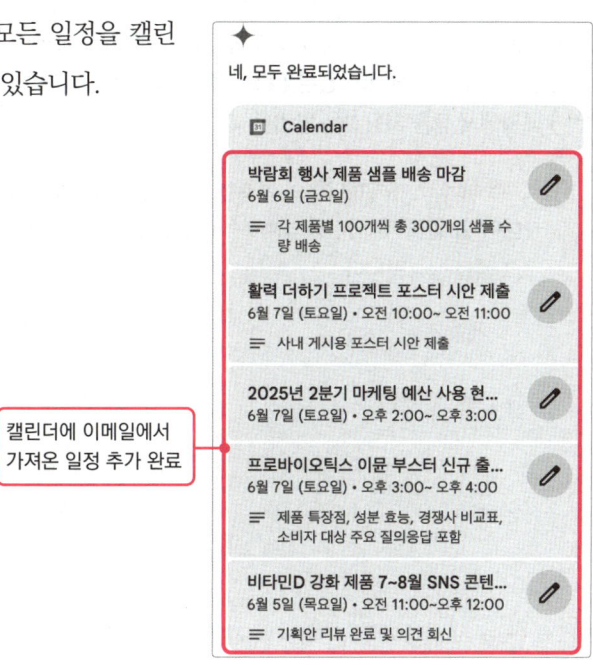

실제 캘린더를 열어보면 제미나이가 지메일에서 추가한 일정이 잘 반영되어 있는 걸 확인할 수 있습니다. 이제 이메일 속에 숨어 있는 해야 할 일은 이메일을 하나하나 읽지 않아도 제미나이로 모두 찾아서 잊어버리지 않게 캘린더에 기록할 수 있겠죠.

이 밖에도 각 메일에 회신해야 할 데드라인을 캘린더에 추가하거나 반대로 내일 마무리해서 회신해줘야 하는 일이 있는지 확인할 때도 지메일의 제미나이를 활용할 수 있습니다.

500% 노하우 측면 패널에서 젬으로 반복 작업 자동화하기

구글 워크스페이스 랩을 사용하면 측면 패널에서 젬을 사용할 수 있습니다. 젬을 사용하면 미리 설정해둔 지침으로 빠르게 작업을 반복할 수 있습니다. 이후 실습에서는 측면 패널에서 젬을 사용하지 않지만, 사용하는 방법은 모두 동일합니다. **미친활용 11** 제미나이로 메일 탐색해서 한 번에 일정 정리하기를 젬으로 만들어서 측면 패널에서 젬을 사용하는 방법을 배우고 넘어가겠습니다.

01 Chapter 03 의 **제미나이의 맞춤형 프롬프트, 젬 만들기**에서 지침에 '@Gmail 읽지 않은 메일 중 이번 주 해야 할 일을 찾아서 정리해줘.'와 '@Google Calendar 정리한 메일을 캘린더에 추가해줘.'를 입력하고 젬을 생성합니다.

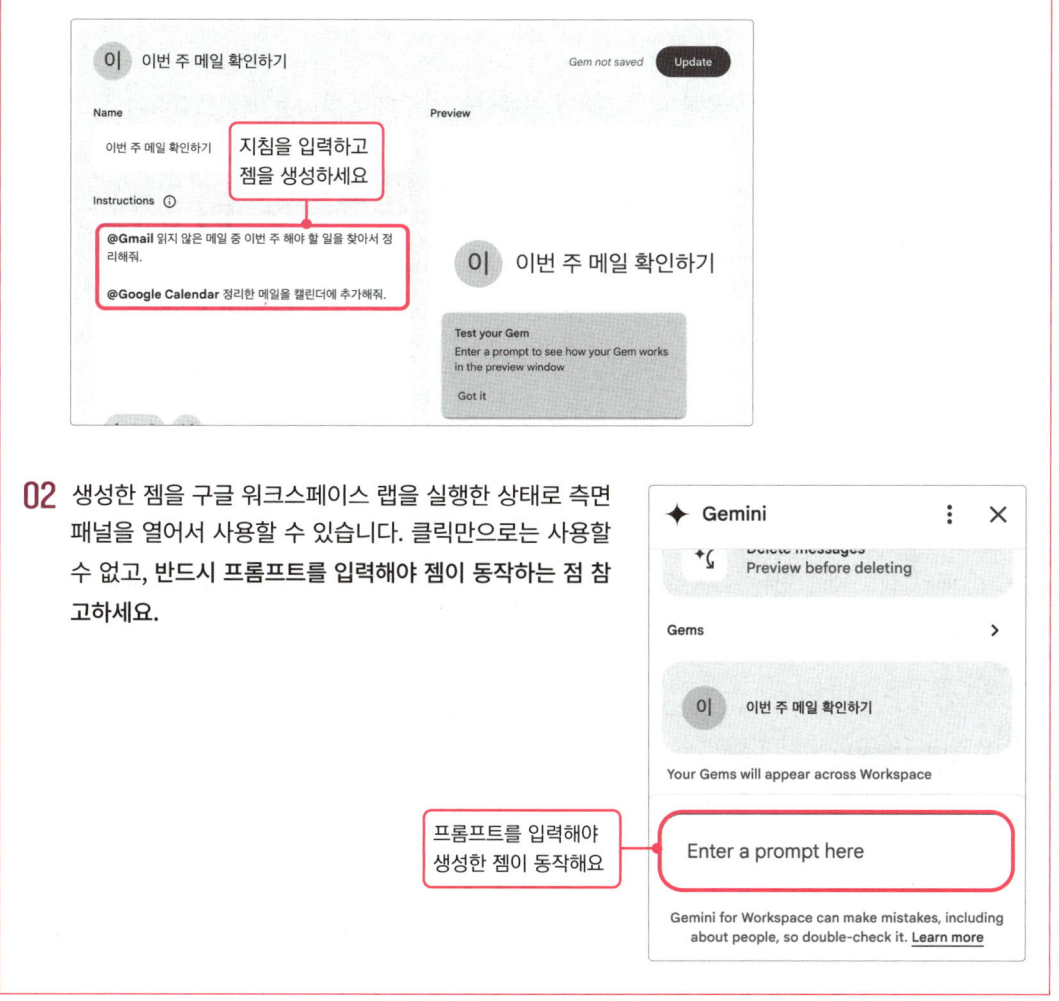

02 생성한 젬을 구글 워크스페이스 랩을 실행한 상태로 측면 패널을 열어서 사용할 수 있습니다. 클릭만으로는 사용할 수 없고, 반드시 **프롬프트를 입력해야 젬이 동작하는** 점 참고하세요.

미친 활용 12 제미나이와 협업해서 이메일 작성 및 답장하기

지메일에 추가된 제미나이를 활용하면 빠르게 이메일 내용을 작성할 수 있습니다. 하지만 이메일은 사람과 사람이 상호작용하는 방법의 하나로 AI가 작성한 내용을 그대로 보내면 확인되지 않은 내용이나 의도와 다른 내용이 전달되어 신뢰 관계가 무너질 수도 있죠. 그래서 작성할 수 있는 기능보다는 잘 작성하는 방법을 아는 것이 중요합니다. 이번에는 제미나이를 이메일과 답장하기에 잘 활용할 수 있는 방법을 알아보겠습니다.

이메일 작성하기

먼저 지메일에서 제미나이를 사용하여 기본적인 이메일을 작성하는 방법을 배워보겠습니다.

01 지메일 왼쪽 상단의 [편지쓰기]를 클릭하여 새 메일 작성을 실행합니다.

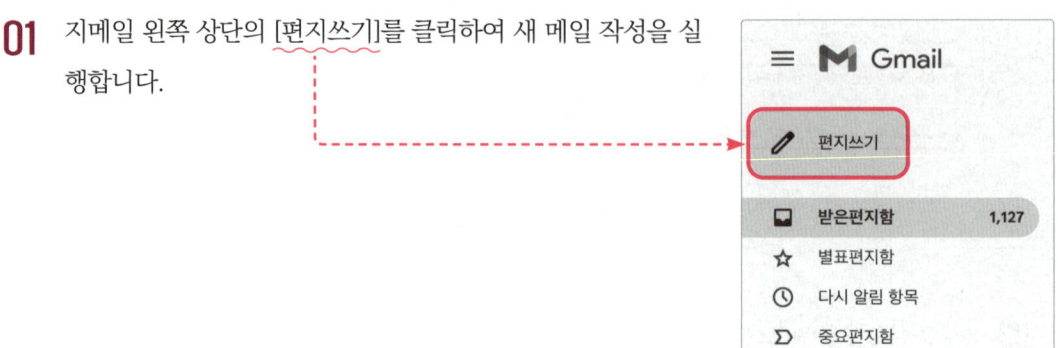

02 새 메일 창 아래에 있는 도구 중 [글쓰기 도우미]가 보일 겁니다. 지메일에 제미나이를 추가하면서 생긴 신규 기능으로 프롬프트를 입력하면 알맞은 이메일 내용을 생성해줍니다. [글쓰기 도우미]를 클릭합니다.

03 그러면 이메일 내용 작성을 위한 프롬프트 입력란이 나타나는데요, 여기에 이메일로 보낼 내용의 작성을 요청하는 프롬프트만 입력하면 됩니다. 이번에는 퇴사 소식을 전한 거래처 직원에게 보내는 이메일을 작성해보겠습니다.

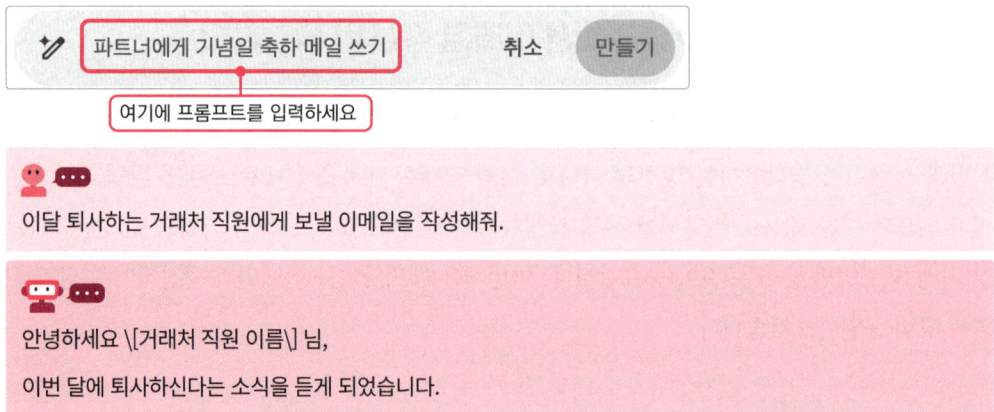

> 그동안 저희와 함께 좋은 협력을 보여주셔서 진심으로 감사드립니다. \[필요하다면, 함께 했던 특정 프로젝트나 긍정적인 경험을 언급할 수 있습니다.]
>
> 앞으로 하시는 모든 일에 항상 건강과 행복이 가득하기를 바랍니다. 새로운 시작을 응원하겠습니다.
> 혹시 개인적으로 연락드릴 일이 있다면 \[연락처]로 편하게 연락 주십시오.
> 감사합니다.
> 안녕히 계십시오.
> \[본인 이름] 올림
> (Him-chan OH)

이메일 내용이 간단하게 작성되었네요.

04 내용이 마음에 들지 않으면 내용 수정 메뉴를 통해 수정할 수 있습니다.

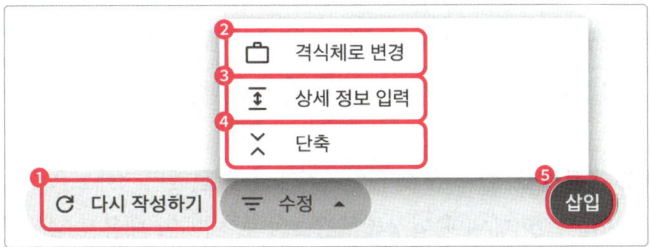

❶ **다시 작성하기** : 동일 프롬프트를 사용하여 이메일 내용을 다시 작성합니다.

❷ **격식체로 변경** : 생성된 이메일 내용을 이메일 매너에 알맞게 수정합니다.

❸ **상세 정보 입력** : 생성된 이메일 내용에 좀 더 상세한 정보를 포함합니다.

❹ **단축** : 생성된 이메일 내용을 짧게 요약하여 줄입니다.

❺ **삽입** : 생성된 이메일 내용을 이메일에 삽입합니다.

메뉴에서 실행하는 모든 기능은 이메일을 부분 수정하는 것이 아니라 **전체 내용을 재생성하는 방식으로 동작합니다.** 그러므로 사용자가 원하는 세부적인 수정은 불가능한 점 참고해주세요. 따로 수정할 내용이 없다면 [삽입] 버튼을 누릅니다. 그러면 다음과 같이 제미나이가 작성한 이메일 내용이 새 메일에 추가된 것을 확인할 수 있습니다.

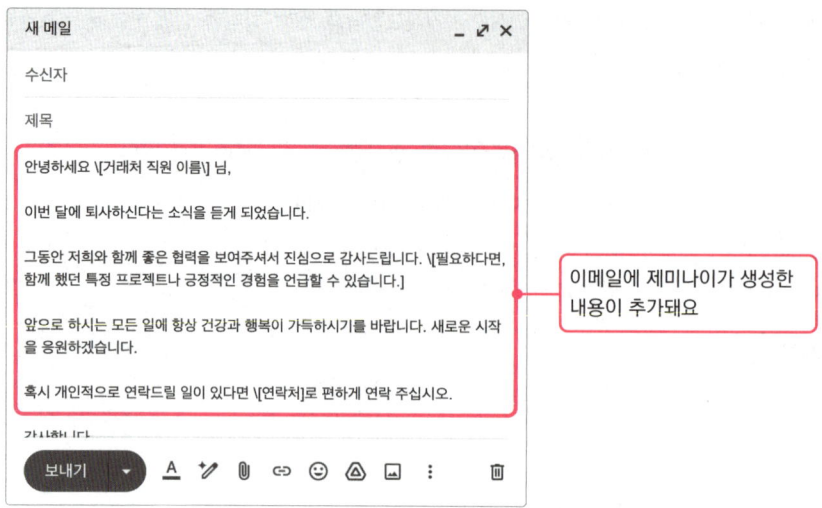

이메일 답장 작성하기

이메일 답장도 이메일 작성 방법과 동일합니다. 차이가 있다면 수신한 이메일 내용을 기초로 알맞은 답장을 생성한다는 거죠. 먼저 [글쓰기 도우미]로 답장하는 방법을 알아보겠습니다.

01 미친활용11 제미나이로 메일 탐색해서 한 번에 일정 정리하기에서 수신했던 '[애드워드미디어] SNS 콘텐츠 기획안 리뷰 요청'이라는 이메일에 답장해보겠습니다. 이메일 내용은 다음과 같습니다.

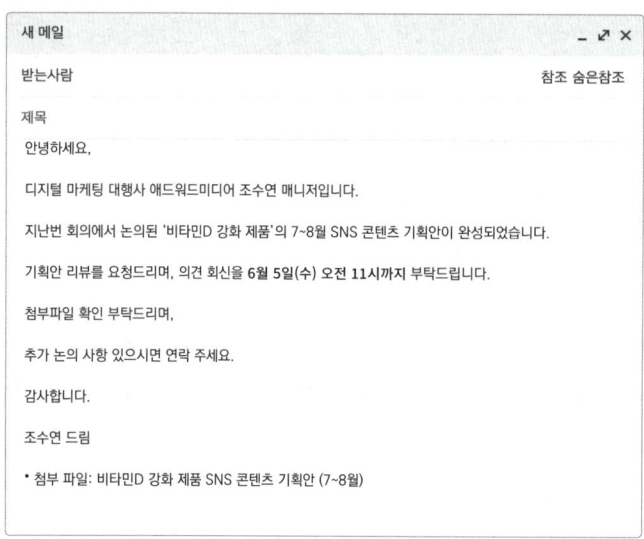

02 이메일에서 ❶ [답장] 버튼을 클릭한 후 답장하는 창이 나타나면 아래의 ❷ [글쓰기 도우미] 버튼을 클릭하여 답장 작성을 요청하는 프롬프트를 입력합니다. 기획안에서 부족하다고 생각한 부분을 보충해달라고 요청하겠습니다.

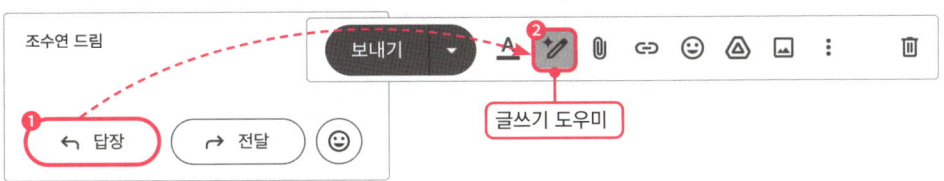

> 위 이메일 내용을 기반하여 아래 내용이 부실한 기획안을 작성해줘.
>
> 1. 비타민D의 역할 보충 필요
> 2. 비타민D의 함량을 실제 식품에 비유하여 설명
> 3. 제품에 비타민D 외 성분이 있음도 소개

> 참조하신 이메일의 내용을 바탕으로, '비타민D 강화 제품'의 7~8월 소셜 미디어 콘텐츠 기획안이 다소 미흡하다는 점을 전달하는 답신을 작성해드리겠습니다.
>
> 조수연 매니저님께,
>
> 안녕하세요. 지난 회의에서 논의되었던 '비타민D 강화 제품'의 소셜 미디어 콘텐츠 기획안을 보내주셔서 감사합니다. 제안해주신 기획안을 검토한 결과, 몇 가지 부분에서 보충이 필요하다고 생각되어 의견을 드립니다.
>
> 첫째, 비타민D가 우리 몸에 어떤 중요한 역할을 하는지에 대한 설명이 조금 더 자세히 제시되면 좋겠습니다. 단순히 '강화'되었다는 점을 언급하는 것보다, 비타민D의 효능과 필요성을 명확하게 전달하여 소비자들이 제품의 가치를 더욱 잘 인지할 수 있도록 하는 것이 중요하다고 생각합니다.
>
> 둘째, 제품에 함유된 비타민D의 양을 소비자들이 쉽게 이해할 수 있도록 실제 식품에 비유하여 설명하는 방안을 고려해 주시면 좋겠습니다. 예를 들어, "본 제품 한 알에는 햇볕을 쬐는 것과 같은 효과를 낼 수 있는 비타민D가 [특정 식품] 몇 인분에 해당하는 양만큼 함유되어 있습니다"와 같은 방식으로 표현하면 소비자들이 더욱 직관적으로 이해할 수 있을 것입니다.
>
> 셋째, 현재 기획안에서는 비타민D 강화에 초점이 맞춰져 있는 것으로 보입니다. 해당 제품에 비타민D 외에도 다른 유익한 성분들이 포함되어 있다면, 이러한 성분들의 기능과 장점을 함께 소개하여 제품의 매력을 더욱 높일 수 있을 것이라고 생각합니다.

> 제안드린 의견들을 바탕으로 기획안을 다시 한 번 검토해 주시면 감사하겠습니다. 추가적으로 논의가 필요하면 언제든지 편하게 연락 주십시오.
>
> 감사합니다.
>
> 힘찬 드림

그럴듯한 답장이 작성되었습니다. 하지만 글쓰기 도우미로 작성한 답장에서 2가지 문제점을 확인할 수 있습니다.

- **제미나이가 답신을 작성한다는 응답** : 제미나이가 작성한 답장의 첫 문단에서 '참조하신 이메일의 내용을 바탕으로, '비타민D 강화 제품'의 7~8월 소셜 미디어 콘텐츠 기획안이 다소 미흡하다는 점을 전달하는 답신을 작성해 드리겠습니다.'라는 문장을 발견할 수 있습니다. 이 상태로 답장한다면 자칫 기획안을 보지 않고 AI가 작성한 내용만 보낸 것으로 상대방이 오해할 수 있겠죠.

- **실제 기획안을 읽지 않고 작성한 내용** : 제미나이는 수신한 이메일의 내용만 확인했을 뿐 실제 기획안 내용은 알지 못합니다. 그러므로 요청에 대한 내용만 생성한 것입니다. 실제 기획안의 내용과는 차이가 있을 수 있죠.

이런 문제를 해결하기 위해서는 [글쓰기 도우미]보다 측면 패널을 사용하는 것이 좋습니다.

03 측면 패널을 열기 전에 이메일로 첨부된 기획안을 구글 드라이브에 저장하겠습니다. 이메일의 첨부 파일에서 [드라이브에 추가] 버튼만 클릭하면 구글 드라이브에 파일이 저장됩니다.

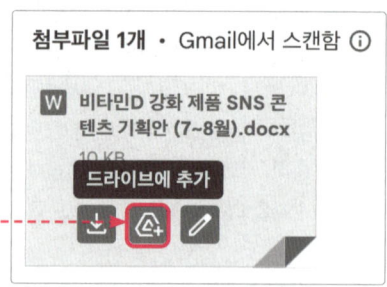

04 이제 답장할 이메일에서 측면 패널을 실행합니다. 다음과 같이 프롬프트 입력란에 @를 입력하고 기획안 파일의 제목으로 파일을 찾습니다. 구글 드라이브에 저장된 기획안을 찾았으면 파일을 클릭합니다.

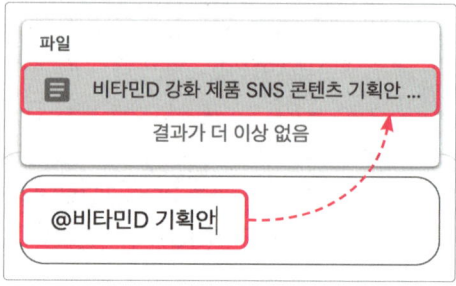

그럼 선택한 기획안 파일이 프롬프트 입력란에 추가된 것을 확인할 수 있습니다. 파일이 추가된 상태에서 프롬프트를 입력합니다. 파일명이 길 경우 프롬프트 입력이 어려울 수 있습니다. 이럴 때는 프롬프트를 먼저 입력한 후 파일을 추가하세요.

📄 비타민D 강화 제품 SNS 콘텐츠 기획안 (7~8월)

> 입력란에 파일이 추가된 상태에서 프롬프트 입력하기

NOTE 파일은 .doc, .pdf, .ppt, .xlsx, .csv 등 제미나이에 첨부할 수 있는 모든 파일을 추가하여 이메일 작업에 활용할 수 있습니다.

[비타민D 강화 제품 SNS 콘텐츠 기획안 (7~8월)]
기획안에서 부족한 내용을 진단해서 답장을 작성해줘.

조수연 매니저님께,

안녕하세요, 힘찬입니다.

보내주신 SNS 콘텐츠 기획안 잘 확인했습니다. 7-8월 비타민D 강화 제품에 대한 다양한 플랫폼별 전략과 구체적인 콘텐츠 예시가 잘 구성되어 있어서 매우 인상 깊었습니다. 특히 월별 주제를 정하고 콘텐츠를 체계적으로 나눈 점이 좋았습니다.

다만, 몇 가지 부분에서 추가적인 고려가 필요할 것 같습니다.

1. **타겟 고객층 분석**: 20-40대 건강 관심층, 직장인, 육아맘으로 설정된 타겟 고객층에 대해 좀 더 세분화된 분석과 이해가 필요해 보입니다. 각 그룹의 특징과 관심사에 맞는 더 구체적인 콘텐츠 방향을 제시할 수 있다면 더 효과적일 것입니다.
2. **경쟁사 분석**: 비타민D 제품 시장에서 경쟁사들의 SNS 콘텐츠 전략은 어떻게 되는지, 우리의 콘텐츠가 어떤 차별성을 가져야 하는지에 대한 고민이 조금 더 필요해 보입니다. 경쟁사 분석을 통해 우리만의 강점을 부각할 수 있는 전략을 추가한다면 좋을 것 같습니다.
3. **인플루언서 마케팅**: 인플루언서를 활용한 홍보 전략을 추가하는 것을 고려해보면 좋을 것 같습니다. 타겟 고객층에 영향력이 있는 인플루언서와 협업하여 콘텐츠를 제작하고 확산시키면 더욱 효과적인 홍보가 가능할 것입니다.

전반적으로 훌륭한 기획안이지만, 위에서 언급한 부분들을 보완한다면 더욱 강력한 SNS 콘텐츠 마케팅이 될 것이라고 생각합니다.

수정 제안 사항 외에는 콘텐츠 전반에 걸쳐 내용 구성이 좋습니다. 빠른 회신 주셔서 감사합니다.

힘찬 드림

측면 패널을 사용했더니 앞서 발생한 2가지 문제가 해결된 것과 함께 제미나이가 분석한 기획안 내용도 한 번에 확인할 수 있네요.

05 이제 작성된 내용을 답장으로 옮기겠습니다. 답장을 실행한 상태에서 측면 패널의 응답 내용 아래에 있는 [삽입]을 클릭합니다.

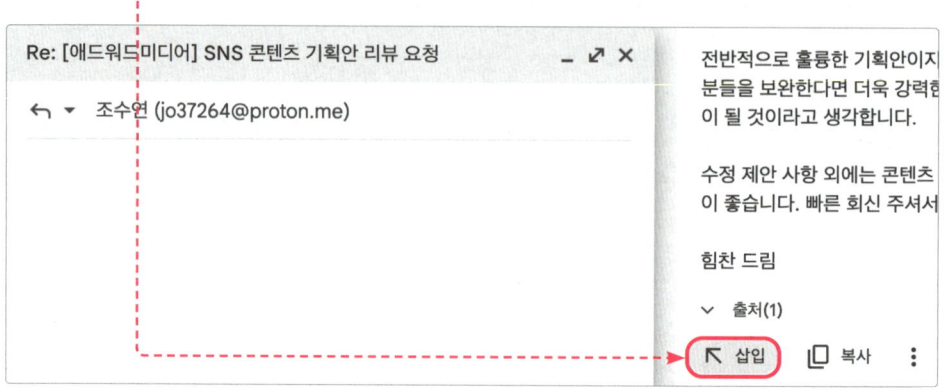

그럼 다음과 같이 측면 패널의 내용이 이메일 답장 창에 삽입된 것을 확인할 수 있습니다.

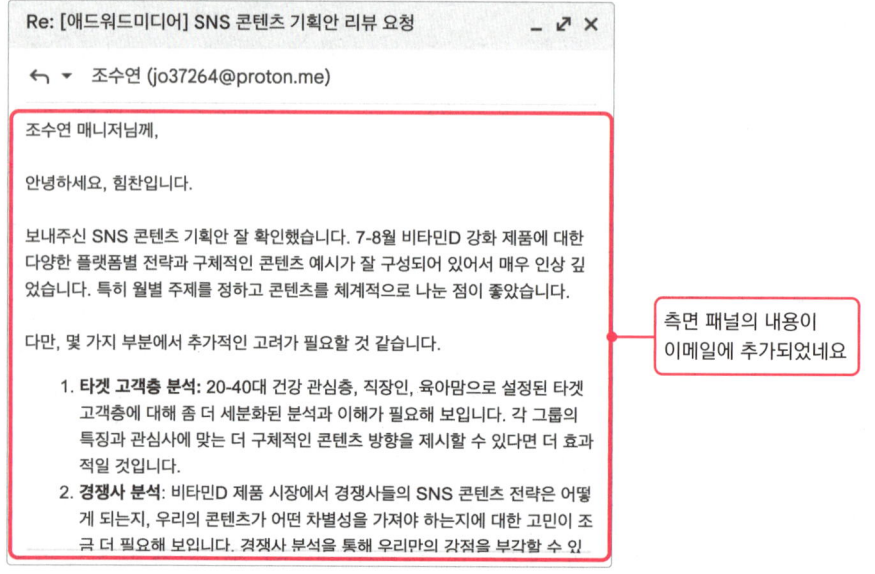

측면 패널의 내용이 이메일에 추가되었네요

수신한 이메일 내용 및 기획안 내용을 모두 반영한 이메일 답장이 작성되었네요. 이처럼 지메일에 내장된 제미나이를 사용하면 여타 AI를 사용하는 것과는 다른 속도와 효율로 이메일 작업을 수행할 수 있습니다.

 무료로 제미나이 지메일에서 작업하기

지메일에서 제미나이를 실행하려면 유료 구독자만 가능하지만, 제미나이에서 앱 연결로 지메일을 사용하면 무료 사용자도 비슷하게 사용할 수 있습니다.

제미나이 프롬프트 입력란에 ❶ @를 입력하여 [Gmail]을 선택하면 지메일에서 측면 패널을 사용하는 것처럼 쓸 수 있으며, ❷ [Google Drive]도 연결해서 파일 내용을 추가하여 답장을 생성할 수도 있습니다.

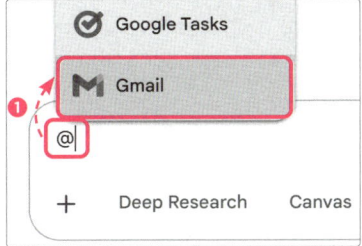
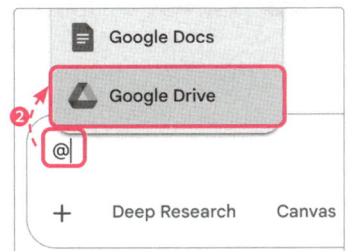

지메일에서 직접 사용하는 방법보다는 불편하지만, 지메일을 자주 사용하는 것이 아니라면 해당 방법으로 무료 사용자도 제미나이를 활용한 이메일 작업이 가능한 점 꼭 기억하세요.

Chapter 07
제미나이와 일정 관리 자동화하기

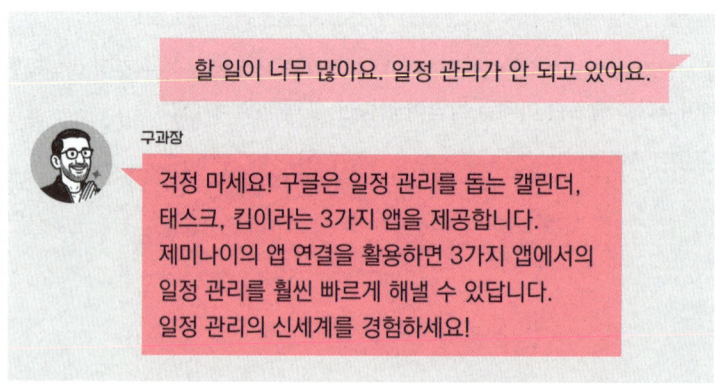

앞서 앱 연결을 활용한 다양한 제미나이 활용법을 배웠습니다. 배운 내용을 응용하면 구글 캘린더, 태스크, 킵까지 3가지 앱을 활용해서 일정 관리 효율을 크게 높일 수 있습니다. 3가지 앱을 사용하지 않았던 분들도 제미나이의 강력한 능력을 경험하면 필수 앱으로 전환하게 될 것입니다.

현재 캘린더, 태스크, 킵의 모든 기능을 활용하려면 구글 워크스페이스 랩에서 진행해야 합니다. **구글 계정 언어를 영어로 변경 후 구글 워크스페이스 랩을 적용하여 예제를 실습하기 바랍니다.**

미친 활용 13 | 제미나이로 구글 캘린더 일정 한꺼번에 추가하기 `구글 워크스페이스 랩`

가장 먼저 구글 캘린더 활용 방법을 배워보겠습니다. 이메일로 전달된 요청 작업들의 마감 일정을 캘린더에 한꺼번에 추가해보겠습니다.

01 먼저 이메일로 요청을 받은 작업들을 제미나이로 탐색하겠습니다. 프롬프트 입력란에 @Gmail을 추가한 후 해야 할 일을 정리해달라고 요청하겠습니다. 캘린더에 추가하려면 **날짜 / 할 일 / 시간** 형식으로 내용이 정리되어야 합니다. **다음 프롬프트를 꼭 참고해서 요청하세요.**

> 🙂💬
> @Gmail 이번 달에 해야 할 일을 아래 형식으로 정리해줘.
> - 날짜 / 할 일 / 시간
> - 날짜 / 할 일 / 시간
> - 날짜 / 할 일 / 시간

> 🤖💬
> 이번 달에 해야 할 일을 다음과 같이 정리해드립니다:
> - 6월 7일 (토) / 앱 결제 오류 긴급 수정 회신 / 하루 종일
> - 6월 16일 (월) / 워크허브 - 서버 이전 기술 자문 회의 / 오후 2:00 ~ 4:00
> - 6월 18일 (수) / 한울테크 - 공장 생산현황 관리 앱 개발 견적 제안서 마감 / 오후 5:00
> - 6월 20일 (금) / 다드림병원 - 유지보수 계약 갱신 견적 회신 / 하루 종일
> - 6월 20일 (금) / 서진전자 - Kotlin Android 교육 강사 지원 마감 / 하루 종일
> - 6월 23일 (월) ~ 8월 30일 (토) / 한울테크 - 공장 생산현황 관리 앱 개발 / -
> - 6월 25일 (수) / 서진전자 - Kotlin Android 교육 / 하루 종일

기한이 있는 일들을 정리해줬네요.

02 이제 정리된 내용을 구글 캘린더에 입력하겠습니다. 프롬프트 입력란에 **@Google Calendar**를 추가한 후 캘린더 추가를 요청합니다.

>
> @Google Calendar 위에서 정리한 일정들을 캘린더에 추가해줘.

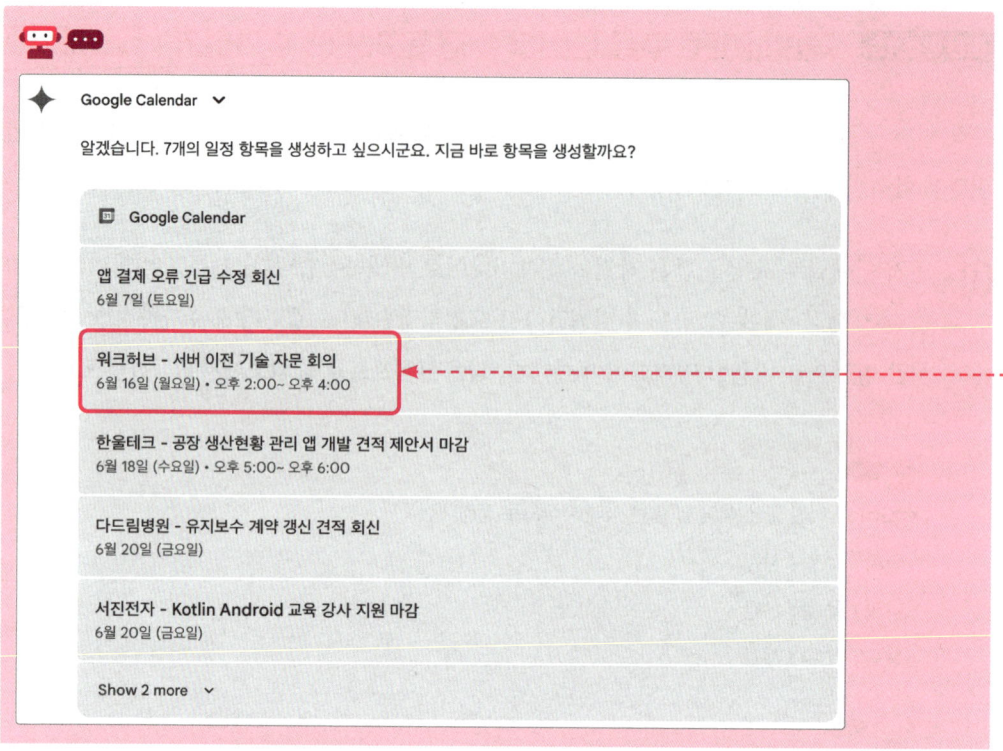

추가할 일정이 목록에 잘 반영되었는지 확인합니다.

03 일정을 확인했으면 일정 생성을 요청합니다.

이제 구글 캘린더로 이동하여 제미나이에서 정리한 일정이 한꺼번에 캘린더에 반영된 걸 확인해보세요.

2 (7)	3 (8)	4 (9)	5 (10)	6 (11)	7 (12) 앱 결제 오류 긴드	8 (13)
9 (14)	10 (15)	11 (16)	12 (17)	13 (18)	14 (19)	15 (20)
16 (21) ● 2pm 워크허브	17 (22)	18 (23) ● 5pm 한울테크	19 (24)	20 (25) 다드림병원 - 유; 서진전자 - Kotli	21 (26)	22 (27)
23 (28) 한울테크 - 공장 생산현황 관리 앱 개발	24 (29)	25 (1) 서진전자 - Kotli	26 (2)	27 (3)	28 (4)	29 (5)
30 (6) 한울테크 - 공장 생산현황 관리 앱 개발	Jul 1(7)	2 (8)	3 (9)	4 (10)	5 (11)	6 (12)

제미나이를 활용해서 구글 캘린더에 일정을 추가하는 방법을 알아보았는데요, **날짜 / 할 일 / 시간** 형식의 목록만 있으면 수많은 일정도 모두 한꺼번에 추가할 수 있습니다. 이제 일일이 일정을 추가하던 작업 방식에서 벗어나기 바랍니다.

미친 활용 14 제미나이로 초스피드 메모하기 구글 워크스페이스 랩

생각을 정리하기 위해서는 직접 메모하는 것이 좋은 방법이지만, 가끔 정리가 쉽지 않은 내용을 메모하려다가 긴 시간을 소모할 때도 있습니다. 이럴 때는 제미나이와 구글에서 제공하는 메모 앱인 구글 킵Keep을 연결해서 사용하면 쉽게 해결할 수 있습니다.

- **구글 킵** : keep.google.com

미친 활용 13 **제미나이로 구글 캘린더 일정 한꺼번에 추가하기**에서 정리했던 **서버 이전 시 앱 서비스 영향 최소화 방법 자문 요청 건**의 이메일 내용에서 메모가 필요한 부분을 추출 및 메모, 알림 설정까지 한 번에 처리해보겠습니다.

01 프롬프트 입력란에 @Google Keep을 추가하면 메모 기능을 바로 사용할 수 있지만, 자고로 메모란 빠르게 하는 것이 무엇보다 중요합니다. 그래서 이메일 탐색과 메모를 동시에 진행하기 위해 **@Gmail**과 **@Google Keep**을 함께 실행하는 방법으로 진행하겠습니다.

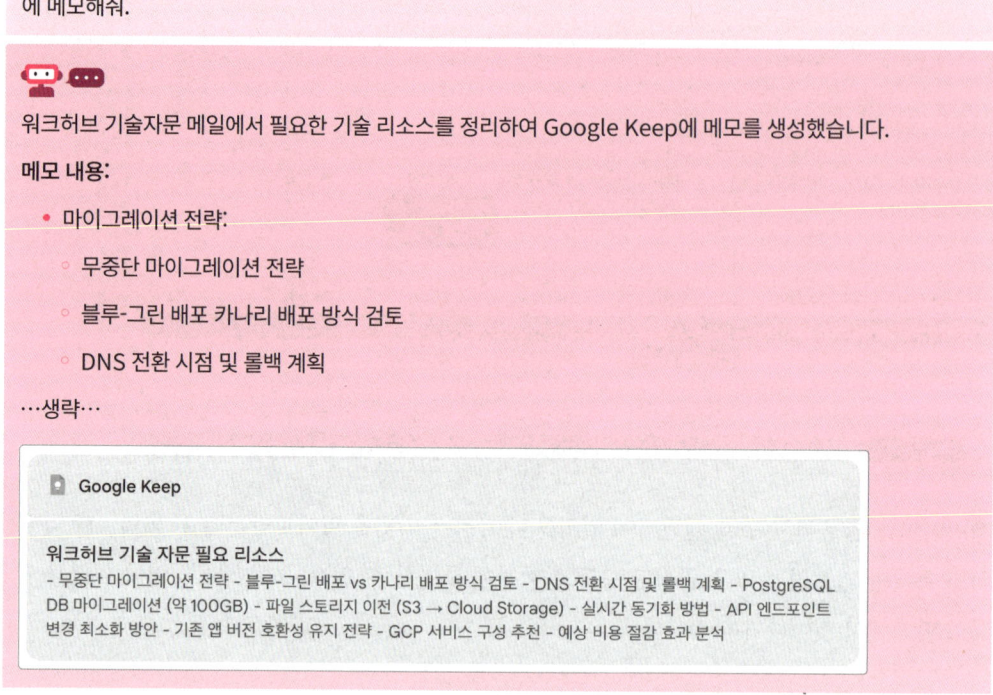

이메일에서 요청한 내용을 찾은 후 구글 킵에 메모를 추가한 것을 확인할 수 있습니다.

02 구글 킵에 접속하면 제미나이가 작성한 메모가 있는데요, 메모 왼쪽 아래에 [Gemini] 표시가 보입니다. 이 표시를 클릭하면 메모를 생성한 제미나이 채팅으로 바로 이동할 수 있습니다.

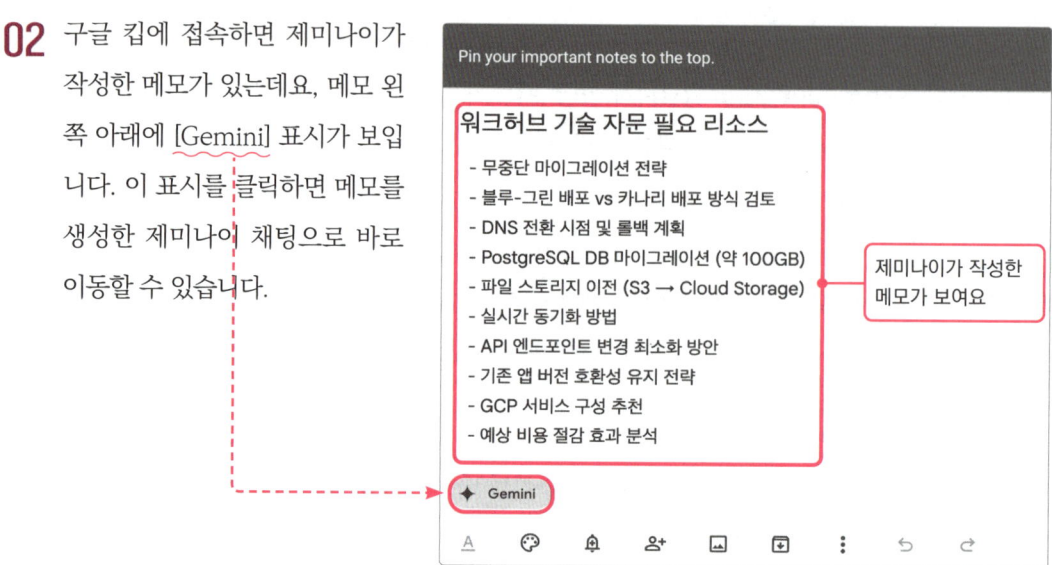

미친활용 15 제미나이로 오늘 할 일 정리하기 〔구글 워크스페이스 랩〕

하루를 시작할 때 가장 중요한 건 오늘 할 일을 정리하는 것입니다. 그렇다고 할 일을 정리하는 데 몇 시간을 쓸 수도 없는 노릇이죠. 제미나이와 구글 태스크^{Goole Tasks}를 사용하면 할 일 정리하는 시간을 대폭 단축할 수 있습니다.

01 〔미친활용 13〕 **제미나이로 구글 캘린더 일정 한꺼번에 추가하기**의 이메일 내용을 기반으로 오늘 할 일을 한 번에 정리하겠습니다.

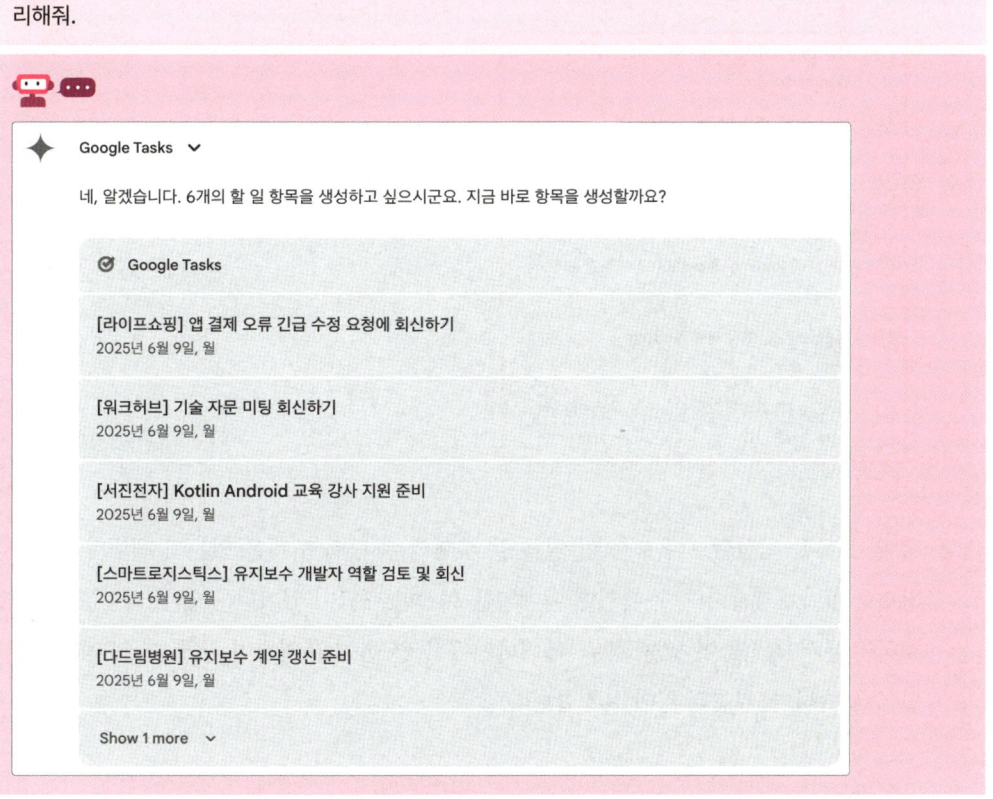

할 일이 목록에 잘 반영되었는지 확인합니다.

02 목록에 문제가 없다면 할 일 생성을 요청합니다.

구글 태스크에 접속하면 할 일 목록이 반영되어 있는 걸 확인할 수 있습니다.

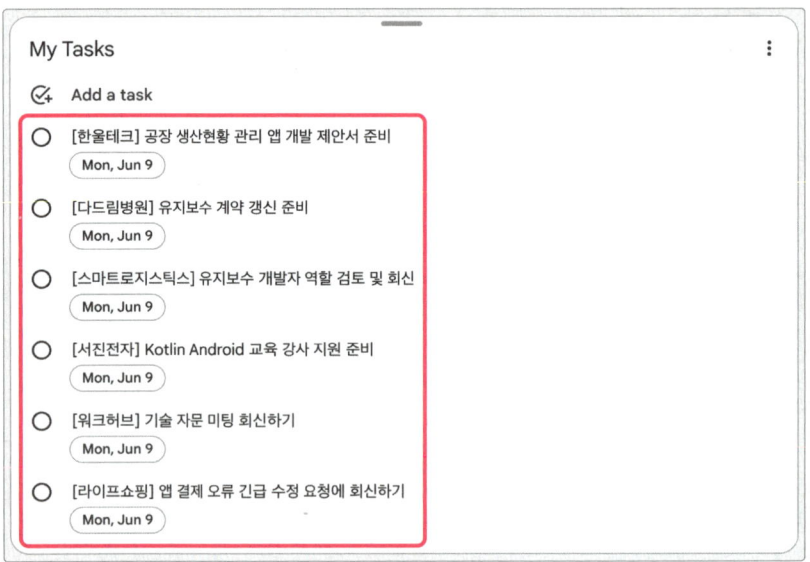

03 할 일 목록을 작성했으니 오늘 할 일을 잘 수행했는지, 빠진 것은 없는지 제미나이로 추적하는 방법을 알아보겠습니다. 지메일에 이메일을 회신한 내역이 있거나 구글 드라이브에 할 일과 일치하는 문서 작업물이 있을 경우, 제미나이에서 한 번에 추적하여 구글 태스크에 완료 처리를 할 수 있습니다. 다음과 같이 요청합니다.

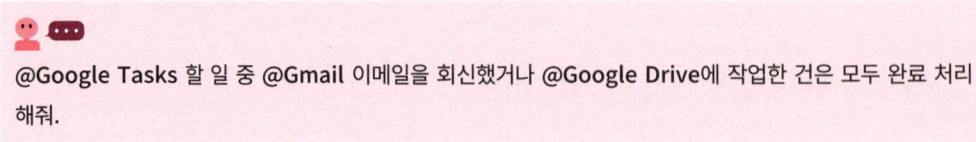

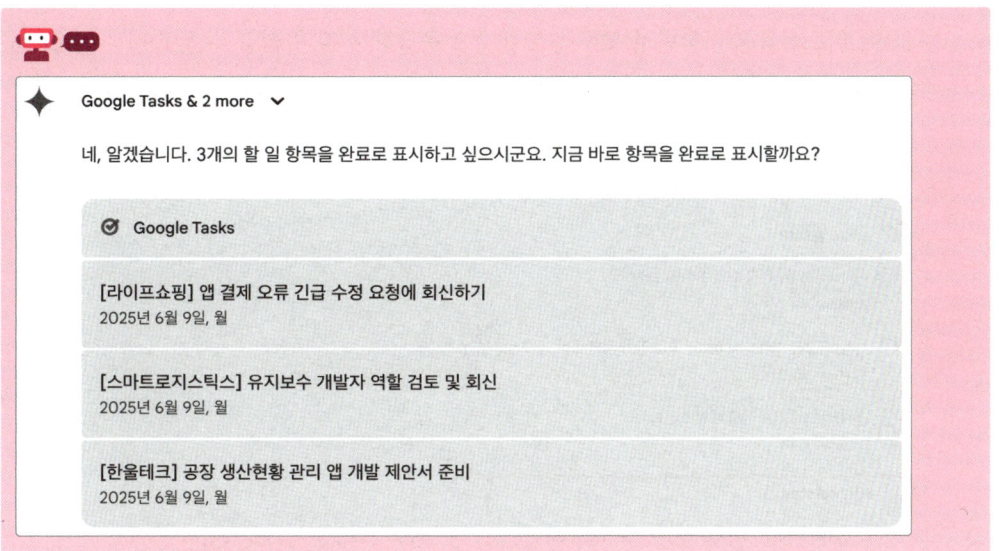

지메일과 구글 드라이브를 확인하여 완료 처리가 필요한 할 일 목록을 가져온 것을 확인할 수 있습니다.

04 완료 처리를 요청하겠습니다.

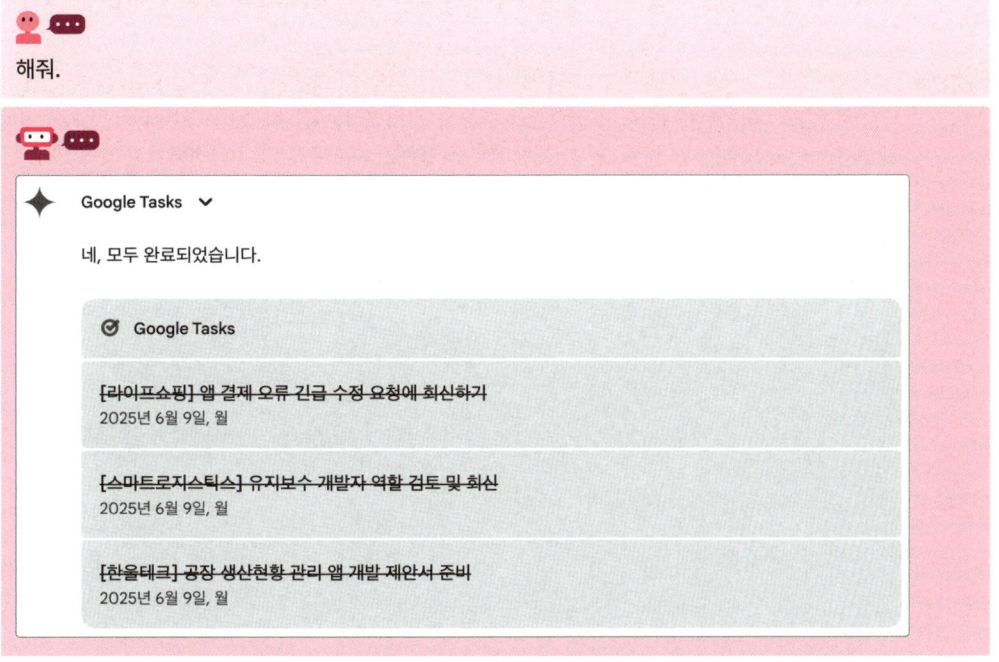

Chapter 07 제미나이와 일정 관리 자동화하기

목록에 취소선을 추가하면서 모두 완료했다고 응답하는 걸 확인할 수 있습니다. 구글 태스크에 다시 접속해보면 제미나이가 완료 처리한 일만 완료로 분류한 것을 확인할 수 있습니다.

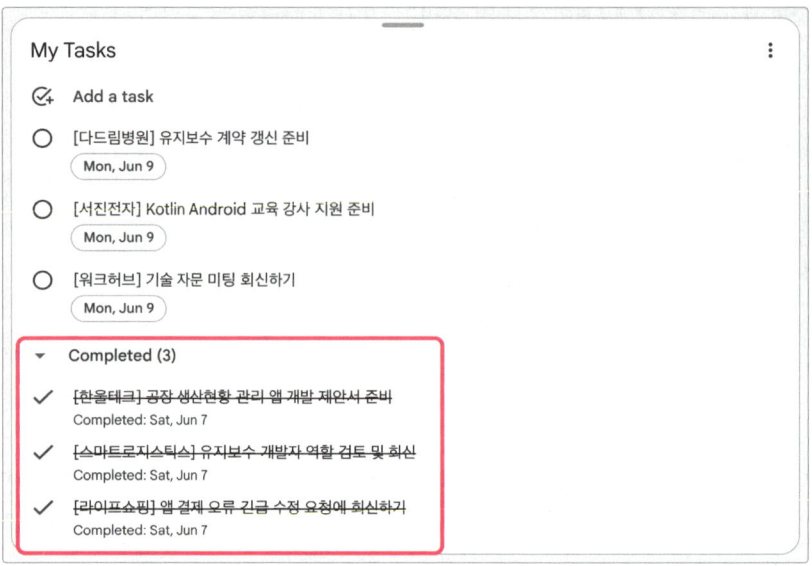

바쁜 일과 중 할 일을 정리하고 완료 처리하면서 작업을 관리하는 건 쉽지 않은 일입니다. 제미나이를 활용하면 긴 시간 또는 수시로 확인하지 않아도 빠르게 오늘 할 일을 관리할 수 있습니다.

> **NOTE** 현재 여러 개의 앱을 한 번에 연결한 뒤 하나의 프롬프트로 실행할 경우 가끔 실행되지 않는 오류가 발생할 수 있습니다. 이는 제미나이가 요청을 추론하고 처리하는 과정에서 생기는 문제로 개선 중인 상태입니다. 만약 오류가 발생한다면 새 채팅에서 동일한 프롬프트로 다시 실행해보기 바랍니다.

이게 되네?
PART 03

제미나이와 구글 업무 협업하기

진정한 일잘러는 협업의 달인!

여기서 공부할 내용

Part 03 제미나이와 구글 업무 협업하기에서는 문서 도구, 시트, 슬라이드 등 구글 워크스페이스의 앱들과 연동하여 회의부터 문서 작업, 동영상 생성까지 업무 효율성을 극대화하는 다양한 방법을 알아보겠습니다. 제미나이와의 협업으로 AI를 단순한 챗봇이 아닌 업무 파트너로서 업무 효율성을 극대화하는 방법을 경험해보기 바랍니다.

💬 이 그림은 제미나이에게 "수달이 노트북으로 열심히 타이핑하는 모습을 만화 스타일의 삽화로 그려줘."라고 요청하여 받았습니다.

제미나이로 회의하기

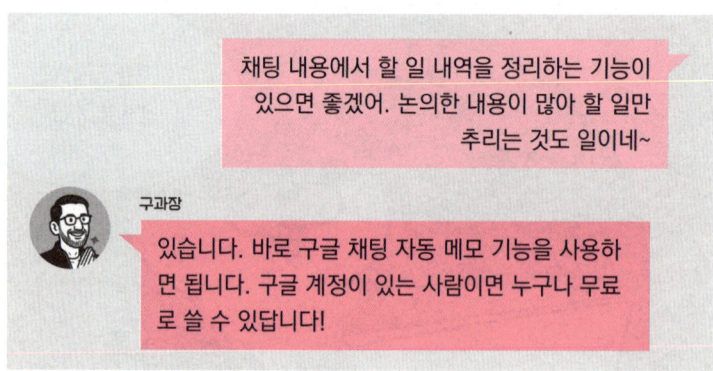

제미나이를 활용하면 회의 준비부터 진행, 기록까지 스마트하게 처리할 수 있습니다. 구글 채팅과 연동해 자동으로 회의 메모를 정리하고, 구글 미트에서는 실시간 자막 기능을 통해 회의 내용을 놓치지 않고 받아 적을 수 있습니다. 이번에는 제미나이 기능에서 채팅 중 하나인 자동 메모 기능으로 회의의 효율을 한 단계 끌어올리는 방법을 알아보겠습니다.

미친 활용 16 구글 채팅 자동 메모하기

구글 챗Google Chat은 구글 계정으로 초대된 사람들이 스페이스라는 공간에 자유롭게 채팅할 수 있는 메신저 서비스입니다.

- **구글 채팅** : mail.google.com/chat

구글 채팅에도 제미나이가 적용되어 있으며, 측면 패널을 활용해서 채팅에 도움을 얻을 수 있습니다. 그중에서도 채팅의 내용을 메모로 생성하는 방법은 아주 유용합니다.

01 구글 채팅에서 채팅한 기록이 있다면 해당 채팅으로 예제를 실습하기 바랍니다. 만약 채팅 기록이 없다면 구글 채팅에 접속 후 왼쪽 위의 [새 채팅]을 클릭하여 채팅 상대를 추가하거나 스페이스를 만들어서 채팅을 시작하세요.

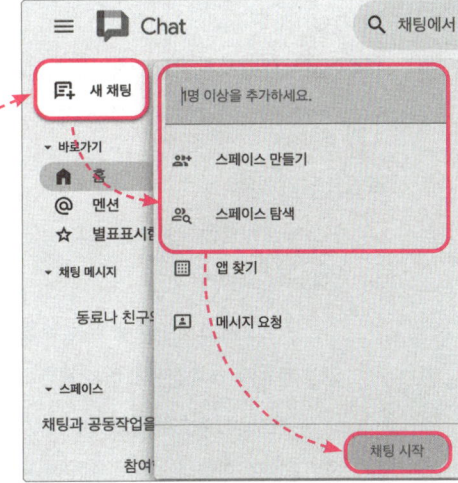

02 다음과 같이 구글 채팅으로 신제품 프로모션 이벤트에 관한 논의를 진행한 상황으로 가정하겠습니다.

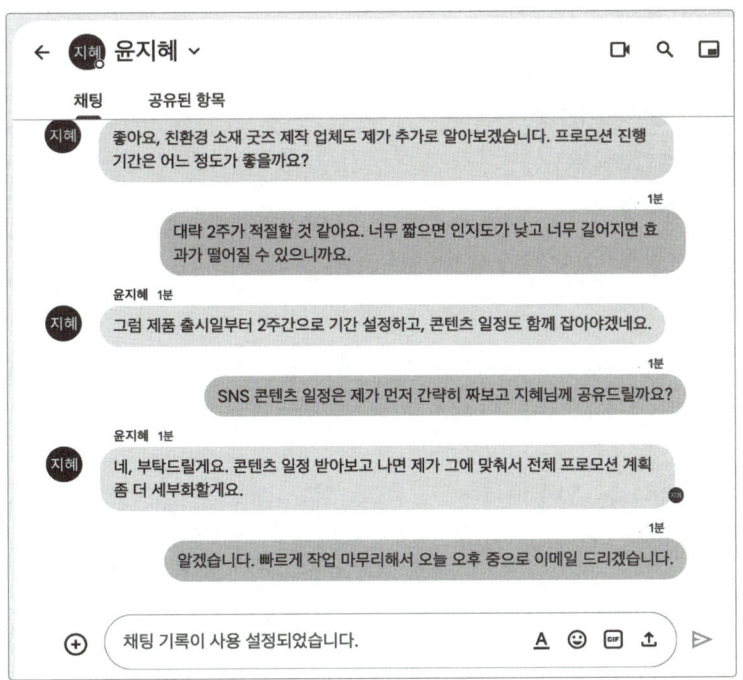

채팅이 진행된 스페이스에서 측면 패널을 실행한 후 다음과 같이 프롬프트를 입력하여 채팅 내용 정리를 요청하겠습니다.

> 대화에서 논의된 모든 사항을 파악해서 정리하고, 각자 맡은 업무별로 분류해줘.

오힘찬 님의 업무:
- 프로모션 방향에 대한 의견 제시
- SNS 중심 캠페인 제안
- 짧은 영상 콘텐츠의 효과 설명 및 추천
- 영상 제작 시 외부 전문가 추가 제안
- 런칭 이벤트 시 사은품 증정 추천
- 친환경 굿즈 아이디어 제시 (에코백, 텀블러)
- SNS 콘텐츠 일정 간략히 작성 및 오후 중 이메일 공유

윤지혜 님의 업무:
- 신제품 출시 관련 프로모션 아이디어 논의
- 친환경 성분 강조 프로모션 방향 설정
- SNS 콘텐츠 형식 결정 (카드뉴스 vs 짧은 영상)
- 영상 제작을 위한 외부 전문가 섭외 및 견적 확인
- 런칭 이벤트 종류 결정 (할인 vs 사은품)
- 친환경 소재 굿즈 제작 업체 알아보기
- 프로모션 진행 기간 설정 및 콘텐츠 일정에 맞춰 세부 계획 수립

제미나이가 채팅에서 논의된 내용들을 바탕으로 누가 어떤 업무를 진행해야 하는지 정리해준 걸 확인할 수 있습니다.

03 정리된 내용을 메모하겠습니다. 측면 패널에 제미나이가 생성한 응답 아래의 [복사]를 클릭합니다.

04 구글 채팅 오른쪽의 사이드 메뉴에 있는 [Keep]을 클릭하여 측면 패널에 구글 킵을 실행합니다.

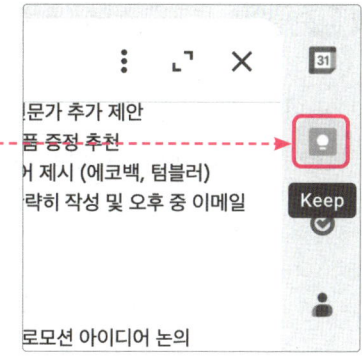

05 구글 킵을 실행한 측면 패널에서 [+ 메모 작성]을 클릭합니다.

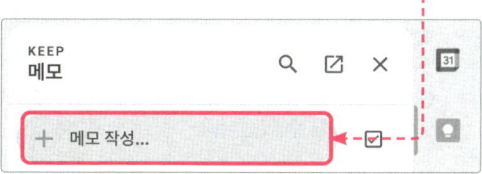

그런 다음 복사한 내용을 메모에 붙여넣고 제목 작성 후 오른쪽 아래의 [완료] 버튼을 클릭합니다. 그럼 새로운 메모가 추가된 걸 확인할 수 있습니다. 이렇게 메모로 작성해놓으면 메모 내용을 제미나이에서 불러와 쉽게 활용할 수 있겠죠.

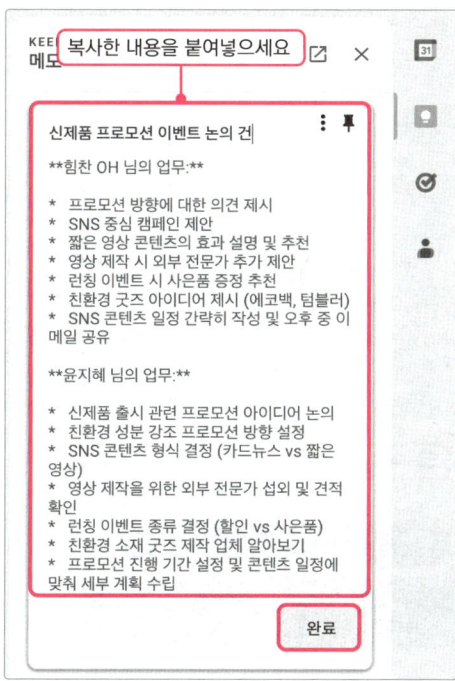
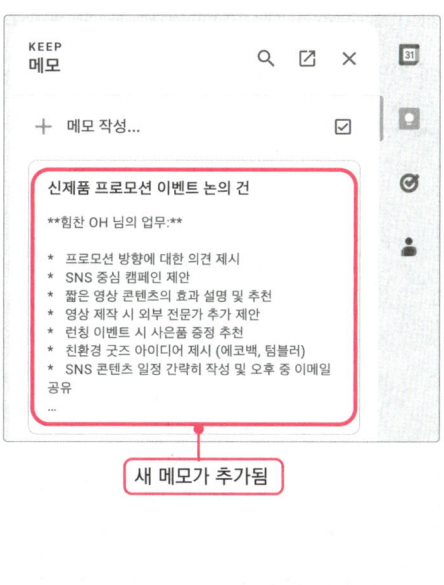

미친 활용 17 구글 화상 회의 실시간 자막 생성하기

구글 미트Google Meet는 최대 100명이 참여할 수 있는 화상 회의 서비스입니다. 구글이 개발한 줌Zoom이라고 생각하면 됩니다. 제미나이는 구글 미트로 회의할 때 자동으로 자막을 생성하고, 스크립트를 저장하며, 회의 내용을 기록하고 실시간으로 번역까지 해냅니다. 다음 링크로 접속할 수 있습니다.

- **구글 미트** : meet.google.com

구글 미트에 접속해서 [새 회의] 버튼을 클릭하면 화상 회의를 시작할 수 있습니다. 예제는 가상의 화상 회의를 진행 중이라는 가정으로 실습하겠습니다. 혼자서도 실습할 수 있습니다.

01 구글 미트로 화상 회의를 시작하면 아래 메뉴에서 ❶ [⊞ 회의 도구] 버튼을 클릭합니다. 그리고 나서 회의 도구 중 ❷ [녹화]를 선택하면 회의를 녹화하고 구글 드라이브에 저장하겠다는 안내 메시지가 나타납니다. 그러면 ❸ [녹음 파일에 캡션 포함]이라는 체크 박스가 보이는데, 녹화 영상에 자막을 추가한다는 의미입니다. 체크 박스를 체크한 후 ❹ [녹화 시작] 버튼을 클릭합니다.

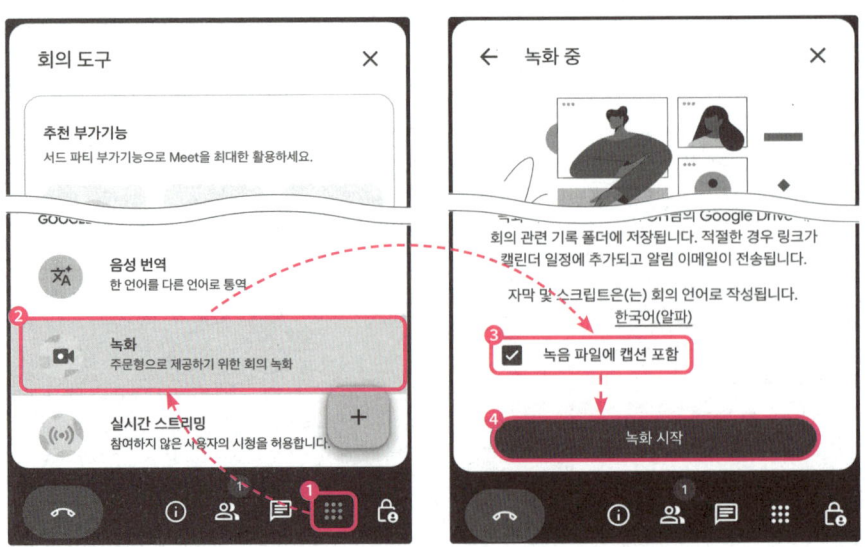

02 녹화 시작 전 **모든 참여자에게 실시간 스트리밍 알리기**라는 안내 메시지가 나타납니다. 회의 참여자 모두에게 녹화 사실이 공유된다는 의미입니다. 메시지를 확인했으면 오른쪽 하단의 [시작] 버튼을 클릭합니다.

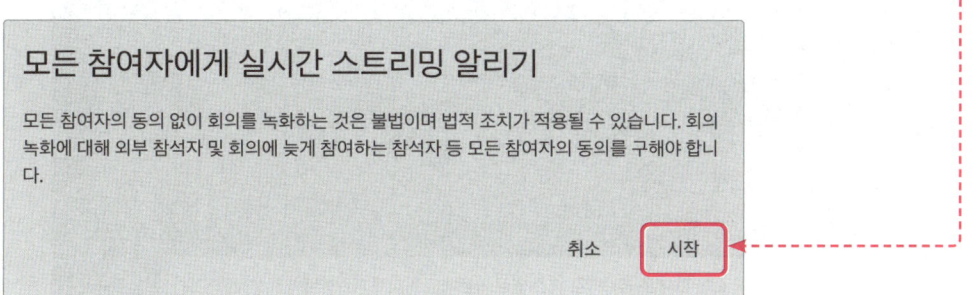

03 녹화가 시작되면 메뉴에서 [🔲 자막 사용 설정] 버튼을 클릭합니다. 기능이 실행된 이후부터 회의에 녹음되는 모든 목소리는 텍스트 자막으로 출력되므로 참고하세요.

자막 사용 설정을 실행한 상태로 왼쪽을 보면 언어 선택 부분이 나타납니다. [한국어]를 선택합니다.

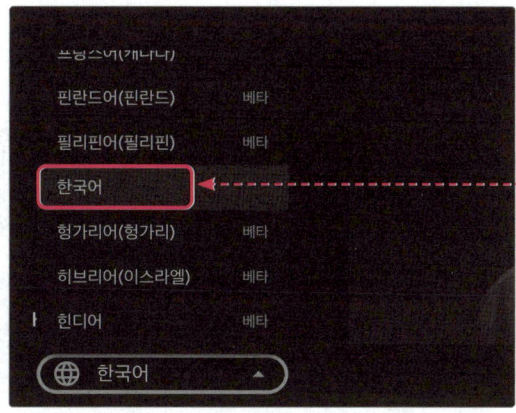

04 설정을 완료했으면 마이크를 켜고 말을 해봅시다. 그러면 말하는 내용이 모두 영상 하단에 자막으로 출력되는 걸 확인할 수 있습니다. 이 자막이 모두 녹화되는 거죠.

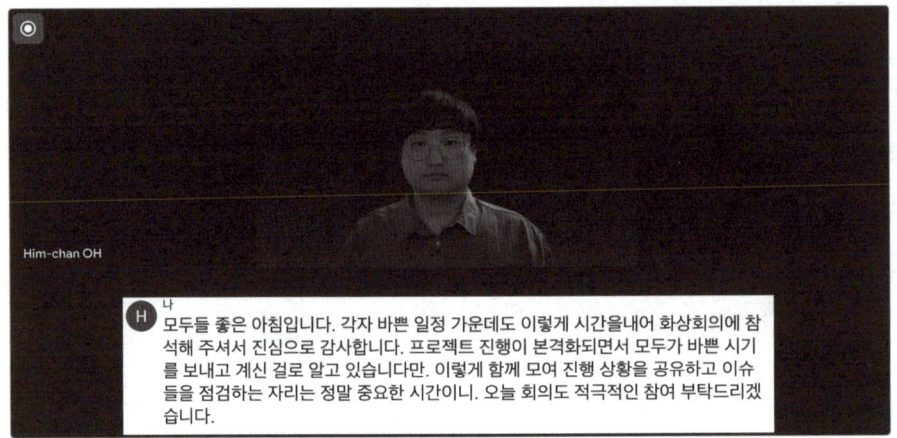

05 회의를 마쳤다면 왼쪽 상단의 ❶ [녹화 중지] 버튼을 클릭합니다. 녹화를 중지하면 주최자의 구글 드라이브에 저장된다는 안내 메시지가 나타납니다. 오른쪽 아래의 ❷ [녹화 중지]를 클릭합니다.

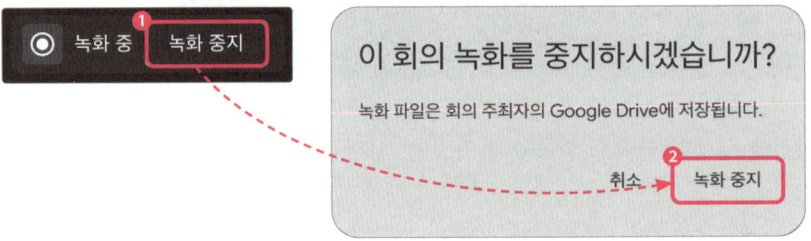

저장이 완료될 때까지 시간이 필요합니다. 저장되지 않았다고 당황하지 말고, 조금만 기다리면 녹화된 영상이 구글 드라이브에 저장되어 나타날 겁니다. 영상을 클릭해서 실행하겠습니다.

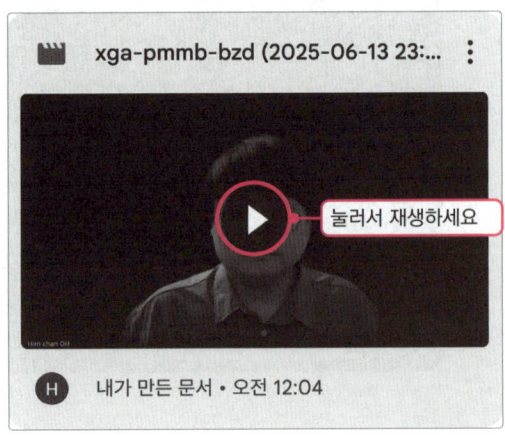

06 영상 오른쪽 아래에 있는 메뉴에서 [🄲 자막] 버튼을 클릭합니다.

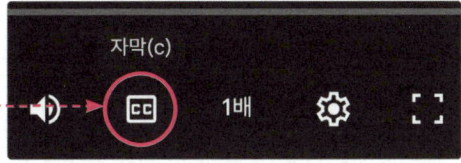

자막을 실행한 상태로 회의 영상을 재생하면 말하는 사람이 누구인지 표시와 함께 자막이 나타나는 걸 확인할 수 있습니다.

07 이번에는 메뉴에서 [⚙ 설정] → [스크립트]를 클릭하겠습니다.

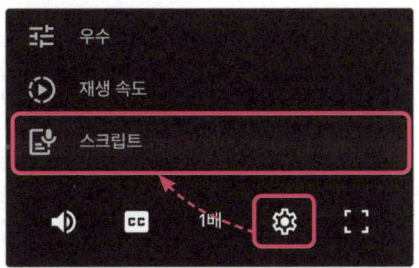

그럼 오른쪽에 측면 패널이 열리면서 시간대별로 정리된 자막 텍스트가 나타납니다. 검색을 통해 회의 내용을 탐색하거나 해당 자막 시점으로 이동해서 영상을 재생하는 것도 가능합니다.

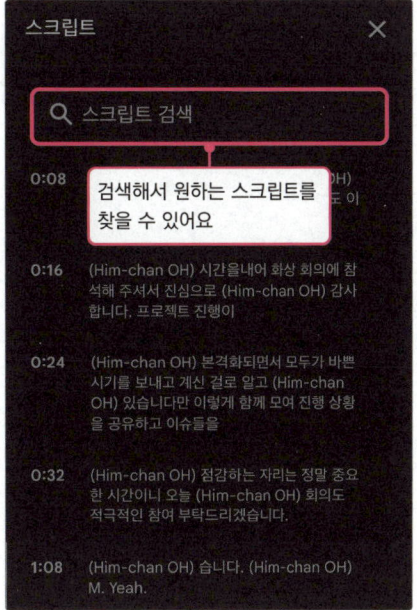

지금까지 구글 미트에서 실시간 자막을 표시하고 녹화 및 저장, 스크립트를 불러오는 방법까지 알아보았습니다. 구글 미트에 탑재된 강력한 제미나이를 활용하면 그 어떤 회의 내용도 놓치지 않게 될 것입니다.

500% 노하우 | 화상 회의에서 실시간 번역하기

구글 미트의 회의 도구에는 [음성 번역] 기능이 있습니다. 회의 중 말하는 언어를 실시간으로 번역해서 서로 다른 언어를 쓰는 사람도 회의할 수 있게 지원하는 AI 기능입니다. 하지만 현재는 베타 서비스 중으로 영어와 스페인어만 번역할 수 있습니다. 구글은 곧 다른 언어도 지원할 것이라고 밝혔습니다. 실시간 번역 기능이 있다는 걸 잘 기억해두었다가 향후 한국어가 추가되면 꼭 활용해보기 바랍니다.

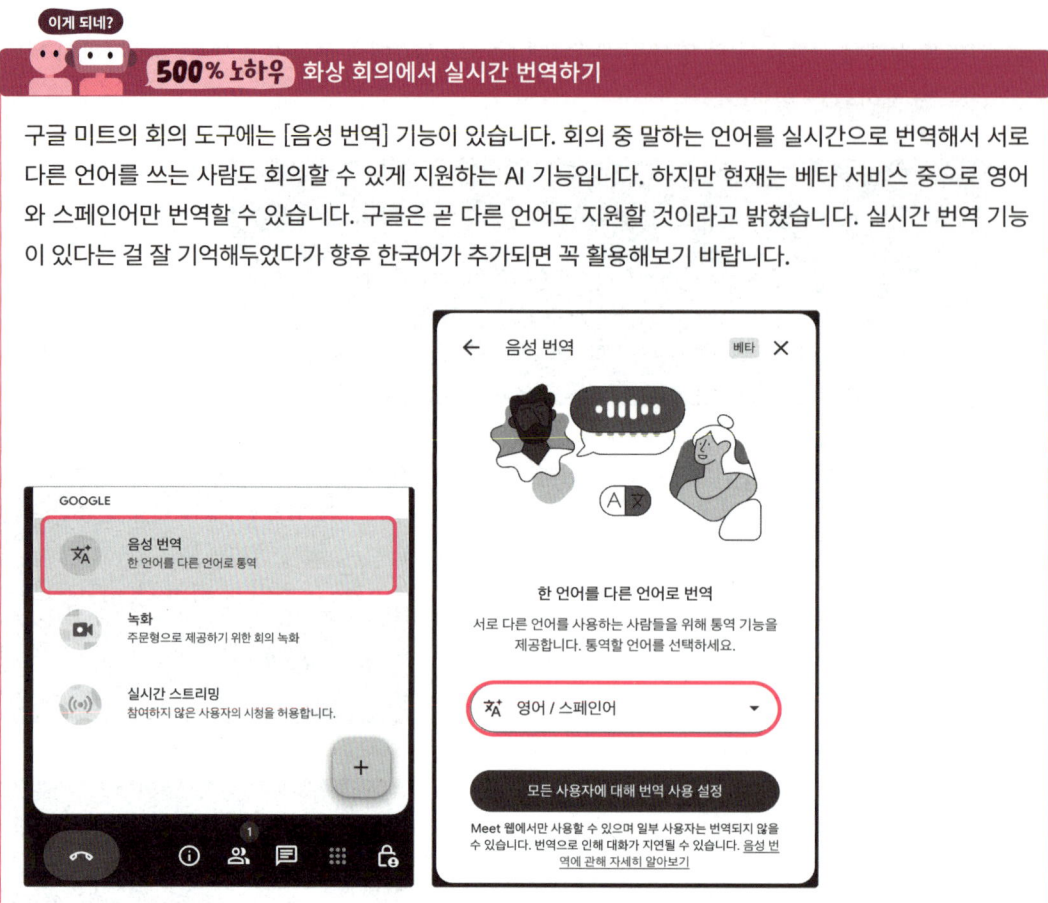

제미나이로 구글 문서 작업하기

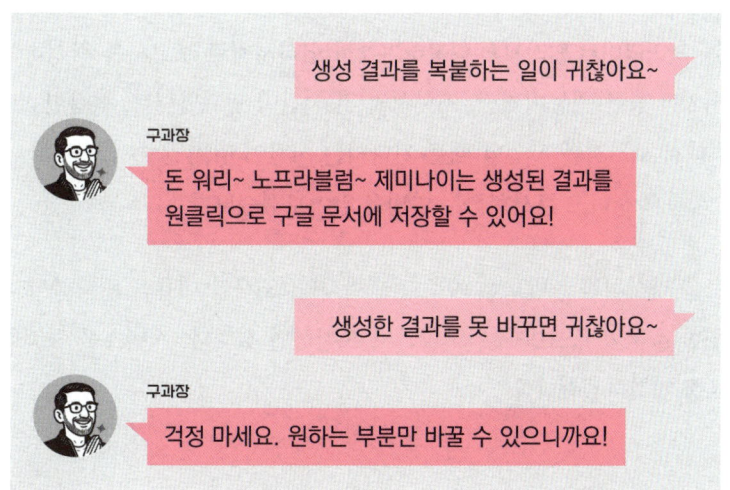

구글 문서는 온라인 문서를 작성하고 편집할 수 있는 서비스입니다. 구글의 워드 프로그램이라고 생각하면 됩니다. 구글에서 서비스하므로 제미나이와 찰떡궁합으로 활용할 수 있는 문서 도구입니다. 다음 링크로 접속할 수 있습니다.

- **구글 문서** : docs.google.com/document

구글 문서에서 [빈 문서]를 클릭하면 새로운 문서를 시작할 수 있습니다.

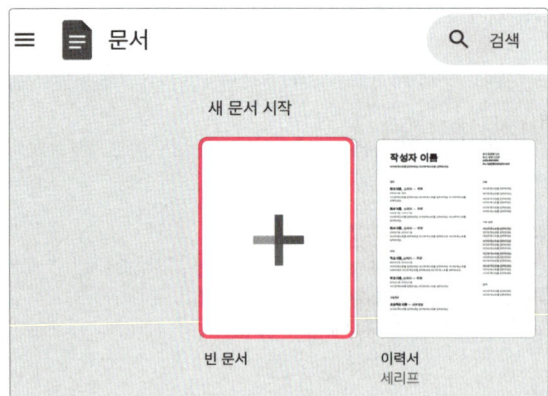

미친 활용 18 　제미나이로 초스피드 보고서 문서화하기

우리는 미친 활용 05 　**제미나이로 딥리서치 활용하기**에서 딥리서치로 보고서를 작성하는 방법을 배웠습니다. 분명 딥리서치는 좋은 기능이지만, 조사까지 긴 시간이 필요합니다. 복잡한 조사에는 적합하여도 빠르게 리서치해서 보고서를 작성할 때는 기다리는 시간이 낭비일 수 있습니다. 이번에는 제미나이로 빠르게 보고서를 작성하고 문서화하는 방법을 알아보겠습니다.

01 　간단한 정보를 리서치하는 방법은 아주 간단합니다. 조사할 내용을 입력하고, 정보의 신뢰성을 강화하기 위한 출처와 링크만 추가해달라고 요청하면 됩니다. 캔버스를 활성화한 상태에서 다음 프롬프트를 입력하겠습니다.

> [캔버스] 올리브유 가격 상승에 따른 시장 변화 보고서를 출처와 링크를 포함해서 작성해줘.

> 안녕하세요. 요청하신 '올리브유 가격 상승에 따른 시장 변화 보고서'를 준비했습니다.
>
> 이 보고서는 최근 전 세계적으로 급등하고 있는 올리브유 가격의 근본적인 원인을 진단하고, 이러한 가격 변화가 국내외 시장에 미치는 영향을 다각도로 분석합니다. 소비자, 식품 산업, 그리고 대체 오일 시장의 변화를 포함한 종합적인 내용을 담았으며, 신뢰할 수 있는 언론 보도와 시장 분석 자료를 출처로 명시했습니다.
>
> 문서의 내용은 자유롭게 편집하거나 공유하실 수 있습니다.

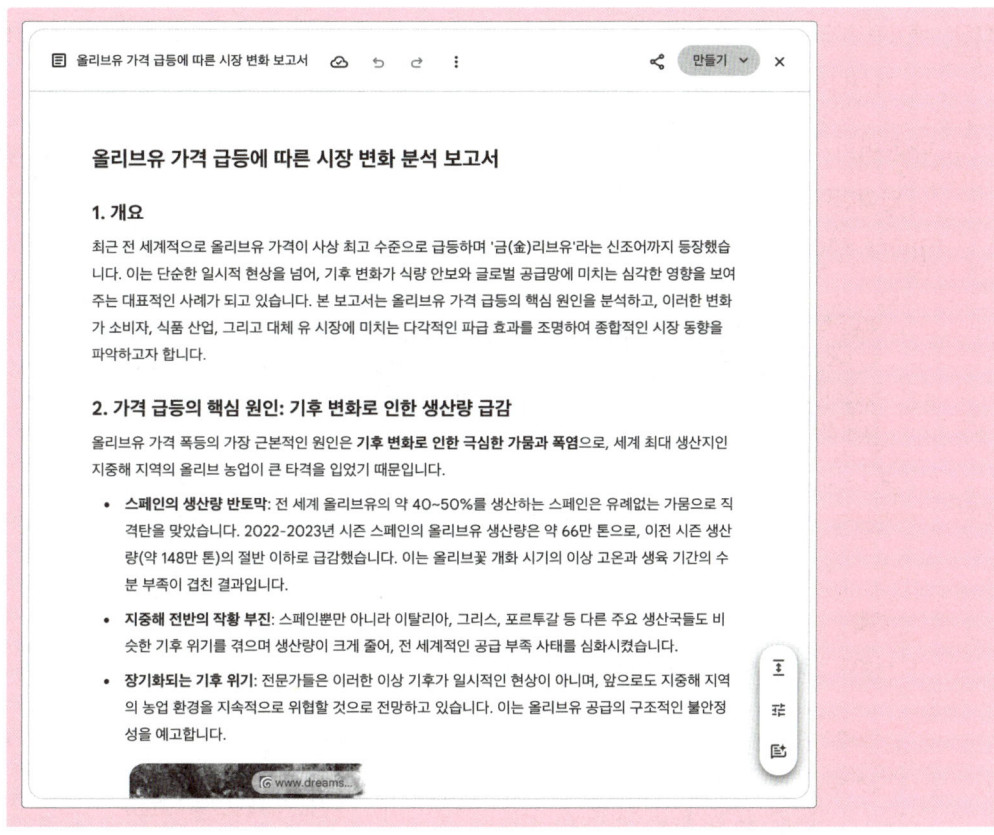

요청에 알맞은 보고서가 캔버스에 작성되었습니다. 보고서 하단에 출처도 잘 명시하고 있네요.

5. 출처 및 참고자료

1. **[BBC News 코리아]** 올리브유 가격이 폭등한 이유와 대처법은?
   - URL: https://www.bbc.com/korean/articles/cv2mq1ne1rpo
2. **[한국경제]** [단독] 올리브유 가격 '역대급' 치솟았다…"미리 사둘 걸"
   - URL: https://www.hankyung.com/article/202405112952i
3. **[CRITIDA]** 2023년 올리브유 가격, 올리브유 가격은 왜 올랐나?
   - URL: https://critida.com/ko/olive-oil-prices-in-2023-why-the-prices-of-olive-oil-raised/
4. **[SBS Biz]** 올리브유 지금도 비싼데…30% 올릴 수밖에 없는 이유?
   - URL: https://biz.sbs.co.kr/article/20000171164
5. **[Greenium]** 스페인 가뭄으로 올리브유 가격 급증… "올리브유 쓰는 국내 치킨업체 원가 부담 호소"
   - URL: https://greenium.kr/news/28022/
6. **[Fortune Business Insights]** 올리브 오일 시장 규모, 공유, 동향 및 성장 보고서
   - URL: https://www.fortunebusinessinsights.com/ko/industry-reports/olive-oil-market-101455

02 작성된 보고서의 내용은 좋습니다. 다만, 보고서를 읽기 쉽게 만들어줄 이미지가 부족해보입니다. 제미나이로 보고서에 이미지를 탐색해서 추가하는 방법을 알아보겠습니다.

다음 이미지처럼 이미지 자료가 필요한 부분을 드래그하면 [Gemini에게 물어보기]라는 프롬프트 입력란이 나타납니다. 이 입력란은 드래그한 부분에 대해서만 제미나이에게 물어보는 기능입니다. 입력란에 알맞은 이미지를 찾아서 추가해달라고 입력합니다.

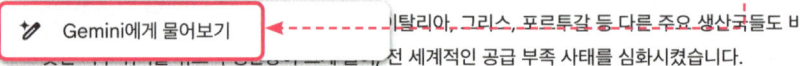

 이 내용에 알맞은 그래프나 차트를 찾아서 추가해줘.

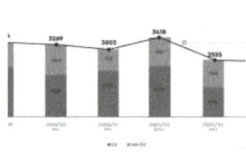 네, 알겠습니다. 보고서에서 선택하신 '스페인 올리브유 생산량' 관련 내용에 시각적인 이해를 돕기 위한 막대그래프를 추가하여 Canvas 문서를 수정했습니다.

생산량이 급감한 것을 한눈에 파악할 수 있도록 이전 시즌과 최근 시즌의 생산량을 비교하는 차트를 삽입했습니다.

드래그한 내용에 알맞은 차트를 검색해서 보고서에 추가한 걸 알 수 있습니다. 아래 검색한 링크 부분만 삭제하면 이미지만 깔끔하게 반영되겠죠.

03 이제 작성한 보고서를 문서화하겠습니다. 오른쪽 상단의 [< 공유 및 내보내기] 버튼을 클릭한 후 [Docs로 내보내기]를 선택합니다. 그럼 다음과 같이 제미나이로 작성한 보고서가 구글 문서에 그대로 이식될 겁니다.

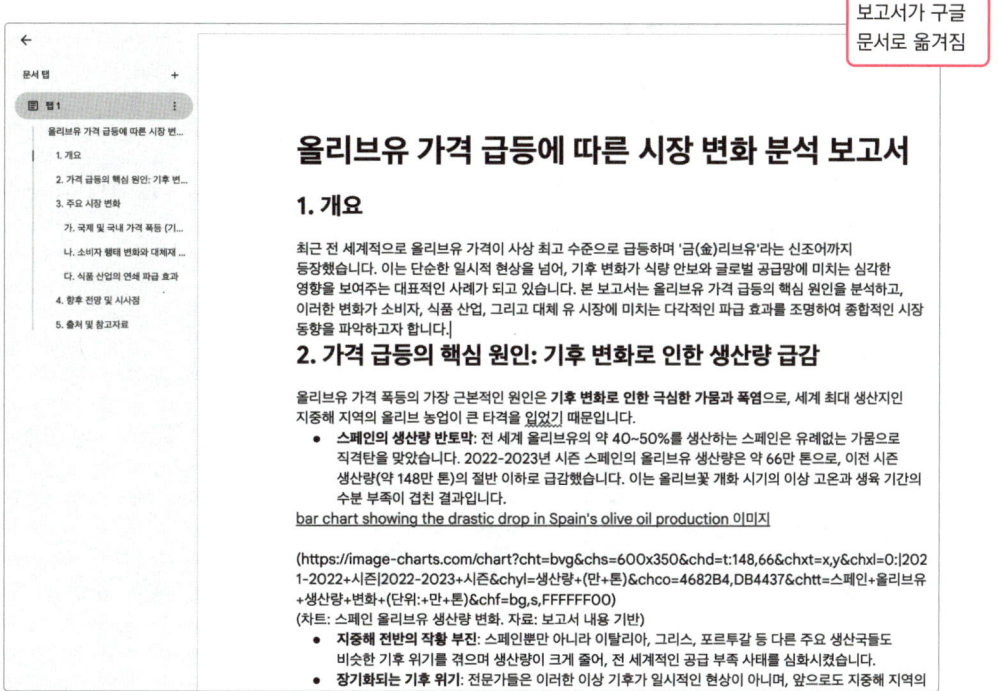

보고서가 구글 문서로 옮겨짐

이식은 잘 되었지만, 이미지 부분이 링크로만 나타나네요. 제미나이에서 이미지 링크만 캔버스에 반영했기 때문에 실제 문서화할 때는 이미지가 표시되지 않는 것입니다. 이 부분은 구글 문서의 기능으로 간단하게 해결할 수 있습니다.

04 이미지 링크로 첨부된 파란색 텍스트 부분에 마우스 커서를 올리면 다음 이미지처럼 링크 정보가 나타납니다. 여기서 [링크 복사] 버튼을 클릭합니다.

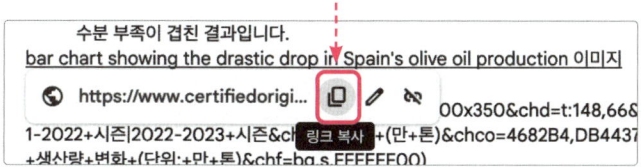

Chapter 09 제미나이로 구글 문서 작업하기 135

05 메뉴에서 ❶ [삽입] → [이미지] → [URL 사용]을 클릭합니다. 그러면 이미지 삽입이라는 창이 나타나는데요, ❷ **이미지 URL 붙여넣기** 부분에 복사한 이미지 링크를 추가합니다.

이미지 링크가 정상적으로 추가되었다면 아래 이미지처럼 이미지가 표시될 겁니다. 추가할 이미지가 맞다면 오른쪽 하단에 [이미지 삽입] 버튼을 클릭합니다.

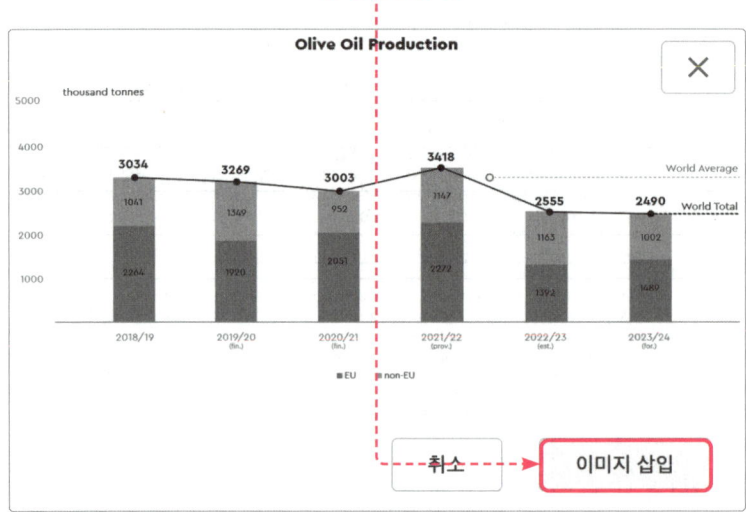

06 이미지 삽입이 완료되면 구글 문서에도 이미지가 잘 표시되는 걸 확인할 수 있습니다. 불필요한 내용들을 삭제하면 깔끔하게 이미지가 포함된 보고서를 초스피드로 만들 수 있습니다.

2. 가격 급등의 핵심 원인: 기후 변화로 인한 생산량 급감

올리브유 가격 폭등의 가장 근본적인 원인은 **기후 변화로 인한 극심한 가뭄과 폭염**으로, 세계 최대 생산지인 지중해 지역의 올리브 농업이 큰 타격을 입었기 때문입니다.

- **스페인의 생산량 반토막**: 전 세계 올리브유의 약 40~50%를 생산하는 스페인은 유례없는 가뭄으로 직격탄을 맞았습니다. 2022-2023년 시즌 스페인의 올리브유 생산량은 약 66만 톤으로, 이전 시즌 생산량(약 148만 톤)의 절반 이하로 급감했습니다. 이는 올리브꽃 개화 시기의 이상 고온과 생육 기간의 수분 부족이 겹친 결과입니다.

Olive Oil Production

	2018/19	2019/20	2020/21	2021/22	2022/23	2023/24
non-EU	1041	1349	952	1147	1163	1002
EU	2264	1920	2051	2272	1392	1489
World Total	3034	3269	3003	3418	2555	2490

[미친 활용 19] 제미나이로 초스피드 문서 수정하기

제미나이는 구글 문서에서도 바로 사용할 수 있습니다. 제미나이로 구글 문서를 수정하는 방법을 알아보겠습니다. [미친 활용 18] 제미나이로 초스피드 보고서 문서화하기에서 작성한 **올리브유 가격 급등에 따른 시장 변화 분석 보고서**에 이어서 진행하겠습니다.

01 문서에서 수정이 필요한 부분을 드래그하면 [상세검색]이라는 버튼이 나타납니다. 이 버튼을 클릭하면 프롬프트 입력란과 함께 캔버스와 동일한 수정 기능이 나타납니다.

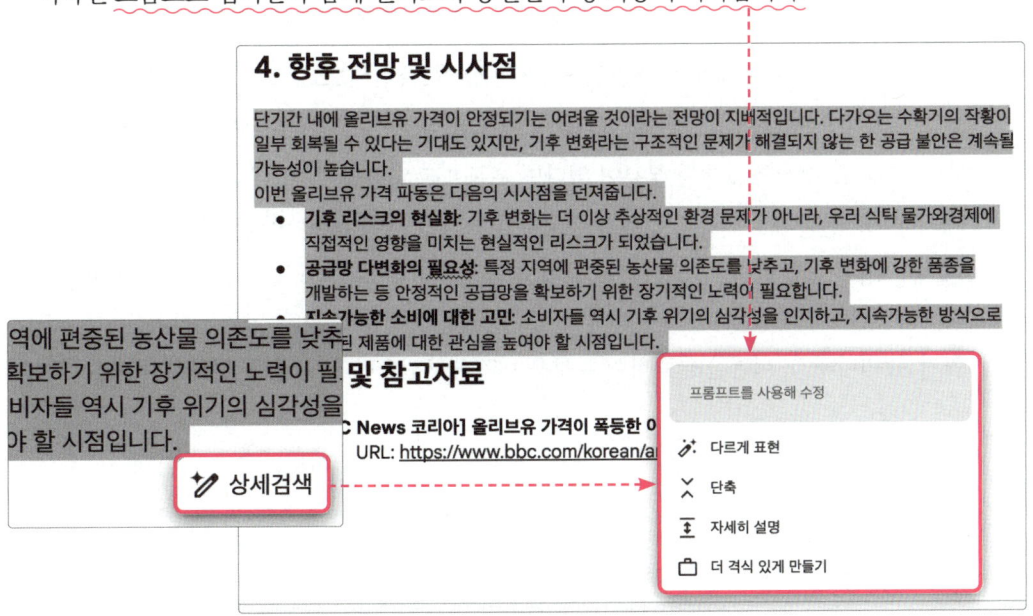

02 다른 기능들은 캔버스와 동일하므로 직접 프롬프트를 입력해서 수정하는 방법으로 진행하겠습니다. 보고서에서 **4. 향후 전망 및 시사점** 부분이 부실해보이네요. 전망에 대해서는 향후 10년간, 시사점에 대해서는 현재 시도 중인 해결 방안을 포함해달라고 요청하겠습니다.

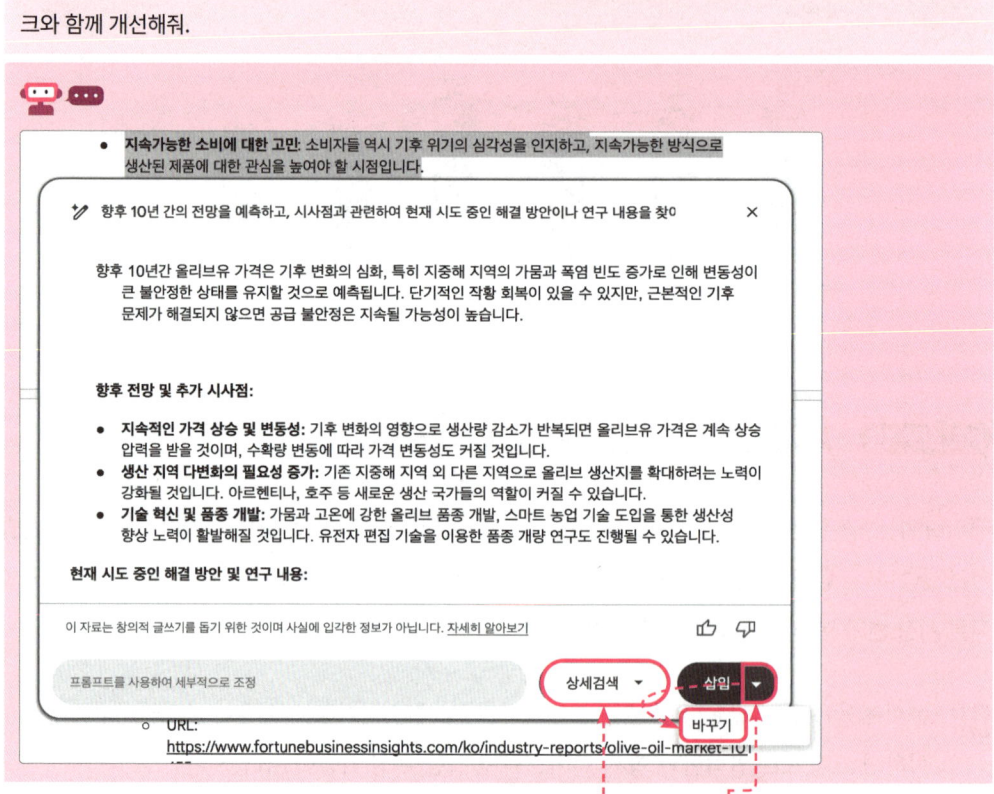

향후 10년 간의 전망을 예측하고, 시사점과 관련하여 현재 시도 중인 해결 방안이나 연구 내용을 찾아서 출처 링크와 함께 개선해줘.

제미나이가 요청대로 내용을 보충했습니다. 내용을 확인해보고, 그대로 본문에 삽입하고 싶다면 오른쪽 하단에 [삽입]을, 본문 내용을 교체하고 싶다면 [삽입] 옆 [▼] 버튼을 클릭하여 [바꾸기]를, 추가로 수정을 요청할 부분이 있다면 프롬프트 입력란에 수정할 내용을 입력하면 됩니다. 제미나이의 판단대로 내용을 상세하게 바꾸고 싶다면 [상세검색] 버튼을 클릭하면 됩니다. 다만, [상세검색]을 했을 때 링크 등 앞에서 요청한 주요 내용이 빠질 수 있는 점 참고하기 바랍니다.

여기서는 [바꾸기] 버튼을 클릭하여 본문을 변경해보겠습니다. **4. 향후 전망 및 시사점** 부분이 제미나이가 수정한 내용으로 변경된 걸 확인할 수 있습니다. 출처 링크도 잘 포함되었네요.

4. 향후 전망 및 시사점

향후 10년간 올리브유 가격은 기후 변화의 심화, 특히 지중해 지역의 가뭄과 폭염 빈도 증가로 인해 변동성이 큰 불안정한 상태를 유지할 것으로 예측됩니다. 단기적인 작황 회복이 있을 수 있지만, 근본적인 기후 문제가 해결되지 않으면 공급 불안정은 지속될 가능성이 높습니다.

향후 전망 및 추가 시사점:

- **지속적인 가격 상승 및 변동성:** 기후 변화의 영향으로 생산량 감소가 반복되면 올리브유 가격은 계속 상승 압력을 받을 것이며, 수확량 변동에 따라 가격 변동성도 커질 것입니다.
- **생산 지역 다변화의 필요성 증가:** 기존 지중해 지역 외 다른 지역으로 올리브 생산지를 확대하려는 노력이 강화될 것입니다. 아르헨티나, 호주 등 새로운 생산 국가들의 역할이 커질 수 있습니다.
- **기술 혁신 및 품종 개발:** 가뭄과 고온에 강한 올리브 품종 개발, 스마트 농업 기술 도입을 통한 생산성 향상 노력이 활발해질 것입니다. 유전자 편집 기술을 이용한 품종 개량 연구도 진행될 수 있습니다.

현재 시도 중인 해결 방안 및 연구 내용:

1. **가뭄 저항성 품종 개발:** 스페인 코르도바 대학 연구팀은 올리브 나무의 유전자 해독을 통해 가뭄에 강한 품종 개발 연구를 진행하고 있습니다.
   - 출처: Universidad de Córdoba: https://www.uco.es/ucci/en/actualidad/noticias/16021-researchers-identify-genes-involved-in-olive-tree-response-to-drought
2. **스마트 농업 기술 도입:** 이스라엘 Netafim 사는 올리브 농장에 정밀 관개 시스템과 센서 기술을 도입하여 물 사용량을 최적화하고 생산성을 높이는 프로젝트를 진행하고 있습니다.
   - 출처: Netafim: https://www.netafim.com/
3. **대체 오일 시장 확대:** 올리브유 가격 상승에 대한 대안으로 아보카도 오일, 호두 오일 등 다른 프리미엄 오일 시장이 성장하고 있습니다. 관련 연구 개발 및 생산 투자가 늘어날 것입니다.

이처럼 제미나이를 활용하면 문서화한 보고서에 빠르게 내용을 보충하여 수정하는 것이 가능합니다. 이 밖에도 전체 보고서의 어조를 변경하거나 구글 워크스페이스 랩을 실행하여 젬으로 반복 작업을 맡기는 것도 가능합니다. 제미나이를 활용해서 빠르게 보고서 작성 및 수정을 통해 협업 생산성의 차원을 높이기 바랍니다.

Chapter 10

제미나이로
구글 슬라이드 작업하기

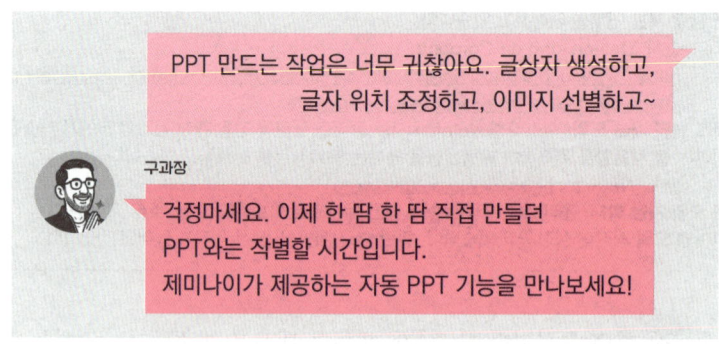

구글 슬라이드는 온라인에서 프레젠테이션을 작성하고 편집할 수 있는 서비스입니다. 구글의 PPT 프로그램이라고 생각하면 됩니다. 구글 문서와 마찬가지로 제미나이와 찰떡궁합인 PPT 도구입니다. 아래 링크로 접속할 수 있습니다.

- **구글 슬라이드** : docs.google.com/presentation

[빈 프레젠테이션]을 클릭하면 새로운 슬라이드를 시작할 수 있습니다.

미친 활용 20 **제미나이로 초스피드 PPT 작업하기** 구글 워크스페이스 랩

구글 슬라이드에서 PPT 작업을 하려면 구글 워크스페이스 랩을 활성화한 상태로 측면 패널을 사용해야 합니다. 새 슬라이드를 생성한 후 안내에 따라 차근차근 실습해보세요. PPT 내용은 Chapter 09 **제미나이로 구글 문서 작업하기**에서 생성하여 구글 드라이브에 저장한 **올리브유 가격 급등에 따른 시장 변화 분석 보고서**를 활용하겠습니다.

01 구글 슬라이드에서 제미나이로 슬라이드를 만들 수는 있지만 한 번에 1개씩 생성합니다. 그래서 생성할 각 슬라이드의 내용을 따로 정리해두어야 합니다. 먼저 제미나이로 정리하겠습니다. 제미나이에서 ❶ [파일 추가] → ❷ [Drive에서 파일 추가]를 클릭 후 **올리브유 가격 급등에 따른 시장 변화 분석 보고서**를 찾아서 삽입합니다.

02 파일을 추가한 상태로 캔버스를 활성화하고 다음과 같이 프롬프트를 입력하여 슬라이드 형식을 생성합니다. 캔버스로 생성하는 이유는 각 슬라이드 내용을 쉽게 복사하기 위해서입니다.

[캔버스] [올리브유 가격 급등에 따른 시장 변화 분석 보고서]
보고서 내용을 슬라이드 형식으로 구성해줘.
각 슬라이드는 간략한 언어로 핵심을 전달하는 형식으로 해줘.
핵심 내용을 빠짐 없이 포함해줘.

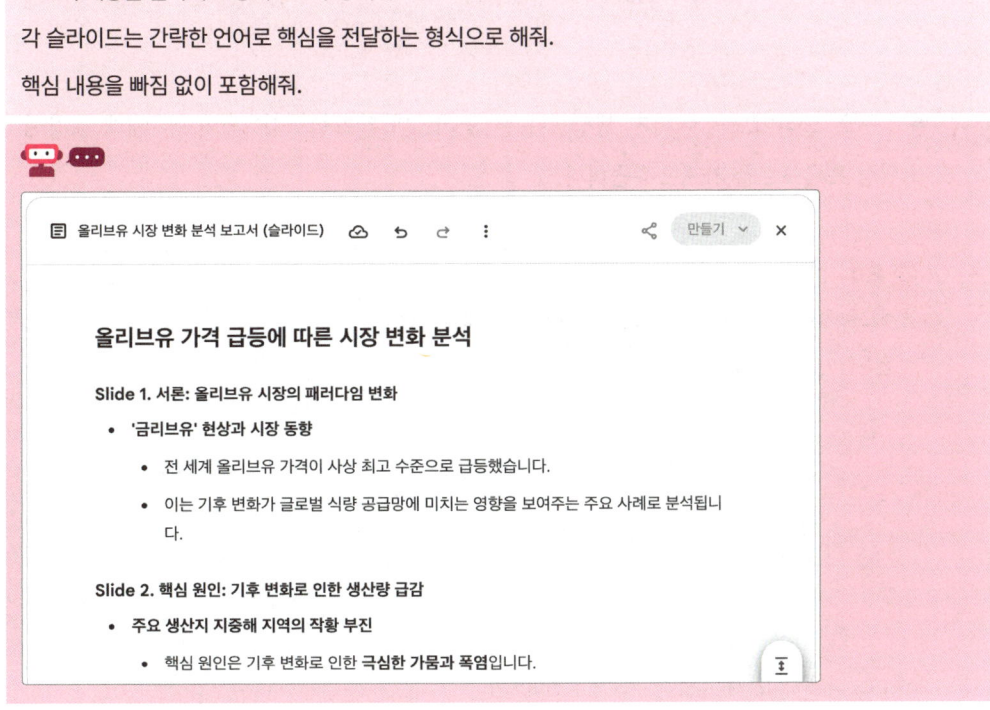

03 제미나이가 슬라이드별로 내용을 정리했습니다. 정리된 내용으로 구글 슬라이드에 각 슬라이드를 생성하겠습니다. 구글 슬라이드를 실행하고 [빈 프레젠테이션]을 눌러 새로 생성합니다. 이때 언어가 영어로 변경되어 있어야 합니다.

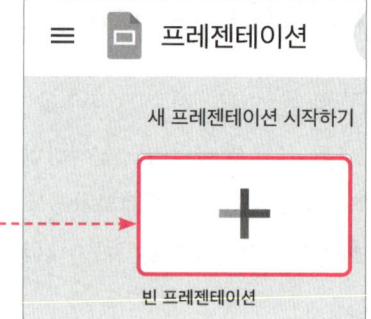

04 첫 슬라이드를 만들겠습니다. 배경 이미지 생성 후 그 위에 텍스트를 붙여넣겠습니다. 화면 오른쪽에 [Generate an image]를 클릭하면 측면 채널이 열리면서 이미지 생성 기능이 실행됩니다.

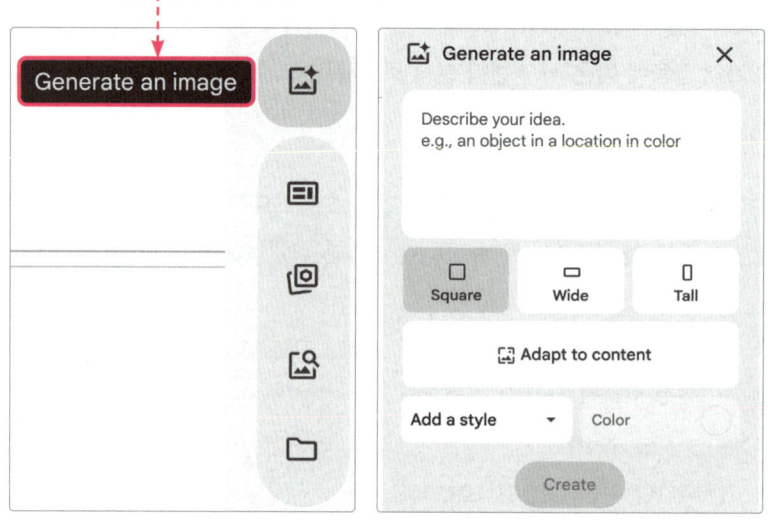

05 현재 구글 슬라이드의 이미지 생성 기능은 영어로만 작동합니다. 제미나이에게 요청해서 이미지 생성 프롬프트를 가져오겠습니다.

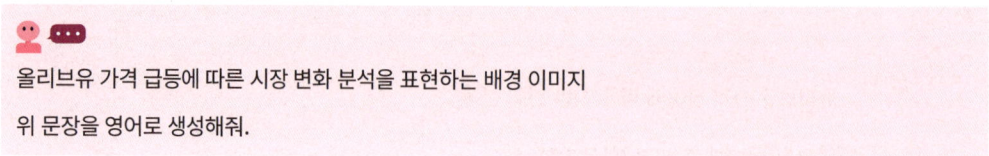

올리브유 가격 급등에 따른 시장 변화 분석을 표현하는 배경 이미지
위 문장을 영어로 생성해줘.

A background image representing the analysis of market changes due to soaring olive oil prices.

06 제미나이가 생성한 영어 프롬프트를 복사하여 구글 슬라이드 이미지 생성 프롬프트 입력란에 추가하고 하단에 ❶ [Create] 버튼을 클릭합니다. 그럼 한 번에 4개 이미지가 생성됩니다. 마음에 드는 이미지가 없을 경우 ❷ [View more] 버튼을 클릭하면 4개 이미지를 추가 생성합니다.

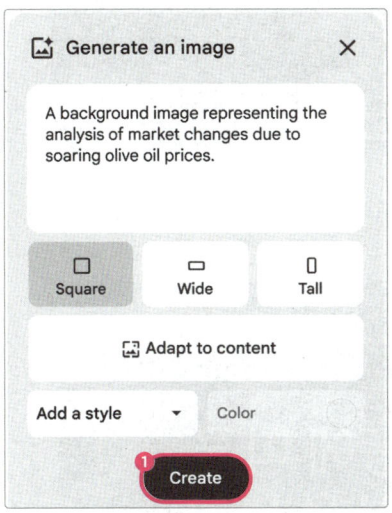

07 이제 생성한 이미지 중 마음에 드는 이미지를 클릭합니다. 그럼 다음과 같이 이미지를 슬라이드에 삽입할 건지 묻는데요, 오른쪽 하단의 [Insert as image]를 클릭하면 이미지가 그대로 삽입되고, 오른쪽 [▲] 버튼을 클릭하면 나오는 [Insert as background]를 누르면 배경 이미지로 삽입됩니다. 배경으로 생성했으니 [Insert as background]를 클릭하겠습니다.

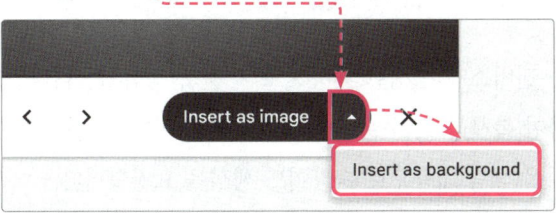

첫 번째 슬라이드에 제미나이가 생성한 이미지가 배경으로 추가된 걸 확인할 수 있습니다.

08 도형이나 텍스트를 추가하면 간단하게 첫 번째 슬라이드를 완성할 수 있습니다.

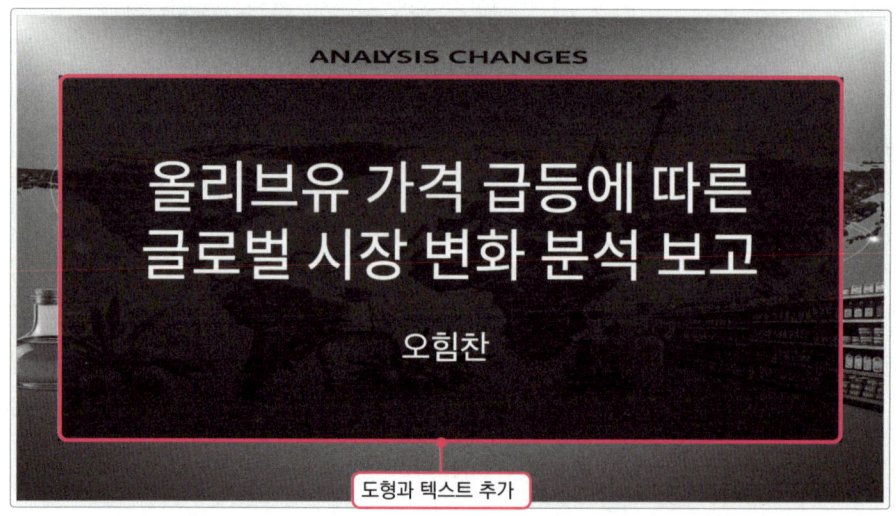

도형과 텍스트 추가

09 두 번째 슬라이드부터는 제미나이가 캔버스에 생성한 내용으로 자동 생성하겠습니다. 캔버스 내용 중 슬라이드 1 부분만 드래그하여 복사하고, 구글 슬라이드에서 제미나이 측면 패널을 실행 후 프롬프트 입력란에 붙여넣은 다음 해당 내용으로 슬라이드 생성을 요청합니다.

```
올리브유 가격 급등에 따른 시장 변화 분석

Slide 1. 서론: 올리브유 시장의 패러다임 변화
• '금리브유' 현상과 시장 동향
    • 전 세계 올리브유 가격이 사상 최고 수준으로 급등했습니다.
    • 이는 기후 변화가 글로벌 식량 공급망에 미치는 영향을 보여주는 주요 사례로 분석됩니다.

Slide 2. 핵심 원인: 기후 변화로 인한 생산량 급감
• 주요 생산지 지중해 지역의 작황 부진
```

> 캔버스 내용 중 슬라이드 1 부분만 복사하여 프롬프트에 추가하세요

Slide 1. 서론: 올리브유 시장의 패러다임 변화

• '금리브유' 현상과 시장 동향
  ◦ 전 세계 올리브유 가격이 사상 최고 수준으로 급등했습니다.
  ◦ 이는 기후 변화가 글로벌 식량 공급망에 미치는 영향을 보여주는 주요 사례로 분석됩니다.

위 내용으로 슬라이드 생성

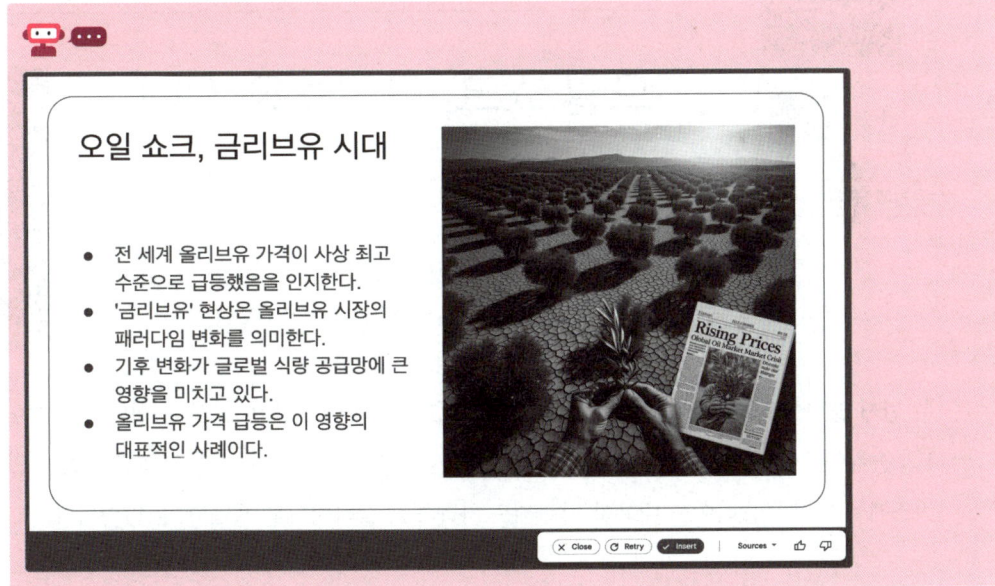

제미나이가 요청대로 슬라이드를 생성했네요. 생성된 슬라이드는 다음 3가지 기능으로 추가 작업할 수 있습니다.

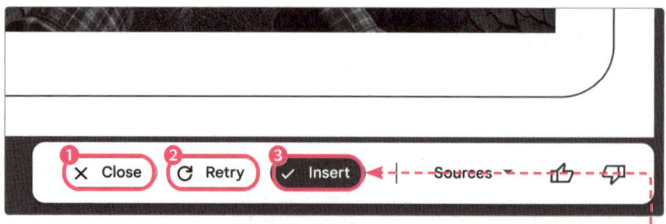

❶ **Close** : 슬라이드 생성을 취소합니다.

❷ **Retry** : 동일 프롬프트로 새로운 슬라이드를 생성합니다.

❸ **Insert** : 생성한 슬라이드를 삽입합니다.

10 [Insert]를 클릭해서 슬라이드를 삽입합니다.

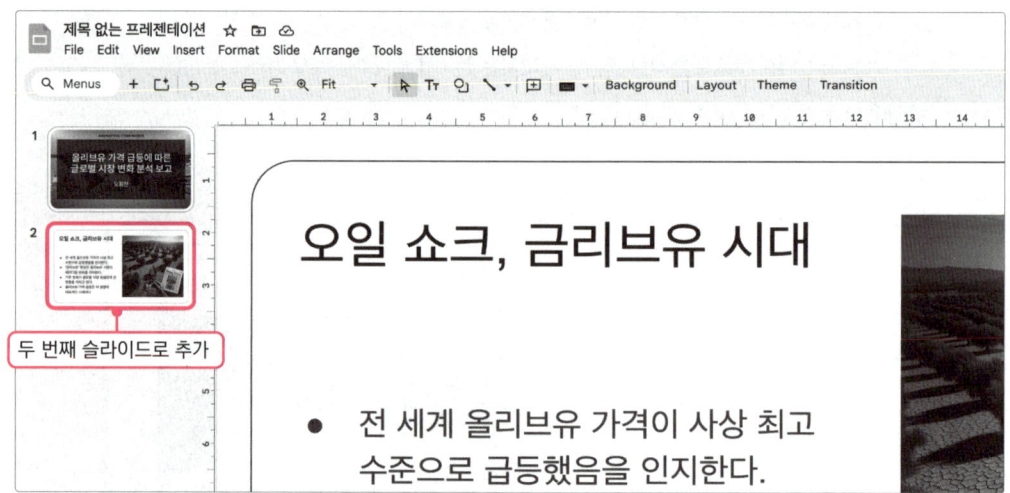

두 번째 슬라이드가 추가되었네요. 동일한 방법으로 나머지 슬라이드도 생성해서 추가합니다. 1회 슬라이드를 생성한 후에는 프롬프트에서 '위 내용으로 슬라이드 생성'을 포함하지 않고 캔버스에서 복사한 슬라이드 내용만 입력해도 차례대로 슬라이드를 생성할 수 있습니다.

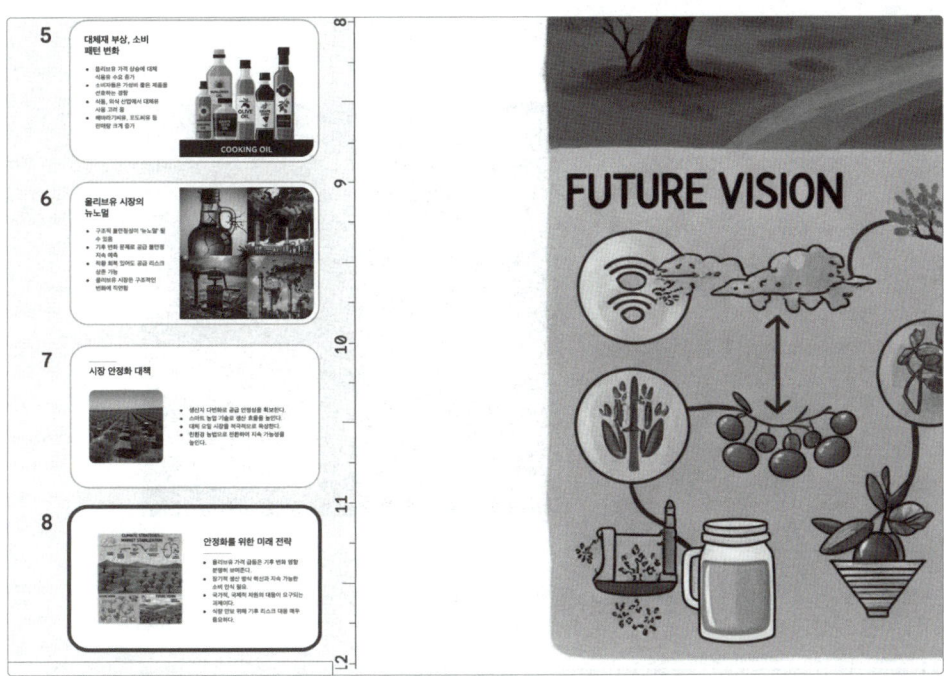

7개의 슬라이드를 추가로 생성하여 첫 슬라이드 포함 총 8개의 슬라이드로 구성된 PPT를 3분 만에 완성했습니다.

11 이제 마지막으로 레이아웃과 테마를 변경해주겠습니다. 제미나이로 생성한 슬라이드는 레이아웃이 자동으로 설정되어 있는데요, 구글 슬라이드의 레이아웃 기능을 사용하면 간단하게 변경할 수 있습니다. 레이아웃 기능은 메뉴에서 [Layout] 메뉴를 클릭하면 나타납니다. 여기서 원하는 레이아웃을 선택하면 됩니다.

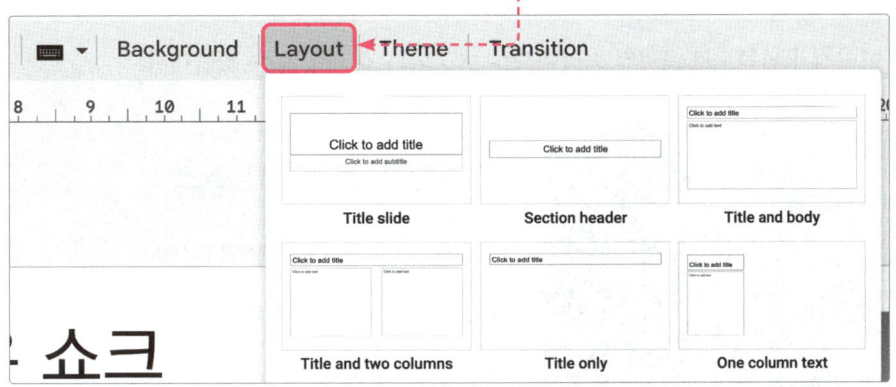

다음과 같이 오른쪽에 이미지가 있는 슬라이드가 있습니다.

레이아웃에서 이미지가 왼쪽에 있는 레이아웃을 클릭합니다.

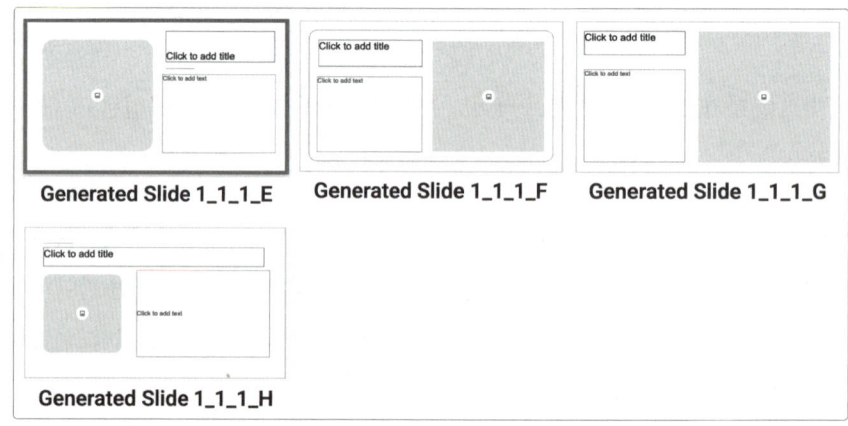

그림 이미지가 왼쪽으로 옮겨간 슬라이드로 변경되는 걸 확인할 수 있습니다.

12 이번에는 테마 기능입니다. 테마는 레이아웃 기능 옆에 [Theme] 버튼으로 실행할 수 있습니다. 실행하면 측면 패널이 열리면서 다양한 테마를 선택할 수 있는데요.

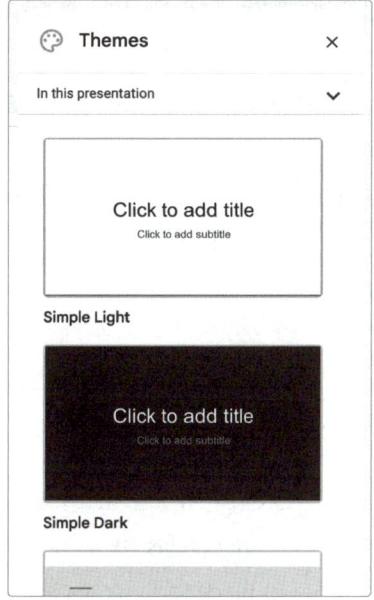

원하는 테마를 선택하면 모든 슬라이드의 색상과 글꼴을 한 번에 바꿀 수 있습니다.

> **NOTE** 원하는 테마가 없을 경우 테마 기능 하단의 [Import theme]로 새로운 테마를 추가해놓으면 훨씬 빠르게 제미나이를 이용한 PPT 작업을 해낼 수 있겠죠.

미친 활용 21 제미나이로 PPT 발표 스크립트 자동 생성하기

이제 만들어진 슬라이드로 발표 스크립트를 자동 생성하겠습니다.

01 방법은 간단합니다. 스크립트를 생성하려는 슬라이드를 선택 후 측면 패널로 제미나이에게 스크립트 생성만 요청하면 됩니다.

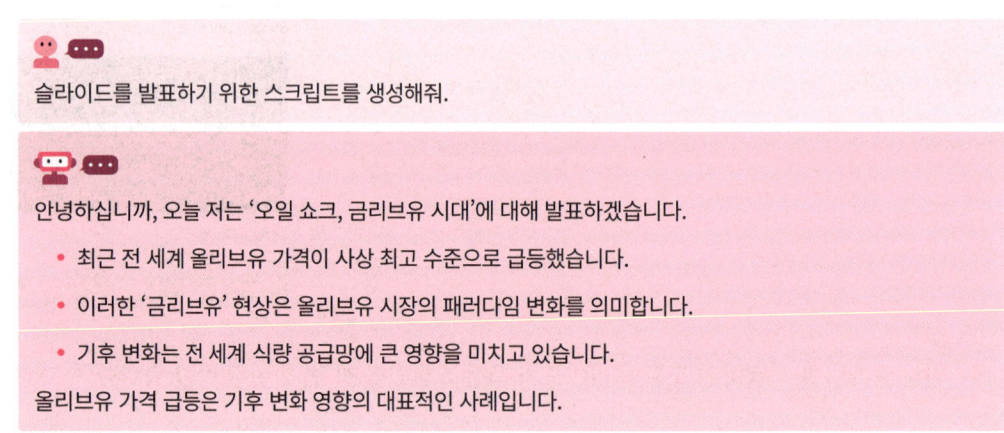

슬라이드의 내용을 참고한 스크립트가 생성되었습니다.

02 이제 슬라이드 아래 ❶ 발표자 노트 부분을 클릭하여 커서가 깜빡이게 한 상태로 제미나이가 생성한 응답 하단의 ❷ [Insert] 버튼을 클릭합니다.

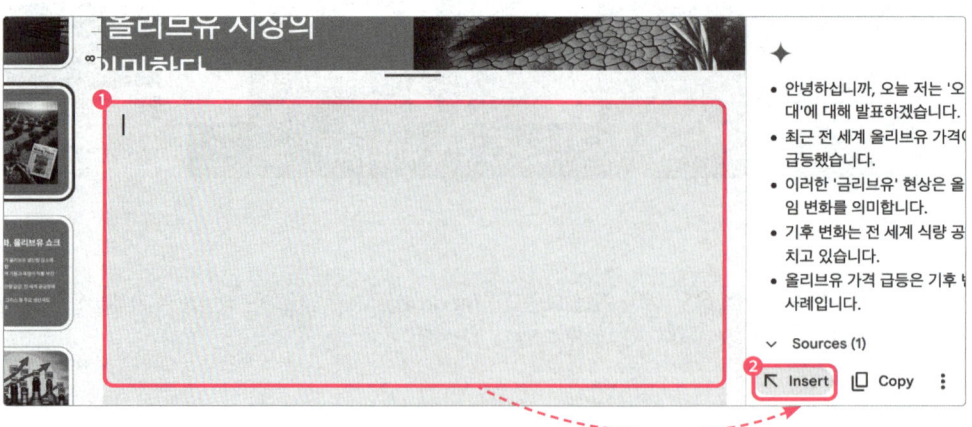

그럼 발표자 노트에 제미나이가 생성한 스크립트가 그대로 추가되는 걸 확인할 수 있습니다.

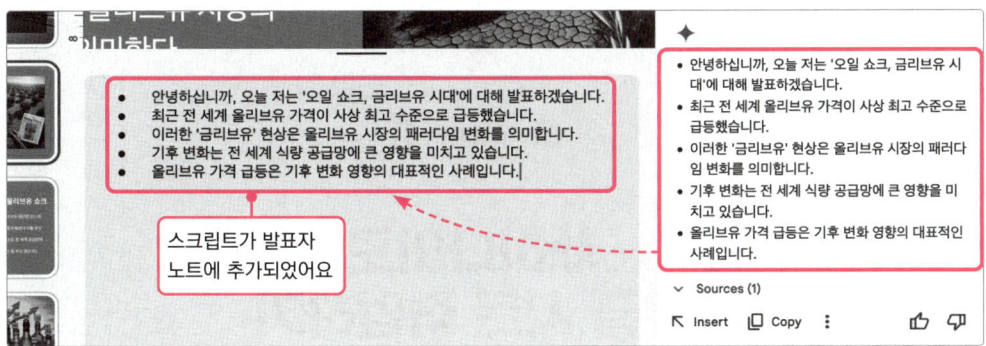

이제 나머지 슬라이드도 모두 스크립트를 생성해서 추가해주면 발표자 노트까지 포함된 PPT 작업이 완료됩니다.

지금까지 제미나이와 함께 구글 슬라이드를 사용해서 PPT 작업을 해보았습니다. 아주 미려한 형태로 꾸밀 수는 없지만, 빠르게 발표 자료를 만들기에는 그 어떤 AI 도구보다 쉽고 강력합니다. 발표자 노트까지 생성하는 데 5분이면 충분하니까요, 꼭 활용해보기 바랍니다!

제미나이로
구글 시트 작업하기

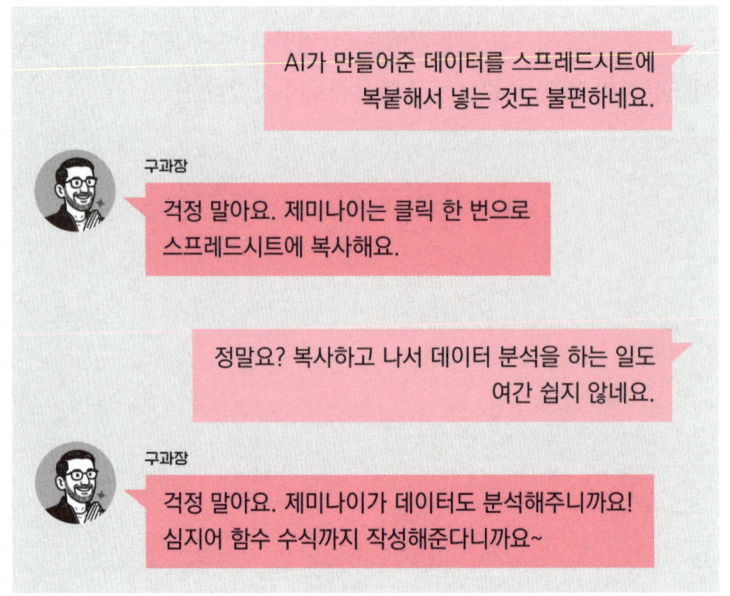

 구글 시트는 온라인 스프레드시트 서비스입니다. 구글이 서비스하는 엑셀 프로그램이라고 생각하면 됩니다. 구글 시트는 구글 워크스페이스에서 가장 많이 사용하는 도구로 다수의 기업에서 엑셀 대신 사용하고 있습니다. 제미나이가 추가되면서 AI+엑셀이라는 강력함으로 빠르게 엑셀을 대체하고 있죠. 다음 링크로 접속할 수 있습니다.

- **구글 시트** : docs.google.com/spreadsheets

[빈 스프레드시트]를 클릭하면 새로운 슬라이드를 시작할 수 있습니다.

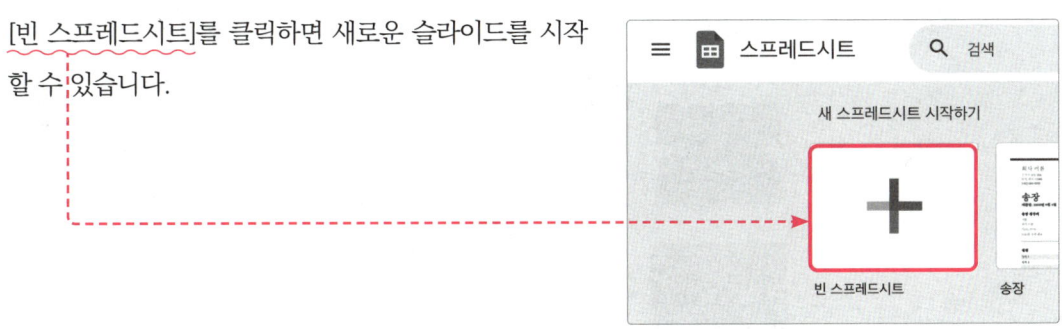

미친 활용 22 제미나이로 상품 데이터 수집 및 분석하기

제미나이를 사용하면 빠르게 데이터를 수집 및 시트로 생성하고 데이터 분석까지 해낼 수 있습니다. 수집, 시트 생성, 분석까지 3가지 단계를 이번 예제에서 한 번에 진행하겠습니다. 경쟁 상품의 데이터를 수집해서 분석한다고 가정하겠습니다. 분석할 상품은 물티슈입니다.

01 먼저 물티슈 상품들의 데이터를 가져와야 합니다. 온라인 쇼핑몰인 11번가에서 가져오겠습니다. 다음 링크를 통해 11번가에 접속합니다.

- **11번가** : www.11st.co.kr

상단 검색창에 **물티슈**를 입력 후 키보드에서 Enter 키를 누릅니다.

02 그럼 다음과 같이 물티슈 검색 결과가 나옵니다. 전체 상품의 데이터가 필요하므로 통합검색이 아닌 [가격비교] 탭을 클릭합니다.

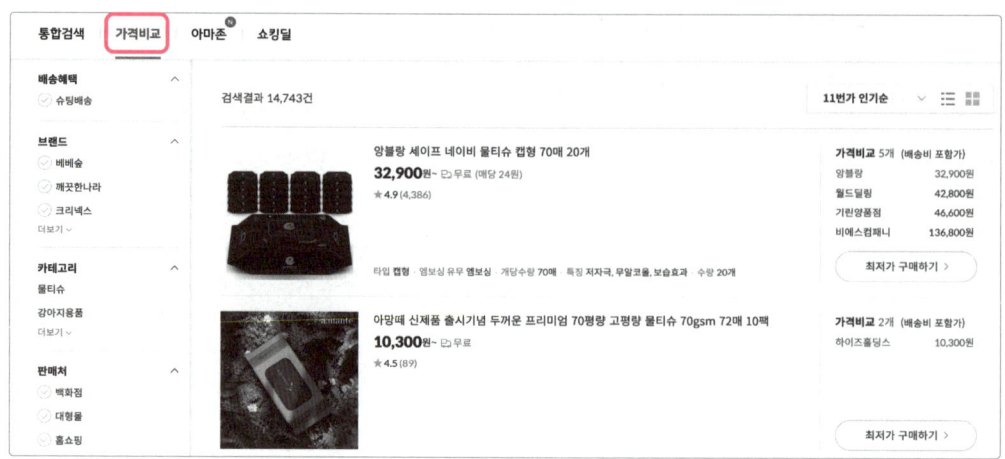

03 상품 정보들이 나타나면 상품 부분만 처음부터 끝까지 드래그한 후 키보드에서 `Ctrl + C`를 눌러 모든 내용을 복사합니다.

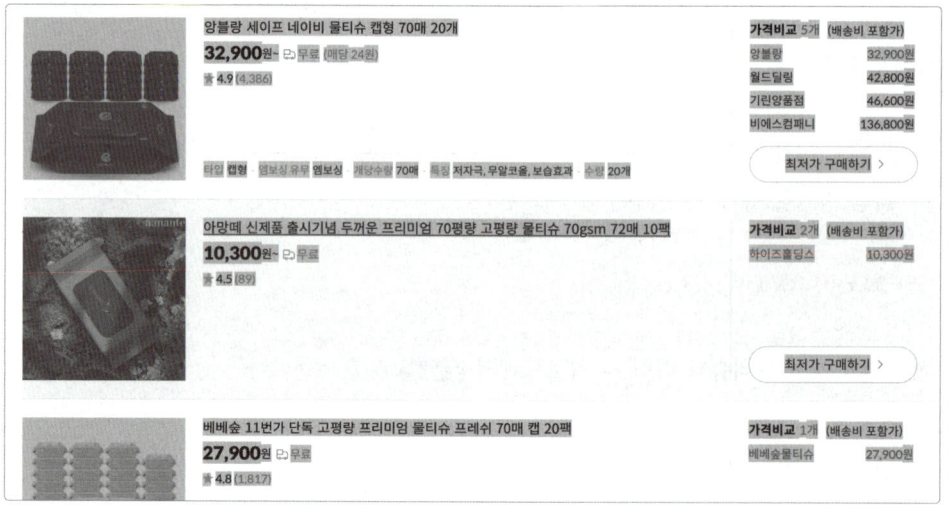

04 제미나이에서 새 채팅을 실행 후 다음 프롬프트를 입력하고 복사한 상품 정보를 키보드에서 `Ctrl + V`를 눌러 붙여넣습니다.

> 아래 상품 데이터로 상품명, 제조사, 최저가, 매당 가격, 특징, 평점, 리뷰 수를 표로 정리해줘.
> [복사한 상품 데이터]

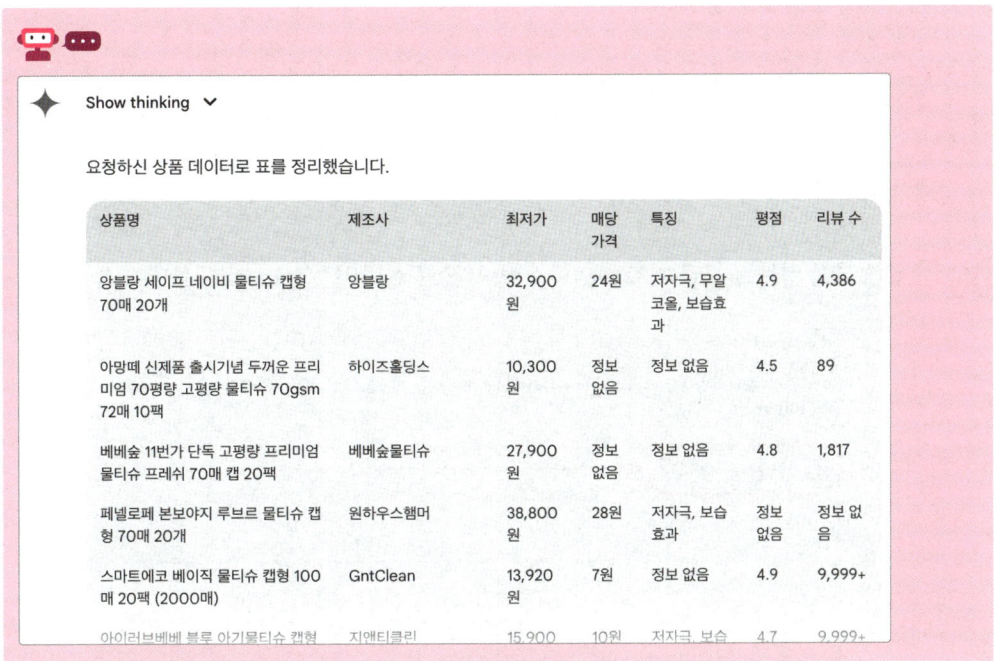

제미나이가 복사해서 붙여넣은 상품 정보를 표로 정리해주었습니다.

05 11번가 검색 결과에서 2페이지로 이동 후 추가로 상품 정보를 복사합니다.

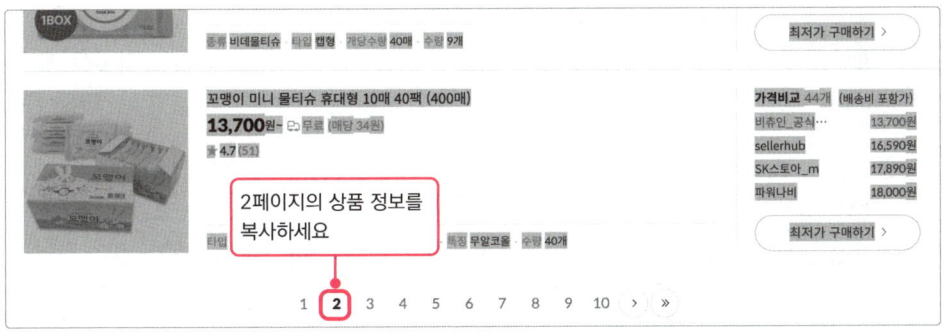

다시 제미나이로 이동해서 다음 프롬프트를 입력 후 복사한 상품 정보를 붙여넣습니다.

요청하신 상품 정보를 기존 표에 추가하여 업데이트했습니다.

총 160개의 상품 정보가 순식간에 표로 정리되었네요.

06 수집한 상품 정보를 구글 시트로 만들겠습니다. 표 하단의 [Sheets로 내보내기]를 클릭합니다.

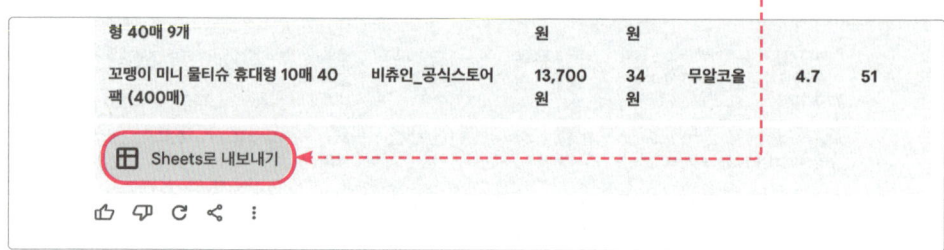

내보내기가 완료되면 왼쪽 하단에 다음과 같이 시트 생성을 알려줍니다. 안내 메시지에서 [Sheets 열기]를 클릭하면 구글 드라이브에 생성된 상품 정보 시트로 이동합니다.

새로 생성된 구글 시트에 상품 정보가 잘 정리된 것을 확인할 수 있습니다. 이렇게 제미나이에서는 버튼만 누르면 쉽게 데이터 시트를 생성할 수 있습니다.

	A	B	C	D	E	F	G
1	상품명	제조사	최저가	매당 가격	특징	평점	리뷰 수
2	앙블랑 세이프 네오	앙블랑	32,900원	24원	저자극, 무알코올,	4.9	4,386
3	아망떼 신제품 출시	하이즈홀딩스	10,300원	정보 없음	정보 없음	4.5	89
4	베베숲 11번가 단독	베베숲물티슈	27,900원	정보 없음	정보 없음	4.8	1,817
5	페넬로페 본보야지	원하우스햄머	38,800원	28원	저자극, 보습효과	정보 없음	정보 없음
6	스마트에코 베이직	GntClean	13,920원	7원	정보 없음	4.9	9,999+
7	아이러브베베 블루	지앤티클린	15,900원	10원	저자극, 보습효과	4.7	9,999+
8	슈퍼대디 시그니처	시크릿데이_슈퍼대디	17,780원	13원	저자극, 보습효과	4.8	1,484
9	크리넥스 마이비데	롯데아이몰	12,390원	34원	저자극	4.5	276
10	미엘 클래식 엠보싱	CJONSTYLE	22,950원	11원	저자극, 무알코올,	4.7	500
11	크리넥스 마이비데	롯데아이몰	13,920원	37원	자연생분해	4.9	888
12	올챌린지 보이는 돌	올챌린지	9,870원	14원	무자극	4.4	16
13	앙블랑 네오 네이비	앙블랑	14,900원	21원	저자극, 보습효과	4.9	14

07 이제 수집한 데이터를 분석하겠습니다. 구글 시트에서 제공하는 데이터 분석 기능이나 측면 패널을 이용한 방법으로도 분석할 수는 있습니다. 다만, 데이터에 괄호와 같은 특수 문자가 있거나

분석할 열을 인식하지 못할 경우 기능이 제대로 작동하지 않을 때도 있습니다. 그래서 특별한 경우가 아니라면 구글 시트가 아닌 제미나이에서 바로 데이터 분석을 진행하는 것이 좋습니다.

위에서 데이터를 수집한 채팅에 이어서 진행하겠습니다. 아래 프롬프트를 입력하여 데이터 분석을 요청합니다.

> 데이터를 바탕으로 평점 및 리뷰 수와 가격 사이의 상관관계를 분석해줘.

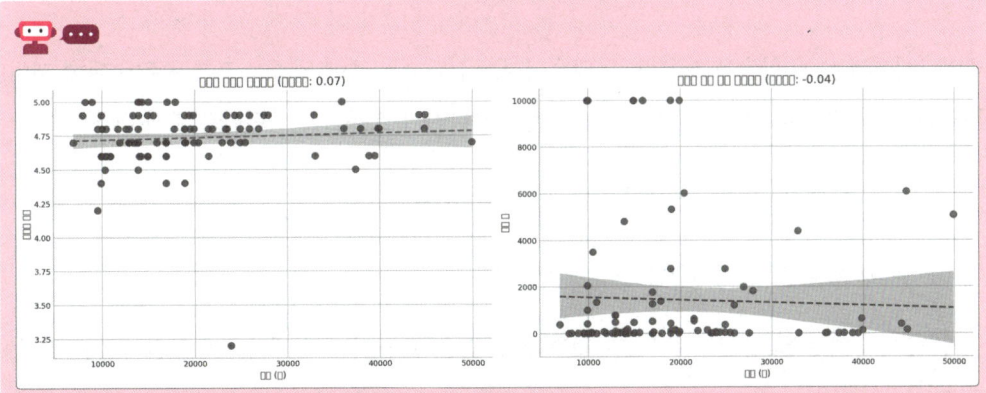

물티슈 가격과 평점 및 리뷰 수의 상관관계 분석 결과를 알려드립니다.

가격과 평점/리뷰 수의 상관관계 시각화

아래는 물티슈 가격과 판매자 평점, 그리고 가격과 리뷰 수의 관계를 나타낸 산점도 그래프입니다.

분석 결과

- **가격과 평점의 상관계수: 0.07**
- **가격과 리뷰 수의 상관계수: -0.04**

상관계수는 -1에서 1 사이의 값으로, 1에 가까울수록 강한 양의 상관관계(가격이 비싸면 평점/리뷰 수도 높음)를, -1에 가까울수록 강한 음의 상관관계(가격이 비싸면 평점/리뷰 수도 낮음)를 의미합니다. 0에 가까우면 상관관계가 거의 없다고 해석할 수 있습니다.

결론적으로, 물티슈 제품의 경우 가격과 판매자 평점, 리뷰 수 사이에는 뚜렷한 상관관계가 나타나지 않았습니다.

- **가격과 평점 (상관계수 0.07):** 상관계수가 0에 매우 가까워, 비싼 물티슈라고 해서 판매자 평점이 반드시 높은 것은 아니며, 저렴한 제품 중에서도 높은 평점을 받은 상품이 많다는 것을 알 수 있습니다.
- **가격과 리뷰 수 (상관계수 -0.04):** 리뷰 수와의 상관계수 역시 0에 매우 가깝습니다. 이는 제품의 가격이 리

> 뷰 수에 거의 영향을 미치지 않는다는 것을 의미합니다. 오히려 아주 약간의 음의 상관관계를 보여, 가격이 높은 제품이 리뷰 수가 적은 경향이 미미하게나마 있지만, 통계적으로 의미 있는 수준은 아닙니다.
>
> 따라서 물티슈를 선택할 때, 가격이 비싸다고 해서 반드시 품질이나 인기도가 높을 것이라고 기대하기는 어렵습니다. 소비자들은 가격 외에 성분, 매수, 원단 종류 등 다른 요소를 더 중요하게 고려하는 것으로 보입니다.

수집한 데이터에 대한 분석과 시각화 그래프를 함께 제공하는 걸 확인할 수 있습니다.

제미나이의 표 기능은 시트와 직접 연결되어 있어서 데이터 수집, 시트 생성, 데이터 분석에서 빠르고 효율적입니다. 제미나이와의 협업으로 복잡한 데이터 작업을 편하게 해결하기 바랍니다.

미친 활용 23 AI 함수 사용해서 광고 카피 한 번에 생성하기 구글 워크스페이스 랩

제미나이에서는 AI 함수를 사용할 수 있습니다. AI 함수는 셀에 입력한 프롬프트에 대해 제미나이가 응답하는 기능입니다. 쉽게 말해서 시트의 셀을 하나하나 프롬프트 입력란으로 사용하는 것입니다.

AI 함수는 다음과 같은 구조로 입력해서 사용할 수 있습니다.

- **AI 함수 구조** : =AI("프롬프트", [범위])

현재 AI 함수의 프롬프트는 영어로만 입력할 수 있습니다. 따라서 제미나이를 활용하여 영어로 번역한 후 사용하세요.

이번 예제에서는 AI 함수를 활용해 제품 설명을 바탕으로 광고와 소셜 미디어 카피를 한 번에 생성하는 시트를 만들어보겠습니다.

01 다음 이미지처럼 제품 설명, 구글 광고 제목, 구글 광고 본문, X 게시물, 인스타그램 게시물, 페이스북 게시물을 차례대로 헤더에 입력합니다.

A	B	C	D	E	F
제품 설명	구글 광고 제목	구글 광고 본문	X 게시물	인스타그램 게시물	페이스북 게시물

02 A열에 제품 설명을 추가합니다. 제품 설명 예제는 아래 링크의 문서에서 복사/붙여넣기할 수 있습니다. 내용이 잘 보이도록 셀의 크기를 조절하세요.

- **제품 설명 데이터** : bit.ly/4l0XMOe

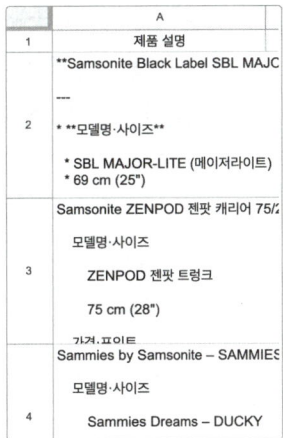

03 구글 광고 제목 아래 B2셀에 **=AI**를 입력 후 키보드에서 Enter 키를 입력합니다.

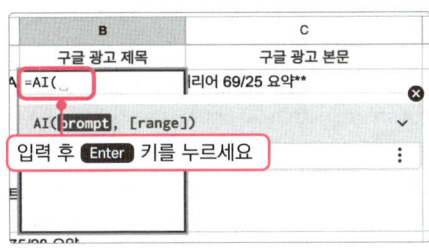

04 괄호 옆에 "**상품 설명에 알맞은 광고 제목을 30자 이내로 한국어로 생성해줘.**"라고 영어로 입력합니다. 제미나이에게 프롬프트로 사용할 한국어를 입력한 후 영어로 바꿔달라고 요청하면 쉽게 영어 프롬프트를 생성할 수 있습니다.

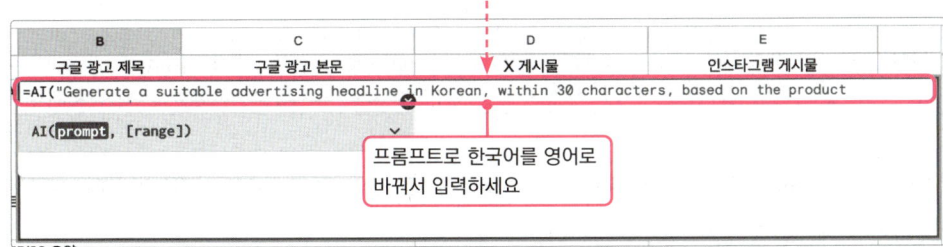

05 프롬프트 뒤에 , 기호를 입력하고, 제품 설명을 가져올 A2셀을 클릭합니다. 그러면 쉼표 뒤에 A2가 생기고 괄호가 닫힙니다. 입력을 완료했으면 키보드에서 Enter 키를 입력하여 완료합니다.

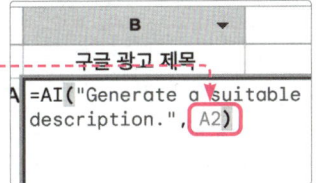

그러면 A2셀의 제품 설명을 가지고 알맞은 구글 광고 제목을 AI 함수로 불러온 제미나이가 생성해주는 걸 확인할 수 있습니다. 출력된 내용이 마음에 들지 않을 경우 [↻]을 클릭하면 재생성할 수 있습니다.

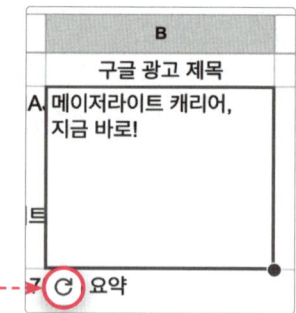

06 마찬가지로 구글 광고 제목, 본문, X 게시물, 인스타그램 게시물, 페이스북 게시물 하단에 아래 프롬프트를 입력해서 AI 함수로 광고 카피들을 생성합니다.

채널	한국어	영어
구글 광고 제목	상품 설명에 알맞은 광고 제목을 30자 이내로 한국어로 생성해줘	Generate a suitable advertising headline in Korean, within 30 characters, based on the product description.
구글 광고 본문	상품 설명에 알맞은 광고 문구를 90자 이내로 한국어로 생성해줘	Generate an appropriate advertising slogan in Korean, within 90 characters, based on the product description.
X 게시물	상품 설명에 알맞은 인스타그램 게시물을 생성해줘. 300자 이상으로 이모지를 적극 활용해줘. 10~30대를 겨냥해서 밝고 경쾌한 톤으로 한국어로 작성해줘.	Generate an Instagram post tailored to the product description, using emojis liberally, with at least 300 characters, aimed at 10- to 30-year-olds, in a bright and upbeat tone, written in Korean.
인스타그램 게시물	상품 설명에 알맞은 페이스북 게시물을 생성해줘. 400자 이상으로 친절하고 고급진 느낌으로 한국어로 작성해줘.	Generate a Facebook post tailored to the product description, written in Korean in a friendly and refined tone, with at least 400 characters.
페이스북 게시물	상품 설명에 알맞은 X 게시물을 생성해줘. 280자 이상으로 짧고 강력한 메시지를 한국어로 작성해줘.	Generate an X post tailored to the product description, written in Korean with a concise, powerful message of at least 280 characters.

07 2행에 A2의 제품 설명에 대한 구글 광고 제목, 구글 광고 본문, X 게시물, 인스타그램 게시물, 페이스북 게시물을 모두 생성했습니다.

08 이제 B2부터 F2까지 선택한 후 [● 채우기 핸들]을 마우스로 더블 클릭합니다. 생성을 원하는 범위까지 채우기 핸들로 드래그하면 됩니다.

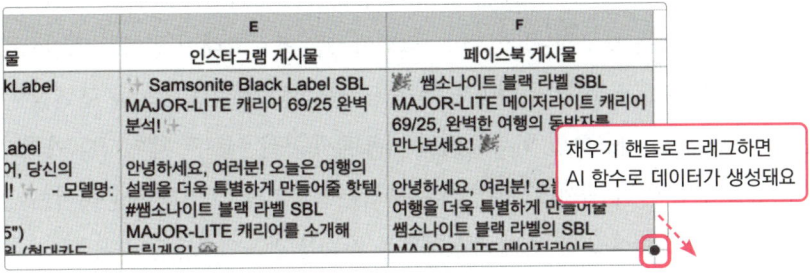

채우기 핸들로 드래그하면 AI 함수로 데이터가 생성돼요

그러면 5열까지 입력한 모든 제품 설명 왼쪽에 AI 함수로 불러온 제미나이가 구글 광고 제목, 구글 광고 본문, X 게시물, 인스타그램 게시물, 페이스북 게시물을 한꺼번에 생성하는 걸 확인할 수 있습니다.

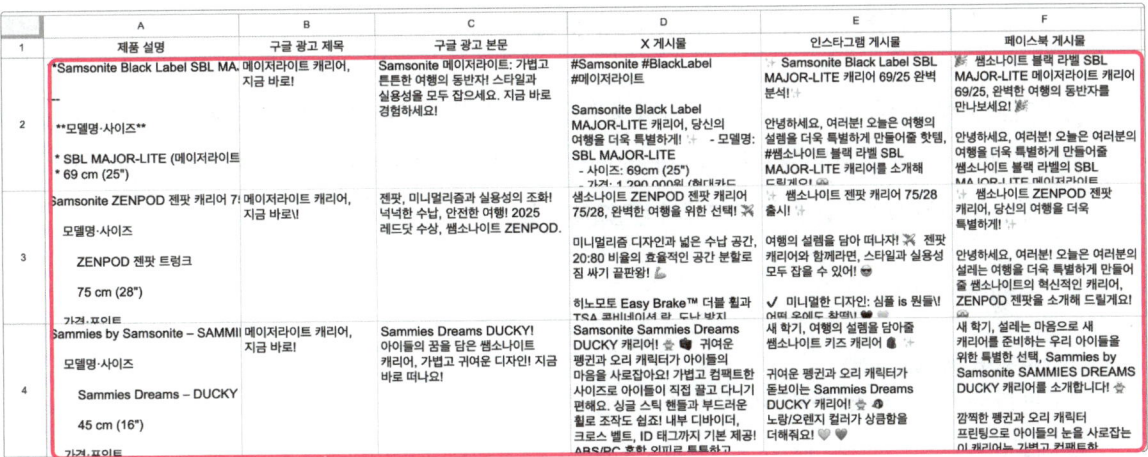

AI 함수를 사용해서 구글 시트에 제미나이를 불러와서 명령하는 방법을 알아보았습니다. 이제는 함수를 배우지 않아도 프롬프트만 입력하면 제미나이가 어떤 문제든 해결해줄 겁니다. AI 함수는 추가 비용 없이 누구나 사용할 수 있습니다. AI 함수를 활용해서 다양한 방법으로 구글 시트를 활용해보기 바랍니다.

미친 활용 24 · 제미나이로 실시간 환율 계산기 만들기

구글 앱스 스크립트^{Google Apps Script}는 구글 시트, 문서, 드라이브 같은 구글 서비스들을 연결하거나 자동으로 작업할 수 있게 만들어주는 도구입니다. 자바스크립트라는 프로그래밍 언어를 기반으로 작동하는데요, 제미나이를 활용하면 코딩 경험이 없어도 누구나 자동화와 맞춤형 기능을 구현할 수 있습니다. 또한 구글 앱스 스크립트를 사용하면 외부 API를 사용해서 구글 시트로 데이터를 가져와 원하는 기능을 추가할 수 있습니다. 이번 예제에서는 한국수출입은행의 환율 API를 사용해서 구글 시트에 원화를 입력하면 여러 나라의 환율을 한 번에 계산해주는 기능을 만들어보겠습니다.

01 API를 활용한 환율 계산기를 만들기 위해서는 API 개발 명세서가 필요합니다. 모든 공개된 API는 개발자가 쉽게 API를 사용할 수 있도록 개발명세를 제공합니다. 다음 링크를 통해 한국수출입은행 환율 API 페이지로 이동하세요.

- **한국수출입은행 환율 API** : bit.ly/45W0IH3

02 이동한 페이지를 보면 Open API 개발명세라고 되어 있는 부분이 보입니다. 우리는 이 내용을 이해하지 못해도 괜찮습니다. 제미나이가 대신 이해해서 코드를 생성해줄 테니까요. 개발명세 부분을 모두 드래그한 후 키보드에서 Ctrl + C 를 눌러 복사합니다.

03 제미나이로 이동해서 시트의 구조를 설명하고 복사한 개발명세를 키보드에서 `Ctrl + V`를 눌러 붙여넣습니다. 그런 다음 API로 환율을 가져오라는 요청, 계산된 환율을 시트에 표시해달라는 요청, 각 열에 표시되어야 할 정보, 원하는 시트 스타일을 구체적으로 설명하여 프롬프트를 입력합니다.

> 아래는 한국수출입은행의 환율API야.
>
> 원화를 입력하면 API로 불러올 수 있는 모든 화폐로 계산된 환율을 시트에 표시해주는 계산기를 앱스스크립트로 생성해줘.
>
> A열은 국가+국기 유니코드, B열은 화폐 단위, C열은 계산된 금액을 표시해줘.
>
> 헤더는 잘 보이게 스타일을 추가하고 열의 너비는 데이터에 맞춰줘.
>
> [복사한 개발명세]

> 네, 알겠습니다. 요청하신 모든 기능을 통합하여 한층 더 발전된 버전의 환율 계산기 Apps Script를 생성해 드리겠습니다.
>
> 이 스크립트는 원화 금액을 입력받아 API로 조회 가능한 모든 국가의 환율을 계산하고, **A열(국가명+국기), B열(통화 단위), C열(변환 금액)** 형식으로 시트에 깔끔하게 정리해 줍니다. 헤더 스타일과 열 너비 자동 맞춤 기능도 포함되어 있습니다.
>
> ✨ **주요 기능**
>
> - **향상된 가독성** : A열에 국가명과 국기 이모지를 함께 표시하여 시각적 구분을 쉽게 했습니다.
> - **체계적인 데이터 분리** : 국가, 통화 단위, 금액을 각각 A, B, C열로 분리하여 데이터를 체계적으로 관리할 수 있습니다.
>
> ..생략…
>
> ■ **Apps Script 전체 코드 (최신 버전)**
>
> ```javascript
> /**
>  * @OnlyCurrentDoc
>  *
>  * 한국수출입은행 환율 API를 이용하여 원화(KRW)를 주요 통화로 변환하고,
>  * 그 결과를 국기, 통화단위, 금액으로 나누어 시트에 표시합니다.
>  * 헤더 스타일링과 열 너비 자동 조절 기능이 포함되어 있습니다.
>  */
> function exchangeRateCalculator() {
>   // --- 통화 코드, 국가, 국가명, 통화 기호 매핑 ---
> ```

04 실습 과정에 사용할 코드를 복사하세요

제미나이가 생성한 기능과 코드를 사용하는 방법, 코드까지 모두 생성했습니다. 코드를 앱스 스크립트에 적용하는 방법은 제미나이의 설명대로 차근차근 진행해도 괜찮습니다. 제미나이의 설명이 어렵다면 다음 순서대로 진행하기 바랍니다.

04 생성된 코드 오른쪽 상단의 [🗐 복사 버튼]을 클릭하여 전체 코드를 복사합니다. 새로운 구글 시트를 생성한 후 메뉴에서 ❶ [확장 프로그램] → ❷ [Apps Script]를 클릭합니다.

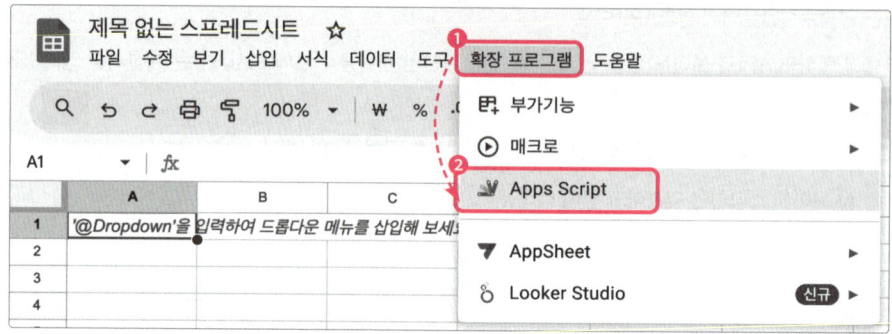

05 앱스 스크립트 화면으로 이동했으면 function myFunction() {으로 시작하는 영역에 있는 모든 내용을 삭제합니다.

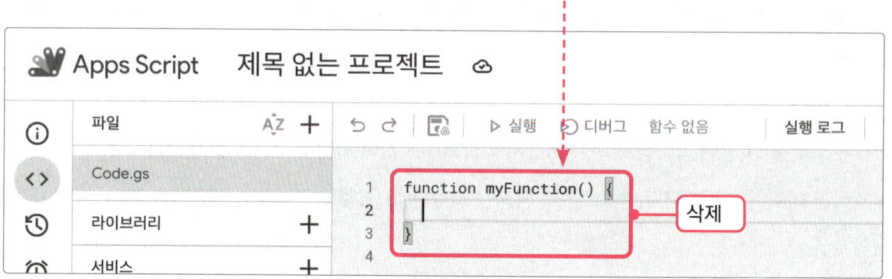

06 그리고 아까 복사한 코드를 키보드에서 Ctrl + V 를 눌러 모두 붙여넣습니다. 코드를 붙여넣었으면 위쪽에 있는 [🗐 저장] 버튼을 누릅니다.

07 한국수출입은행 환율 API를 연결한 앱스 스크립트가 저장되었습니다. 하지만 API 인증키가 입력되지 않았기 때문에 이 상태로는 코드가 제대로 작동하지 않습니다. API 인증키란 API로 데이터를 호출한 사람을 식별하고 너무 많은 호출이 발생했을 때 대응하기 위한 일종의 비밀번호입니다. API 인증키를 발급하겠습니다.

다시 한국수출입은행 환율 API 페이지로 돌아갑니다. 개발명세 탭 옆에 [인증키 발급신청]이라는 탭이 있습니다.

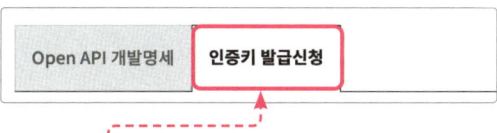

[인증키 발급신청]을 클릭 후 스크롤을 내려서 신청인 본인인증으로 이동합니다. 휴대폰 또는 아이핀 인증으로 인증을 진행합니다.

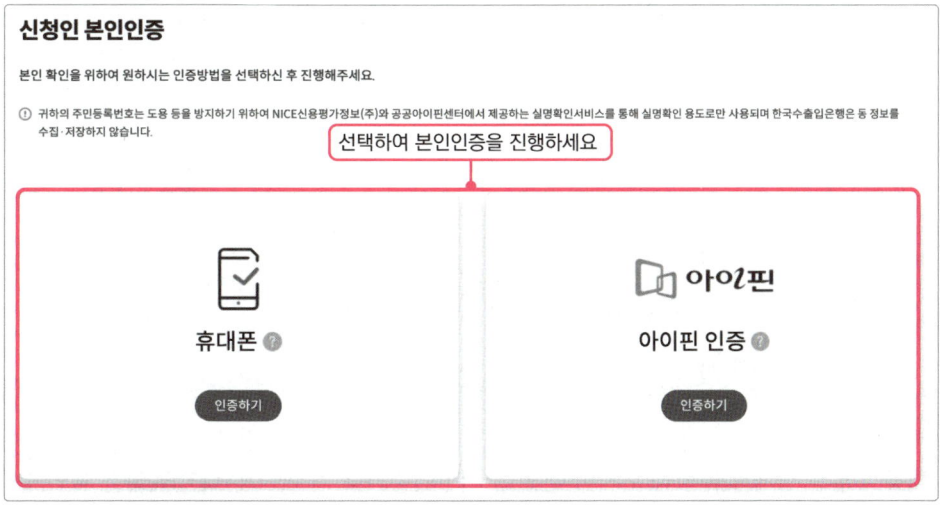

08 인증을 완료했으면 이름, 연락처 등 개인 정보를 입력하는 신청서 작성을 진행합니다. 회원가입과 비슷하다고 생각하면 되겠습니다. 신청서 작성이 완료되면 다음과 같이 API 인증키 발급이 완료됩니다.

API 인증키는 일종의 비밀번호라고 말했습니다. 타인이 인증키를 사용할 수도 있기 때문에 공개되지 않도록 조심해야 합니다. 발급된 인증키를 드래그하여 키보드에서 Ctrl + C 를 눌러 복사합니다.

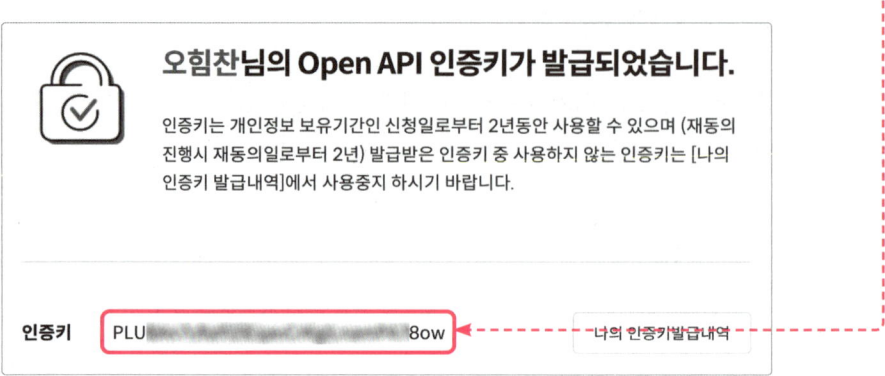

09 앱스 스크립트로 돌아가서 코드를 살펴보면 'YOUR_AUTH_KEY'라는 부분이 보일 겁니다. 생성된 코드마다 동일하진 않아도 비슷하게 "발급받은 인증키를 입력하세요."와 같이 안내된 부분이 있을 겁니다.

해당 부분을 삭제하고 방금 복사한 본인의 API 인증키를 키보드에서 Ctrl + V 를 눌러 붙여넣습니다.

10 API 인증키를 붙여넣었으면 다시 [🖫 저장] 버튼을 누르고, 저장이 완료되면 [▷ 실행 실행] 버튼을 클릭합니다. 실행은 저장된 코드를 실행한다는 뜻입니다. 앱스 스크립트에서 코드를 실행하려면 최초 실행하여 권한을 부여해야 합니다. 이 코드는 외부 데이터를 구글 서비스인 구글 시트로 가져오는 것이므로 문제를 이해하고 있다는 동의와 함께 권한 부여가 필요합니다.

정상적으로 실행되면 승인 필요라는 창이 보입니다. 오른쪽 하단에 [권한 검토]를 클릭합니다.

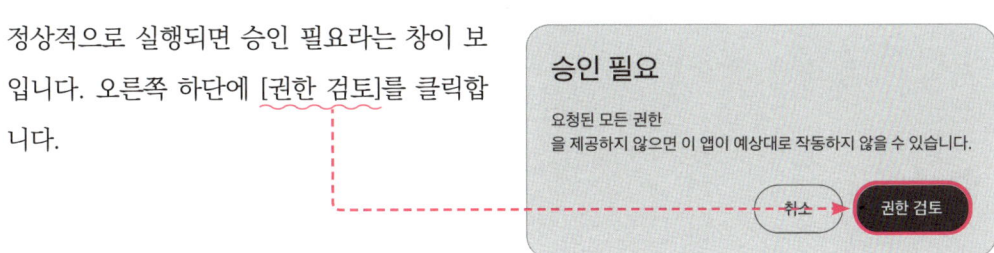

그러면 **Google에서 확인하지 않은 앱**이라는 경고 창이 나타나는데, 여기서 [안전한 환경으로 돌아가기]를 클릭하면 안전하게 외부 데이터를 가져오지 않겠다는 뜻이므로 앱스 스크립트를 실행할 수 없습니다. **반드시 왼쪽 하단의 [고급]을 클릭해야 합니다.**

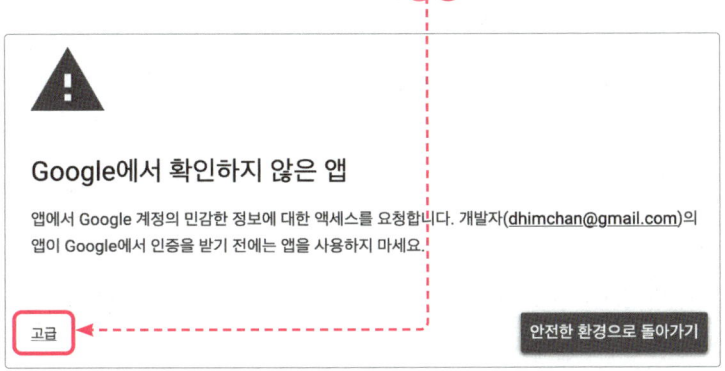

그럼 외부 데이터를 가져오는 것에 대한 위험성을 인지하고 있을 때만 계속하라는 메시지가 나타납니다. 한국수출입은행의 공인된 데이터를 가져오는 것이므로 위험성이 적습니다. 따라서 **[시트명]으로 이동(안전하지 않음)**을 클릭하여 계속합니다.

Chapter 11 제미나이로 구글 시트 작업하기 **167**

11 마지막으로 외부 서비스 연결에 동의하는 화면이 나타납니다. ❶ 모두 선택의 체크박스를 클릭 후 ❷ [계속] 버튼을 클릭하여 권한 부여를 마무리합니다.

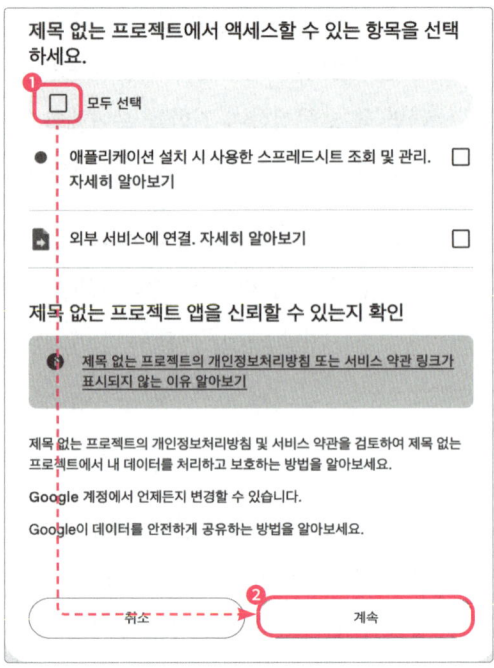

12 다시 앱스 스크립트 화면으로 돌아가면 실행 로그에 **실행이 시작됨**이라는 메시지가 나타날 겁니다. 원 모양이 빙글빙글 돌아가면 코드가 실행 중인 상태로, 시트에서 무언가 벌어지고 있다고 생각하면 됩니다. 이 상태에서 실행 완료가 되면 구글 시트에서 코드가 정상적으로 실행되었다는 것입니다.

만약 다음과 같이 오류가 발생했다면 오류 메시지 전체를 복사하여 코드를 생성한 채팅에 이어서 붙여넣고 아래처럼 프롬프트를 입력해 해결합니다.

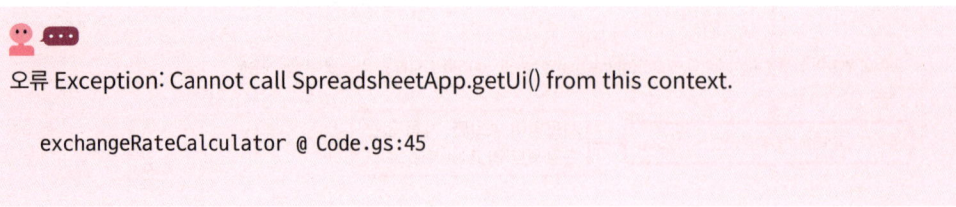

위 오류를 해결한 통합 코드를 생성해줘.

네, 알겠습니다. exchangeRateCalculator 함수와 오류를 해결하기 위한 onOpen 함수를 하나로 합친 통합 코드입니다.

아래 코드 전체를 복사하여 Apps Script 편집기의 내용을 모두 대체한 후 사용하면 됩니다. 이렇게 하면 커스텀 메뉴가 자동으로 생성되어 오류 없이 환율 계산기를 실행할 수 있습니다.

…생략…

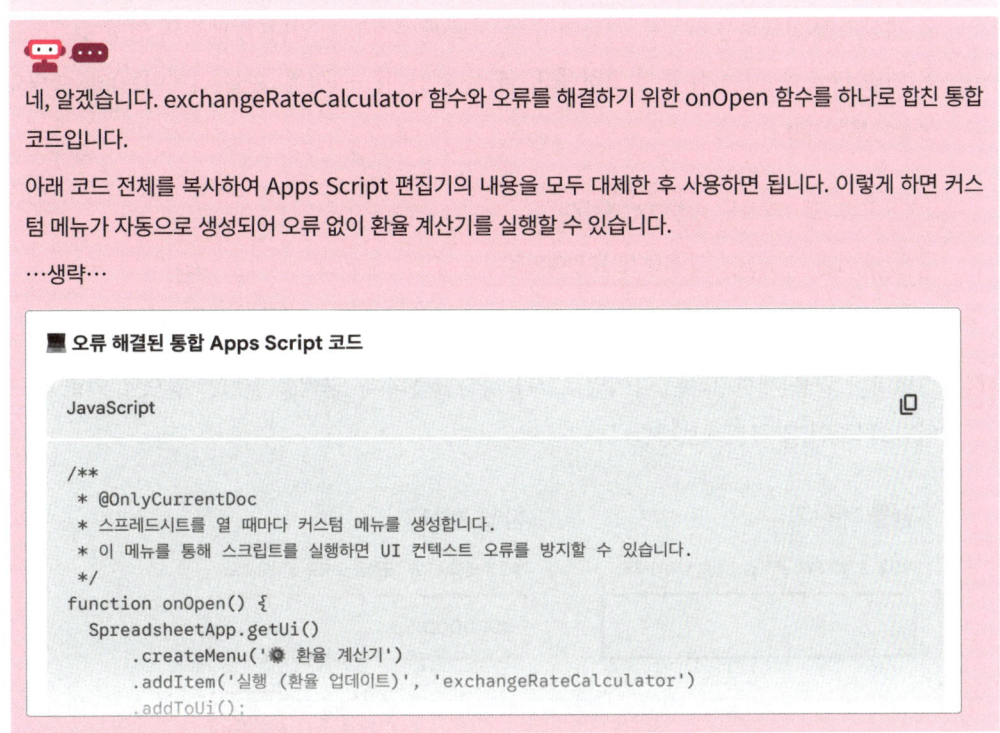

제미나이가 오류를 해결한 코드를 생성했습니다. 다시 코드를 전체 복사합니다.

13 앱스 스크립트로 돌아가서 기존 코드를 복사한 코드로 전체 변경 후 저장한 다음 실행합니다. 간혹 실행하지 말고 시트로 돌아가서 커스텀 메뉴로 실행하라고 할 때가 있는데, 이럴 때는 제미나이의 지시에 따라서 진행해주세요.

코드가 정상적으로 실행되면 다음과 같이 **실행이 완료됨**이라는 메시지가 나타납니다.

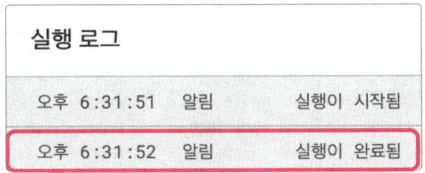

만약 다시 오류가 발생하면 동일하게 오류 내용을 복사해서 제미나이에서 수정을 요청하세요. 1~3회 정도 오류 수정을 마치면 정상적으로 작동하는 코드가 생성될 겁니다. 만약 오류가 해결되지 않을 때는 새로운 채팅을 실행해서 코드를 처음부터 생성하길 권장합니다.

14 구글 시트로 돌아오니 메뉴에 [환율 계산기]라는 커스텀 메뉴가 생긴 걸 확인할 수 있습니다. 환율 계산기를 실행하는 새로운 기능이 구글 시트에 추가된 것입니다. 메뉴의 명칭이나 작동 방식은 매번 다를 수 있는 점 꼭 참고하세요. [환율 계산기] → [실행 (환율 업데이트)]를 클릭하여 기능을 실행합니다.

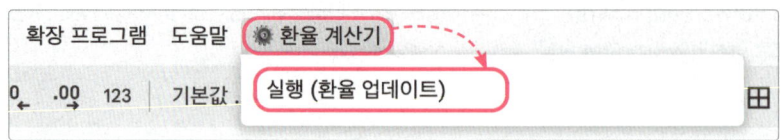

15 그랬더니 환율 계산기라는 다이얼로그가 나타났습니다. 금액을 100만 원으로 입력 후 오른쪽 하단의 [확인]을 클릭해보겠습니다.

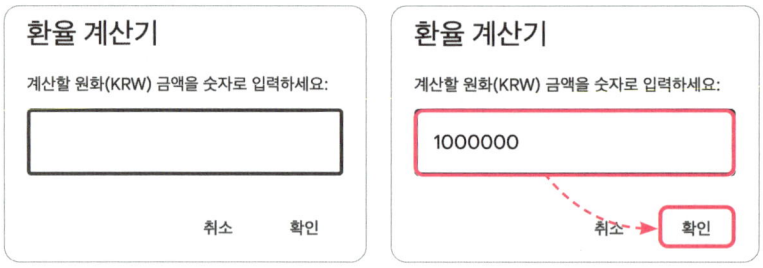

그랬더니 한국수출입은행의 환율 API를 사용해서 23개국의 환율을 한 번에 계산해서 가져왔네요.

	A	B	C
1	국가	통화	변환 금액
2	아랍에미리트	AED	DH2,702.48
3	호주	AUD	A$1,129.54
4	바레인	BHD	BD277.44
5	브루나이	BND	B$946.42
6	캐나다	CAD	C$1,008.35
7	스위스	CHF	Fr604.64
8	중국	CNH	¥5,295.49
9	덴마크	DKK	kr4,806.77
10	유로존	EUR	€644.30
11	영국	GBP	£543.03
12	홍콩	HKD	HK$5,775.01
13	인도네시아	IDR	Rp11,976,047.90
14	일본	JPY	¥106,442.99
15	쿠웨이트	KWD	KD225.54
16	말레이시아	MYR	RM3,113.23
17	노르웨이	NOK	kr7,405.76
18	뉴질랜드	NZD	NZ$1,216.65
19	사우디아라비아	SAR	SR2,759.91
20	스웨덴	SEK	kr7,056.67
21	싱가포르	SGD	S$946.42
22	태국	THB	฿24,044.24
23	미국	USD	$735.89

지금까지 제미나이, 구글 시트, 환율 API, 앱스 스크립트를 활용해서 실시간 환율 계산기를 만들어보았습니다. 이와 같은 방식을 활용하면 계산기뿐 아니라 다양한 외부 데이터를 활용한 기능들을 만들어서 구글 시트에 추가할 수 있습니다. 예제의 방법을 응용해서 제미나이와 함께 나만의 기능을 한 번 만들어보길 바랍니다.

Chapter 12

제미나이로
구글 폼 작업하기

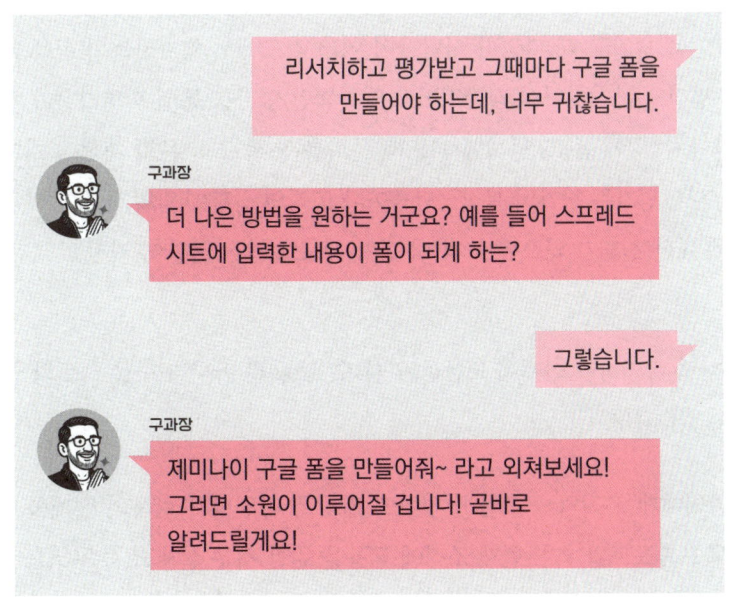

구글 폼은 온라인 양식 제작 서비스입니다. 설문 조사, 참가 신청, 견적 신청, 고객 피드백 등 다양한 양식을 만들 수 있습니다. 하지만 양식을 설계하고 구글 폼에 반영하는 건 까다로운 작업입니다. 제미나이가 추가되기 전까지 말이죠. 이제 누구나 제미나이로 더 빠르고 간편하게 구글 폼을 작업할 수 있습니다. 다음 링크로 접속하여 시작하세요.

- **구글 폼** : docs.google.com/forms

[빈 양식]를 클릭하면 새로운 슬라이드를 시작할 수 있습니다.

미친 활용 25 제미나이로 HR 다면평가지 만들기 구글 워크스페이스 랩

다면평가란 한 개인을 평가할 때 다양한 사람들이 여러 각도에서 평가하는 방식을 의미합니다. 여러 동료 직원들이 수평적으로 참여하여 객관적이고 입체적인 평가를 통해 피평가자가 자신의 역량과 부족한 부분을 파악할 수 있게 돕고, 동시에 피드백 문화를 통해 조직 문화 개선에 기여하는 것이 다면평가의 목적이죠. 다면평가는 평가의 복잡성만큼이나 조직의 상황에 알맞게 잘 설계하는 것이 중요합니다. 평가 결과에 대한 신뢰가 낮으면 조직 내 평가 제도에 관한 불만이 커지고 효과가 떨어질 수 있기 때문입니다.

제미나이를 활용하면 다면평가 설계에 도움을 얻을 수 있을 뿐 아니라 구글 시트와 구글 폼을 사용해서 쉽게 생성할 수 있습니다.

01 먼저 제미나이에게 조직의 구조를 설명하고 알맞은 다면평가 항목의 설계를 요청하겠습니다. 아래는 예제 프롬프트입니다. 현재 조직에 적용을 원할 경우 실제 조직 구조를 상세하게 요청하면 더 좋은 결과를 얻을 수 있습니다.

> 30인 규모의 조직이야. 기획, 개발, 디자인, 마케팅까지 총 4개 팀이 있고, 4개 팀의 모든 구성원이 긴밀하게 협업해서 프로젝트를 진행하게 돼. 구성원들은 다양한 연령과 연차로 구성되어 있어.
> 조직 내 다면평가를 진행하고 싶어. 팀별 협업 성과를 각 구성원이 객관적으로 분석하면서 구성원 간 높은 신뢰성을 보장할 수 있는 다면평가 항목을 설계해서 표로 생성해줘.

30인 조직의 성장을 이끄는 다면평가, 이렇게 설계하세요: 신뢰와 협업을 극대화하는 맞춤형 가이드

30인 규모의 조직에서 기획, 개발, 디자인, 마케팅 4개 팀의 긴밀한 협업과 구성원의 성장을 이끌어낼 다면평가(360도 피드백)는 신뢰와 객관성 확보에 성패가 달려있습니다. 성공적인 다면평가를 위해, 단순한 평가를 넘어 조직의 건강한 소통 문화를 구축하고 팀 간 시너지를 높이는 데 초점을 맞춘 구체적인 실행 방안과 평가 항목을 제안합니다.

성공적인 다면평가를 위한 4대 핵심 원칙

1. 철저한 익명성 보장과 심리적 안정감 확보: 30명이라는 소규모 조직의 특성상 누가 어떤 평가를 했는지 유추하기 쉽습니다. 따라서 솔직하고 건설적인 피드백을 위해 평가자의 익명성은 반드시 보장되어야 합니다. 또한, 평가 결과가 개인에 대한 비난이나 불이익으로 이어지지 않고, 오직 성장을 위한 발전적 자료로만 활용될 것임을 명확히 소통하여 구성원들의 심리적 안정감을 확보해야 합니다.

…생략…

대분류	중분류	평가 항목 (질문)
공통 역량	소통 및 협업	복잡한 내용을 명확하고 간결하게 전달하는가?
		다른 사람의 의견을 경청하고 존중하며, 건설적인 피드백을 제공하는가?
		갈등 상황에서 감정적으로 대처하기보다 문제 해결에 집중하는가?
	주도성과 책임감	자신의 업무에 주인의식을 갖고, 더 나은 결과를 위해 스스로 문제를 찾아 개선하는가?
		업무상 약속이나 마감 기한을 철저히 준수하는가?
		예상치 못한 문제 발생 시, 적극적으로 해결 방안을 모색하고 동료들과 협력하는가?
	성장 및 동료애	동료의 성장에 관심을 갖고, 자신이 가진 지식과 경험을 기꺼이 공유하는가?
		새로운 기술이나 업무 방식에 대해 열린 마음으로 배우고 적용하려 노력하는가?
		동료의 성공에 진심으로 축하하고, 어려움을 겪을 때 적극적으로 돕는가?
	조직 기여	우리 조직의 비전과 목표에 공감하며, 팀의 성공을 위해 헌신하는 모습을 보이는가?
		긍정적인 태도와 에너지로 팀 분위기에 좋은 영향을 주는가?
팀별 협업 성과	기획팀 협업	프로젝트의 목표와 배경을 모든 팀원이 이해하기 쉽게 설명해주었는가?
		기획 과정에서 다른 팀(개발, 디자인, 마케팅)의 의견을 충분히 수렴하고 현실적인 대안을 함께

제미나이가 평가 항목을 표로 잘 생성해주었습니다.

02 표 하단의 [Sheets로 내보내기(영어 버전은 Export to Sheets)]를 클릭해서 구글 시트로 생성합니다.

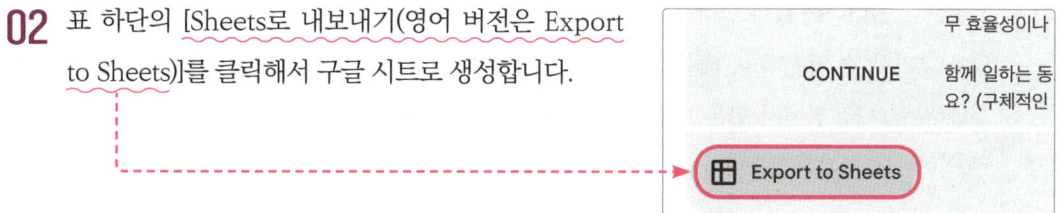

다면평가 항목들이 구글 시트로 생성되었네요.

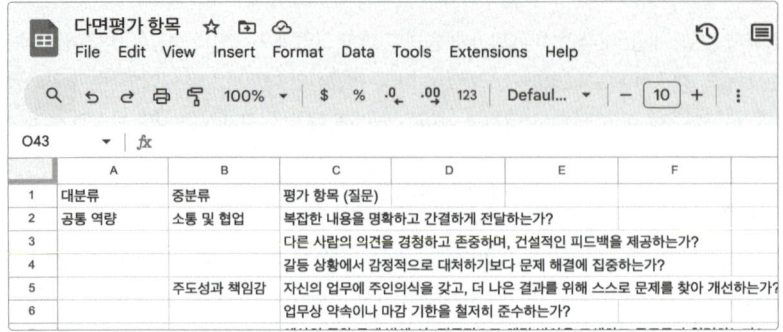

03 위에서 만든 항목들을 구글 폼으로 생성하겠습니다. 새로운 폼을 생성합니다. 구글 워크스페이스 랩을 실행한 상태에서 메뉴를 보면 [Help me create a form]이라는 아이콘이 보일 겁니다. 아이콘을 클릭해서 실행합니다.

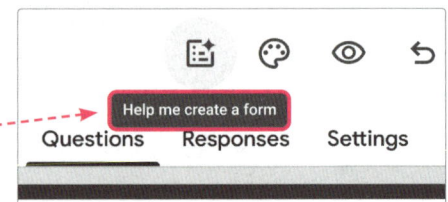

그럼 다음 이미지처럼 프롬프트 입력란이 있는 다이얼로그가 실행될 거에요.

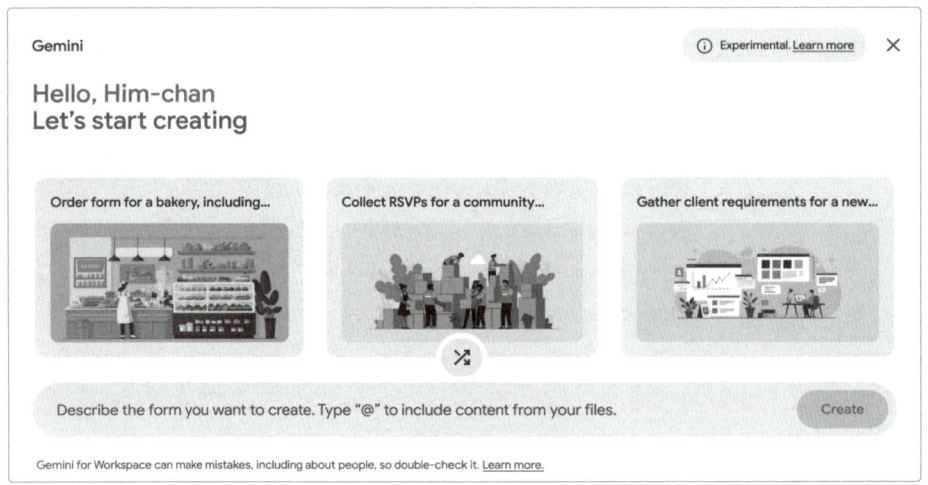

04 프롬프트 입력란에 @를 입력하면 구글 드라이브에 있는 파일을 추가할 수 있습니다. 해당 파일을 참고해서 양식을 생성해주는 거죠. 위에서 만든 다면평가 항목 시트를 프롬프트 입력란에 추가하겠습니다.

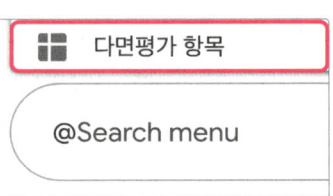

그럼 다음 이미지처럼 추가한 파일 옆에 프롬프트를 입력하고 [Create] 버튼을 클릭합니다. 현재 구글 폼의 생성 기능은 영어 프롬프트로만 동작합니다. 예제에서는 '공통 역량와 팀별 협업 성과는 점수로 표시할 수 있게 해줘. 서술형 피드백은 서술형으로 생성해줘.'라는 문장을 제미나이에게 영어로 변경 요청 후 입력했습니다.

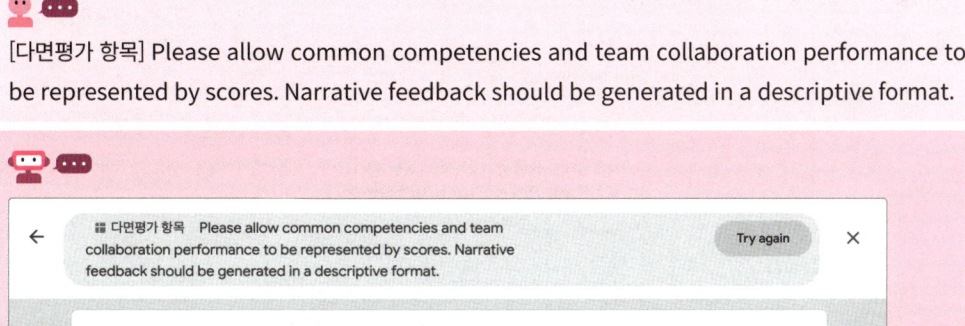

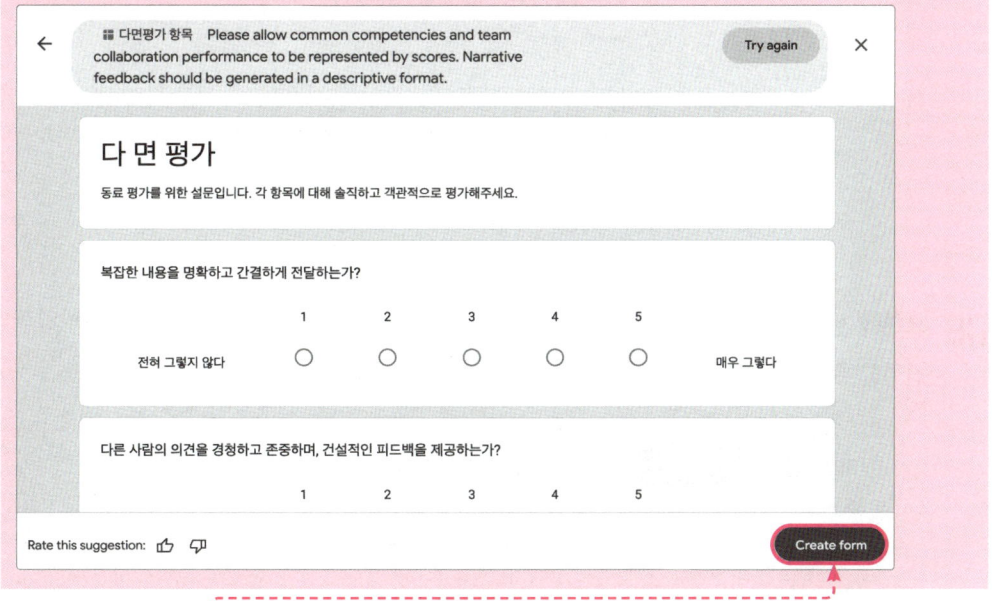

구글 시트에 정리된 다면평가 항목에 기반한 평가지 양식이 생성되었습니다. 문제가 없다면 오른쪽 하단의 [Create form]을 클릭합니다.

05 점수 평가 항목 및 서술 평가 항목이 모두 잘 반영된 걸 확인할 수 있습니다.

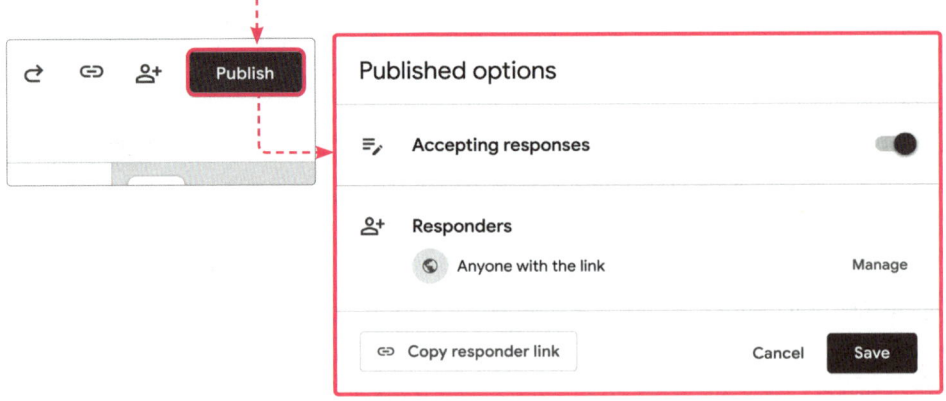

06 오른쪽 상단의 [게시(Publish)] 버튼을 클릭하면 생성된 링크로 평가지를 공유하여 다면평가를 진행할 수 있습니다.

미친 활용 26 제미나이로 HR 다면평가 분석하기

구글 폼으로 다면평가를 진행하면 응답을 구글 시트에 모을 수 있습니다. 모인 데이터를 분석하면 1명에 대한 팀원들의 평가를 통합할 수 있겠죠. 제미나이로 점수 평가 항목과 서술 평가 항목을 한꺼번에 분석하겠습니다.

01 미친 활용 25 제미나이로 HR 다면평가지 만들기에서 만든 구글 폼에서 메뉴에 응답을 선택하면 [Sheets에 연결] 버튼이 보입니다. 버튼을 클릭합니다.

응답 저장 위치 선택에서 오른쪽 하단의 [만들기] 버튼을 클릭하면 구글 폼에 입력된 응답이 구글 시트로 저장됩니다. 이 상태로 가상의 응답을 받겠습니다.

02 구글 시트에 동료들의 평가 데이터가 모였습니다. 측면 패널을 열고 프롬프트 입력란에 분석을 요청하겠습니다.

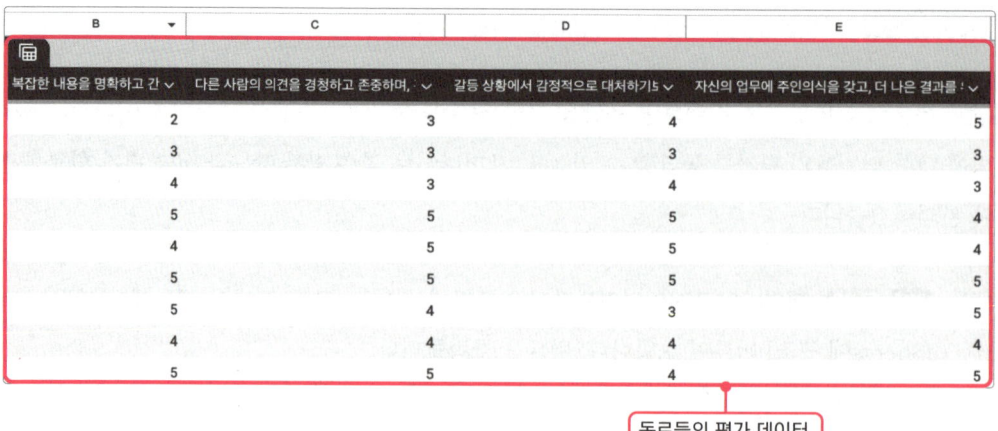

동료들의 평가 데이터

동료들의 전반적인 평가와 구체적인 평가, 개선이 필요한 부분 등을 분석해줘.

참조: A1:R10

알겠습니다. 동료들의 전반적인 평가와 함께 구체적인 피드백, 그리고 개선이 필요한 부분을 종합적으로 분석해 드리겠습니다.

1. 전반적인 평가 경향:

앞서 계산해 드린 각 평가 항목별 평균 점수를 다시 한번 살펴보겠습니다.

···생략···

평가 항목	평균 점수
자신의 업무에 주인의식을 갖고, 더 나은 결과를 위해 스스로 문제를 찾아 개선하는가?	4.33
업무상 약속이나 마감 기한을 철저히 준수하는가?	4.22
예상치 못한 문제 발생 시, 적극적으로 해결 방안을 모색하고 동료들과 협력하는가?	4.11

···생략···

주요 강점:

- **업무 주도성 및 문제 해결 능력:** '자신의 업무에 주인의식을 갖고, 더 나은 결과를 위해 스스로 문제를 찾아 개선하는가?' 항목에서 가장 높은 평균 점수를 받은 것으로 보아, 동료들은 OOO님의 책임감 있는 태도와 문제 해결 능력을 높이 평가하고 있습니다.
- **신뢰성 및 책임감:** '업무상 약속이나 마감 기한을 철저히 준수하는가?' 항목 또한 높은 점수를 기록하여, OOO님이 믿을 수 있는 동료로서 인식되고 있음을 알 수 있습니다.
- **협력적인 태도:** '예상치 못한 문제 발생 시, 적극적으로 해결 방안을 모색하고 동료들과 협력하는가?' 및 '동료

의 성공에 진심으로 축하하고, 어려움을 겪을 때 적극적으로 돕는가?' 항목에서 비교적 높은 점수를 받은 것은 동료들과의 긍정적인 협력 관계를 보여줍니다.

개선이 필요한 부분:

- **팀 분위기 및 조직 목표 공감대**: '긍정적인 태도와 에너지로 팀 분위기에 좋은 영향을 주는가?'와 '우리 조직의 비전과 목표에 공감하며, 팀의 성공을 위해 헌신하는 모습을 보이는가?' 항목의 평균 점수가 상대적으로 낮습니다. 이는 팀 분위기 조성이나 조직 목표에 대한 공유 및 이해를 높이는 노력이 필요함을 시사합니다.
- **소통 방식**: '복잡한 내용을 명확하고 간결하게 전달하는가?', '요구사항 변경 시, 그 이유와 영향을 관련 팀에 신속하고 투명하게 공유했는가?', 그리고 '프로젝트의 목표와 배경을 모든 팀원이 이해하기 쉽게 설명해주었는가?' 항목의 평균 점수가 중간 수준입니다. 이는 효과적인 정보 전달 및 소통 방식에 대한 개선의 여지가 있음을 나타냅니다.
- **피드백 및 갈등 관리**: '다른 사람의 의견을 경청하고 존중하며, 건설적인 피드백을 제공하는가?'와 '갈등 상황에서 감정적으로 대처하기보다 문제 해결에 집중하는가?' 항목 또한 중간 이하의 점수를 보였습니다. 이는 동료들과의 의견 교환 및 갈등 상황 대처 방식에 대한 고민이 필요함을 의미합니다.

2. 구체적인 피드백:

동료들이 제시해주신 구체적인 의견들을 종합하여 개선 및 유지해야 할 부분들을 정리해 보았습니다.

새롭게 시작했으면 하는 행동:

- **적극적인 소통 및 정보 공유**: 스탠드업 미팅 참여, 막히는 이슈 발생 시 즉시 공유, 회의 전 안건 및 자료 공유 등 팀원들과의 원활한 소통을 위한 노력이 필요하다는 의견이 있습니다.

…생략…

3. 종합적인 분석 및 제언:

전반적으로 OOO님은 업무에 대한 책임감과 문제 해결 능력, 그리고 동료를 돕는 협력적인 태도에서 강점을 보이고 있습니다. 앞으로는 팀 분위기를 더욱 긍정적으로 조성하고, 동료들과의 효과적인 소통을 위해 노력하는 것이 중요해 보입니다. 특히, 조직의 비전과 목표에 대한 공감대를 형성하고 이를 바탕으로 팀원들과 함께 성장해 나가는 리더십을 발휘한다면 더욱 좋은 평가를 받을 수 있을 것입니다.

구체적으로 다음과 같은 노력을 기울여 보시면 좋을 것 같습니다.

- 팀 미팅이나 비공식적인 자리에서 팀원들과 조직의 목표와 비전에 대해 자주 소통하고 의견

전반적인 평가, 구체적인 피드백, 종합적인 분석 및 제언을 포함한 다면평가 분석을 완료했습니다.

03 평가 내용을 구글 시트에 남겨놓으면 피평가자가 평가 응답뿐 아니라 종합 평가를 통해서 객관적인 진단을 하는 데 큰 도움을 얻을 수 있겠죠.

하단에서 [+ 시트 추가] 버튼을 클릭하여 새 시트를 추가한 후 이름을 종합 평가로 변경합니다.

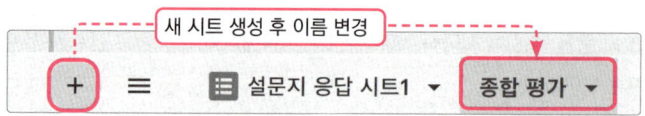

04 종합 평가 시트로 A1셀을 선택한 다음 측면 패널 응답 하단의 [삽입] 버튼을 클릭합니다. 그리고 나서 전체 내용을 삽입하기 위해 [모두 삽입]을 클릭합니다.

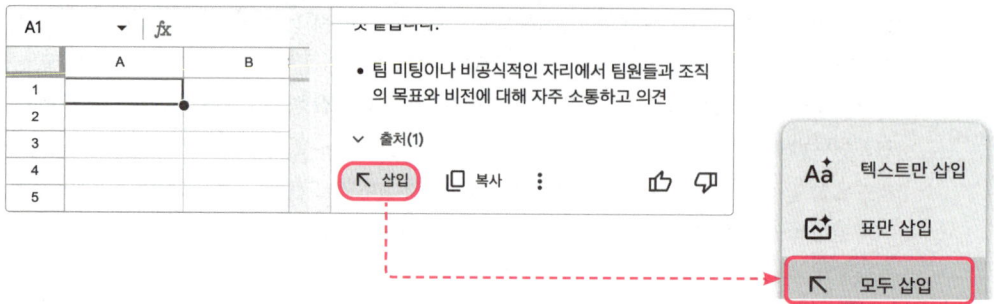

그러면 제미나이가 분석한 종합 평가 내용이 시트에 표를 포함하여 삽입되는 걸 확인할 수 있습니다.

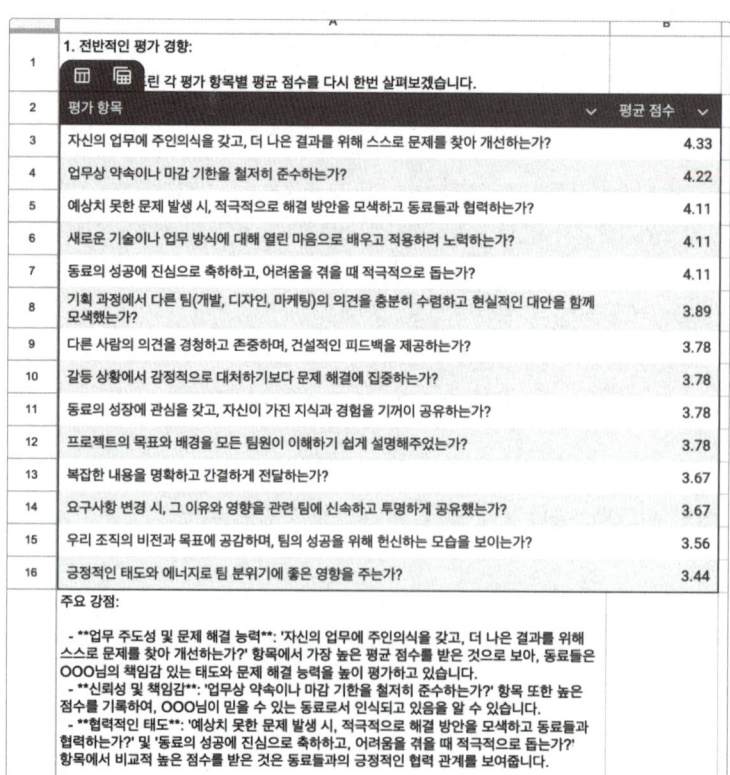

이런 방식으로 피평가자마다 구글 폼과 시트를 생성하여 평가 및 분석을 진행하면 빠르게 다면평가 작업을 완료할 수 있겠죠. 또한 제미나이의 객관적인 평가 분석을 통해서 개인의 성장과 조직 문화 개선에 긍정적인 효과를 줄 수 있을 것입니다.

제미나이와 구글 시트, 구글 폼을 활용해서 다면평가뿐만 아니라 예제를 응용한 다양한 방법으로 활용해보기 바랍니다.

Chapter 13

제미나이와 구글 비즈로 영상 작업하기

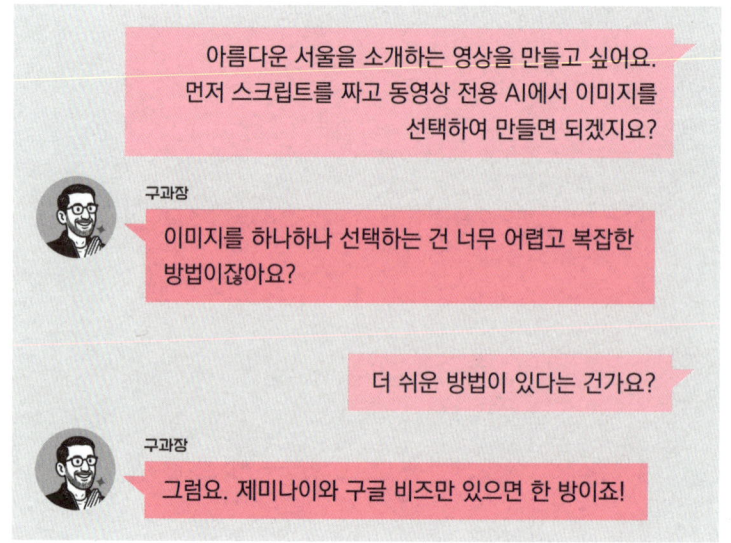

구글 비즈는 제미나이를 사용해서 프롬프트와 파일만 입력하면 추천 장면, 스톡 미디어, 배경 음악 등이 포함된 동영상을 제작할 수 있는 강력한 영상 생성 서비스입니다. 회사 소개, 서비스 매뉴얼, 제품 홍보와 같은 영상을 생성하기에 적합니다. 다음 링크로 접속하여 시작하세요.

- **구글 비즈** : docs.google.com/videos

[새 동영상 시작]을 클릭하면 새로운 슬라이드를 시작할 수 있습니다.

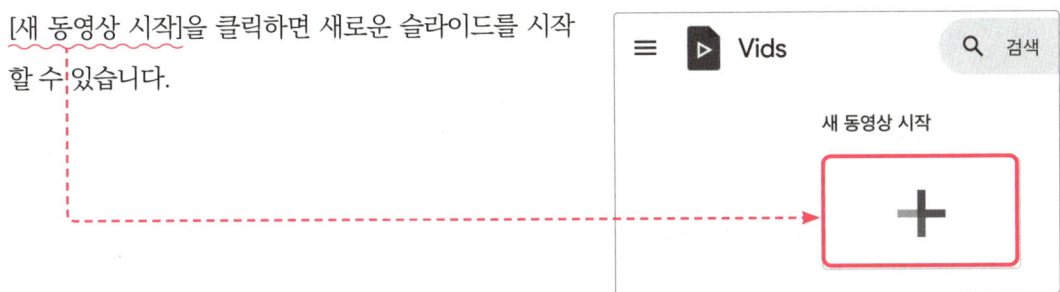

제미나이와 구글 비즈로 지역 소개 영상 생성하기 `구글 워크스페이스 랩`

구글 비즈를 사용해서 서울을 소개하는 영상을 빠르게 제작해보겠습니다. 자연스럽게 이어지는 영상을 생성하려면 콘티부터 잘 설계해야 합니다. 제미나이를 활용하여 쉽게 콘티를 생성하고, 구글 비즈로 영상을 만들어보겠습니다.

01 제미나이에게 서울을 소개하는 영상의 플로우를 기획해달라고 요청하겠습니다. 아직 영어로만 생성할 수 있기 때문에 영어로 요청하겠습니다.

> 🙂💬 대한민국 서울을 소개하는 영상의 플로우를 기획해줘. 장면의 상세 내용은 영어로 작성해줘.

> 🤖💬 다음은 대한민국 서울을 소개하는 영상의 플로우 기획안입니다. 전체적인 흐름과 컨셉은 한국어로 제시하고, 각 장면의 상세 내용은 영어로 작성하여 기획의 의도와 영상미를 구체적으로 전달할 수 있도록 구성했습니다.
>
> **영상 제목:** Seoul, Unfolded / 서울, 다채롭게 펼쳐지다
>
> **기획 의도:** 서울의 상징적인 모습뿐만 아니라, 전통과 현대, 열정과 휴식이 공존하는 다층적인 매력을 감각적인 영상으로 담아냅니다. 시청자가 서울이라는 도시의 일부가 되는 듯한 몰입감을 선사하고, 방문하고 싶은 마음을 불러일으키는 것을 목표로 합니다.
>
> …생략…

Chapter 13 제미나이와 구글 비즈로 영상 작업하기 **183**

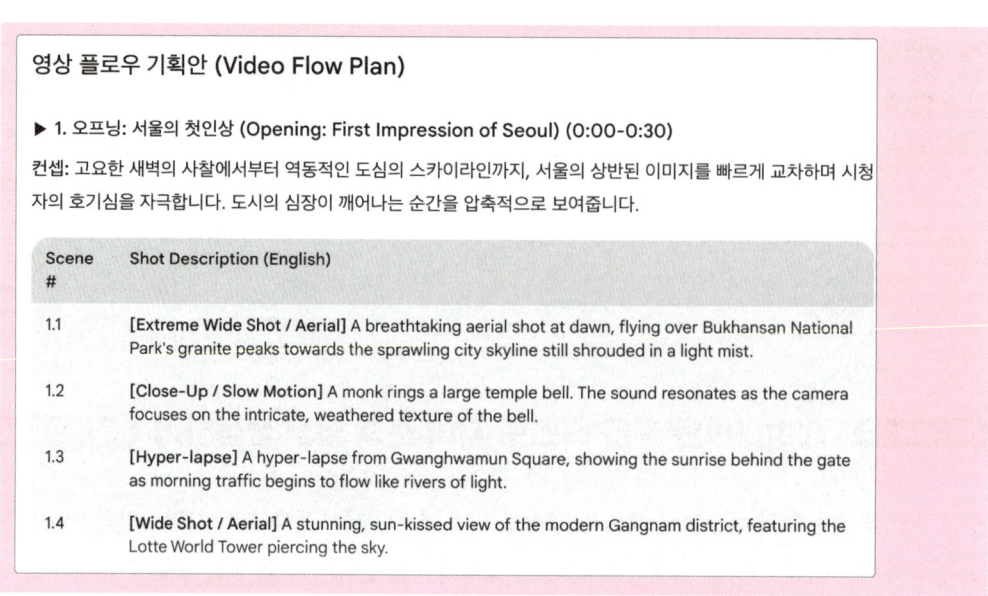

제미나이가 소개 영상의 플로우를 설계했습니다. 그리고 각 장면에 대한 자세한 설명도 만들었습니다. 구글 비즈에서 이 설명을 동영상 생성을 위한 프롬프트로 사용하겠습니다.

02 구글 비즈에서 새로운 동영상을 실행합니다. 그럼 아래 이미지처럼 어떻게 시작할 것인지 묻는 화면이 나타나는데요, 여기서 [Plan your video story]를 클릭합니다. **전체 동영상을 AI로 생성하려면 반드시 해당 메뉴로 시작해야 하는 점 참고해주세요.**

03 프롬프트 입력란이 나타납니다. @로 검색하면 구글 드라이브에 있는 파일로도 동영상을 생성할 수 있습니다. 이번 예제에서는 제미나이가 영상 플로우를 생성했기 때문에 제미나이의 결과물만 프롬프트로 사용하겠습니다.

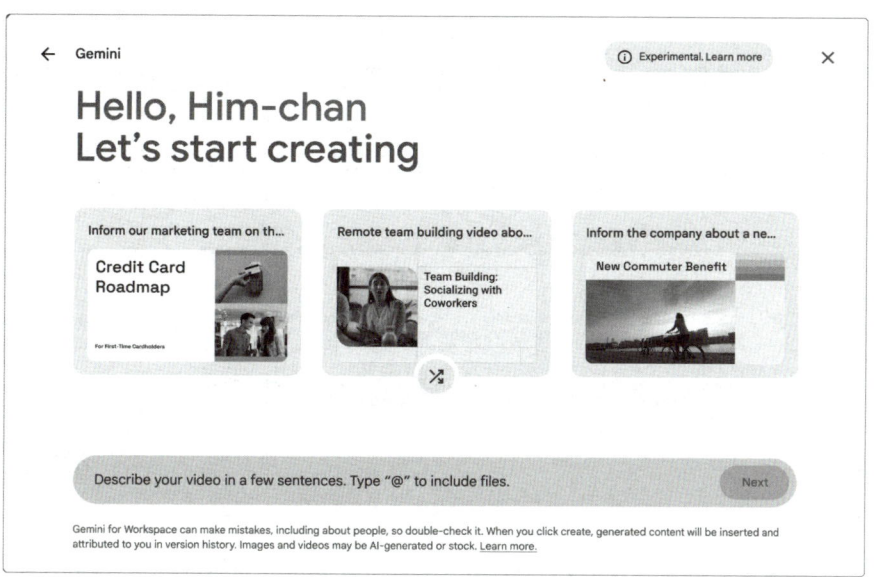

1.1　[Extreme Wide Shot / Aerial] A breathtaking aerial shot at dawn, flying over Bukhansan National Park's granite peaks towards the sprawling city skyline still shrouded in a light mist.

1.2　[Close-Up / Slow Motion] A monk rings a large temple bell. The sound resonates as the camera focuses on the intricate, weathered texture of the bell.

…생략…

6.2　[Extreme Wide Shot / Aerial] The final, majestic pull-out shot of the entire city sparkling at night, the Han River reflecting the lights like a mirror.

6.3　[Final Text on Screen] Your Story Awaits. SEOUL.

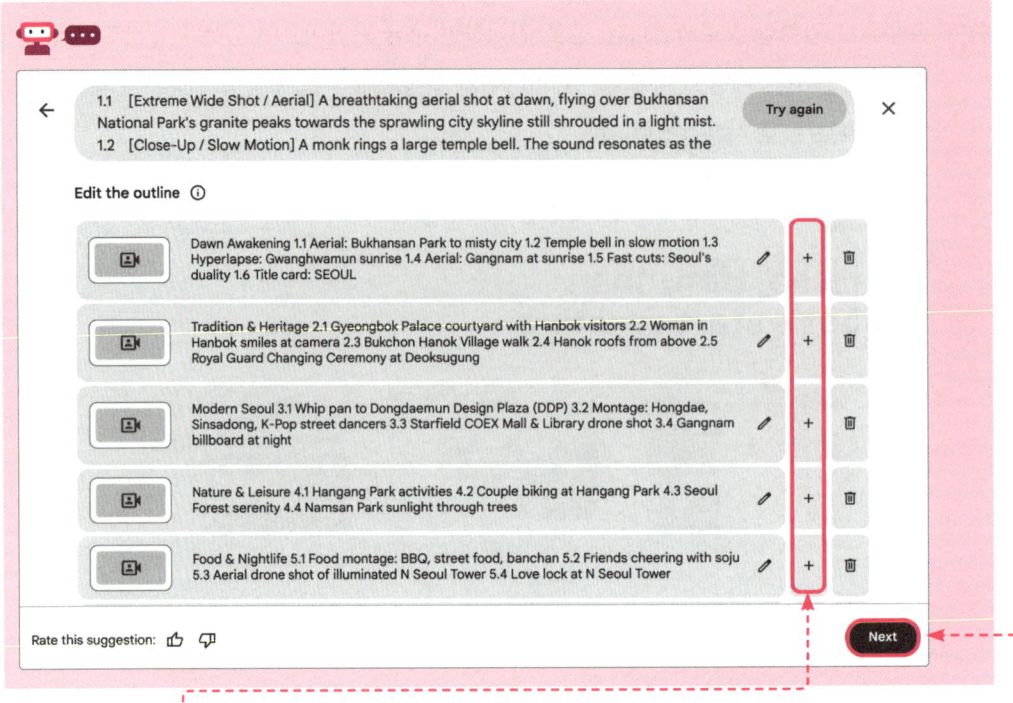

프롬프트를 입력하면 생성하기 전 영상의 각 장면에 관한 설명이 나타납니다. 여기서 프롬프트를 수정하거나 [+]을 클릭해서 장면을 추가할 수 있고, 삭제도 가능합니다. 모든 내용을 확인했다면 오른쪽 하단의 [Next] 버튼을 클릭합니다.

04 마지막으로 생성할 영상의 템플릿을 선택합니다. 현재 템플릿은 12개만 제공됩니다. 추후 추가될 예정인 점 참고해주세요. 마음에 드는 템플릿을 선택합니다.

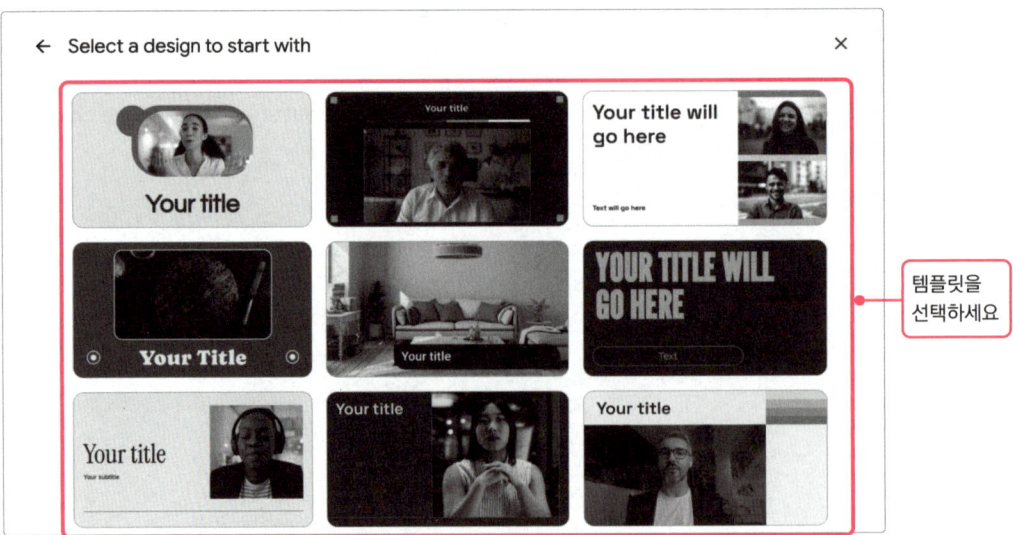

템플릿을 선택하세요

템플릿 미리보기에서 최종 확인 후 오른쪽 하단의 [Create the draft video]를 클릭합니다.

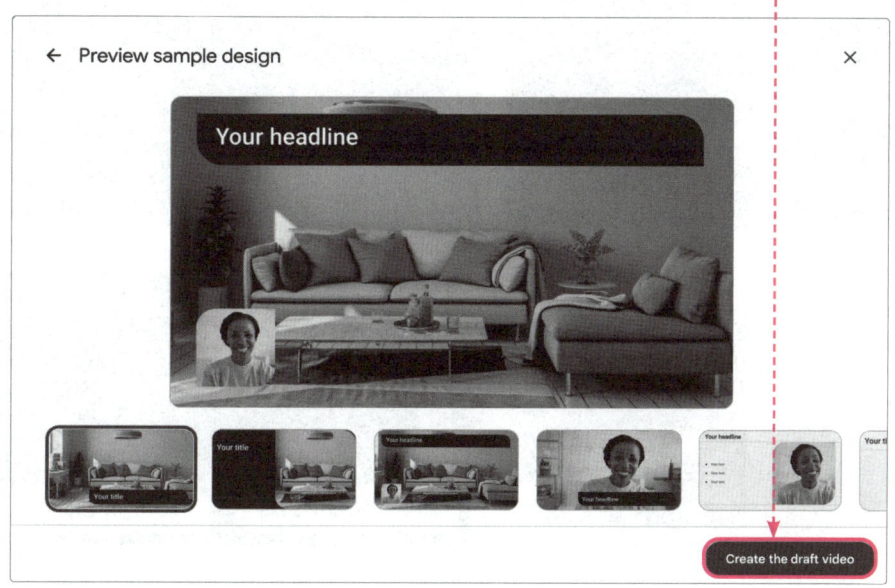

05 조금만 기다리면 영상이 완성됩니다. 예제에서는 1분짜리 서울을 소개하는 영상이 생성되었네요.

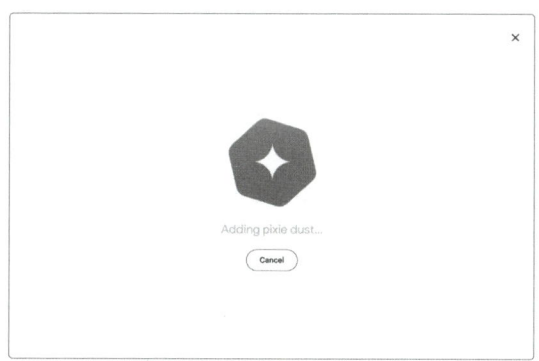
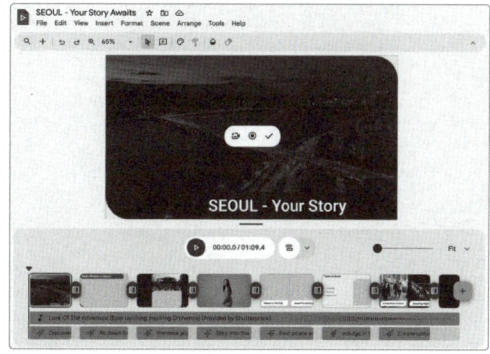

재생해보면 서울의 여러 모습을 자연스럽게 생성했을 뿐 아니라 내레이션 목소리까지 추가된 것을 확인할 수 있습니다.

제미나이와 구글 비즈만 활용해서 그 어떤 소스도 없이 서울을 소개하는 영상을 3분 만에 생성했습니다. 제품이나 사업 소개, 프로모션 동영상 등 다양한 작업에 활용하면 동영상 작업을 전혀 해보지 않은 사람도 쉽게 고품질의 영상을 만들 수 있습니다.

이게 되네?
PART 04

노트북LM 정복하기

요즘 핫하다는 노트북LM을 찾아서~

여기서 공부할 내용

노트북LM은 화제의 AI 도구 중 하나입니다. iOS앱 출시 직후 앱스토어 생산성 카테고리에서 2위를 차지할 만큼 아는 사람은 이미 잘 쓰고 있다는 일잘러 필수 앱 중 하나가 되었죠. `Part 04` **노트북LM 정복하기**에서는 노트북LM이 무엇인지, 어떻게 시작할 수 있는지 알아보겠습니다.

💬 이 그림은 제미나이에게 "수달이 돋보기를 들여다보는 모습을 만화 스타일의 삽화로 그려줘."라고 요청하여 받았습니다.

Chapter 14
노트북LM으로 기본 리서치하기

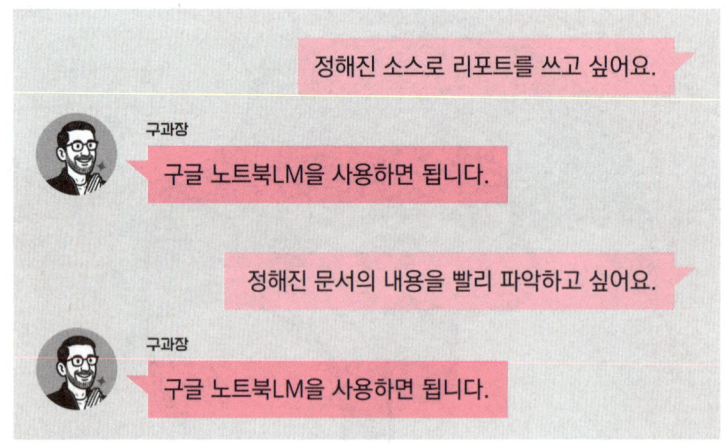

노트북LM은 RAG를 적용하여 할루시네이션을 피한 AI 도구로 리서치를 하기 위한 것입니다. 현재는 더 다양한 방법으로 활용할 수 있지만, 그만큼 리서치에 대한 강점이 가장 두드러진다는 것입니다. Chapter 14 **노트북LM으로 기본 리서치하기**에서는 노트북LM이란 무엇인지 알아보고 노트북LM이 가진 강력한 리서치 활용을 실습해보겠습니다.

💬 노트북LM이란?

노트북LM^{NotebookLM}은 검색 증강 생성^{Retrieval-Augmented Generation, RAG} 기능이 탑재된 제미나이 기반의 AI 리서치 도구입니다. PDF, 오디오 등 파일 및 구글 문서, 구글 슬라이드, 웹사이트, 유튜브, 복사된 텍스트와 같은 자료를 소스로 사용하여 전체 소스 내용을 요약하거나 분석해주고, 아이디어 정리 및 맞춤형 자료를 생성해줍니다.

RAG란, LLM을 최적화하여 응답을 생성하기 전 외부의 신뢰할 수 있는 지식 베이스를 참조하도록 하는 AI 기법입니다. 지금까지 AI 모델에 RAG를 활용하기 위해서는 엔지니어링 지식이 필요했지만, 노트북LM은 RAG를 도구에 적용함으로써 엔지니어링 지식이 없는 누구나 RAG 혜택을 얻을 수 있게 개발되었습니다. 덕분에 개발자가 아니어도 노트북LM만으로 충분히 RAG를 활용할 수 있게 된 것이죠.

RAG의 가장 큰 장점은 신뢰할 수 있는 외부 지식^{Reliable external knowledge, REK}을 사용해서 LLM이 거짓 정보를 생성하는 문제인 할루시네이션을 최소화하고, 정확한 정보를 생성할 수 있다는 것입니다. 일본 연구진의 논문에 따르면, 노트북LM과 GPT-4o에 최신 폐암 병기 판정 지침으로 REK를 제공했을 때 가상의 폐암 사례 판정을 맡겼더니 노트북LM은 86%의 높은 진단 정확도를 달성한 반면, GPT-4o의 정확도는 39%에 불과한 것으로 나타났습니다. 높은 정확도가 필요한 리서치 작업에서는 RAG가 적용된 노트북LM이 강력한 성능을 보여준 것이죠.

노트북LM은 무료로 사용할 수 있습니다. 구글 AI 프로를 구독하면 5배 많은 한도와 스타일 및 어조 맞춤 설정, 공동 작업, 노트북 공유 기능 혜택이 추가됩니다. 이 책에서는 유료 구독 기준으로 설명하겠습니다.

💬 노트북LM 기본 화면 알아보기

노트북LM은 다음 링크로 접속할 수 있습니다.

- **노트북LM** : notebooklm.google.com

처음 시작할 경우 다음 이미지처럼 노트북이 없는 상태로 시작합니다. 노트북이란 간단히 설명하면 제미나이에서의 채팅이라고 할 수 있습니다. 하단의 [+ 새 노트북 만들기] 버튼으로 생성할 수 있습니다.

버튼을 눌러서 노트북을 생성하세요.

노트북이 생성되었습니다. 이제 노트북 기본 화면을 살펴보면서 설명하겠습니다. 노트북은 크게 출처, 채팅, 스튜디오로 나뉩니다. 각 영역에 관한 설명은 다음에서 순서대로 이어서 하겠습니다.

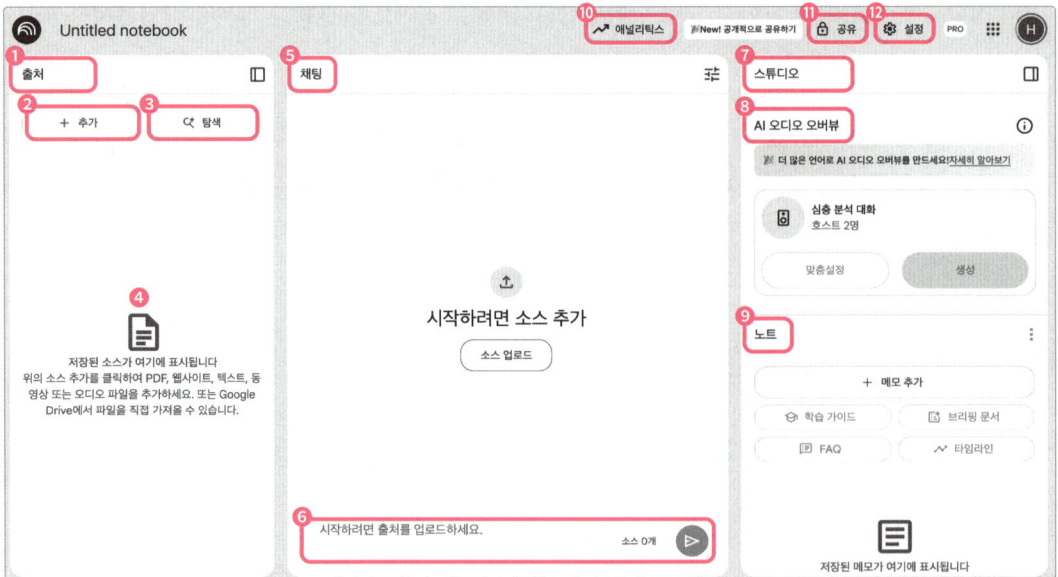

❶ **출처** : 노트북LM에서 사용할 소스를 관리하는 영역입니다.

❷ **추가** : PDF, 오디오, 이미지, 웹사이트, 유튜브 등 소스를 직접 추가합니다.

❸ **탐색** : 관심 있는 주제의 소스 탐색을 맡깁니다. 오른쪽 하단 [I'm feeling curious] 버튼을 클릭하면 무작위 주제를 탐색해서 소스를 추가합니다.

❹ **소스 목록** : 추가 또는 탐색으로 추가한 소스를 나열합니다.

❺ **채팅** : 추가한 소스에 관해서 제미나이와 채팅하는 영역입니다.

❻ **프롬프트 입력란** : 제미나이에게 요청할 프롬프트를 입력합니다.

❼ **스튜디오** : 소스를 활용할 수 있는 다양한 기능을 제공하는 영역입니다.

❽ **AI 오디오 오버뷰** : 소스를 활용해서 AI 음성 개요를 생성합니다.

❾ **노트** : 리서치를 위한 일종의 메모 기능입니다. 학습 가이드, 브리핑 문서, FAQ, 타임라인과 같은 자동 생성 기능을 제공합니다. 메모는 소스로 추가하여 활용할 수 있습니다.

❿ **애널리틱스** : 공유한 노트북에서의 채팅 활동에 관한 데이터를 제공합니다.

⓫ **공유** : 노트북 링크를 생성하여 타인과 공유할 수 있습니다.

⓬ **설정** : 노트북LM과 관련한 도움말 및 간단한 설정이 가능합니다.

노트북LM의 구체적인 사용 방법은 다음 예제들을 실습하면서 차례대로 알아보겠습니다. 이 책의 예제를 모두 섭렵한다면 노트북LM의 진정한 활용법을 익히게 될 것입니다.

미친 활용 28 노트북LM으로 2002 월드컵 한국 골 리서치하기

지금 당장 2002 한일 월드컵의 한국 골에 대해서 조사해야 하는 과제가 떨어졌다고 해봅시다. 25년이 지난 경기에 대한 기억을 더듬어 올라가서 경기마다 어떤 골을 넣었는지, 골과 관련한 어떤 비하인드가 있는지 등 모든 내용을 예전 방식대로 구글 검색을 사용해서 조사하려면 상당히 긴 시간이 필요할 겁니다. 노트북LM을 활용하면 어떤 주제라도 쉽고 빠르게 조사할 수 있습니다. 몇 번의 클릭과 몇 분의 시간만으로 말이죠.

01 새 노트북을 생성합니다. 노트북LM은 소스가 반드시 필요하므로 생성 직후 소스 추가에 대한 창이 나타납니다. 오른쪽 상단의 [소스 검색] 버튼을 클릭합니다.

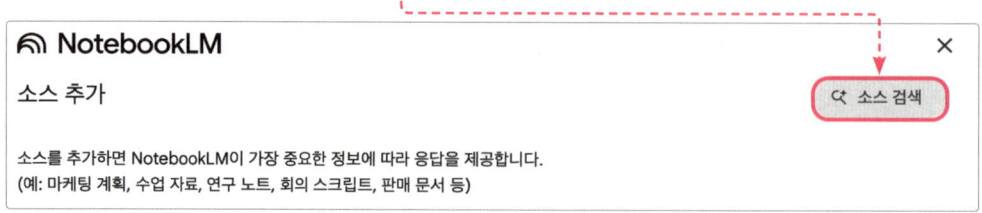

02 입력란에 **2002 월드컵 한국 골 장면**을 입력 후 오른쪽 하단 [제출] 버튼을 클릭합니다.

그러면 관련한 유튜브 영상과 웹사이트를 탐색해서 보여줍니다. 마음에 드는 소스만 체크한 후 오른쪽 하단 [가져오기] 버튼을 클릭하면 소스가 출처 목록에 추가됩니다. 예제에서는 모든 소스를 추가해보겠습니다.

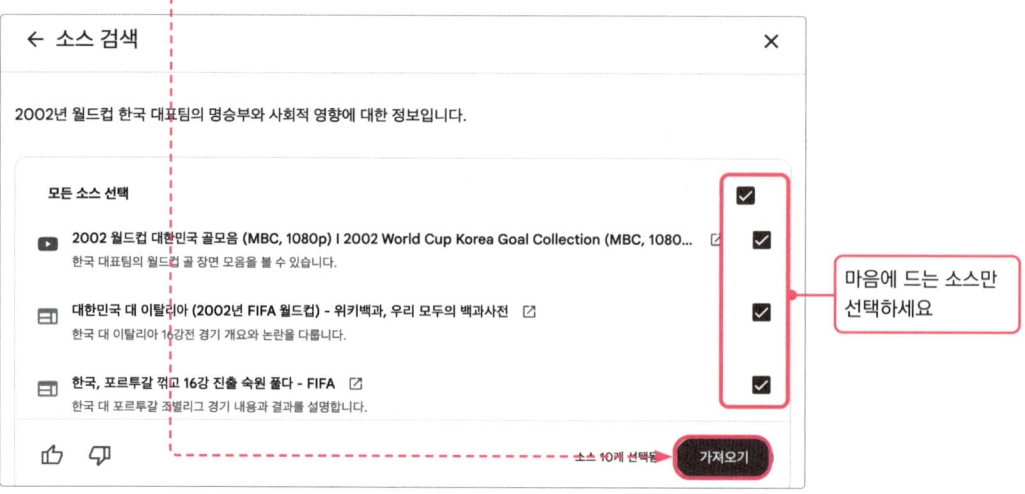

03 추가된 소스를 기반으로 채팅에 임의 제목과 소스 요약이 생성된 걸 확인할 수 있습니다. 무엇을 어떻게 조사해야 하는지 모르는 상황에서는 채팅보다 자동 생성 기능을 활용하는 것이 좋습니다. 이번 예제에서는 마인드맵을 활용해보겠습니다. 요약 하단의 [마인드맵] 버튼을 클릭합니다.

노트 영역에 **2002 월드컵 한국 축구 4강 신화**라는 마인드맵이 생성되었네요. 클릭하여 마인드맵을 열겠습니다.

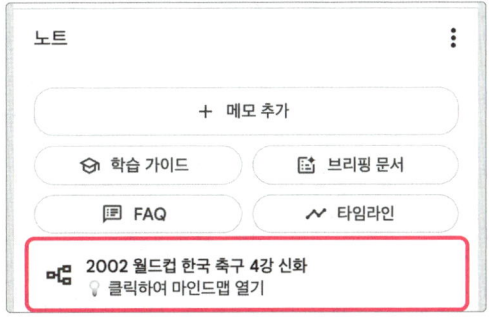

04 소스 기반의 마인드맵을 확인할 수 있습니다. 주요 선수별 골을 리서치해보죠. [주요 선수]를 클릭합니다.

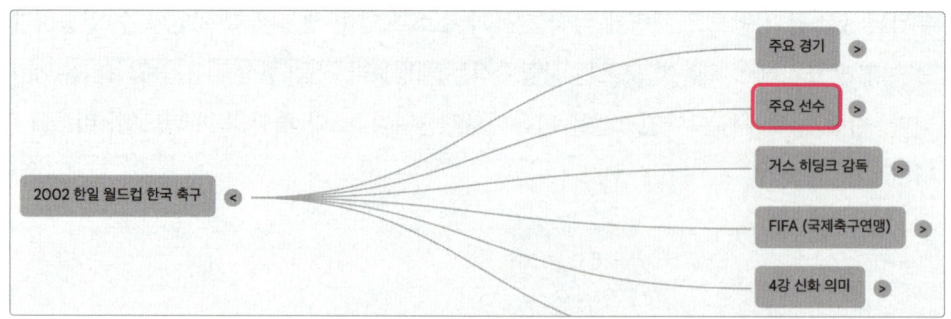

그랬더니 주요 선수를 마인드맵에 표시하는 걸 확인할 수 있습니다. [박지성]을 클릭하겠습니다.

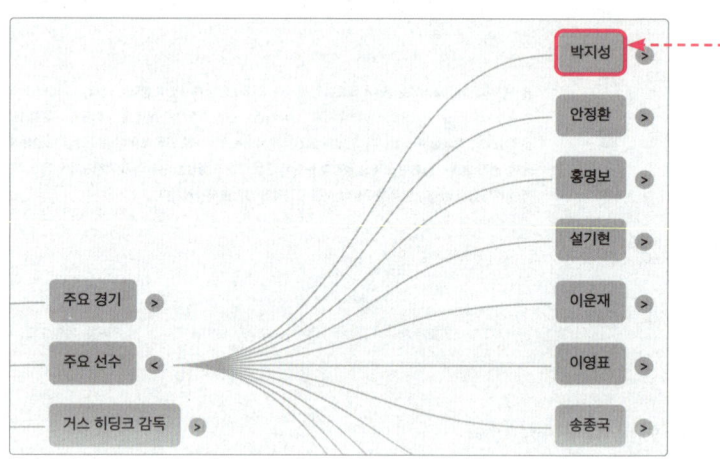

그러면 소스에 있는 박지성 선수의 자료가 마인드맵으로 정리된 걸 확인할 수 있죠. [포르투갈전 결승골]을 클릭하겠습니다.

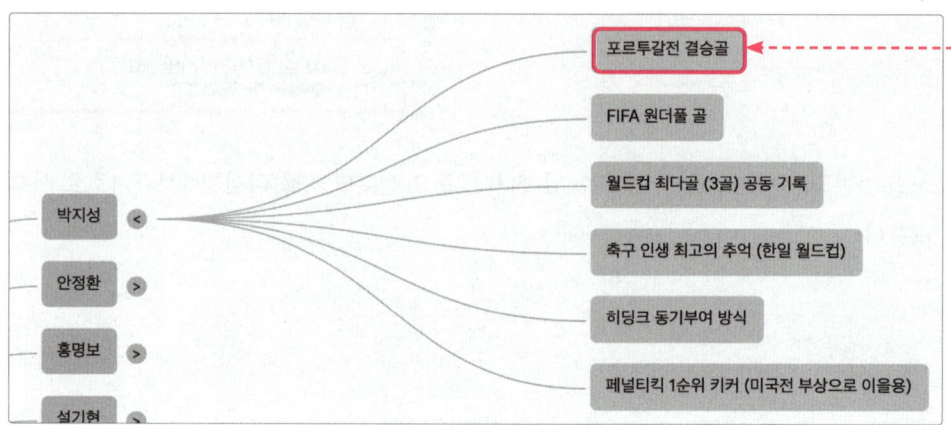

05 박지성 선수의 포르투갈전 결승골에 관한 주요 내용 요약 및 기록에 관한 상징적인 내용들을 채팅에 생성한 것을 확인할 수 있습니다.

> 2002년 한일 월드컵 포르투갈전에서 터진 결승골은 여러 출처에서 박지성 선수의 중요한 골이자 대한민국 축구 역사에 길이 남을 주요 골 기록 중 하나로 언급되고 있습니다. 이 골은 박지성 선수의 개인 기록뿐 아니라 대한민국 월드컵 역사에 있어서도 매우 중요한 의미를 가집니다.
>
> **2002 포르투갈전 결승골에 관한 출처의 주요 내용:**
>
> - 이 골은 박지성 선수가 후반 26분에 넣은 골입니다 ①....
> - 골 장면은 **가슴 트래핑에 이은 멋진 왼발 슛**으로 묘사됩니다 ①. 해설은 이 슛에 대해 "대단하다", "멋있습니다", "특별한" 등의 감탄사를 사용했습니다 ① ④.
> - 이 골은 단순히 한 골을 추가한 것을 넘어 **대한민국 축구의 역사를 다시 바꿔 썼다**고 평가될 만큼 중요했습니다 ①.
> - 가장 중요한 것은 이 골이 한국의 **사상 첫 월드컵 16강 진출을 결정짓는 결승골**이었다는 점입니다 ② ③.
>
> **박지성 선수의 주요 골 기록 맥락에서의 논의:**
>
> 박지성 선수의 2002년 포르투갈전 결승골은 그의 개인적인 월드컵 득점 기록의 시작이자, 대한민국 월드컵 역사상 ...... 논의될 수 있는 상징적

이렇게 리서치한 내용은 하단의 [메모에 저장] 버튼을 클릭하여 기록할 수 있습니다.

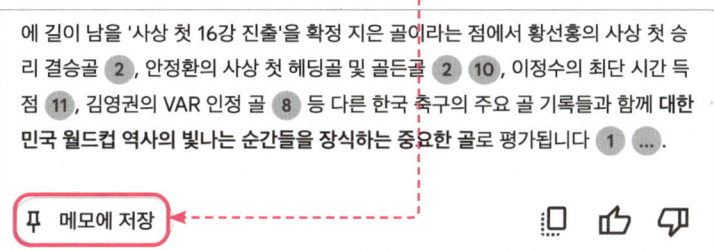

저장하면 다음 이미지처럼 노트 영역에 메모가 남겨집니다. 이런 방식으로 리서치한 내용들을 메모에 저장하면 각 골에 관한 조사 내용을 노트에 차곡차곡 정리할 수 있겠죠.

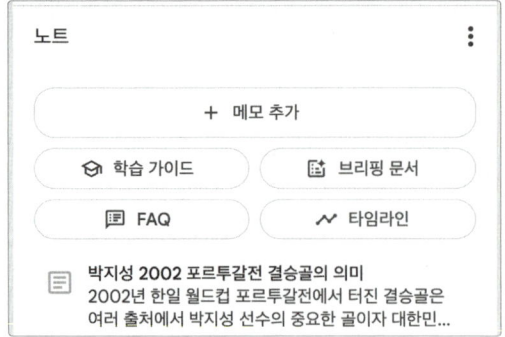

탐색 기능과 마인드맵 기능만으로 2002 월드컵 한국 골에 관한 리서치를 진행해보았습니다. 이처럼 노트북LM에서는 몇 번의 클릭만으로 완벽하게 리서치를 진행할 수 있습니다. 이제 무언가 조사할 때는 꼭 노트북LM을 실행하기 바랍니다.

미친 활용 29 노트북LM으로 1시간짜리 유튜브 영상 요약하기

숏폼이 대세인 시기일지라도 정말 좋은 내용을 길고 알차게 담은 영상도 유튜브에서 많이 발견할 수 있습니다. 하지만 바쁜 현대 사회에 긴 영상을 보려면 마음먹고 봐야 하기도 하죠. 적어도 해당 영상이 정주행해도 좋을지 빠르게 판단이라도 할 수 있다면 기꺼이 시간을 투자할 수 있을 겁니다. 이럴 때 노트북LM을 활용하면 긴 유튜브 영상도 핵심 내용만 요약해서 학습하는 데 활용할 수 있습니다.

01 **노트북LM은 유튜브 영상의 스크립트를 기반으로 내용을 분석합니다.** 스크립트가 없이 배경 음악만 있는 영상으로는 실습이 불가능하므로 참고해주세요. 예제에서는 엔비디아 CEO 젠슨 황의 2024년 스탠포드 대학교 인터뷰 영상으로 실습하겠습니다. 56분 26초짜리 영상입니다. 아래 영상 링크를 복사합니다.

- **영상 링크** : www.youtube.com/watch?v=lXLBTBBil2U

02 소스 추가에서 [YouTube]를 클릭 후 복사한 영상 링크를 YouTube URL 붙여넣기 입력란에 붙여넣습니다.

삽입만 하여도 영상 내용을 요약해주는 걸 확인할 수 있습니다.

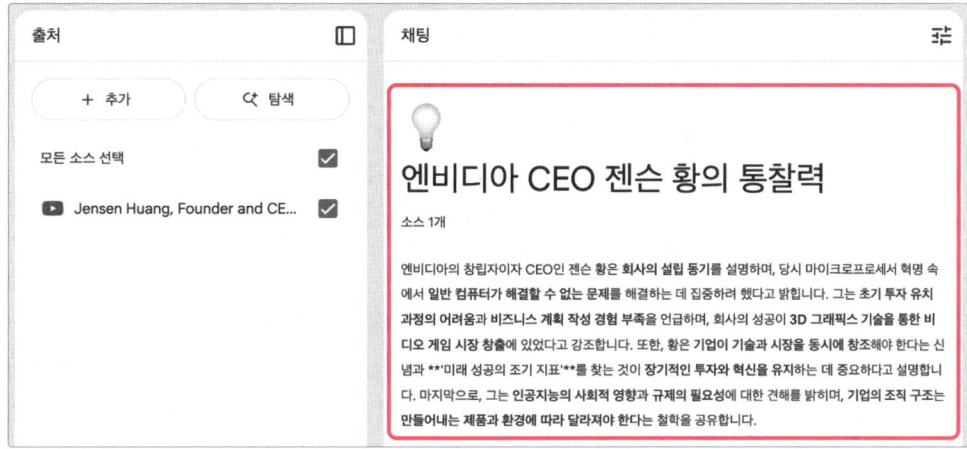

Chapter 14 노트북LM으로 기본 리서치하기 199

03 요약 내용이 굉장히 짧기 때문에 긴 영상의 모든 핵심 내용을 파악할 수는 없습니다. 좀 더 풍부한 요약을 위해 노트 영역에서 [브리핑 문서] 버튼을 클릭합니다. 조금만 기다리면 **젠슨 황: 엔비디아의 비전과 리더십**이라는 제목의 브리핑 문서가 생성되는 걸 확인할 수 있습니다.

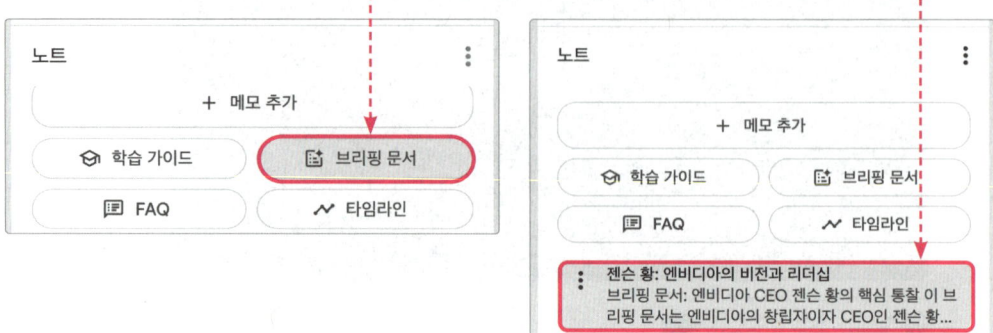

04 브리핑 문서를 클릭해서 열어보겠습니다. 창립 동기 및 초기 비전, 난관 극복 및 혁신 유지, 리더십 스타일 및 조직 문화, AI와 미래 컴퓨팅에 대한 비전, 개인적 신념과 조언까지 영상의 핵심 내용이 깔끔하게 정리된 걸 확인할 수 있습니다.

05 이번에는 좀 더 보충할 내용을 찾아보겠습니다. 채팅의 입력란 하단에는 소스 기반으로 생성된 질문들이 버튼 형식으로 나열됩니다. [AI 시대에 리더는 조직 문화를 어떻게 재정의해야 하는가?]를 눌러서 질문을 해보겠습니다.

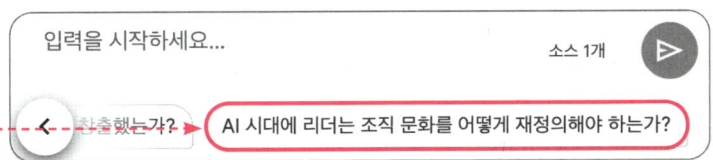

제미나이가 입력한 질문에 관한 응답을 생성했습니다. 브리핑 문서에서 미처 요약하지 못한 내용이 있다면 채팅을 이용해서 추가 응답을 생성하기 바랍니다. [메모에 저장] 기능으로 요약한 내용들을 노트에 기록할 수 있겠죠.

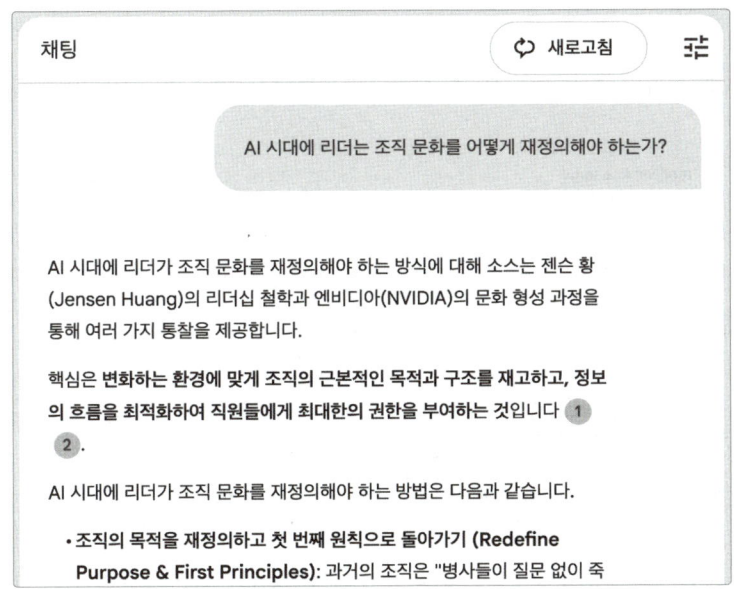

노트북LM을 활용하여 긴 영상 내용을 빠르게 핵심만 요약하고 노트에 정리하는 방법을 실습했습니다. 예제에서는 1개의 영상을 정리했지만, 젠슨 황의 통찰력을 이 노트북에 모두 정리하고 싶다면 더 많은 젠슨 황의 인터뷰 영상을 추가해서 요약하는 것도 좋은 방법이 될 것입니다.

미친 활용 30 노트북LM으로 논문 100개 요약하기

논문은 어떤 주제에 대한 학문적인 연구를 체계적으로 정리 및 결과를 작성한 글입니다. 특정 기간, 특정 주제의 논문들을 늘어놓고 보면 해당 주제에 관해서 주로 어떤 연구가 활발하게 진행되고 있는지 쉽게 파악할 수 있겠죠. 노트북LM을 활용하면 100개 논문을 파악하는 것도 순식간에 해낼 수 있습니다.

01 논문을 탐색하기 위해 구글 학술검색Google Scholar을 사용하겠습니다. 구글 학술검색은 논문을 간단하게 검색할 수 있는 서비스입니다. 아래 링크로 접속할 수 있습니다.

- **구글 학술검색** : scholar.google.co.kr/

02 구글 학술검색은 구글 검색창처럼 되어 있어서 누구나 쉽게 사용할 수 있습니다. 여기서는 재생에너지와 관련한 논문을 100개 요약해보죠. 검색창에 **renewable energy**를 입력 후 Enter 를 누릅니다.

03 검색 결과가 나왔습니다. 왼쪽 필터에서 2025년을 선택하여 최신 논문만 탐색하겠습니다. 검색 결과는 약 3만 7,900개입니다. 여기서 100개를 추려서 노트북LM에 소스로 추가하겠습니다.

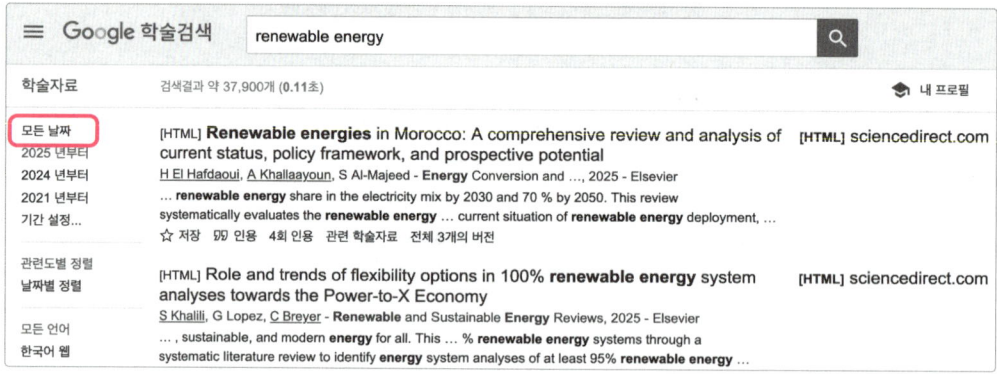

04 게재된 위치에 따라서 PDF로 제공되거나 HTML로 제공될 수 있습니다. 어느 쪽이든 전문을 볼 수 있는 논문의 링크만 노트북LM에 추가하면 됩니다.

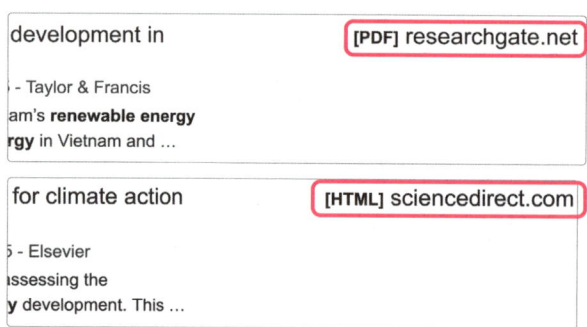

구글 학술검색에서 원하는 논문을 클릭 후 전문 링크를 복사합니다. 새로운 노트북을 생성하고 소스 추가 → 웹사이트 URL에 다음과 같이 붙여넣습니다. 줄바꿈하여 링크를 추가하면 한꺼번에 여러 개의 소스를 추가할 수 있습니다. 이대로 논문 100개를 추가하겠습니다. 모두 추가했으면 오른쪽 하단의 [삽입] 버튼을 클릭합니다.

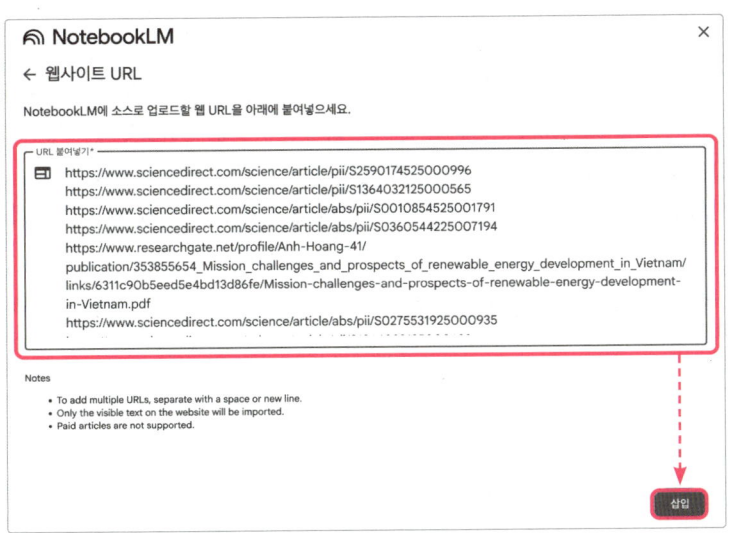

100개 소스가 추가되면서 채팅에 간단 요약이 생성되고 제목 아래 **소스 100개**가 표시되는 걸 확인할 수 있습니다.

05 이제 채팅으로 요청하여 궁금한 내용들을 요약해보겠습니다.

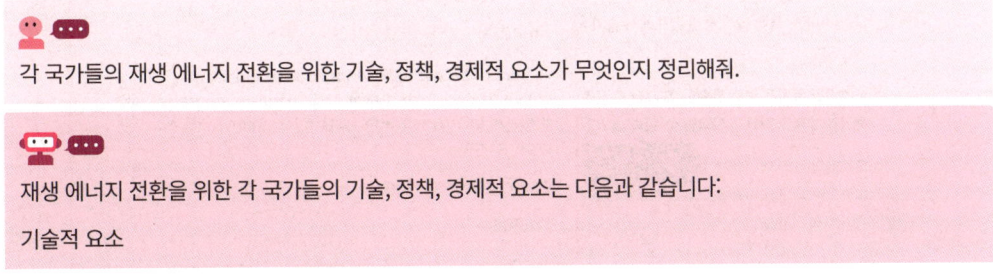

- **연료 전지 (FC) 및 수소 기술:**
  - 연료 전지는 전기와 열을 동시에 생산하는 첨단 기술로, 거의 제로에 가까운 배출량을 가지며 환경 친화적입니다. 재생 에너지원/배터리 구조와 결합하여 간헐적인 재생 에너지 출력을 보완할 수 있습니다.
  - 수소는 연료 전지의 주요 연료로, 전해조를 통해 메인 전력망이나 잉여 재생 에너지로부터 전기를 소비하여 생산될 수 있습니다. 생산된 수소는 수소 저장 탱크에 저장하여 피크 시간대에 전력/열 공급에 사용하거나 판매할 수 있습니다.
  - 적응형 수소 버퍼링은 제약된 송전망에서 재생 에너지 시스템과의 통합 유연성을 향상시킵니다.
  - 사우디아라비아와 독일에서는 파워-투-X(Power-to-X) 기술을 활용한 그린 수소 생산 모델링이 이루어지고 있습니다.
  - 중국에서는 1kW PEMFC-CHP(고분자 전해질 연료전지-열병합 발전) 시스템의 성능 분석 연구가 진행되었습니다.

…생략…

노트북LM이 100개 논문을 탐색하여 국가별 재생 에너지 관련 연구들을 한 번에 정리해주는 걸 확인할 수 있습니다. 기술적 요소, 정책적 요소, 경제적 요소를 큰 분류로 에너지 저장 시스템, 최적화 알고리즘, 에너지 정책 불확실성, 시장 메커니즘, 소득 불평등 등 세부 분류로 깔끔하게 정리했습니다.

내용 옆에 표시된 첨자에 마우스 커서를 올리면 다음과 같이 해당 내용의 출처 소스도 표시해줍니다. 관심 있는 내용의 전문도 쉽게 찾아서 읽을 수 있죠.

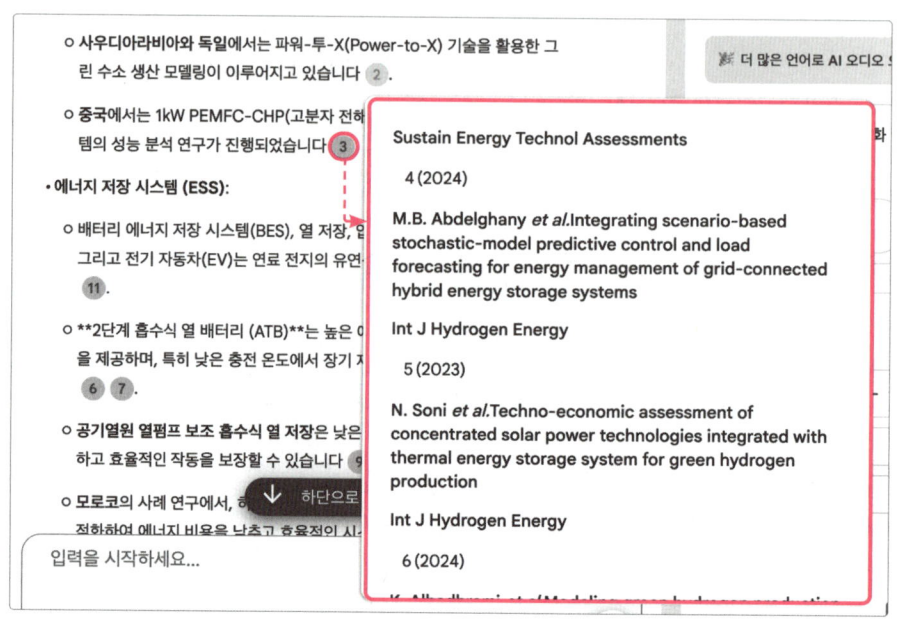

06 텍스트가 너무 많다면 AI 음성 개요로 생성하여 요약한 내용을 음성으로 듣는 것도 가능합니다. 스튜디오 영역에서 AI 오디오 오버뷰 아래 [맞춤설정] 버튼을 클릭합니다. 알맞은 음성을 생성하기 위한 지침입니다. 지침은 위에서 국가별 요약을 요청한 프롬프트를 그대로 사용하겠습니다. 지침을 입력했으면 오른쪽 하단에 [만들기] 버튼을 클릭합니다.

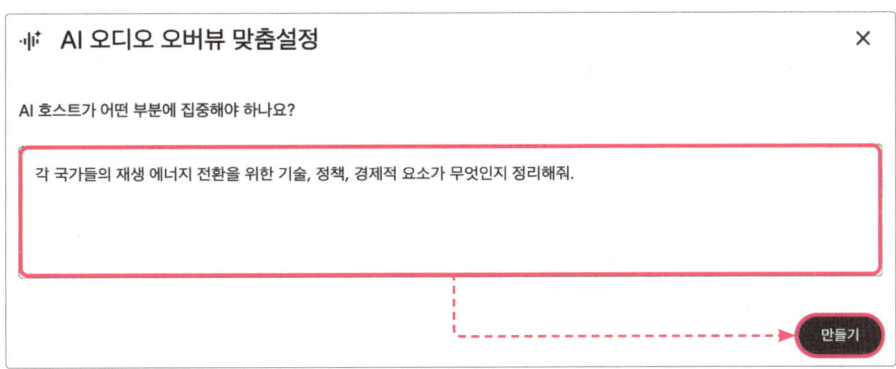

그러면 소스 100개를 사용해서 대화를 생성 중이라는 안내 메시지가 나타납니다. 생성까지 시간이 필요합니다.

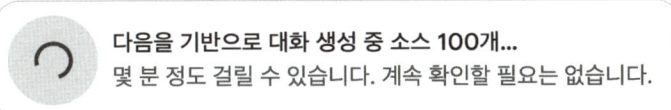

논문 100개를 토대로 국가별 연구 현황을 요약한 6분 24초 분량의 AI 음성 개요로 생성되었습니다. 모바일 앱을 사용하면 오디오북을 듣는 것처럼 출퇴근 중이나 운전 중에도 요약 내용을 들을 수 있겠죠.

오른쪽 메뉴를 활용하면 재생 속도를 변경하거나 음성 파일로 다운로드도 할 수 있습니다. AI 음성 개요는 노트북당 1개만 생성할 수 있습니다. 다른 주제의 AI 음성 개요가 필요하거나 새로운 소스를 추가한 내용을 반영하고 싶다면 삭제 후 다시 생성하면 됩니다.

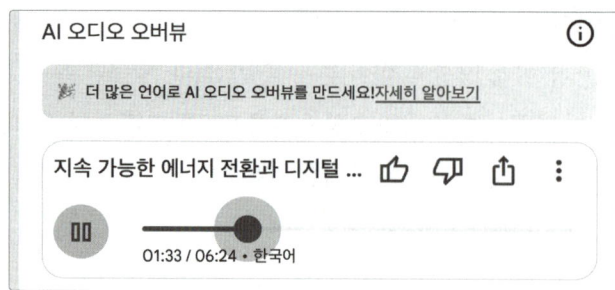 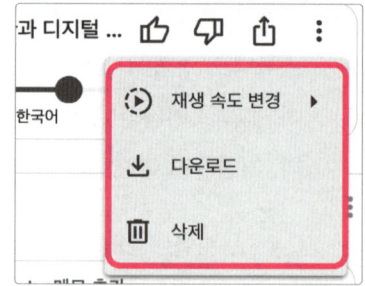

노트북LM으로 논문 100개를 텍스트와 음성으로 요약해보았습니다. 예제에서는 요약만 진행했지만, 요청과 지침만 목적에 알맞게 입력하면 수많은 문서를 읽어야 하는 리서치 작업의 효율을 수십 배 다른 차원으로 끌어올릴 수 있을 것입니다.

Chapter 15
노트북LM으로 학습하기

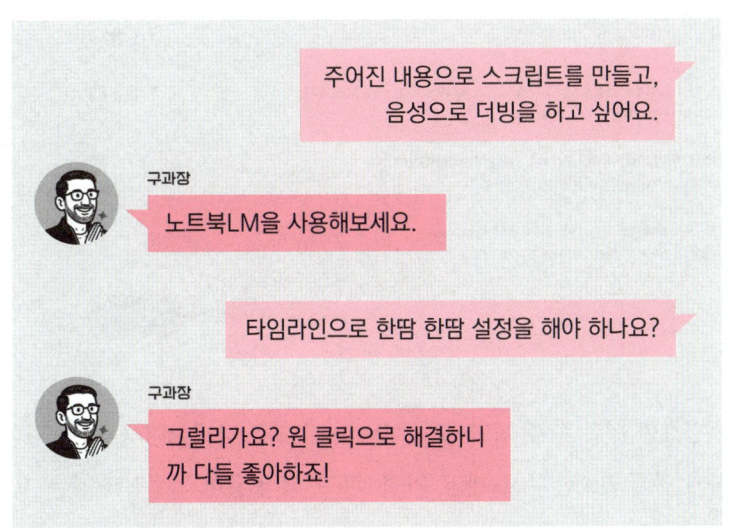

수많은 자료를 소스로 활용할 수 있는 노트북LM은 새로운 걸 학습할 때도 최고의 도구입니다. 노트북LM을 활용한 학습 방법만 익혀도 배움의 밀도를 혁신할 수 있습니다. 이번 장에서는 무엇이든 배울 수 있는 노트북LM을 활용한 학습 방법을 배워보겠습니다.

미친활용 31   노트북LM으로 학습 자료 만들기

무언가를 배우려면 학습 자료가 필요하겠죠. 노트북LM의 탐색과 학습 가이드 생성, 맞춤 스타일을 사용해서 만들어보겠습니다. 학습 주제는 5대 대멸종입니다.

01   새 노트북을 생성하고 소스 검색에 **지구 5대 대멸종을 배우고 싶어**라고 입력해서 소스를 탐색합니다. PDF, 웹사이트, 유튜브 등 다양한 곳에서 5대 대멸종에 관한 소스 10개를 탐색했습니다. 오른쪽 하단의 [가져오기] 버튼을 클릭합니다.

02   소스를 가져왔으면 왼쪽 노트 영역에서 [학습 가이드]를 클릭합니다. 학습 가이드는 추가한 소스를 학습하기 위해 필요한 주요 개념, 가설, 퀴즈, 핵심 용어 해설집과 같은 자료를 정리해주는 기능입니다.

정리가 완료되면 다음 이미지처럼 메모 형식으로 저장됩니다. 이 학습 가이드를 자료로 사용하기 위해 하단의 [소스로 전환] 버튼을 클릭합니다.

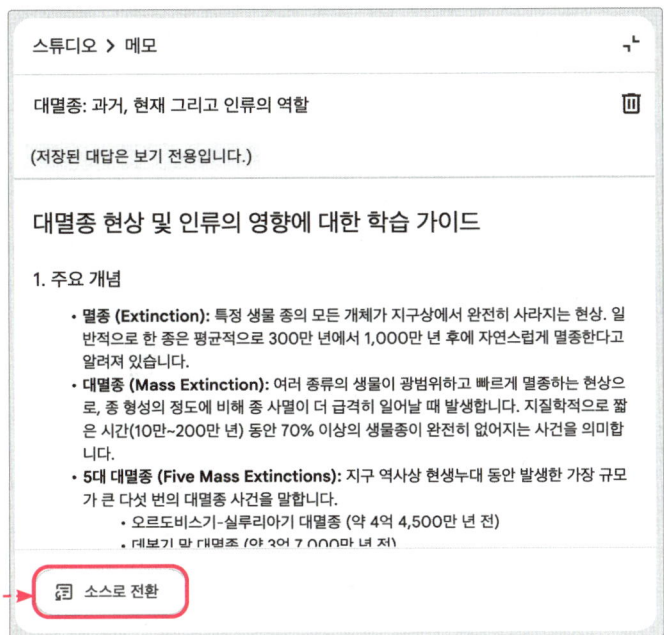

그러면 채팅 등에서 활용할 수 있도록 학습 가이드가 소스에 추가됩니다.

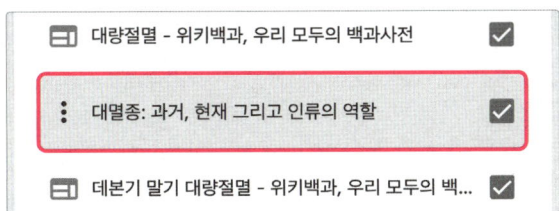

03 아무것도 모르는 상태에서 새로운 주제를 학습하려면 쉬운 설명이 필요합니다. 쉬운 설명을 생성하려면 지침을 추가해야 합니다. 채팅 영역 오른쪽 상단의 [노트북 구성] 버튼을 클릭합니다.

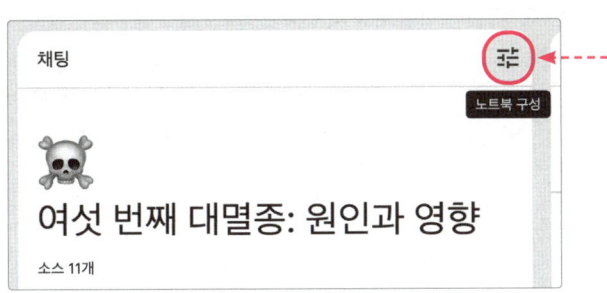

채팅 설정이라는 창이 보일 겁니다. 기본값, 애널리스트, 가이드와 같은 기본 설정된 대화 스타

일을 선택하거나 직접 설정하여 원하는 응답을 생성하도록 맞춤 설정하는 기능입니다. ❶ [맞춤]을 클릭합니다. 그리고 ❷ 입력란에 **배경지식이 없는 사람도 쉽게 이해할 수 있게 쉬운 비유와 설명으로 알려줘**라고 지침을 입력한 후 오른쪽 하단의 ❸ [저장] 버튼을 클릭합니다.

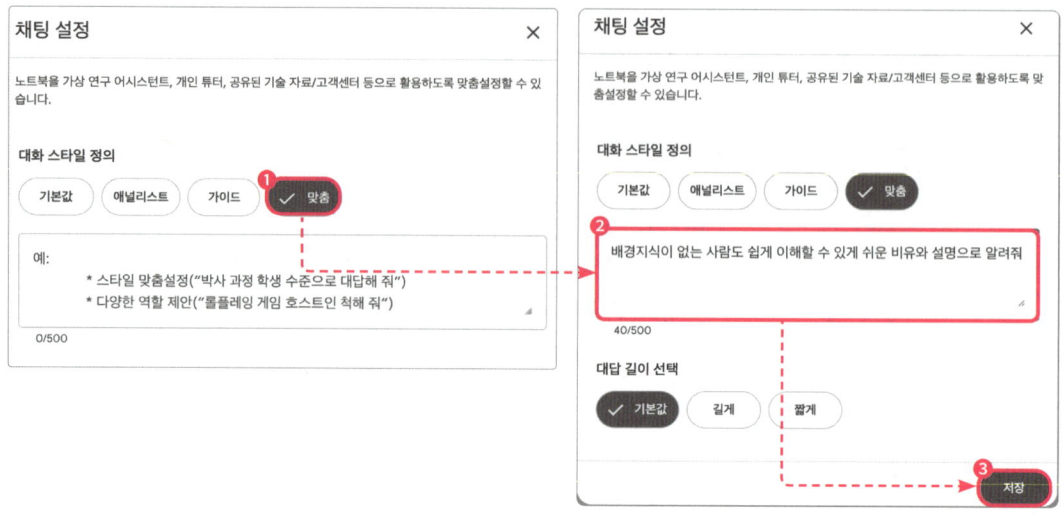

04 이제 채팅을 통해서 학습하고 싶은 내용을 요청하겠습니다.

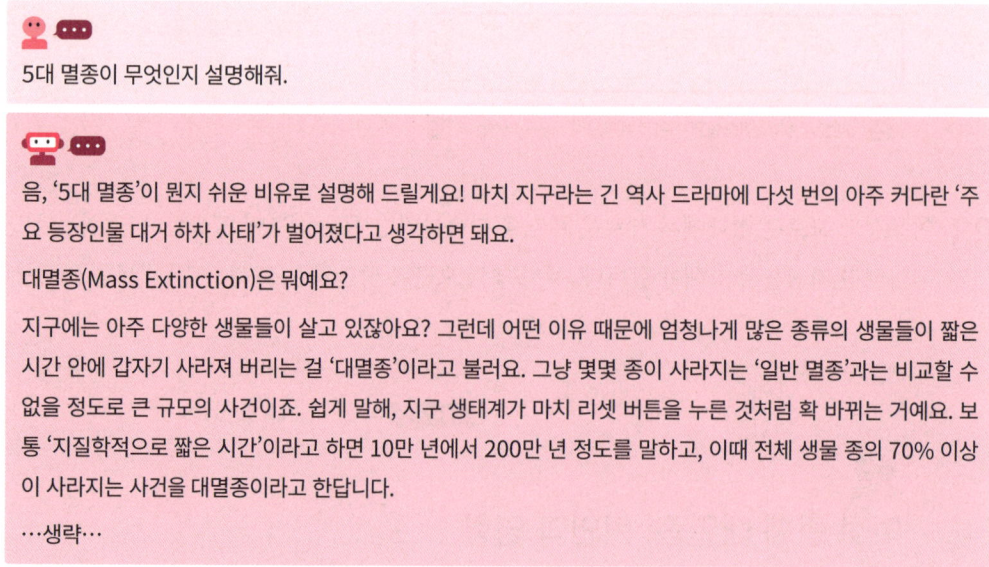

채팅 설정에 추가한 지침대로 쉽게 설명하기 위해 다양한 비유를 곁들여서 설명을 생성하는 걸 확인할 수 있습니다.

05 이번에는 앞서 추가한 학습 가이드의 내용을 채팅으로 요청해보겠습니다.

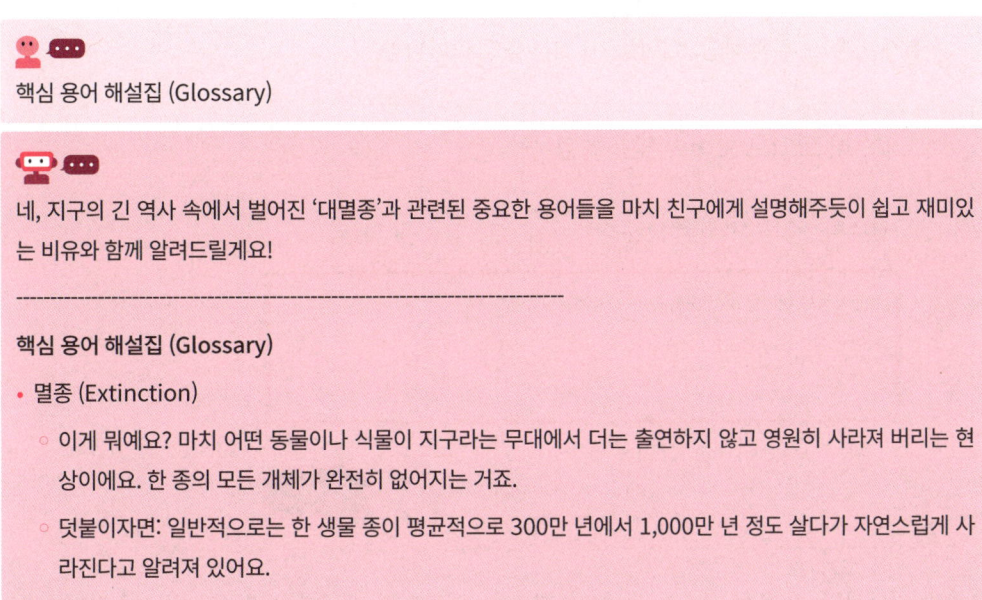

학습 가이드에서 생성한 동일 내용을 쉬운 표현과 비유를 곁들여서 다시 설명해줬네요. 다음 이미지와 같이 지침이 추가된 채팅과 그렇지 않은 학습 가이드를 비교해보면, 채팅에서는 학습 가이드에 다른 소스의 내용을 더 추가해서 설명한 반면, 학습 가이드는 각 용어를 간략하게 정리만 해놓은 걸 확인할 수 있습니다.

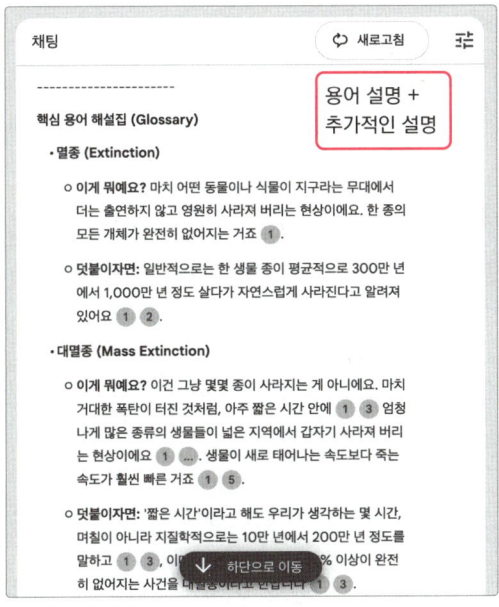
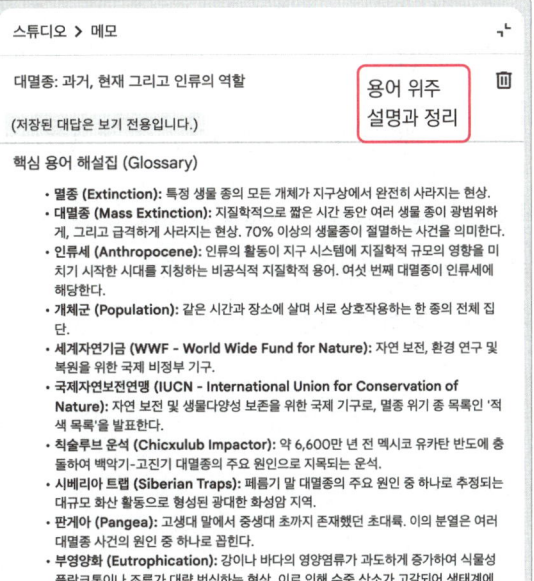

Chapter 15 노트북LM으로 학습하기 211

06 마지막으로 듣기를 통해 학습할 수 있는 AI 음성 개요를 생성하겠습니다. AI 오디오 오버뷰 영역에서 [맞춤설정]을 클릭합니다. **지침에 초등학생도 이해할 수 있도록 쉽게 설명해줘**라고 지침을 추가한 후 오른쪽 하단의 [만들기] 버튼을 클릭합니다.

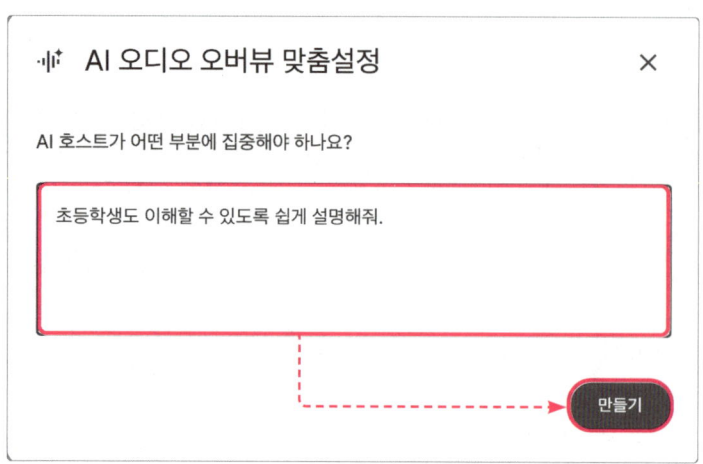

조금만 기다리면 AI 음성 개요가 생성됩니다. 재생해보면 과거 5대 대멸종과 최근 주장되는 6번째 대멸종에 대한 내용을 쉽고 친절하게 설명해주는 걸 들을 수 있습니다. 자료가 읽기 힘들다면 들으면서 배울 수 있는 학습 자료도 위와 같이 노트북LM으로 만들 수 있습니다.

예제에서 만든 AI 음성 개요는 아래 링크에서 들어볼 수 있습니다.

- **대멸종 AI 음성 개요 듣기** : bit.ly/3ZLoB0f

노트북LM을 사용해서 학습 소스 탐색, 학습 가이드 생성, 더 쉬운 설명 요청, 오디오 자료까지 만들어보았습니다. 노트북LM과 함께라면 배우려는 주제를 다양한 학습 자료로 만들어서 학습자에게 알맞은 최적의 방법을 선택할 수 있습니다.

미친 활용 32 노트북LM으로 학습 평가하기

학습을 마쳤다면 배운 것을 잘 이해하였는지, 반드시 평가해야 합니다. 노트북LM에서는 학습한 내용을 바탕으로 평가를 함께 진행하고, 평가한 내용을 바탕으로 다시 학습하는 과정을 쉽게 반복할 수 있습니다. 이번 예제는 미친 활용 31 **노트북LM으로 학습 자료 만들기**에서 5대 대멸종 노트북에 이어서 진행하겠습니다. 5대 대멸종의 학습을 마쳤다는 가정으로 학습 평가를 해보겠습니다.

01 소스의 내용으로 순수하게 평가를 진행하려면 기존 채팅 내용은 지우는 것이 좋습니다. 채팅으로 학습한 내용이 나중에 필요할 것 같다면 삭제 전 응답 하단의 [📌 메모에 저장 메모에 저장]을 눌러 꼭 노트에 저장하세요. 채팅 영역 오른쪽 상단을 보면 [새로고침] 버튼이 있습니다. 현재 노트북에서 진행한 채팅을 삭제하고 새로운 채팅을 시작하기 위한 기능입니다. [새로고침] 버튼을 클릭합니다.

채팅 기록을 삭제하시겠습니까? 라는 안내 메시지가 나타났습니다. 오른쪽 하단의 [계속] 버튼을 클릭하면 이전 채팅 내용은 모두 삭제됩니다.

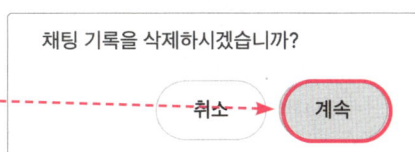

02 기존 채팅 내용이 삭제되고 새로운 채팅이 시작되었다면 다음과 같이 평가 테스트 생성을 위한 프롬프트를 입력합니다.

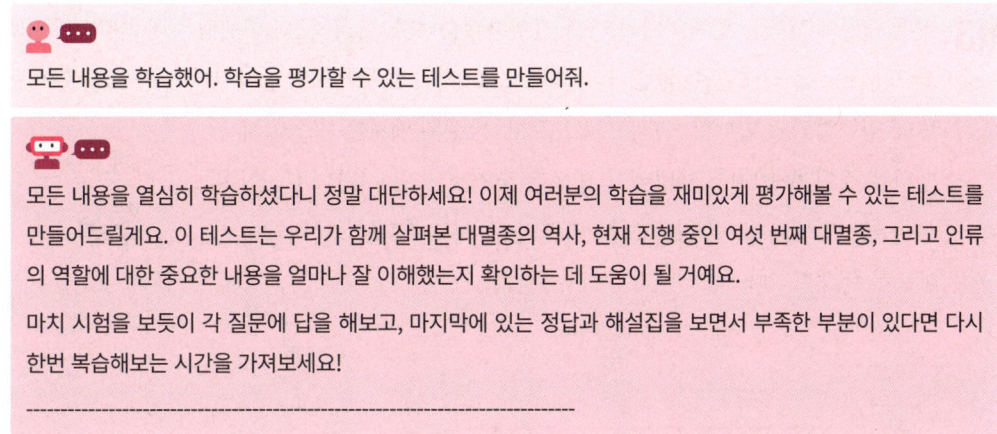

Chapter 15 노트북LM으로 학습하기   213

> 대멸종 이해도 평가 테스트
>
> 퀴즈 (10 문제, 각 2-3 문장으로 간결하게 답하세요.)
>
> 1. 일반적인 멸종과 '대멸종'은 어떤 중요한 차이점이 있나요?
>
> 2. 지구 역사상 가장 큰 규모의 대멸종은 무엇이며, 이 사건으로 대략 몇 퍼센트의 생물종이 사라졌다고 알려져 있나요?
>
> …생략…
>
> 에세이 형식 질문 (5 문항, 각 문항에 대해 충분한 내용을 담아 논술하세요.)
>
> 1. 과거 지구에서 일어났던 5대 대멸종의 주요 원인들을 각각 설명하고, 이 대멸종 사건들이 지구의 생태계에 어떤 장기적인 변화를 가져왔는지 비교 분석하여 서술해 보세요.
>
> 2. 현재 진행 중인 '여섯 번째 대멸종'이 과거의 대멸종과 근본적으로 다른 점은 무엇이며, 인류의 활동(예: 이산화탄소 대량 방출, 서식지 파괴, 환경 오염, 남획, 외래종 유입 등)이 이 대멸종에 어떻게 기여하고 있는지 구체적인 사례를 들어 논술해 보세요.
>
> …생략…
>
> 퀴즈 정답
>
> 1. 대멸종은 종 형성 속도보다 종 사멸이 훨씬 급격하게 일어나 여러 종류의 생물이 광범위하고 빠르게 사라지는 현상입니다. 이는 지질학적으로 짧은 시간(10만~200만 년) 동안 전체 생물종의 70% 이상이 멸종하는 대규모 사건이라는 점에서 일반적인 멸종과 다릅니다.
>
> 2. 페름기-트라이아스기 대멸종은 지구 역사상 최악의 대멸종으로 알려져 있습니다. 이 사건으로 해양 생물의 약 96%와 육상 척추동물의 70% 이상이 절멸했습니다.
>
> …생략…

학습한 내용에 관한 퀴즈, 에세이 형식 질문, 그리고 퀴즈 정답이 생성되었습니다. 정확한 평가를 위해 퀴즈 정답은 잠깐 덮어두는 게 좋겠죠.

03 이제 채팅에 답변을 입력하여 평가를 진행하겠습니다. 노트북LM의 채팅은 제미나이에서와 달리 긴 프롬프트를 입력할 수 없습니다. **최대 2,000자가 한계**이므로 평가지에 대한 모든 답변을 한꺼번에 입력하지 못합니다. 그러므로 노트에 새로운 메모를 만들어서 진행하는 것이 좋습니다. 채팅에서 생성한 평가지 응답 하단의 [복사] 버튼을 클릭합니다. 그런 다음 노트 영역의 [+ 메모 추가]를 클릭해서 새 메모를 생성합니다.

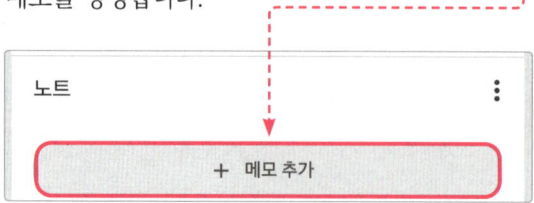

새 메모가 생성되면 복사한 평가지 응답을 붙여넣습니다. 인사말과 퀴즈 정답 부분은 드래그해서 삭제하세요. 그럼 평가 항목만 메모에 남게 됩니다.

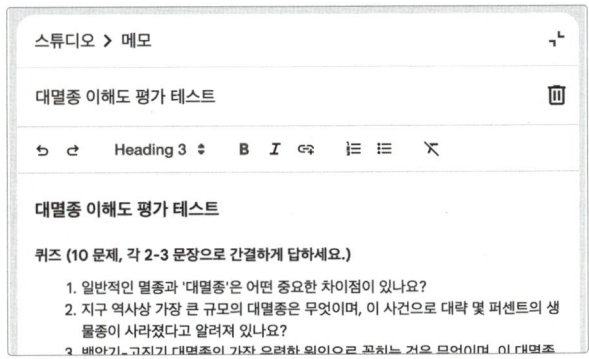

이제 메모로 작성한 평가 테스트에 시험을 보듯 답을 입력합니다. 모든 답을 입력했으면 왼쪽 하단의 [소스로 전환] 버튼을 클릭합니다. 그럼 답이 포함된 평가지가 소스에 추가됩니다.

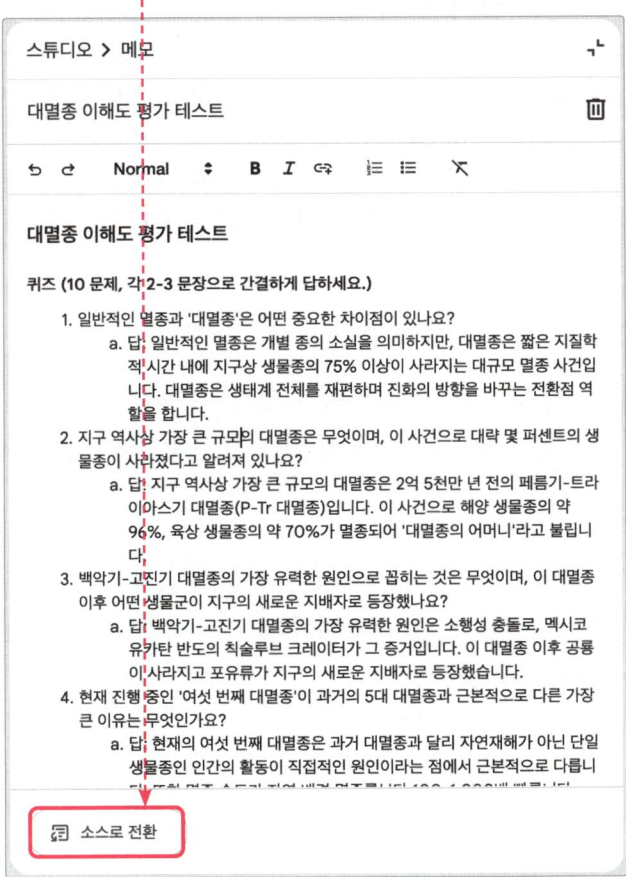

04 기존 학습한 소스를 그대로 둔 상태에서 채팅으로 평가지에 학습 평가를 진행한 결과를 요청하겠습니다. 소스의 이름을 명확히 지정해줘야 해당 소스에 대한 결과만 생성하게 됩니다.

> 대멸종 이해도 평가 테스트의 답을 확인하고 해설해줘.

> 네, 대멸종 이해도 평가 테스트의 답과 해설을 쉽고 자세하게 알려드릴게요. 마치 친구에게 이야기하듯이 편안하고 쉬운 비유를 섞어 설명해 드릴 테니, 배경지식이 없으셔도 걱정 마세요!
>
> ------
>
> 대멸종 이해도 평가 테스트 정답 및 해설
> 1. 대멸종은 일반적인 멸종과 어떤 차이점이 있습니까?
> - **정답** : 대멸종은 종 형성 속도보다 종 사멸이 훨씬 급격하게 일어나 여러 종류의 생물이 광범위하고 빠르게 사라지는 현상입니다. 이는 지질학적으로 짧은 시간(10만~200만 년) 동안 전체 생물종의 70% 이상이 멸종하는 대규모 사건이라는 점에서 일반적인 멸종과 다릅니다.
> - **해설** : 우리가 보통 '멸종'이라고 하면 한 생물 종이 지구에서 완전히 사라지는 것을 말해요. 마치 어떤 학교의 한 반이 없어진다고 생각할 수 있죠. 그런데 '대멸종'은 스케일이 훨씬 커요. 지구가 아주 짧은 시간 안에 (지질학적으로 짧다는 건 10만 년에서 200만 년 정도를 의미해요. 우리에게는 길지만 지구 역사에서는 찰나와 같아요) 지구에 살던 생물 종의 70% 이상이 한꺼번에 사라지는 대규모 사건을 말합니다. 여러 종류의 생물들이 넓은 지역에서 아주 빠르게 줄어드는 현상이죠. 마치 전 세계의 모든 학교가 갑자기 학생의 70% 이상을 잃는 것과 비슷하다고 할 수 있어요.
> …생략…

평가 항목의 정답 내용뿐 아니라 평가 이후 추가 학습도 할 수 있게 돕는 해설도 함께 추가하여 응답하는 걸 확인할 수 있습니다. 해설 내용을 다시 학습에 활용하고 싶다면 메모에 저장해놓으면 두고두고 활용할 수 있을 겁니다.

지금까지 노트북LM으로 학습하고 평가하는 방법을 배워보았습니다. 학습한 내용별로 노트북을 생성하여 학습 내용을 정리해놓으면 언제든 꺼내서 복습하고 다시 평가하기를 반복할 수 있겠죠. 노트북LM을 꼭 나만의 학습 파트너로 활용해보기 바랍니다.

이게 되네?

PART 05

노트북LM 활용하기

더 학구적인 성과를 얻는 놀라운 방법!

여기서 공부할 내용

앞서 노트북LM의 강력한 기능과 기본적인 활용 방법을 알아보았습니다. Part 05 **노트북LM 활용하기**에서는 심화한 방법으로 노트북LM을 어디까지 활용할 수 있는지 예제와 함께 실습해보겠습니다.

💬 이 그림은 제미나이에게 "안경 쓴 수달이 플라스크를 들고 있는 모습을 만화 스타일의 삽화로 그려줘."라고 요청하여 받았습니다.

Chapter 16

노트북LM으로 심화 리서치하기

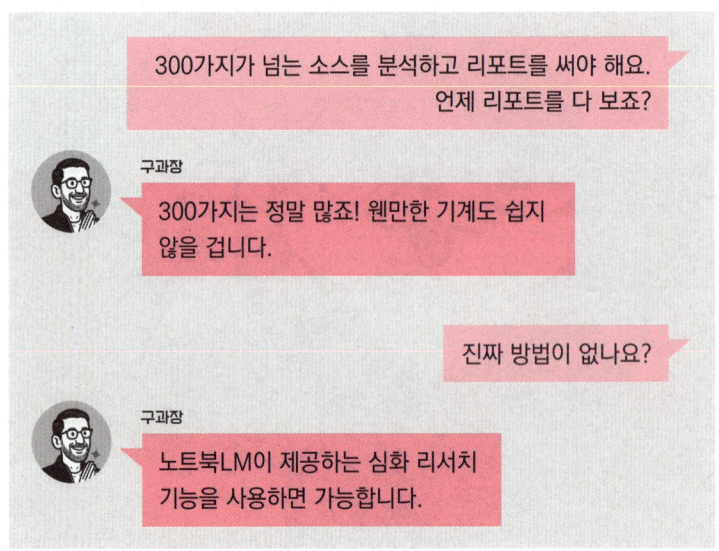

노트북LM에서 소스를 탐색하는 방법은 간편하지만 무작위이고, 리서치 목적에 맞지 않는 소스가 포함될 수도 있습니다. 또는 자료에 원하는 내용이 없고 부실한 내용일 수도 있죠. 우리는 이미 지구상에서 가장 강력한 리서치 도구를 알고 있습니다. 제미나이의 딥리서치를 활용해서 노트북LM에 소스를 추가하고, 정리해서 보고서까지 작성하는 심층 리서치 과정을 실습해보겠습니다. 리서치 주제는 **소셜 미디어가 10대에게 미치는 영향**입니다.

미친 활용 33 딥리서치로 노트북LM 소스 만들기

딥리서치를 활용하면 리서치에 활용한 출처 웹사이트와 함께 보고서까지 작성해줍니다. 즉, 웹사이트의 원본 자료부터 목적에 알맞게 작성된 보고서까지 노트북LM에 활용할 수 있는 소스를 한 번에 탐색해준다는 거죠. 딥리서치로 노트북LM 소스를 만드는 방법을 알아보겠습니다.

01 딥리서치를 시작하기 전에 리서치에 어떤 자료들이 필요한지 제미나이에게 물어보겠습니다.

> 소셜 미디어가 10대에게 미치는 영향을 리서치하기 위해서는 어떤 자료들이 필요할까?

> 소셜 미디어가 10대에게 미치는 영향: 리서치에 필요한 자료 총정리
>
> 소셜 미디어가 10대들의 삶에 깊숙이 자리 잡으면서 그 영향력에 대한 심도 있는 연구의 필요성이 커지고 있습니다. 긍정적 측면과 부정적 측면을 균형 있게 분석하고, 실질적인 해결 방안을 모색하기 위해서는 다각적인 자료 확보가 필수적입니다. 본 보고서는 소셜 미디어가 10대에게 미치는 영향을 리서치하는 데 필요한 핵심 자료들을 체계적으로 정리하여 제시합니다.
>
> **I. 연구의 시작: 현황 파악을 위한 기초 자료**
>
> 가장 먼저 10대들의 소셜 미디어 이용 실태를 정확히 파악하는 것이 중요합니다. 이는 모든 연구의 출발점이며, 연구의 방향을 설정하는 데 기초가 됩니다.
>
> **통계 자료:**
>
> 청소년 소셜 미디어 이용률 및 시간: 한국언론진흥재단, 방송통신위원회 등 공신력 있는 기관에서 매년 발표하는 '10대 청소년 미디어 이용 조사' 보고서는 연령별, 플랫폼별 이용률, 하루 평균 이용 시간 등의 구체적인 수치를 제공합니다. (예: 2023년 조사에 따르면 10대의 97.3%가 온라인 동영상 플랫폼을 이용하며, 하루 평균 인터넷 이용 시간은 약 8시간에 달합니다.)
>
> …생략…

제미나이가 리서치에 필요한 자료들을 나열했습니다. 크게 11개로 나누었네요.

- 청소년 소셜 미디어 이용률 및 시간
- 청소년이 주요 이용하는 소셜 미디어 플랫폼 순위와 이용 행태를 파악
- 청소년 스마트폰 과의존 실태 조사

- 청소년 소셜 미디어 사용과 우울, 불안, 스트레스와의 상관관계
- 청소년 소셜 미디어 사용과 수면의 질 저하
- 청소년의 소셜 미디어 사용과 또래 관계 유지 및 형성 관계
- 청소년의 소셜 미디어 사용과 정보 습득 및 사회 참여 관계
- 청소년의 소셜 미디어 사용을 통한 사이버불링 실태 조사
- 국내외 청소년 소셜 미디어 사용 정책 동향
- 청소년 디지털 리터러시 교육 정책 동향
- 청소년 소셜 미디어 과의존 극복 사례 및 상담 프로그램 동향

02 이제 제미나이가 나눈 리서치 자료 목록을 차례대로 딥리서치를 활용해서 조사합니다. 아래 프롬프트처럼 딥리서치를 실행하세요.

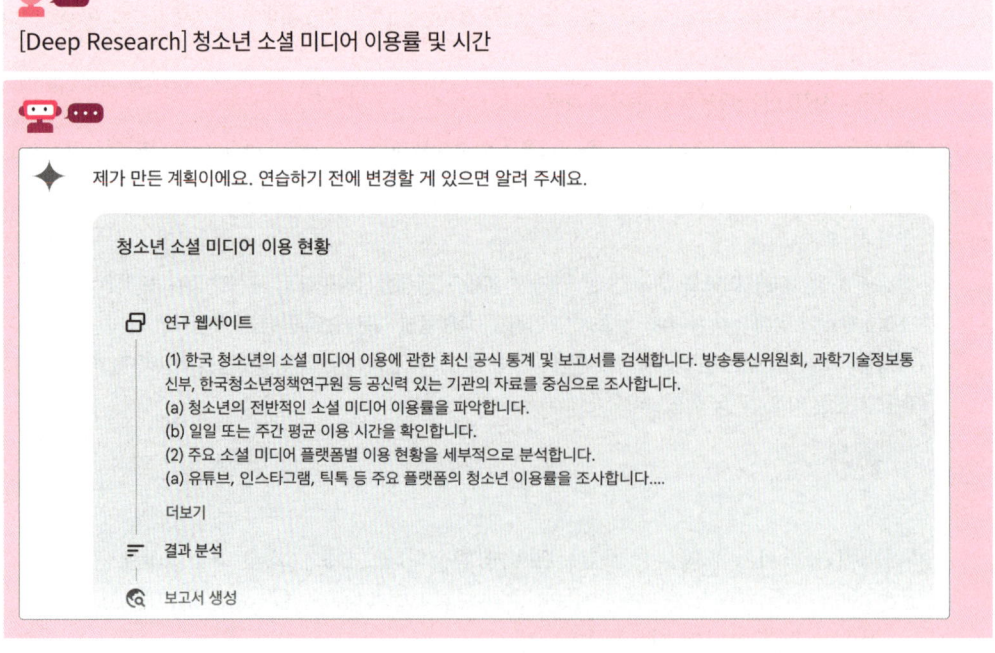

요청한 딥리서치의 조사 계획이 생성되었습니다. 계획을 확인했으면 오른쪽 하단의 [연구 시작] 버튼을 클릭합니다. 딥리서치가 완료되었으면 결과 캔버스 오른쪽 상단에서 ❶ [내보내기] →

❷ [Docs로 내보내기]를 통해 문서화합니다.

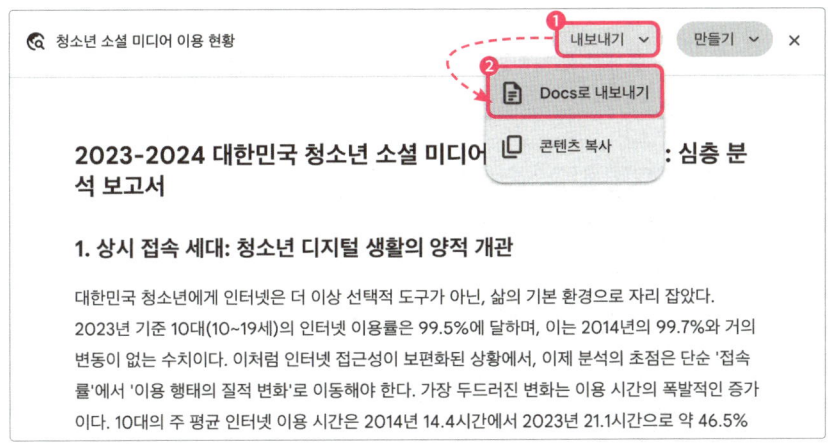

03 구글 드라이브에 저장된 딥리서치 문서를 열어서 보면 목차 최하단 참고 자료에서 딥리서치에 활용한 출처 목록을 확인할 수 있습니다. 모든 참고 자료를 드래그하여 Ctrl + C 를 눌러 복사합니다.

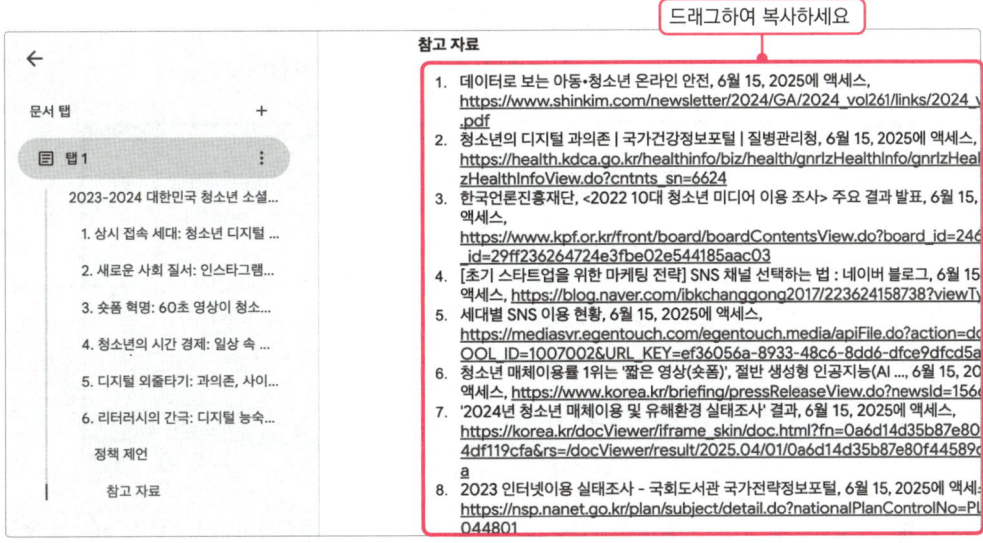

04 노트북LM에서 새 노트북을 생성한 후 소스 추가에서 웹사이트에 복사한 참고 자료 링크를 Ctrl + V 를 눌러 모두 붙여넣습니다. 링크가 아닌 텍스트가 포함되어 있으면 소스로 삽입할 수 없기 때문에 링크를 제외한 텍스트는 모두 삭제합니다. 삭제했다면 오른쪽 하단의 [삽입] 버튼을 클릭합니다.

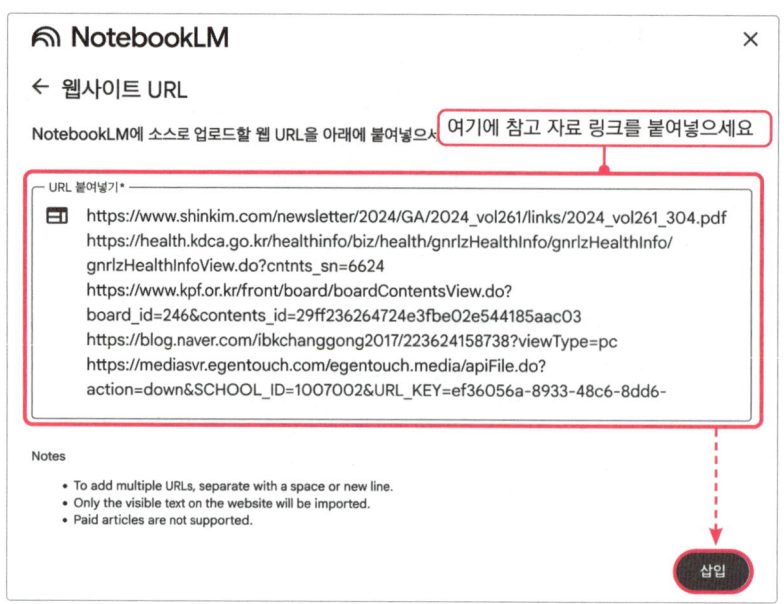

05 이번에는 소스 추가에서 Google Docs를 선택 후 구글 드라이브에 저장한 보고서를 선택하여 삽입합니다. 출처 및 보고서까지 총 14개 소스를 딥리서치로 탐색하고 생성까지 했네요. 동일한 방법으로 나머지 10개 분류도 딥리서치로 소스를 만들어 삽입합니다.

06 1개 노트북에 최대로 추가할 수 있는 소스 300개를 추가하였습니다. 딥리서치 과정을 포함하면 약 1시간 정도 시간이 소요됩니다. 만약 실제 소스를 검색해서 찾으려고 했다면 일주일 이상 걸렸을 겁니다.

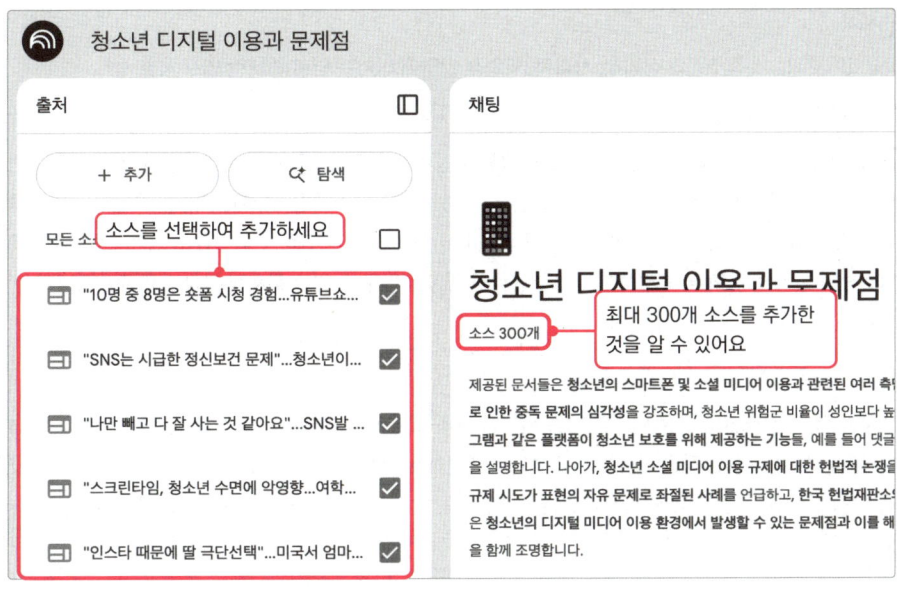

제미나이의 딥리서치를 사용해서 리서치에 필요한 자료를 빠르게 수집하여 노트북LM에 추가해보았습니다. 딥리서치만 잘 사용해도 노트북LM을 활용할 때 훨씬 수월한 것을 체감할 수 있을 것입니다.

미친 활용 34 노트북LM으로 리서치 소스 정리하기

딥리서치를 활용해서 리서치에 필요한 소스 300개를 추가했지만, 모든 내용이 필요하진 않겠죠. 그러므로 필요한 내용들만 따로 정리해두어야 보고서를 작성할 때 효율적입니다. **소셜 미디어가 10대 청소년의 심리적, 사회적, 학업적 발달에 미치는 영향**을 리서치 주제로 삼아서 소스를 정리해보겠습니다.

01 서론, 이론적 배경, 소셜 미디어의 긍정적 영향, 소셜 미디어의 부정적 영향, 사례 분석, 대안 및 제언, 결론을 순서로 하는 보고서를 작성하겠습니다. 채팅을 통해 각 단계에 대한 소스를 정리하겠습니다. 먼저 서론입니다.

> 소셜 미디어가 10대 청소년의 심리적, 사회적, 학업적 발달에 미치는 영향에 대한 연구의 서론을 작성해줘. 서론에 연구의 배경 및 필요성, 연구 목적과 질문, 연구 방법 및 범위를 포함해줘.

> 소셜 미디어가 10대 청소년의 심리적, 사회적, 학업적 발달에 미치는 영향에 대한 연구 서론
>
> 1. 연구의 배경 및 필요성
>
> 최근 스마트폰과 소셜 미디어는 청소년의 일상생활에 필수적인 부분으로 자리 잡았습니다. 소셜 미디어는 청소년들이 친구 및 가족과 소통하고, 새로운 정보를 얻으며, 자신의 창의적인 생각과 재능을 표현하고 피드백을 받는, 나아가 사회적 지지를 얻는 등 긍정적인 영향을 미칠 수 있습니다. 그러나 이러한 편리함과 연결성의 이면에는 청소년의 심리적, 사회적, 학업적 발달에 부정적인 영향을 미칠 수 있는 잠재적 위험 또한 존재합니다.
>
> ...생략...
>
> 2. 연구 목적 및 질문
>
> 본 연구는 10대 청소년의 소셜 미디어 이용 실태를 파악하고, 소셜 미디어가 이들의 심리적, 사회적, 학업적 발달에 미치는 긍정적 및 부정적 영향을 심층적으로 분석하는 것을 목적으로 합니다. 이를 통해 청소년의 건강한 디지털 습관 형성을 위한 효과적인 개입 방안을 제안하는 데 필요한 기초 자료를 제공하고자 합니다.
>
> ...생략...

서론이 생성되었습니다. 생성된 서론 하단에 있는 [메모에 저장]을 클릭하여 노트에 저장합니다. **청소년 소셜 미디어 영향 연구 서론**이라는 제목으로 노트에 추가되었네요.

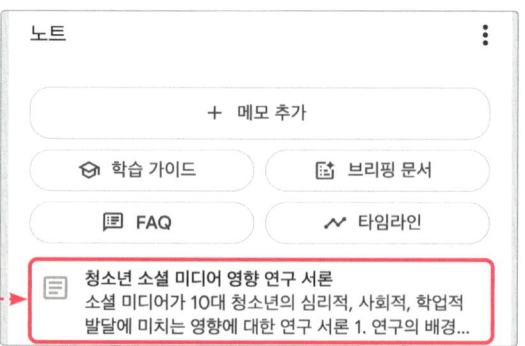

02 같은 방법으로 나머지 내용도 채팅으로 요청 후 응답을 메모로 저장합니다. 리서치 보고서에 필요한 내용을 모두 정리하면 됩니다.

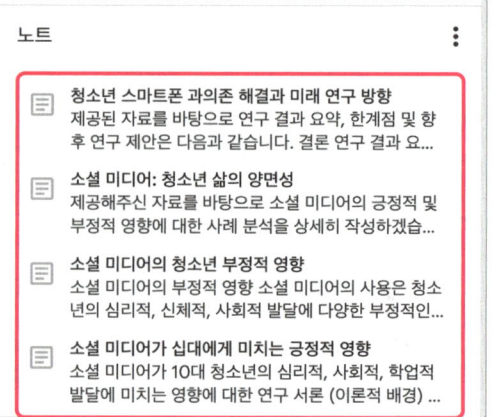

03 정리한 모든 내용을 메모로 저장했으면 구분하기 쉽도록 각 메모를 클릭하여 제목 앞에 [정리된 자료]라고 붙여 표시해줍니다.

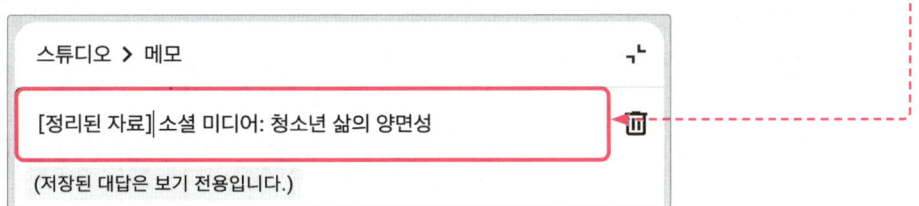

그럼 노트 목록에 깔끔하게 번호순으로 보고서 작성에 필요한 자료가 정리된 것을 확인할 수 있습니다. 제목이 노트북LM에 영향을 주는 건 아니므로 [정리된 자료] 외 다른 방법으로 표시해도 좋습니다.

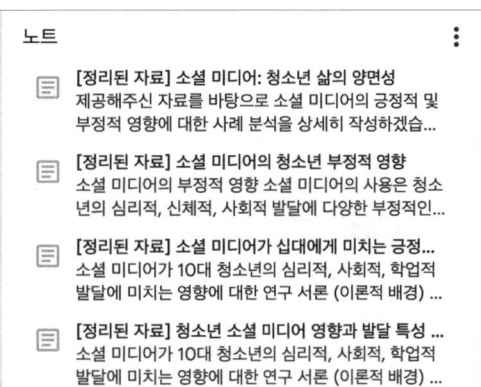

노트북LM을 활용하여 300개가 넘는 소스에서 필요한 내용만 채팅으로 추출하여 정리했습니다. 이런 방식을 사용하면 직접 관련한 자료를 모두 읽지 않아도 필요한 내용만 정리 후 출처를 탐색하는 방법으로 리서치 시간을 대폭 단축할 수 있습니다.

미친 활용 35 노트북LM으로 리서치 보고서 작성하기

이제 정리한 자료를 가지고 리서치 보고서를 작성해보겠습니다.

01 [정리된 자료] 6개를 소스로 전환합니다. 앞선 실습에서 소스가 최대인 300개까지 찼으니 필요 없는 소스 6개를 지우고 [정리된 자료] 소스를 포함시킵니다. 출처 영역에서 모든 소스 선택의 체크박스를 클릭하여 해제합니다. 그러면 모든 소스가 선택 해제된 상태가 됩니다.

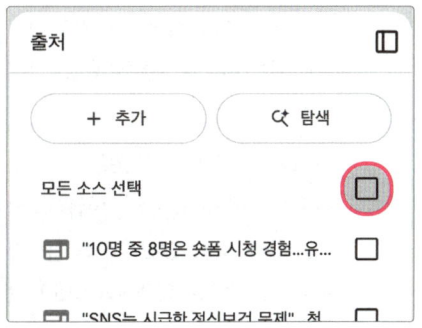

02 이제 추가한 6개의 소스를 찾아서 체크박스를 선택합니다. [정리된 자료]라는 머리말을 추가해놓아서 쉽게 찾을 수 있겠죠. 이제 채팅에서는 체크한 6개의 소스만 사용하게 됩니다.

03 선택한 소스만 활용해서 채팅에 리서치 보고서를 작성해달라고 요청하겠습니다.

> 🧑‍💬
> 소셜 미디어가 10대 청소년의 심리적, 사회적, 학업적 발달에 미치는 영향에 대한 보고서를 작성해줘.

> 🤖💬
> **소셜 미디어가 10대 청소년의 심리적, 사회적, 학업적 발달에 미치는 영향 보고서**
>
> 서론 스마트폰과 소셜 미디어는 현대 청소년의 일상생활에서 필수적인 부분이 되었습니다. 소셜 미디어는 청소년들이 타인과 소통하고 상호작용하는 방식에 혁명적인 변화를 가져왔으며, 관계 형성 및 유지라는 인간의 내면적 욕구를 충족시키는 수단으로 기능합니다. 또한 정보 확산 속도가 매우 빨라 기존 언론 매체의 기능을 대체하며, 정보 생산 및 공유 비용이 거의 없어 누구나 부담 없이 이용할 수 있는 경제적 효율성도 확산에 기여했습니다. 페이스북, 인스타그램, 틱톡, 유튜브 등 다양한 플랫폼이 존재하며, 이는 청소년의 심리적, 사회적, 학업적 발달에 다차원적인 긍정적 및 부정적 영향을 동시에 미치고 있습니다.
>
> 1. 소셜 미디어의 긍정적 영향
>
> 1.1. 심리적 및 자기 발달 측면
>
> 자기 표현 및 창의성 향상: 소셜 미디어 플랫폼은 청소년들이 자유롭게 자기 표현을 할 수 있는 공간을 제공하며, 자신만의 독창적인 표현을 다수의 사람들에게 드러낼 기회를 줍니다. 이는 자신감과 자존감을 높이는 데 도움이 될 수 있으며, 새로운 음악, 미술, 글쓰기 탐구를 통해 창의력을 향상시키고 독립심을 고취시킬 수 있습니다. 또한, 사용자가 내면의 감정과 생각을 자유롭게 공유하는 자기표현의 공간을 제공합니다.
>
> …생략…
>
> 2.4. 소셜 미디어 과의존 현황
>
> 유아동 및 청소년의 스마트폰 과의존 위험군 비율은 지속적으로 증가하고 있으며, 특히 중학생 시기에 과의존 위험도가 가장 높은 것으로 나타났습니다. 스마트폰 과의존은 스마트폰 사용의 역기능적 의미로, 과도한 사용으로 일상생활에 문제가 발생하고 조절이 어려운 상태를 의미하며, 내성과 금단 현상을 포함하는 개념입니다. 이는 단

순한 시간 관리의 실패를 넘어 청소년의 발달 과업 전반을 위협하는 '숨겨진 비용'을 사회에 청구하고 있습니다.

결론

소셜 미디어는 청소년에게 사회적 연결성 증진, 정보 접근성 확대, 자기 표현 기회 제공 등 긍정적인 영향을 미치는 동시에, 정신 건강 문제 (우울, 불안, 자존감 저하), 사이버 불링, 수면 부족, 집중력 저하, 학업 성취도 저하와 같은 심각한 부정적인 영향을 야기합니다. 이러한 문제의 심각성에도 불구하고, 소셜 미디어의 영향에 대한 포괄적이고 심층적인 연구는 여전히 부족한 실정입니다. 따라서 청소년의 건강한 디지털 생활을 위해서는 단순히 사용 통제를 넘어, 개인의 발달 단계적 특성을 고려한 통합적인 교육, 상담, 그리고 정책적 지원이 필요함을 시사합니다. 부모의 관심과 올바른 사용 습관 제시, 학교에서의 디지털 문해력 교육 강화, 그리고 플랫폼 기업의 미성년자 보호를 위한 기술적 조치와 사회적 책임 강화 등이 함께 이루어져야 할 것입니다.

보고서가 작성되었습니다. 300개의 소스에서 핵심 내용만 추려, 그에 집중한 보고서입니다. 출처도 선택한 6개 소스로 연결되지만, 연결된 6개 소스가 나머지 300개의 소스와도 이어져 있어서 필요한 정보도 계속 탐색할 수 있습니다.

Chapter 17

노트북LM으로
신제품 기획 협업하기

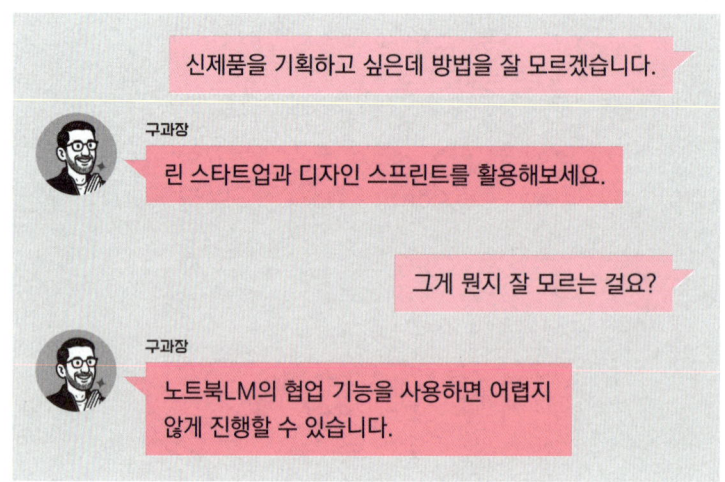

린 리서치 스프린트Lean-Research-Sprint는 짧은 시간 안에 최소한의 자원으로 사용자 중심의 인사이트를 도출하기 위한 빠르고 집중적인 리서치 방법론입니다. 린 스타트업Lean Startup의 원칙과 디자인 스프린트Design Sprint의 구조를 응용한 방법으로 아이디어나 제품, 기능에 대해 빠르게 유저 피드백을 받아 의사결정을 내릴 수 있도록 돕습니다.

린 리서치 스프린트를 성공적으로 수행하려면 기획자, 디자이너, 개발자, 마케터 등 다양한 직무의 팀원이 빠른 협업으로 사용자 피드백을 중심으로 방향성을 검증하고 보완하는 과정을 수행해야 합니다. 린 리서치 스프린트가 무엇인지 몰라도 괜찮습니다. `Chapter 17` **노트북LM으로 신제품 기획 협업하기**에서 노트북LM을 활용한 린 리서치 스프린트를 배우고 활용하는 방법을 함께 터득해보기 바랍니다.

NOTE **스프린트(Sprint)**란 원래 짧고 고정된 시간 동안 작동 가능한 제품을 개발하는 기간을 말하는 용어였지만, 요즘은 넓은 의미로 제품 기획과 개발 전반에서 사용됩니다. 이 경우 스프린트는 단순히 개발 규칙에 얽매이지 않고, 짧은 시간 동안 집중해서 무언가를 설계/개발/검증해보는 실험적 작업 주기를 의미합니다.

미친활용 36 노트북LM으로 린 리서치 스프린트 시작하기

린 리서치 스프린트는 크게 **가설 검증 목표 설정 → 리서치 설계 → 리서치 실행 → 인사이트 도출 및 의사결정**으로 이뤄진 프로세스로 진행됩니다. 미친활용 36 **노트북LM으로 린 리서치 스프린트 시작하기**에서는 노트북LM에서 린 리서치 스프린트를 실행하기 위한 준비와 가설 검증 목표 설정, 리서치 설계까지 진행하겠습니다. 린 리서치 스프린트로 기획할 제품은 실내 디퓨저입니다.

01 본격적인 린 리서치 스프린트 전에 노트북LM에 협업 환경을 설정해야 합니다. 새 노트북을 만든 후 오른쪽 상단 메뉴에서 [공유]를 클릭합니다. 이 노트북을 누구와 공유할 건지 권한을 설정하는 메뉴입니다.

[사용자 및 그룹 추가]에 협업할 팀원의 이메일 주소를 입력 후 추가합니다. 추가한 팀원과 노트북을 함께 사용하려면 오른쪽 권한 설정에서 ❶ [뷰어] → ❷ [편집자]로 변경해줘야 합니다. **애널리틱스 기능은 최소 4명 이상일 때 활성화되므로 참고하세요.** 협업할 팀원을 모두 추가했다면 오른쪽 아래의 ❸ [전송]을 클릭합니다.

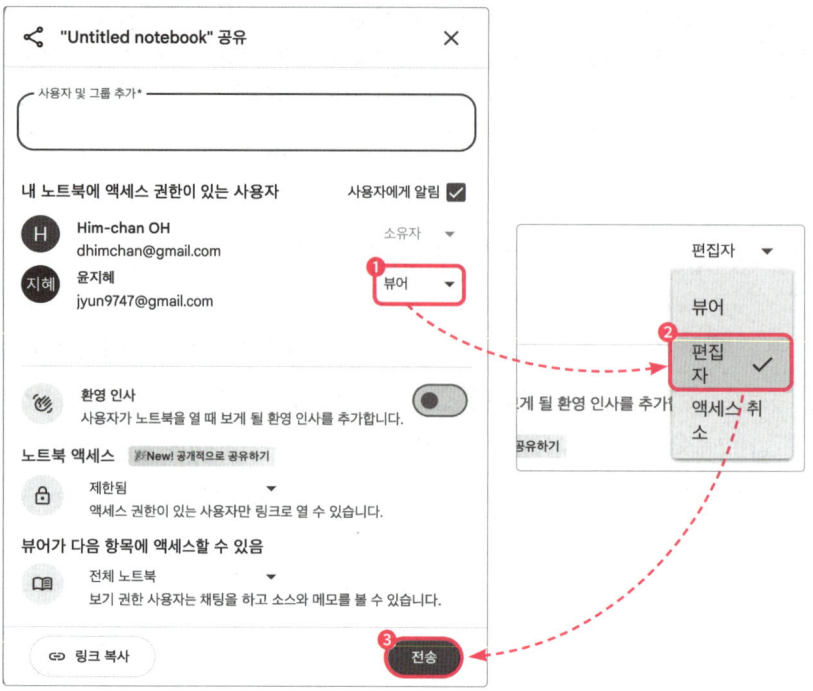

 실내 디퓨저를 개발하기 위한 린 리서치 스프린트의 목표를 설정하겠습니다. **목표는 검증할 가설과 대상 사용자를 정의하는 것을 의미**하며, 데이터를 기반으로 모든 팀원이 직접 논의해서 설정해야 합니다. 하지만 아무런 데이터가 없을 때는 제미나이를 활용하는 것도 방법일 수 있습니다. 제미나이의 도움으로 목표를 설정해보겠습니다.

> 소비자들은 왜 실내 디퓨저를 구매하고, 어떤 점에 불만을 느끼며, 어떤 기능을 더 원할까?

> 실내 디퓨저: 소비자의 구매 심리, 불만족 포인트, 그리고 미래의 기대
>
> 소비자들은 더 이상 방향제를 단순히 '나쁜 냄새를 없애는' 용도로만 사용하지 않습니다. 실내 디퓨저는 개인의 취향을 반영하고 삶의 질을 높이는 라이프스타일 아이템으로 자리 잡았습니다. 소비자들이 실내 디퓨저를 구매하는 이유, 사용하며 느끼는 불만, 그리고 앞으로 기대하는 기능은 다음과 같이 분석할 수 있습니다.
>
> **1. 소비자들은 왜 실내 디퓨저를 구매할까?**
>
> 소비자들이 디퓨저를 통해 얻고자 하는 가치는 복합적이며, 크게 네 가지로 분류할 수 있습니다.
>
> 가. 향기를 통한 공간 경험 개선

> 탈취 및 방향 효과: 가장 기본적인 구매 이유입니다. 음식 냄새, 반려동물 냄새, 화장실 냄새 등 생활 속 불쾌한 냄새를 제거하고, 공간을 향기롭게 만들어 쾌적함을 유지합니다.

제미나이가 실내 디퓨저에 관한 소비자들의 반응을 가정했습니다. 데이터에 기반한 내용은 아니므로 100% 신뢰해서는 안 됩니다. 실습을 위한 예제일 뿐 실무에서는 실제 데이터로 목표를 설정하기 바랍니다.

03 제미나이 응답에 기반하여 검증할 가설과 대상 사용자 정의를 요청하겠습니다. 위 채팅에 이어서 진행하세요.

> 위 답변을 기반으로 실내 디퓨저 신제품을 기획하기 위한 검증할 가설과 대상 사용자 정의해줘.

> 훌륭한 질문입니다. 앞서 분석한 소비자 니즈를 바탕으로, 성공적인 실내 디퓨저 신제품 기획을 위해 검증해야 할 핵심 가설과 타겟 사용자를 다음과 같이 정의할 수 있습니다.
>
> **신제품 기획을 위한 핵심 가설**
>
> 가설은 '만약 우리가 [이런 제품/기능을 제공]한다면, [이런 사용자 그룹]은 [이러한 행동]을 통해 [이러한 가치를 얻을 것]이다' 형태로 구체화하는 것이 중요합니다.
>
> 가설 1: 스마트 제어 기능에 대한 지불 의향 가설
>
> "사용자는 시간대별/공간별로 향의 강도와 종류를 스마트폰 앱으로 능동적으로 제어할 수 있다면, 향이 일정하게 발산되는 기존 리드 디퓨저보다 높은 만족감을 느끼고 1.5배 이상의 비용을 지불할 의사가 있을 것이다."
>
> 검증 목표: 소비자들이 '향 제어'라는 가치에 대해 추가 비용을 지불할 의사가 있는지 확인.
>
> 검증 방법: 프로토타입(앱 UI/UX 포함) 시연 후 심층 인터뷰, 가격 민감도 조사(Price Sensitivity Meter).
>
> …생략…
>
> **대상 사용자 정의 (페르소나)**
>
> 위 가설들을 검증하고 제품을 구체화하기 위한 핵심 타겟 사용자는 다음과 같이 정의할 수 있습니다.
>
> 페르소나: "스마트한 홈-케어족, 김지혜 (34세)"
>
> 인구통계학적 정보:
>
> - 이름: 김지혜
>
> - 나이: 34세
>
> - 직업: IT 기업 마케터 (재택근무 주 2회)
>
> - 거주 형태: 남편, 반려견 '마루'와 함께 경기도 신도시 아파트(25평)에 거주하는 신혼 3년차

> 라이프스타일 및 가치관:
> - Tech Savvy: 새로운 기술과 스마트홈 기기에 관심이 많은 얼리어답터. 음성인식 스피커, 로봇청소기, 스마트 조명 등을 이미 사용 중이다.
> …생략…

제미나이가 실내 디퓨저 신제품을 기획하기 위한 가설 및 대상 정의를 생성했습니다. 이 목표로 린 리서치 스프린트를 진행해보죠. 모든 팀원이 린 리서치 스프린트의 목표를 잘 이해할 수 있도록 제미나이가 생성한 목표를 복사한 후 노트북 메모에 붙여넣습니다.

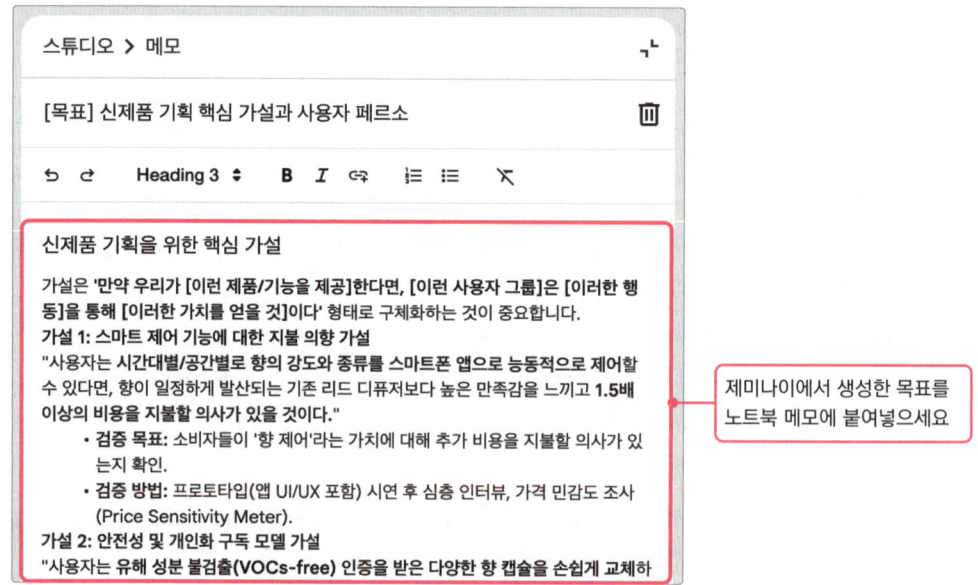

제미나이에서 생성한 목표를 노트북 메모에 붙여넣으세요

04 이제 리서치 설계를 진행하겠습니다. 기획자, 디자이너, 개발자, 마케터 이렇게 4개 직무가 각자 어떻게 리서치할 것인지 노트에 작성했다고 가정하겠습니다. 아래는 기획자의 리서치 설계 의견 예시입니다. **리서치 설계 의견에는 핵심 관점과 우선순위, 리서치 순서, 달성 지표를 반드시 포함해야 합니다.**

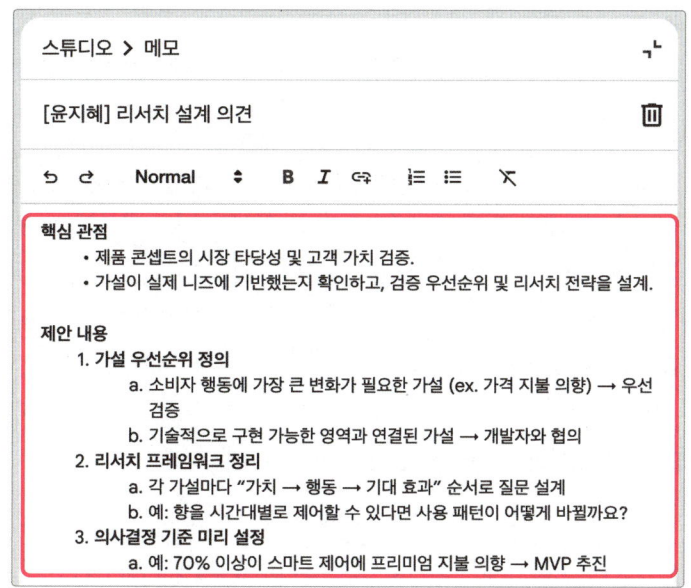

각 직무별 리서치 설계 노트를 다음과 같이 모두 작성했습니다. 목표를 포함해서 작성한 모든 리서치 설계 노트를 모두 [소스로 전환] 기능을 사용해서 소스에 추가합니다.

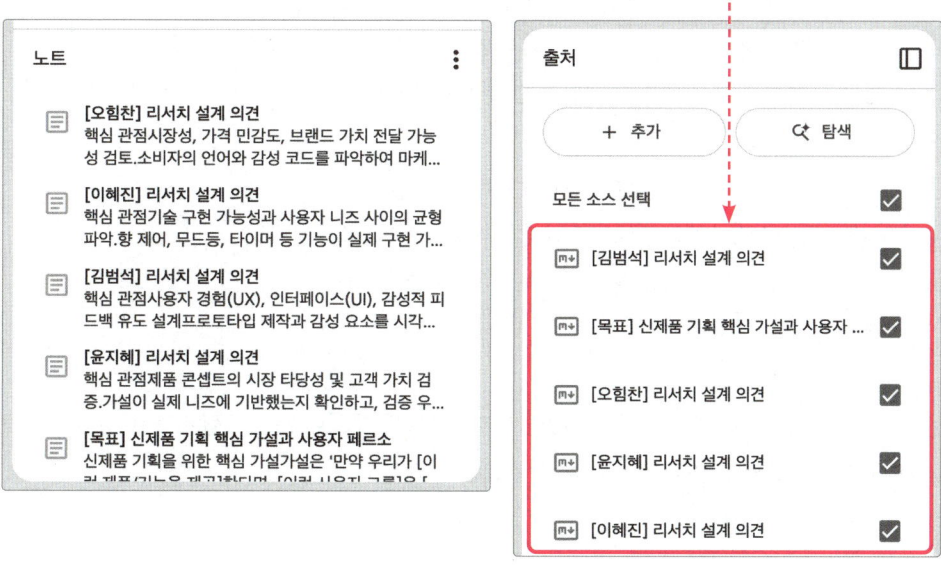

05 스프린트에 참여한 팀원들이 각 직무에서 리서치를 실행하기 위해 필요한 각자의 의견을 작성하여 소스로 모았습니다. 이제 실행하기 위한 계획이 필요하겠죠. 노트북 채팅으로 이 모든 소스를 반영해서 실행할 수 있는 리서치 계획을 요청하겠습니다.

목표를 기반으로 각자의 설계 리서치 설계 의견을 반영하여 5일 안에 실행할 수 있도록 리서치 계획을 만들어줘.

신제품 기획 목표와 핵심 가설을 바탕으로 각 리서치 설계 의견을 종합하여 5일간 실행할 수 있는 리서치 계획을 아래와 같이 제안합니다.

신제품 기획 검증 리서치 5일 실행 계획

총괄 목표: 신제품 핵심 가설 검증 및 사용자 페르소나 기반 니즈 확인, 초기 제품/서비스 방향성 수립

주요 검증 가설:

- 가설 1 (스마트 제어 지불 의향): 스마트폰 앱으로 향 제어 시 1.5배 이상 비용 지불 의사

…생략…

세부 실행 계획

Day 1: 리서치 설계 및 자료 준비 (Planning & Material Preparation)

- 오전: 가설 우선순위 및 리서치 범위 확정 (윤지혜, 이혜진)
    - 핵심 가설 4가지 재검토 및 검증 우선순위 정의: 소비자 행동에 가장 큰 변화를 유도하는 가설(예: 가격 지불 의향)을 우선 검증 → 기술 구현 가능성과의 균형 논의
    - 각 가설별 "가치 → 행동 → 기대 효과" 프레임워크 기반 질문 설계 초안 마련
- 오후: 비주얼 테스트 자료 및 프로토타입 준비 (김범석, 이혜진, 오힘찬)
    - 시각 자료 제작
        - 향 컨셉 보드 및 향별 시각적 이미지 매칭 자료
        - 디바이스 디자인 A/B 시안 (세라믹 vs 금속 vs 무광 플라스틱) 제작
        - 안전성 강조 vs 디자인 강조 카드 쌍 제작 (A/B 테스트 레이아웃)

…생략…

5일 동안 진행할 스프린트 계획이 정리되었습니다. 정리된 계획대로 스프린트를 실행해서 지표를 달성했는지 확인하면 되겠죠. 다음 예제에서 실행해봅시다.

미친활용 37 노트북LM으로 린 리서치 스프린트 실행하기

미친활용 36 **노트북LM으로 린 리서치 스프린트 시작하기**에 이어서 린 리서치 스프린트를 실행해보겠습니다. 팀원 4명은 각자 스프린트에서 해야 할 미션이 주어졌습니다. 이 미션을 5일 동안 진행했다는 가정으로 예제를 실습하겠습니다.

01 스프린트 내용을 일자별로 노트에 기록했다고 가정하겠습니다. 다음 이미지는 스프린트 1일 차 노트 예시입니다. 1일 차가 마무리되었다면 [소스로 전환] 기능을 사용해서 노트를 소스로 추가합니다.

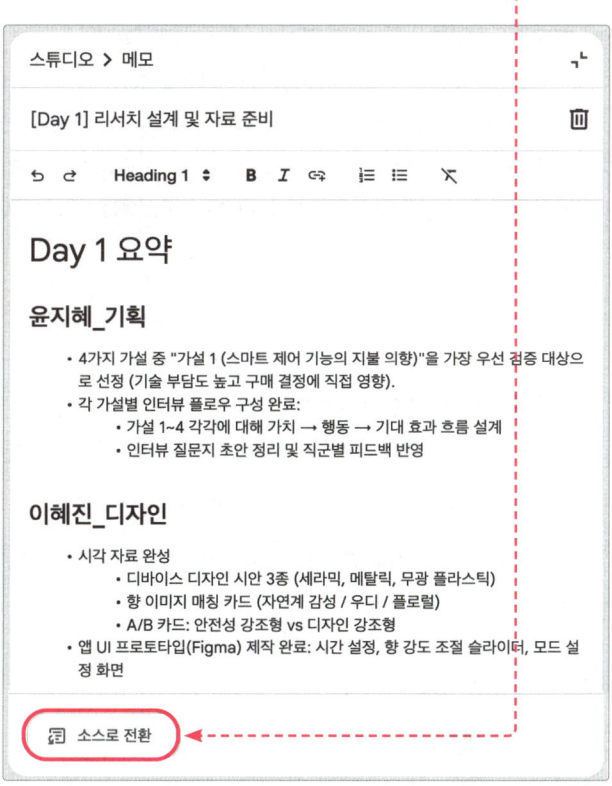

02 각 팀원이 작업한 자료가 있다면 각자 소스에 추가합니다. 소스에 추가해놓으면 노트북LM 내에서 진행 상황을 파악하거나 필요한 소스에 편하게 접근할 수 있습니다.

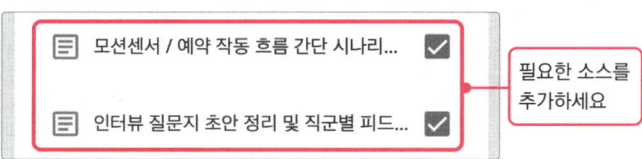

03 실행 1일 차가 끝났으니 진행 상태를 확인해보겠습니다.

> 1일 차 실행 내용을 확인하고, 전체 계획에서 각 직무별 진행 상태를 정리해줘.

> 1일 차 실행 내용을 바탕으로 각 직무별 진행 상태는 다음과 같습니다
>
> 윤지혜_기획
>
> - 진행 내용
>   - 4가지 가설 중 "가설 1 (스마트 제어 기능의 지불 의향)"을 가장 우선 검증 대상으로 선정했습니다. 이 가설은 기술 부담도가 높고 구매 결정에 직접적인 영향을 미치기 때문에 우선순위로 정해졌습니다.
>   - 가설(1~4)별로 가치 → 행동 → 기대 효과 흐름의 인터뷰 플로우 구성이 완료되었습니다.
>   - 인터뷰 질문지 초안을 정리하고 직군별 피드백을 반영했습니다. 특히, 디자이너 이혜진의 피드백에 따라 감성 질문 앞에 향 컨셉 보드 이미지 제시를 추가했고, 개발자 김범석의 피드백에 따라 기능 관련 질문 중 기술적 가능 수준을 넘는 내용은 기대 기능 수준으로 조정했습니다. 마케터 오힘찬의 피드백에 따라 PSM 설문 블록을 질문지에 삽입했습니다.
>
> …생략…

각 팀원이 1일 차에 무엇을 했는지 정리해서 보여주는 걸 확인할 수 있습니다. 이렇게 정리한 내용을 바탕으로 각 팀원은 자신과 연관된 작업을 탐색할 수 있습니다. 예를 들어, 마케터라고 해봅시다. "**마케터 오힘찬의 피드백에 따라 PSM 설문 블록을 질문지에 삽입했습니다.**"라는 부분이 보입니다. 마케터의 의견이 기획자의 작업에 반영되었다는 거죠. 이를 확인하려면 해당 텍스트 끝에 있는 [출처]를 클릭합니다.

> 용은 기대 기능 수준으로 조정했습니다 ②. 마케터 오힘찬의 피드백에 따라 PSM 설문 블록을 질문지에 삽입했습니다 ②.

그럼 왼쪽의 출처 패널이 열리면서 해당 내용을 기획자가 작성하여 소스에 추가한 **인터뷰 질문지 초안 정리 및 직군별 피드백 반영**에서 불러온 걸 확인할 수 있습니다.

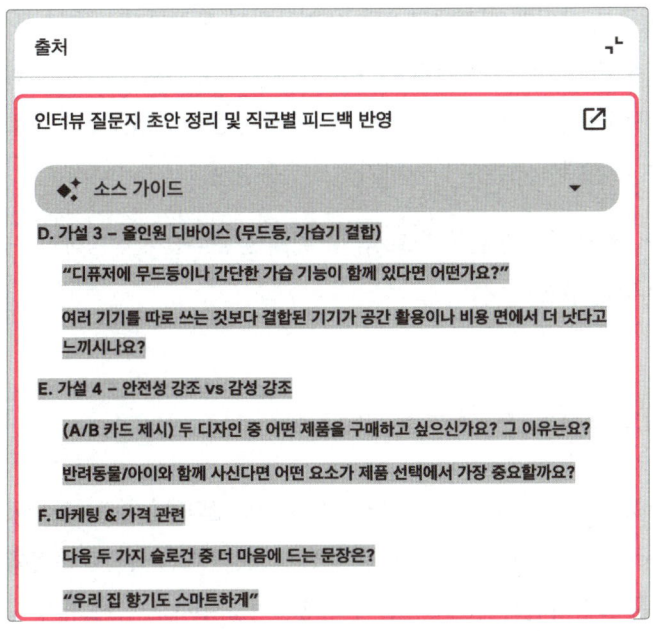

전체 문서를 확인하고 싶다면 소스의 제목 또는 제목 오른쪽의 [새 탭에서 열기] 버튼을 클릭합니다. 그러면 기획자가 작성한 문서로 바로 이동할 수 있습니다.

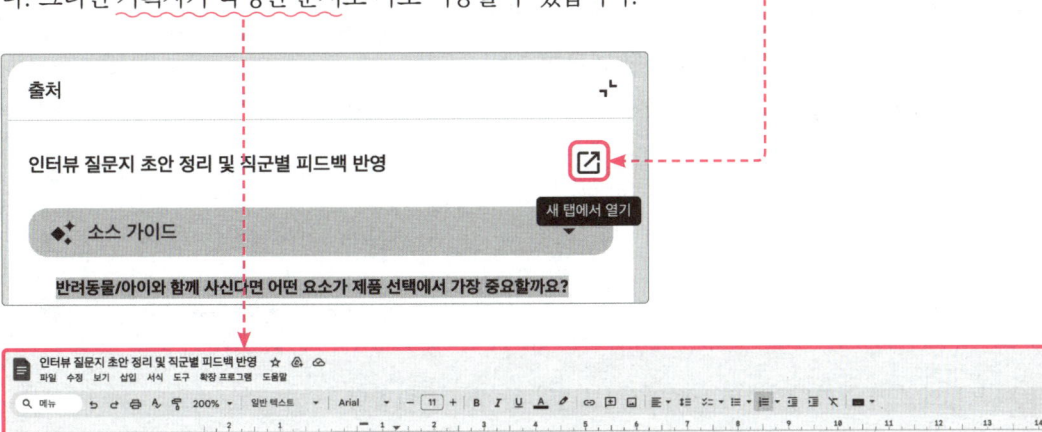

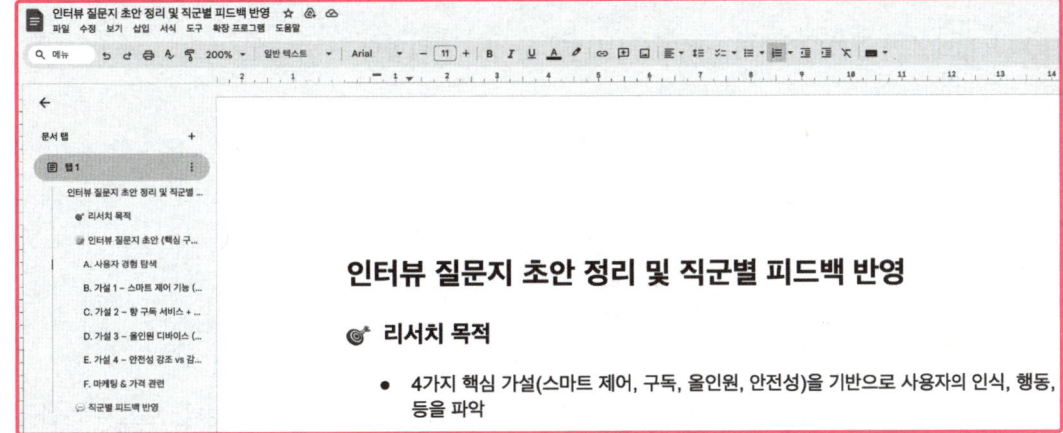

계획에 따라서 각자 작업을 수행했기 때문에 어떻게 진행되고 있는지 하나하나 파악하기 어렵고, 작업 내용을 놓칠 수도 있습니다. 노트북LM을 협업에 활용하면 스프린트 실행 중 일어나는 일들을 쉽게 공유하거나 탐색할 수 있습니다. 피드백 같은 내용도 소스로 잘 생성해놓으면 피드백이 스프린트에 반영되었는지, 빠진 부분이 있어서 더 추가해야 하는지 파악하기에도 유용합니다.

이런 방식으로 각 팀원이 계획에 따라서 해야 할 작업들을 노트북LM 내에 공유하면서 진행하면 린 리서치 스프린트를 훨씬 쉽게 관리할 수 있습니다.

미친 활용 38 노트북LM으로 린 리서치 스프린트 평가하기

마지막은 5일 동안의 스프린트가 잘 진행되었는지 결과를 평가하는 것입니다. **결과 평가에는 인사이트 도출 및 의사결정과 함께 스프린트에서 발생한 문제들과 어떻게 해결했는지 문제 해결 과정을 포함해야 합니다.** 노트북LM에 모든 작업 과정을 공유하면서 스프린트를 진행했다면 너무나도 쉽게 평가 작업을 진행할 수 있겠죠.

01 노트북LM으로 린 리서치 스프린트를 평가하려면 모든 스프린트 과정에서 발생한 기록과 자료가 소스에 추가된 상태여야 합니다.

02 모든 소스가 추가되었다면 노트에서 [브리핑 문서]를 클릭합니다.

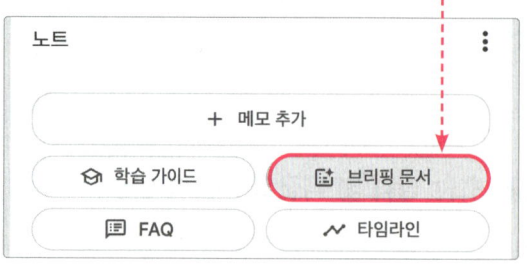

그럼 이 스프린트의 내용과 과정을 모두 파악할 수 있는 보고서가 생성됩니다. 보고서 하단을

보면 스프린트의 결론이 어떻게 지어졌는지, 향후 계획은 무엇인지 쉽게 파악할 수 있게 정리되었네요. [소스로 전환]을 클릭하여 보고서를 소스에 추가합니다.

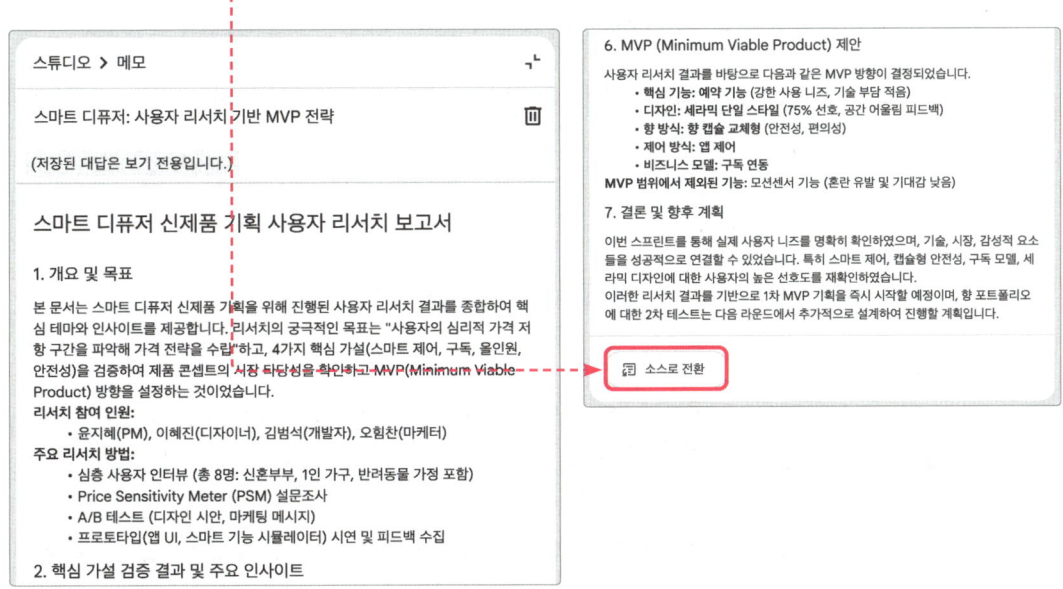

03 스프린트 과정과 결과를 통해 확인한 인사이트와 의사결정 내용을 채팅을 통해 확인해보겠습니다.

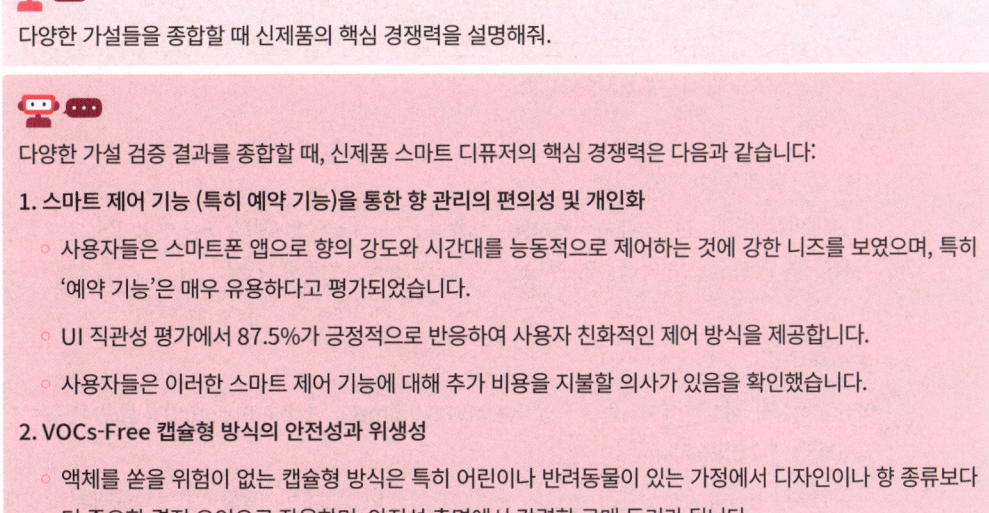

Chapter 17 노트북LM으로 신제품 기획 협업하기 239

스프린트에서 발견한 인사이트를 잘 정리하는 걸 확인할 수 있습니다. 하지만 우리가 협업에서 확인하고 싶은 건 왜 스프린트에서 이런 인사이트를 도출하게 되었는지, 실제 가설을 검증한 결과인지, 어떻게 의사결정이 이루어졌는지일 것입니다.

04 위에서 정리한 내용 중 VOCs-Free 캡슐형 방식의 의사결정 과정을 알려달라고 요청하겠습니다.

VOCs-Free 캡슐형 방식이 구매 동기가 될 것으로 결정된 의사결정 과정을 설명해줘.

VOCs-Free 캡슐형 방식이 신제품의 중요한 구매 동기가 될 것이라는 의사결정 과정은 다음과 같은 가설 설정, 검증 방법, 그리고 리서치 결과를 통해 이루어졌습니다:

1. 가설 설정 및 검증 목표
- 가설 2 (안전성 및 개인화 구독 모델 가설): "사용자는 유해 성분 불검출(VOCs-free) 인증을 받은 다양한 향 캡슐을 손쉽게 교체하고, 개인의 취향에 맞는 향을 정기적으로 구독할 수 있는 서비스가 있다면, 초기 디바이스 구매의 심리적 장벽을 넘어 기꺼이 월 1~2만 원대의 구독료를 지불할 것이다." 이 가설은 '안전성'과 '개인화된 편리함'이 지속적인 구독 모델로 이어질 수 있는지 확인하는 것을 목표로 했습니다.

…생략…

2. 검증 방법
- 두 가설 모두 심층 사용자 인터뷰와 A/B 테스트가 주요 검증 방법으로 활용되었습니다.
- 특히 가설 4를 검증하기 위해 안전성을 강조한 컨셉과 디자인/향을 강조한 컨셉을 A/B 테스트 형식으로 제시하고 선호도 및 그 이유를 조사했습니다.

…생략…

3. 리서치 결과 및 주요 인사이트
- 향 교체 방식 선호도: 인터뷰에서 사용자들은 캡슐형 방식에 대해 "캡슐형은 좋은 아이디어, 쏟을 걱정 없어서 좋다"며 위생, 안전, 편의성 측면에서 높은 관심과 긍정적인 반응을 보였습니다

…생략…

4. 최종 의사결정
- 이러한 정량적, 정성적 데이터들을 종합하여, MVP(Minimum Viable Product)의 향 방식으로 '향 캡슐 교체형'이 채택되었습니다.
- 이는 캡슐형 방식이 가진 안전성, 위생성, 편의성이 특히 어린이나 반려동물이 있는 가구에서 강력한 구매 동기로 작용하며, 디자인이나 향 종류보다 더 중요한 결정 요인으로 확인되었기 때문입니다.

…생략…

신제품에 VOCs-Free 캡슐형 방식을 선택하게 된 가설 설정과 검증 목표, 실행한 검증 방법, 리서치 결과와 인사이트, 최종 의사결정을 잘 설명하여 정리해주는 걸 확인할 수 있습니다. 이 노트북만 공유할 수 있다면 누구든 스프린트를 통해 어떤 과정으로 신제품 전략이 결정되었는지 쉽게 이해할 수 있겠죠.

05 마지막으로 스프린트에서의 문제 해결 과정과 이 과정을 토대로 향후 스프린트를 실행할 때 도움될 피드백을 요청하겠습니다.

> 스프린트 진행 과정에서 발생한 문제들과 각 팀원들의 문제 해결 과정을 정리하고, 향후 스프린트 때 도움될 피드백을 남겨줘.

스프린트 진행 과정에서 발생했던 문제점들과 각 팀원들의 문제 해결 과정, 그리고 향후 스프린트에 도움이 될 피드백은 다음과 같습니다.

1. 스프린트 진행 중 발생 문제점 및 해결 과정

1.1. Figma 프로토타입 앱 슬라이더 반응 속도 지연

- 문제점: Day 2 사용자 리서치 실행 중, Figma로 제작된 프로토타입 앱의 슬라이더 기능 반응이 느려 인터뷰 진행에 차질이 발생했습니다.
- 문제 해결: 개발자 김범석은 즉시 간이 HTML 시뮬레이터 링크를 대안으로 제안하고 적용하여 리서치 흐름이 끊기지 않도록 조치했습니다.
- 관련 팀원: 김범석 (개발자)

…생략…

2. 향후 스프린트를 위한 피드백

이번 스프린트에서 발생한 문제점들과 팀원들의 해결 과정을 통해 다음 스프린트에서 더 효율적이고 매끄러운 진행을 위한 몇 가지 피드백을 도출할 수 있습니다.

2.1. 사전 준비 및 테스트 강화

- 모든 프로토타입(앱 UI, 스마트 기능 시뮬레이터 등)은 실제 사용자 인터뷰 전에 철저한 내부 테스트를 거쳐야 합니다. 예상치 못한 기술적 문제(예: Figma 슬라이더 반응 속도) 발생 시 즉시 대응할 수 있는 백업 플랜을 항상 준비해야 합니다.
- 인터뷰 진행 전, 제품의 기본적인 사양(향 분사 지속 시간, 용량 등)에 대한 FAQ를 미리 준비하고 팀원들과 공유하여, 사용자 질문에 즉각적으로 대응할 수 있도록 해야 합니다.
PM은 이러한 정보의 준비 상태를 미리 점검해야 합니다.

…생략…

스프린트 과정에서 어떤 문제가 발생했는지, 이 문제들을 해결하기 위해 누가 어떻게 대응했는지, 그리고 문제 해결 과정에 기반하여 향후 스프린트 때 효율적으로 진행하기 위해서 어떤 부분들을 개선해야 하는지까지 노트북LM에서 도출해내는 걸 확인할 수 있습니다.

노트북LM이 등장하기 이전에도 다양한 방법으로 수많은 프로젝트가 린 리서치 스프린트를 실행해왔습니다. 하지만 사람이 하는 일이기 때문에 아주 우수한 스크럼 마스터가 진행하는 게 아니라면 대부분 추적이나 평가에서 누락되는 부분이 생기기 마련이었습니다. 특히 평가에서 동료의 피드백에 상처를 입거나 의사소통 과정에서 오해가 발생하는 등 문제가 일어나기도 하고요.

노트북LM을 활용해서 협업하면 각 직무의 팀원들은 자신의 작업에 온전히 집중할 수 있고, 스프린트 과정에서 발생한 문제를 기반으로 AI가 진단한 피드백을 통해 부족한 점을 개선하고 역량을 성장시키는 데 몰입할 수 있게 됩니다. 협업에 어려움을 겪고 있다면 꼭 노트북LM을 도입해보기 바랍니다.

> **NOTE** **스크럼 마스터**(Scrum Master)는 협업 과정에서 팀이 원칙과 규칙을 올바르게 이해하고 따를 수 있도록 지원하는 역할입니다. 팀이 효과적으로 일할 수 있도록 장애물을 제거하고, 프로세스를 개선하는 것으로 관리자가 아닌 팀이 스스로 목표를 달성할 수 있도록 도와주는 서번트 리더(Servant Leader)로 분류합니다.

이게 되네?

PART 06

노트북LM 응용하기

여기서 공부할 내용

앞서 노트북LM을 리서치, 기획과 협업 등을 통해 현업에서 활용할 수 있는 심화 단계를 배워보았습니다. Part 06 노트북LM 응용하기에서는 지금까지 배운 노트북LM 활용법을 응용한 다양한 미친 활용법을 배워보겠습니다.

💬 이 그림은 제미나이에게 "선글라스 쓴 수달이 자동차를 운전하는 정면 모습을 만화 스타일의 삽화로 그려줘."라고 요청하여 받았습니다.

노트북LM으로 팟캐스트 영상 만들기

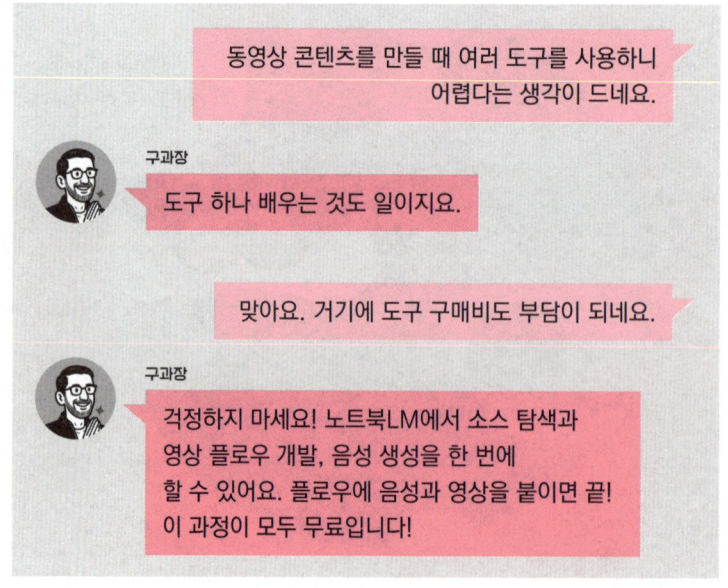

노트북LM에 AI 음성 개요 기능이 처음 추가되었을 때 많은 사람이 떠올린 것이 바로 팟캐스트입니다. 별다른 녹음이나 스크립트 없이도 팟캐스트를 만들 수 있다는 점이 인상적이었기 때문이죠. 하지만 실제 팟캐스트 영상을 제작하려면 효율적인 순서가 중요합니다. Chapter 18 **노트북LM으로 팟캐스트 영상 만들기**에서는 노트북LM의 탐색과 AI 음성 개요 기능, 제미나이의 동영상 생성 기능을 사용해서 누구나 쉽게 팟캐스트 영상 만드는 방법을 알아보겠습니다.

미친 활용 39 | 노트북LM으로 팟캐스트 음성 생성하기

한라산을 소개하는 팟캐스트 영상을 제작하겠습니다. 앞에서 배운 노트북LM의 모든 기능을 활용하겠습니다. **자세한 설명은 생략하고 진행되므로 기능이 익숙하지 않다면 앞의 실습을 모두 마치고 나서 이 실습을 진행하기 바랍니다.**

01 노트북LM에서 새 노트북을 생성한 후 [소스 검색]으로 한라산 소개, 한라산 지형, 한라산 역사의 소스를 탐색하여 추가하겠습니다.

소스 검색하여 추가하세요

02 추가된 소스로 생성할 동영상의 플로우를 채팅으로 요청하겠습니다.

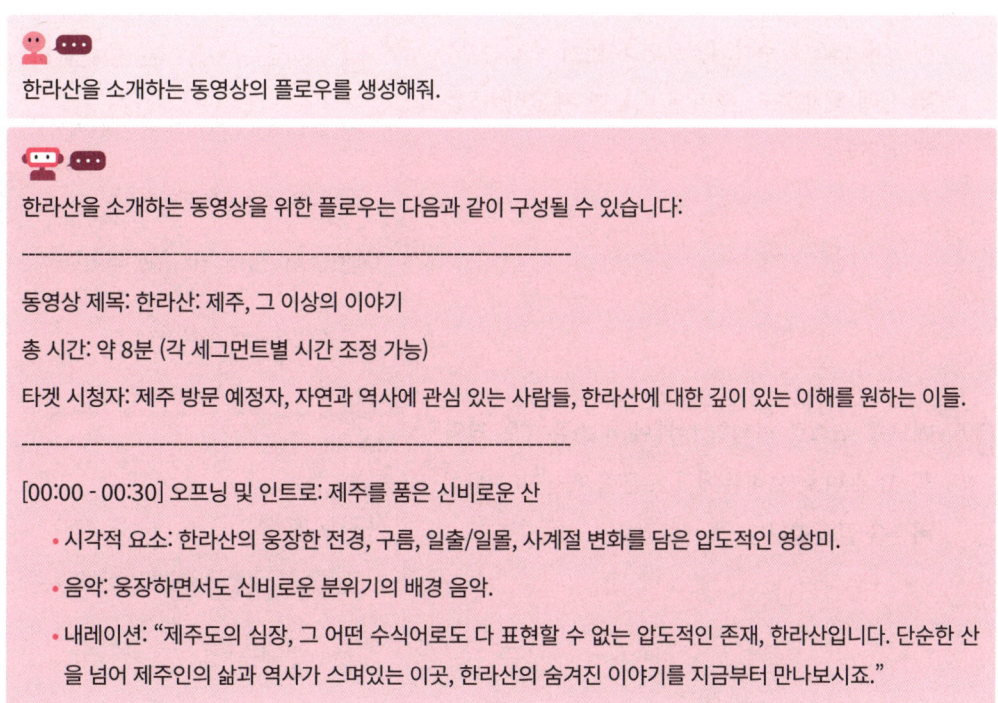

- 텍스트 오버레이: "한라산: 제주, 그 이상의 이야기"

…생략…

생성하려는 동영상의 플로우가 잘 만들어졌네요. 채팅 응답 하단의 [메모에 저장]을 클릭하여 노트에 메모로 추가합니다.

03 추가된 메모를 클릭한 후 하단의 [소스로 전환]을 클릭합니다.

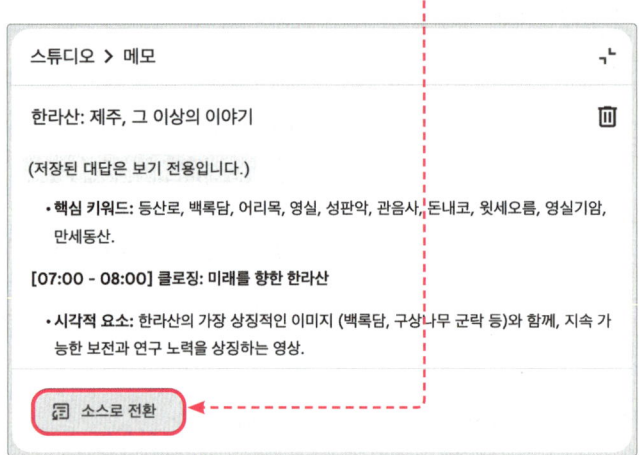

메모가 소스에 추가되었으면 나머지 소스는 모두 선택 해제하고, 추가된 메모만 체크하여 선택합니다.

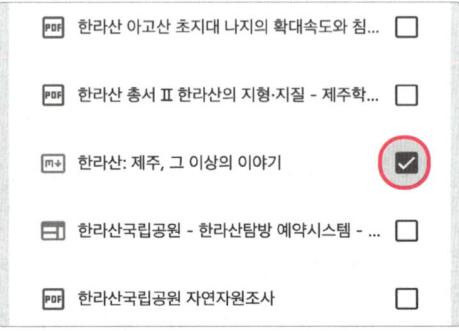

04 메모를 소스로 선택한 상태에서 스튜디오 영역의 AI 오디오 오버뷰에서 오른쪽 하단의 [생성] 버튼을 클릭합니다.

몇 분 만 기다리면 생성한 동영상 플로우에 일치하는 AI 음성 개요가 생성됩니다. 메뉴에서 [다운로드]를 클릭하여 동영상에 사용할 음성을 내려받습니다.

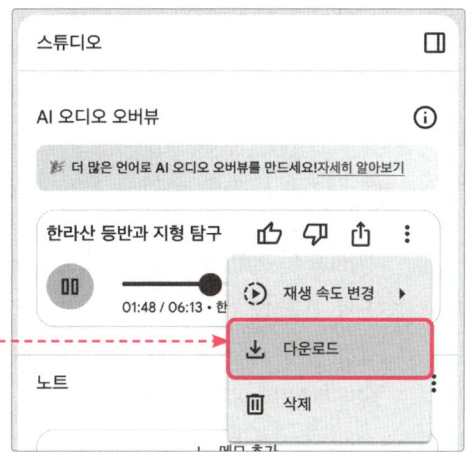

노트북LM에 활용했다면 이 과정을 완료하기까지 5분도 채 걸리지 않았을 겁니다. AI 음성 개요를 생성하는 시간을 제외하면 1분 만에 완료할 수 있을 정도로 간단합니다.

미친활용 40 제미나이로 팟캐스트 동영상 만들기

팟캐스트에 사용할 음성을 생성했으니 이번에는 시각 영상을 생성하겠습니다. 시각 영상은 제미나이에서 비오 3를 사용해서 생성하겠습니다.

01 노트북LM에서 생성한 동영상 플로우에서 각 장면에 관한 설명만 드래그하여 `Ctrl + C`를 눌러 복사합니다.

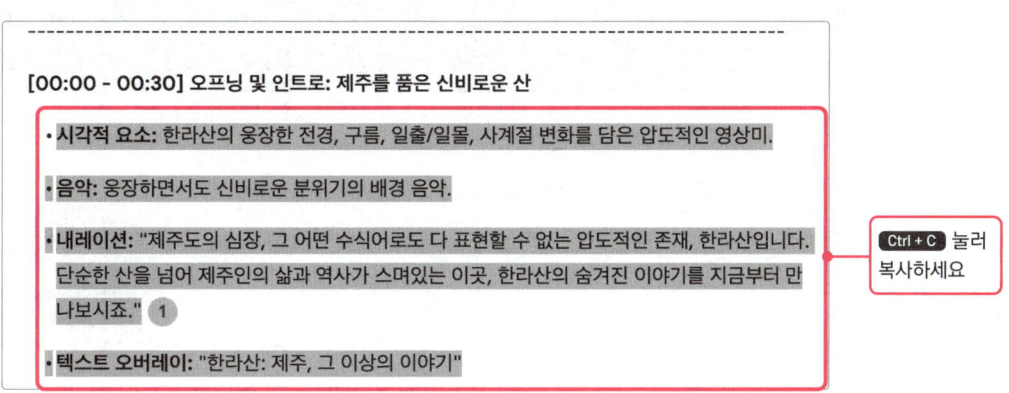

Chapter 18 노트북LM으로 팟캐스트 영상 만들기 247

02 제미나이에 접속 후 동영상 생성을 선택하고 프롬프트 입력란에 Ctrl + V 를 눌러 복사한 내용을 붙여넣습니다.

입력한 프롬프트에 대한 장면이 동영상으로 생성되었습니다. 동영상 오른쪽 상단의 [⬇ 동영상 다운로드] 버튼을 클릭하여 동영상을 다운로드합니다.

03 음성과 시각 영상만 있으면 어떤 동영상 편집 도구를 쓰더라도 동일하게 편집할 수 있습니다. 이 책에서는 Chapter 13 제미나이와 구글 비즈로 영상 작업하기를 실습했으므로 구글 비즈를 사용하겠습니다. 구글 비즈에 접속하여 새 동영상을 생성합니다.

구글 비즈 하단의 타임라인 부분에 앞서 다운로드한 영상 파일을 드래그 앤 드롭으로 추가합니다. 그럼 다음과 같이 생성한 동영상이 추가된 걸 확인할 수 있습니다.

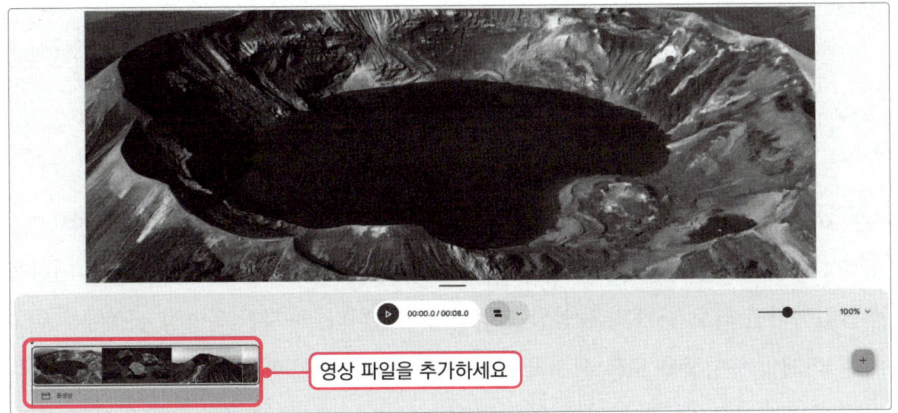

04 동영상이 추가된 타임라인 아래에 노트북LM에서 생성한 AI 음성 개요 파일을 추가합니다. 그럼 동영상에 음성이 포함됩니다.

하지만 비오 3부터 동영상이 음성과 함께 생성되므로 동영상 내 음성 때문에 AI 음성 개요의 음성이 잘 들리지 않을 수 있습니다. 그래서 동영상에 포함된 소리를 없애야 합니다.

05 타임라인에서 동영상 이미지 아래 노란색으로 [동영상]이라고 표시된 부분에서 마우스 오른쪽 클릭을 한 다음 [소리]를 누릅니다.

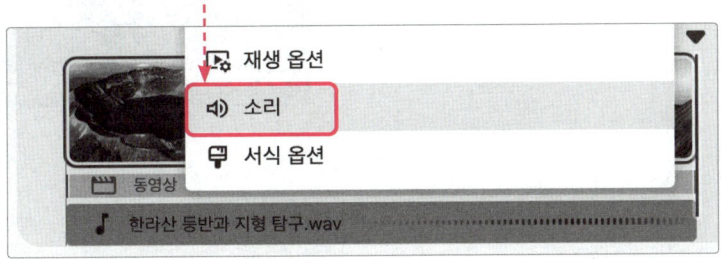

그럼 오른쪽 측면 패널에 **소리** 메뉴가 나타납니다. 볼륨 부분에서 소리를 0%까지 줄이고, 음소거에 체크를 해줍니다.

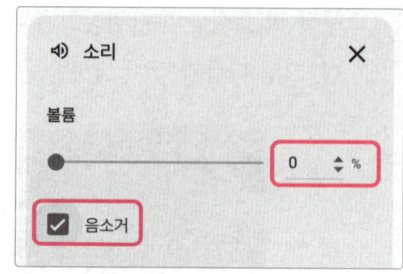

06 다음으로 동영상을 반복 재생해서 길이를 늘리는 방법을 배우겠습니다. AI 음성 개요는 약 6분짜리 음성입니다. 하지만 제미나이에서 생성하는 동영상의 길이는 8초로 음성 길이만큼 시각 영상을 삽입하려면 최소 45개의 동영상을 생성해야 합니다. 하지만 동영상 생성에는 한계가 있기 때문에 45개의 동영상을 모두 생성하기는 어렵습니다. 그럴 때는 영상을 반복 재생하여 길이를 늘리는 방법을 사용해야 합니다.

먼저 [타임라인 동영상]을 누르고 동영상 위에서 마우스 오른쪽 클릭을 다음 [재생 옵션]을 누릅니다.

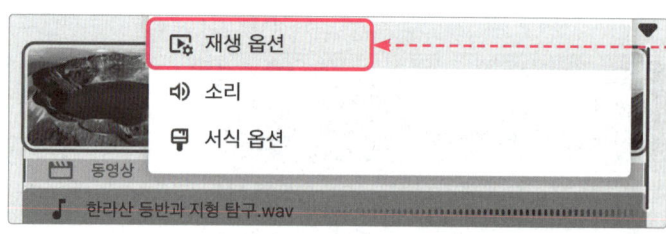

오른쪽 측면 패널에 재생 메뉴가 나타납니다. Effects 부분에서 [동영상 연속 재생]을 체크합니다.

다시 타임라인으로 돌아간 다음 동영상을 클릭한 상태로 오른쪽 모서리의 길이 조절 기능을 사용해서 동영상의 길이를 늘립니다.

그러면 1개 동영상이 늘어난 길이만큼 반복되는 영상으로 채워지는 걸 확인할 수 있습니다.

이제 위 과정을 반복해서 새로운 동영상을 생성하고 타임라인에 반복 설정하여 이어붙이면 6분 이상의 동영상도 15~20개 이미지만 사용해서 만들 수 있습니다.

지금까지 제미나이로 동영상을 생성하고 구글 비즈에 음성과 함께 반복해서 이어붙이는 방법을 알아보았습니다. 이 과정을 반복하면 동영상으로 호스트와 게스트가 대화하는 음성이 결합한 팟캐스트를 생성할 수 있습니다.

07 동영상을 완성하고 나서 메뉴에서 ❶ [파일] → ❷ [MP4로 다운로드]를 클릭하면 동영상을 다운로드 할 수 있습니다.

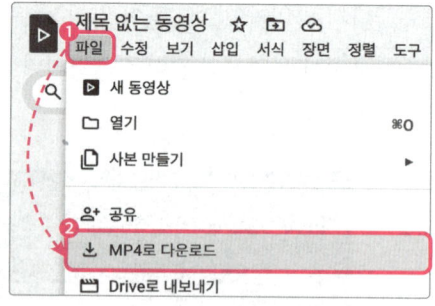

완성된 약 6분 분량의 팟캐스트 영상이 다운로드되었습니다. 영상은 유튜브에 공유하는 등 자유롭게 활용할 수 있습니다.

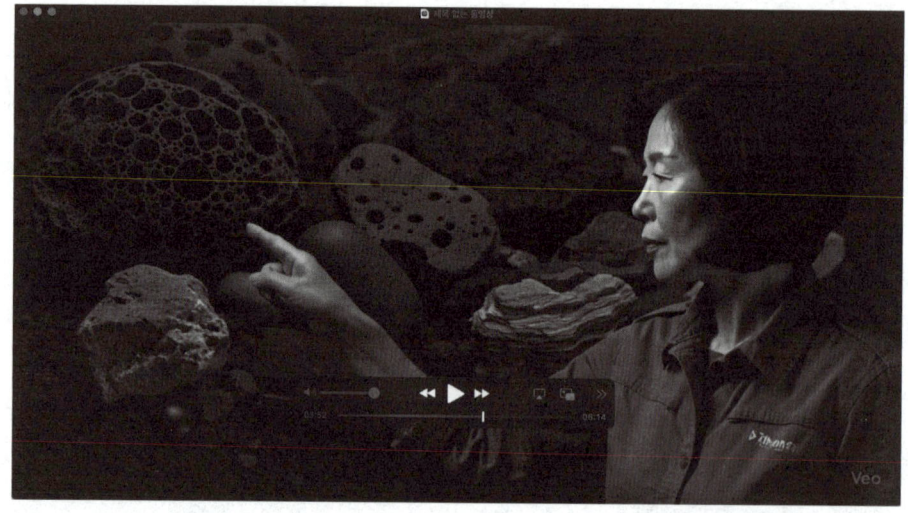

지금까지 노트북LM과 제미나이를 활용해서 팟캐스트 영상을 만들어보았습니다. AI 음성 개요는 제미나이에서도 사용할 수 있지만, 노트북LM에서 생성할 경우 소스 탐색과 영상 플로우 개발, 음성 생성을 한 번에 할 수 있다는 장점이 있죠. 제미나이는 영상 생성에만 활용해도 충분합니다. 노트북LM과 제미나이로 다양한 용도의 팟캐스트 영상을 만들어보기 바랍니다.

Chapter 19

노트북LM으로 지식 베이스 활용하기

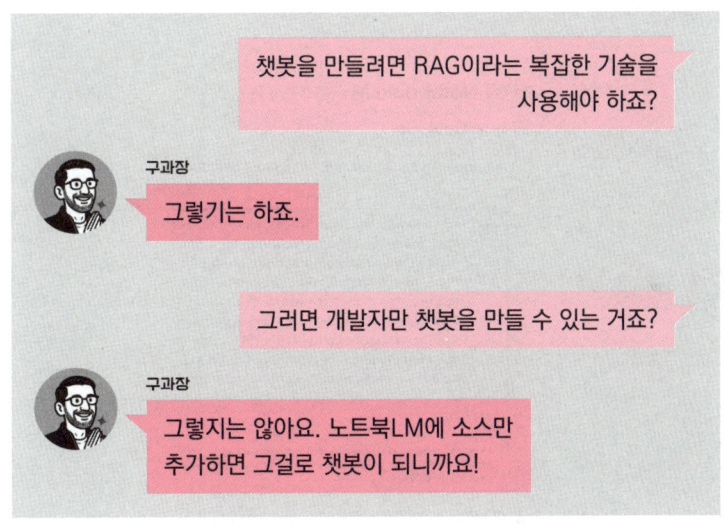

노트북LM은 하나의 프로젝트이자 지식 베이스입니다. 지금까지는 업무에 노트북LM을 활용하기 위해 지식 베이스를 만드는 방식으로 실습했습니다. Chapter 19 **노트북LM으로 지식 베이스 활용하기**에서는 지식 베이스 기반으로 노트북LM을 활용하는 방법을 배워보겠습니다.

| 미친 활용 41 | **노트북LM으로 나만의 레시피북 만들기**

유튜브나 블로그에서 마음에 드는 요리 레시피를 발견했나요? 이제 노트북LM으로 정리하여 나만의 레시피북으로 만들어 관리해보세요. 언제든 꺼내어 써먹을 수 있는 AI 음식디미방이 될 겁니다.

01 예제에서는 파스타 레시피북을 만들겠습니다. 꼭 파스타만 가능한 건 아니므로 다양한 요리 방법을 레시피북으로 만들어보세요.

유튜브에서 15개의 파스타 레시피 영상을 준비했습니다. 새 노트북을 생성하고 유튜브 영상 링크를 소스에 추가합니다. [웹사이트]와 [YouTube]로 구분되어 있어서 유튜브 링크를 추가할 때 보통 [YouTube]를 선택하는데 한 번에 1개의 링크만 추가할 수 있다는 단점이 있습니다. [웹사이트]를 선택하면 다른 링크처럼 유튜브 링크도 대량으로 추가할 수 있으니 [웹사이트]를 선택해서 추가하세요.

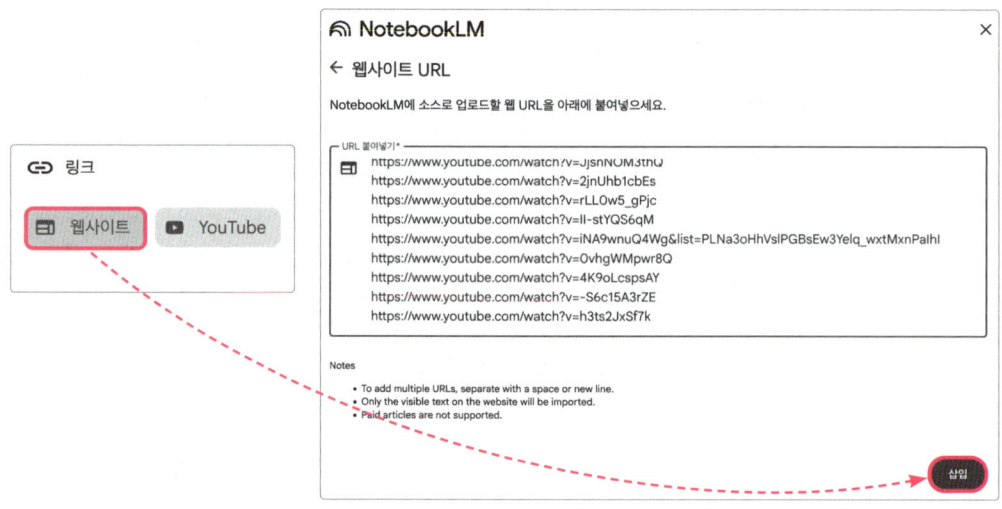

소스를 추가했더니 **진짜 맛있는 파스타 비법**이라는 개요가 생성되는 걸 확인할 수 있습니다. 개요만 읽어도 맛있는 파스타를 요리할 수 있을 것 같은 자신감이 생기네요.

> **채팅**
>
> **진짜 맛있는 파스타 비법**
>
> 소스 15개
>
> 제공된 자료는 주로 **파스타 요리법**에 대한 YouTube 동영상 스크립트 발췌본입니다. 여기에는 **수제 파스타 면**을 만드는 과정부터, **다양한 소스를 활용한 파스타 요리**(예: 참치 파스타, 버섯 파스타, 크림 파스타, 카르보나라 등)까지 다룹니다. 각 영상은 **재료 손질, 조리 기술, 맛의 비결**, 그리고 **요리를 즐기는 팁**을 상세히 설명하며, 일부는 **특정 재료의 특성**이나 **요리 과정에서의 주의사항**까지 포함하고 있습니다.

02 완성된 파스타 레시피북을 활용해서 요리를 대접할 대상에 맞춘 레시피를 채팅으로 요청해보겠습니다.

매운 걸 못 먹는 아이들을 위한 파스타 레시피를 알려줘.

매운 음식을 잘 먹지 못하는 아이들을 위해 다양한 파스타 레시피를 활용할 수 있습니다. 소스에서 매운맛을 내는 재료를 제외하거나, 본래 순한 맛을 내는 소스를 선택하여 아이들도 맛있게 즐길 수 있는 파스타를 만들 수 있습니다.

다음은 소스에서 매운맛을 내는 재료를 제외하거나, 본래 순한 맛을 내는 파스타 레시피들입니다:

1. 클래식하고 풍성한 맛의 파스타

- **볼로네제 (미트 소스 파스타)**: 이탈리아의 볼로냐 지방 요리인 미트 소스 파스타는 기본적으로 고기와 토마토의 풍부한 맛을 내는 것이 특징입니다. 다진 고기(소고기 70%, 돼지고기 30% 혼합육)와 다진 양파, 토마토(홀 토마토 캔 또는 주스)를 사용하여 진하고 깊은 맛을 냅니다. 고기를 팬에 잘 구워 풍미를 더하고, 육즙이 나오지 않도록 주의하며 볶는 것이 중요합니다. 와인을 사용하기도 하지만, 없다면 물로 대체할 수 있습니다. 소금, 후추 외에 매운 재료는 들어가지 않아 아이들이 먹기 좋습니다.

- **크림 소스 파스타 (파파르델레)**: 에피큐리어스 채널의 셰프는 달걀 반죽으로 만든 파파르델레 면에 크림 소스를 곁들였습니다. 크림 소스는 일반적으로 길고 얇은 면과 잘 어울리며, 부드럽고 풍부한 맛이 특징입니다. 매운 재료를 추가하지 않고 크림의 부드러움을 살리면 아이들이 특히 좋아할 만한 레시피입니다.

…생략…

매운맛을 내는 재료를 뺀 파스타를 종류별로 정리해줬습니다. 영상 하나의 레시피를 불러온 것이 아니라 각 영상의 조리 방법들을 참고해서 주의할 점, 대체할 수 있는 재료 등을 함께 설명해주는 걸 확인할 수 있습니다.

03 파스타는 종류별로 잘 정리되었지만, 각 파스타의 구체적인 조리 방법은 확인할 수 없네요. 메뉴 하나를 지정해서 재료와 조리법을 차례대로 설명해달라고 요청해야 합니다. 볼로네제의 구체적인 조리 방법을 요청하겠습니다.

> 볼로네제 (미트 소스 파스타)의 재료와 조리법을 요리 초보도 이해할 수 있게 차례대로 설명해줘.

> 매운 음식을 잘 먹지 못하는 아이들을 위해, 미슐랭 1스타 셰프가 가르쳐주는 볼로네제 (미트 소스 파스타) 레시피를 따라 해볼 수 있습니다. 이 볼로네제는 이탈리아 볼로냐 지방의 요리로, 간단히 말해 미트 소스 파스타라고 할 수 있습니다.
>
> **재료**
> - 기본 재료
>   - 올리브 오일
>   - 다진 마늘
>   - 다진 양파
>   - 다진 고기 (소고기 70%, 돼지고기 30% 혼합육)
>
> …생략…
>
> **조리법 (요리 초보를 위한 단계별 설명):**
>
> 1. 마늘 향 올리기
>   - 프라이팬에 올리브 오일과 다진 마늘을 넣고 센 불에 올립니다.
>   - 기름이 끓기 시작하거나(즉, 충분히 뜨거워져서 소리가 나기 시작하면) 불에서 내려줍니다.
>   - 남아있는 팬의 열로 마늘이 노릇해지지 않도록 천천히 향을 우려냅니다. 마늘이 좋은 색을 띠고 포슬포슬한 향이 나면 좋습니다.
>
> 2. 채소 볶기 (소프리토)
>   - 같은 팬에 다진 양파를 넣고 볶습니다.
>   - 양파를 볶을 때 '소리가 멈출 때까지' 볶는다고 표현하는데, 이는 채소의 단맛이 충분히 우러나올 때까지 볶는다는 의미입니다. 이 과정을 '소프리토(Soffritto)'라고 합니다.
>
> …생략…

볼로네제 재료와 조리법을 초보자도 이해할 수 있도록 친절한 설명으로 생성했습니다. 이 레시피가 마음에 든다면 응답 하단의 [메모 추가]를 클릭하여 노트에 기록하세요. 언제든 레시피를 꺼내서 사용할 수 있겠죠.

04 AI 음성 개요를 통해 나만의 요리 코치를 음성으로 생성할 수도 있습니다. 노트의 레시피를 소스로 전환한 후 출처에서 레시피 노트만 체크하여 **레시피 순서와 조리 타이밍에 맞춰서 조리를 가이드해줘**라고 맞춤 설정하여 AI 음성 개요를 생성해보세요. 나만의 파스타 레시피를 음성으로 듣고 따라 할 수 있습니다.

05 이번에는 한정된 재료로 만들 수 있는 창작 파스타 레시피를 알려달라고 요청하겠습니다. 아래 내용을 채팅에 입력하세요.

> 집에 스파게티 면, 올리브 오일, 후추, 소금, 옥수수 통조림, 깻잎 뿐이야. 재료들로 만들 수 있는 파스타 조리법을 개발해줘.

> 주어진 재료인 스파게티 면, 올리브 오일, 후추, 소금, 옥수수 통조림, 깻잎만을 활용하여 풍미 가득한 파스타를 만드는 조리법을 개발해 드리겠습니다. 이 레시피는 재료 본연의 맛과 향을 최대한 살리고, 소스 자료에서 언급된 파스타 조리 및 소스 유화(만테카투라) 기술을 적용했습니다.

> 깻잎 옥수수 오일 파스타
>
> 개념: 제한된 재료 안에서 옥수수의 은은한 단맛과 고소함, 그리고 깻잎의 신선한 향을 올리브 오일과 파스타 삶은 물로 유화시킨 부드러운 소스와 결합하여 깊은 풍미를 내는 파스타입니다.
>
> 재료
> - 스파게티 면: 1인분 (약 80-100g)
> - 올리브 오일: 넉넉하게 (약 3-4큰술, 마무리용 포함)
> - 후추: 적당량 (취향껏)
>
> …생략…
>
> 조리법 (요리 초보도 쉽게 따라 할 수 있는 단계별 설명):
> 1. 재료 손질 및 파스타 삶을 물 준비
>   - 깻잎 손질: 깻잎은 흐르는 물에 깨끗이 씻은 후 물기를 제거합니다. 깻잎의 향을 최대한 살리기 위해 "베는 느낌으로" 칼질하여 채 썰어줍니다. 절단면이 뭉개지지 않도록 주의하며, 일부는 파스타에 섞을 용도로, 일부는 완성 후 고명으로 올릴 용도로 준비합니다.
>   - 옥수수 준비: 옥수수 통조림은 체에 받쳐 물기를 완전히 제거합니다.
>
> …생략…

입력한 재료만으로 만들 수 있는 새로운 파스타 레시피를 생성했습니다. 실제로 조리해보고 마음에 드는 레시피는 노트에 메모로 저장해두세요. 그러면 언제든 유용하게 활용할 수 있겠죠.

지금까지 노트북LM으로 나만의 레시피북을 만들었습니다. 요리와 관련한 내용으로 실습했지만, 요리 외 전 세계 다양한 노하우를 노트북LM을 사용해서 나만의 무기로 만들어보기 바랍니다.

미친 활용 42 노트북LM으로 신규 입사자 온보딩 매뉴얼 만들기

노트북LM의 공유 기능을 사용하면 신규 입사자를 위한 온보딩에 활용할 수 있습니다. 응답에 필요한 내용만 미리 소스로 추가해놓으면 별다른 설정이나 가이드 없이 신규 입사자가 조직에 쉽게 적응할 수 있게 돕는 매뉴얼을 만들 수 있죠.

01 구글 문서에 가상의 온보딩 가이드를 작성했습니다. 신규 입사자가 디자이너라는 가정으로 회사 공통 가이드와 디자이너 직무 가이드로 구분했습니다. 실제 온보딩에서는 더 많은 내용을 포함해야 하지만, 예제에서는 2가지 가이드로 진행하겠습니다.

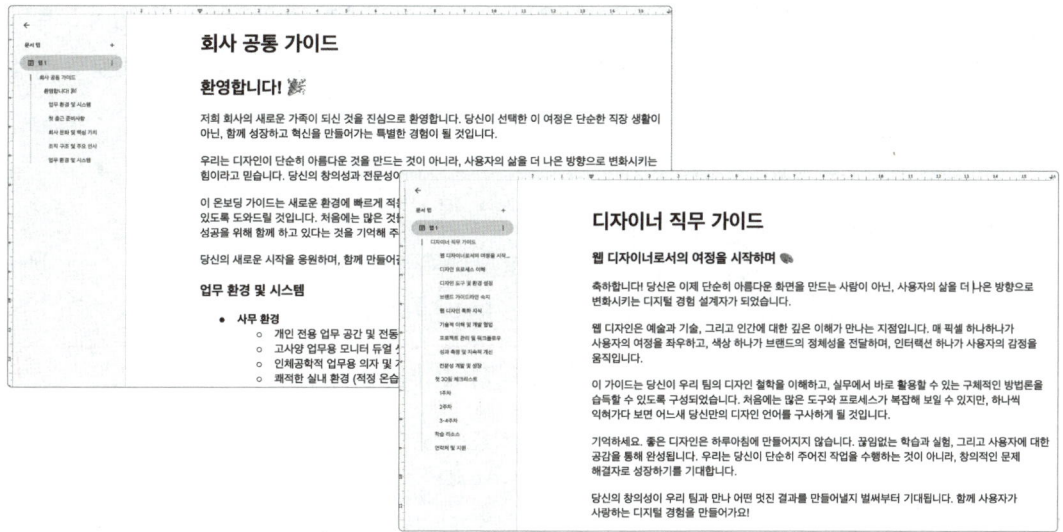

02 노트북LM에서 새로운 노트북을 생성 후 온보딩 가이드 문서를 추가합니다.

온보딩 가이드를 추가했더니 신규 웹 디자이너 온보딩 안내서라는 개요가 생성되었네요.

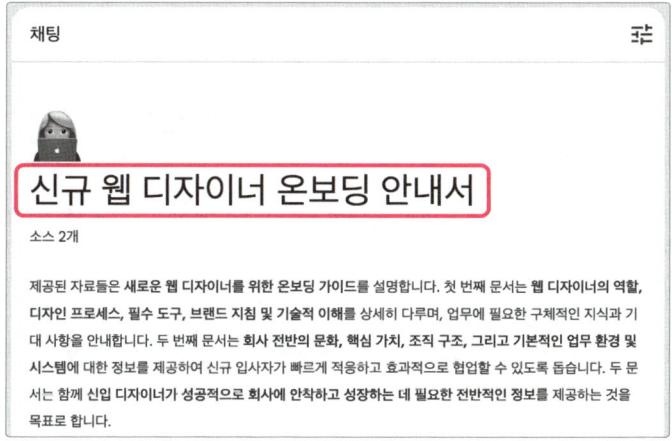

03 추가된 2개 온보딩 가이드의 내용으로 필요한 매뉴얼을 빠르게 만들어보겠습니다. 먼저 노트의 [학습 가이드] 기능을 실행하여 신규 입사자가 온보딩 가이드를 배워나갈 수 있는 메모를 생성합니다.

온보딩 가이드를 읽었는지 테스트하는 퀴즈와 함께 조직 내 소통이 원활하게 이뤄질 수 있도록 핵심 용어들을 정리한 메모가 생성되었습니다.

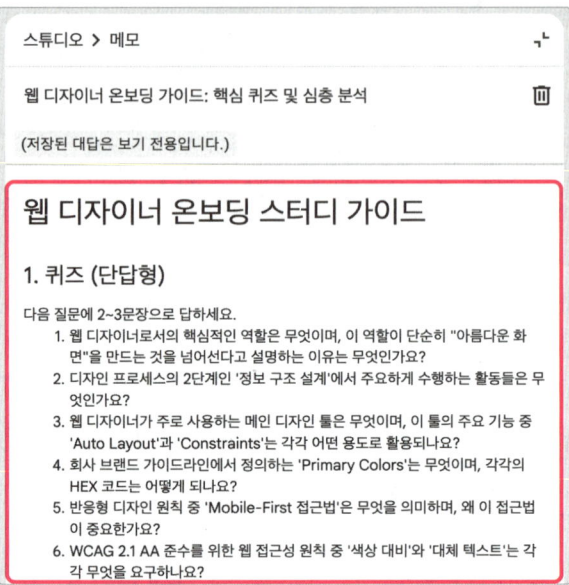

다음으로 노트의 [FAQ] 기능을 실행하여 신규 입사자가 자주 물어볼 질문에 대한 응답을 생성합니다.

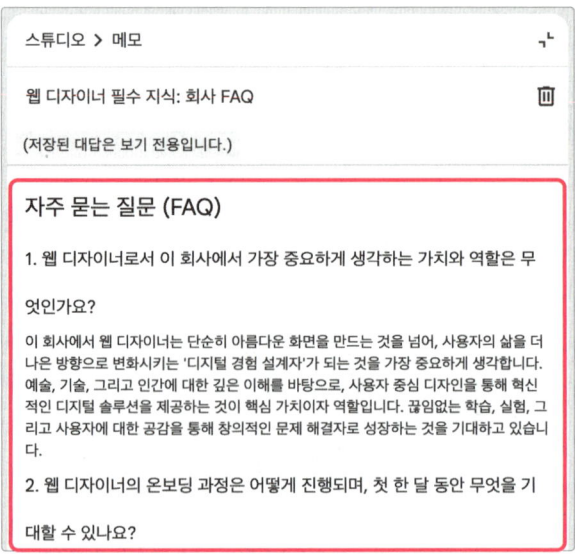

생성한 학습 가이드와 FAQ를 모두 소스로 전환합니다. 실무에서는 계정 설정 방법, 도구 사용 방법, 장비 신청 등 매뉴얼에 필요한 소스는 얼마든지 생성해서 추가해도 좋습니다.

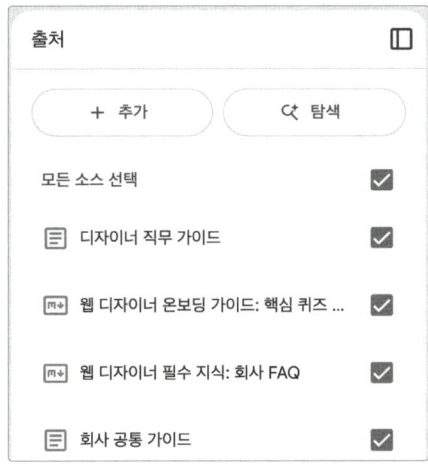

04 소스를 모두 추가했다면 오른쪽 상단의 [공유] 버튼을 클릭합니다.

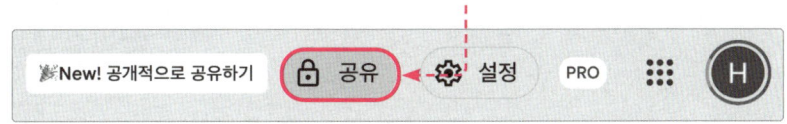

공유 메뉴가 열리면 신규 입사자의 이메일 주소를 추가합니다. 공유받은 사용자가 임의로 노트북을 수정하지 않도록 권한은 [뷰어]로 설정합니다.

모든 설정이 완료되었다면 오른쪽 아래의 [전송] 버튼을 클릭합니다. 그럼 추가한 이메일 주소로 이 노트북의 공유 알림이 도착할 겁니다. 만약 별도 메시지로 노트북 참여를 받고 싶다면 왼쪽 아래의 [링크 복사]를 클릭하여 복사한 링크를 전달하는 방식으로도 공유할 수 있습니다.

05 공유받은 신규 입사자의 시선에서 예제를 진행하겠습니다. 공유된 노트북 링크를 열면 소스를 추가하거나 AI 음성 개요 생성, 노트 생성 등 기능이 비활성화되어 있는 걸 확인할 수 있습니다. 뷰어로 공유받은 사람은 편집자가 추가한 소스나 남겨둔 메모를 읽어보거나 채팅으로 물어볼 수 있습니다. 이런 방식으로 온보딩 매뉴얼을 공유하면 필요한 문서를 한곳에 모아서 제공하고,

궁금한 점은 직접 물어보게 함으로써 지식 베이스를 활용한 자연스러운 셀프 러닝을 유도할 수 있다는 점입니다.

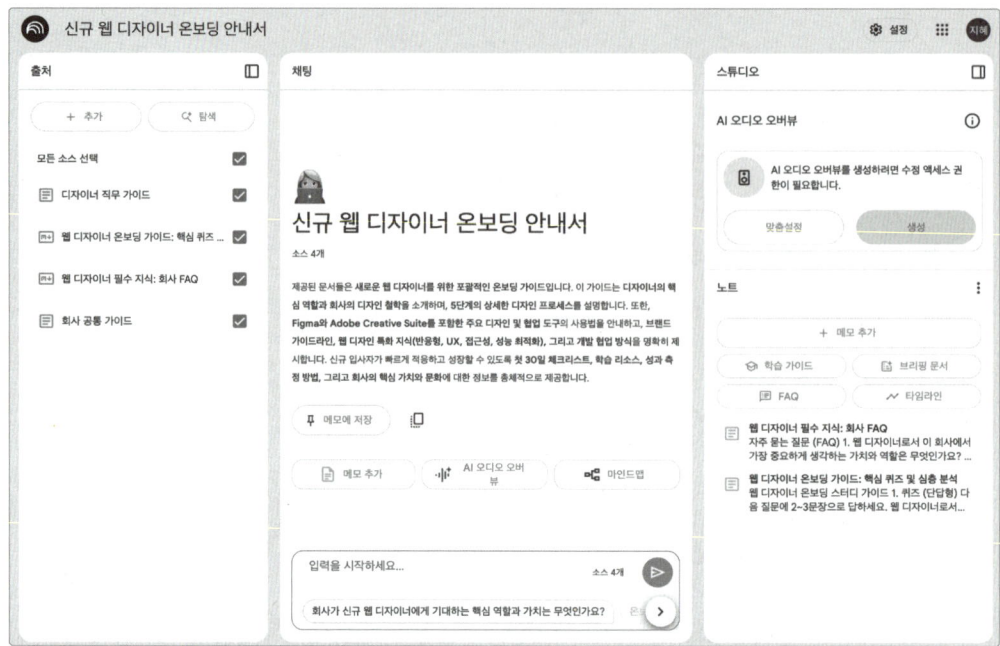

신규 입사자의 입사 첫날이라고 가정하여 채팅으로 궁금한 점을 물어보겠습니다.

오늘 처음 입사했어. 무엇부터 해야 할까?

입사를 축하드립니다! 저희 회사에 오신 것을 진심으로 환영합니다. 당신의 창의성과 전문성이 우리 팀의 성장과 혁신에 크게 기여할 것이라 확신합니다. 새로운 환경에 빠르게 적응하고 최고의 성과를 낼 수 있도록 다음의 사항들을 우선적으로 진행하는 것을 추천합니다.

첫 출근을 위한 준비사항과 첫 1주차 체크리스트를 바탕으로, 오늘 가장 먼저 해야 할 일들은 다음과 같습니다:

1. 업무용 계정 설정 및 시스템 활성화: 회사 이메일 계정과 필요한 업무 시스템 계정들을 활성화해야 합니다.
2. 사원증 발급 및 업무 공간 배정: 출입카드와 사원증을 수령하고, 배정된 좌석과 개인 사물함을 확인하세요. 쾌적한 개인 전용 업무 공간과 고사양 모니터, 인체공학적 의자가 제공됩니다.
3. 보안 정책 숙지: 정보보안 교육을 이수하고 서약서를 작성하여 회사의 보안 정책을 숙지하는 것이 중요합니다.

…생략…

온보딩 가이드를 기초로 오늘 해야 할 일을 차례대로 안내해주네요. 따라서 별도 코칭이 없어도 신규 입사자 스스로 해야 할 일을 찾아서 할 수 있을 것입니다.

  이번에는 다른 팀원들과 협업하기 위해 무엇이 필요한지 물어보겠습니다. 이는 회사에 적응하는 시간을 비약적으로 단축시킬 수 있는 좋은 가이드가 될 것입니다.

> 개발자와 잘 소통하고 싶어. 친해지는 방법을 알려줘.

> 개발팀과의 원활한 소통과 친밀한 관계 구축은 성공적인 프로젝트의 핵심이며, 우리 회사에서 웹 디자이너에게 중요하게 기대하는 역량 중 하나입니다. 회사의 핵심 가치 중 '협업(Collaboration)'은 서로 다른 관점을 존중하며 열린 소통을 통해 시너지를 창출하는 것을 의미합니다.
>
> 개발자와 잘 소통하고 친해지기 위한 방법들은 다음과 같습니다.
>
> 1. 프론트엔드 기술 기초 이해:
>   - HTML5, CSS3, JavaScript의 기본 문법 및 DOM(Document Object Model) 조작에 대한 이해를 갖추면 개발자와 더 원활하게 소통할 수 있습니다.
>
> …생략…
>
> 4. 애자일 워크플로우에 적극 참여
>   - 매일 짧게 진행되는 데일리 스탠드업에 참여하여 어제 한 일, 오늘 할 일, 그리고 장애물을 공유하며 진행 상황을 투명하게 알립니다. 이는 팀원 간의 신뢰를 구축하고 문제 발생 시 빠르게 협력할 수 있는 기반이 됩니다.
>   - 스프린트 리뷰에 참여하여 스프린트 기간 동안 완성된 작업을 시연하고 개발팀과 함께 이해관계자로부터 피드백을 받는 시간을 가집니다.
>   - 프로젝트 시작 시 프로젝트 킥오프에 참여하고, 프로젝트 완료 후에는 회고 미팅을 통해 개선점을 논의하며 지속적으로 협업 방식을 개선해 나갑니다.
>
> …생략…
>
> 5. 공감과 열린 소통
>   - 회사는 수평적 소통 문화와 자유로운 의견 개진을 중요하게 생각합니다. 개발팀과 허심탄회하게 의견을 나누고 서로의 고충을 이해하려는 노력이 중요합니다.
>   - 웹 디자이너는 사용자의 삶을 더 나은 방향으로 변화시키는 '디지털 경험 설계자'로서, 개발팀과의 유기적인 연결을 통해 창의적인 문제 해결자로 성장할 수 있습니다.
>
> 이러한 협업 방식들을 통해 개발팀과 긴밀하게 소통하며 함께 프로젝트를 성공적으로 이끌어가는 과정에서 자연스럽게 친밀한 관계를 형성할 수 있을 것입니다.

소통에 필요한 지식, 일하는 방식, 조직의 방향성을 모두 안내함으로써 어떤 생각으로, 어떤 방식을 통해 팀원들과 협업해야 하는지 구체적으로 설명해주는 걸 확인할 수 있습니다.

노트북LM으로 신규 입사자를 위한 온보딩 매뉴얼을 만들었습니다. 간단한 2개의 가이드 소스만으로도 상당히 우수한 지식 베이스가 생성되는 걸 확인할 수 있는데요, 이 방법을 응용하면 온보딩 매뉴얼뿐 아니라 회사 내 지식 관리 시스템을 노트북LM으로 대체할 수도 있을 것입니다. 지식 베이스로서의 잠재력을 꼭 활용해보기 바랍니다.

미친 활용 43 노트북LM으로 고객 상담 챗봇 만들기

노트북LM은 회사 내부에서 뿐 아니라 외부 고객들을 대상으로도 활용할 수 있습니다. 공유 기능을 사용하면 고객 상담 챗봇을 쉽게 만들 수 있죠. **Part 06** **노트북LM 응용하기**의 마지막은 고객 상담 챗봇 만들기입니다.

01 구글 문서에 가상의 가전제품 판매점 고객 대응 매뉴얼과 냉장고, 세탁기, 전자레인지, TV, 청소기 등 15가지의 가전제품 정보를 문서로 작성했습니다. 실무에서는 실제 고객 대응 매뉴얼과 제품 가이드 등의 문서를 포함하면 되겠죠.

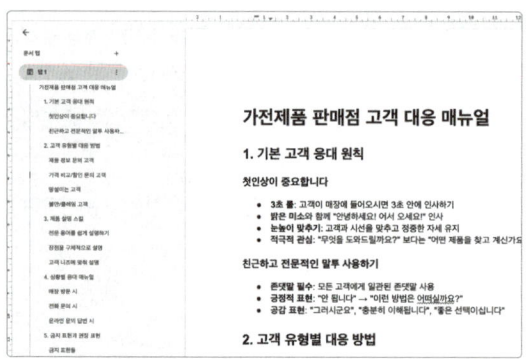 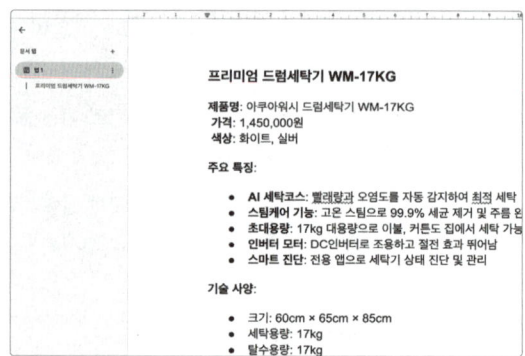

02 노트북LM에서 새로운 노트북을 생성하고 고객 대응 매뉴얼과 15가지 가전제품 정보 문서를 추가합니다. 총 16개 소스가 추가되었고, **가전제품 고객 서비스 및 제품 안내**라는 개요가 생성된 걸 확인할 수 있습니다.

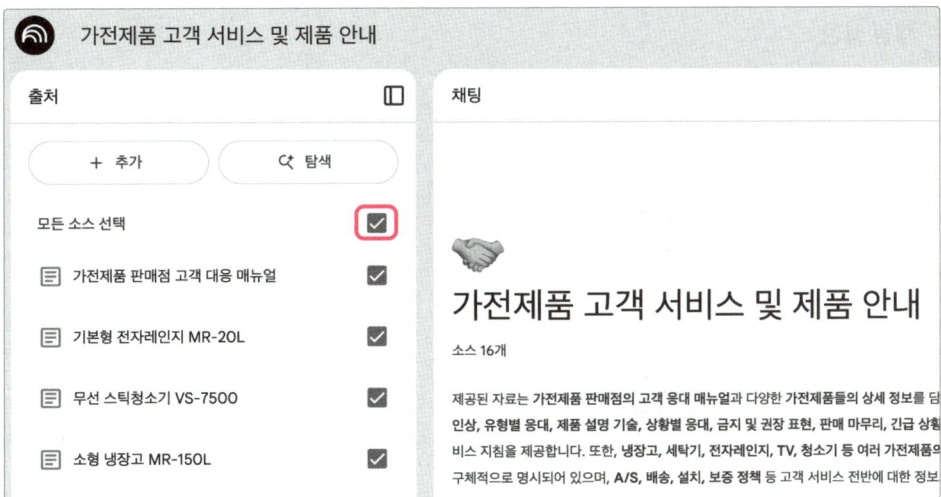

03 고객 상담 챗봇이므로 가이드의 자세로 짧고 간결하지만 필요한 내용을 고객이 이해하기 쉽게 전달하는 것이 중요하겠죠. 채팅을 설정하기 위해 채팅 영역의 오른쪽 상단 [노트북 구성]을 클릭합니다.

채팅 설정 화면이 나타나면 대화 스타일 정의는 ❶ [가이드], 대답 길이 선택은 ❷ [짧게]를 선택합니다. 모두 선택했으면 오른쪽 하단의 ❸ [저장] 버튼을 클릭합니다.

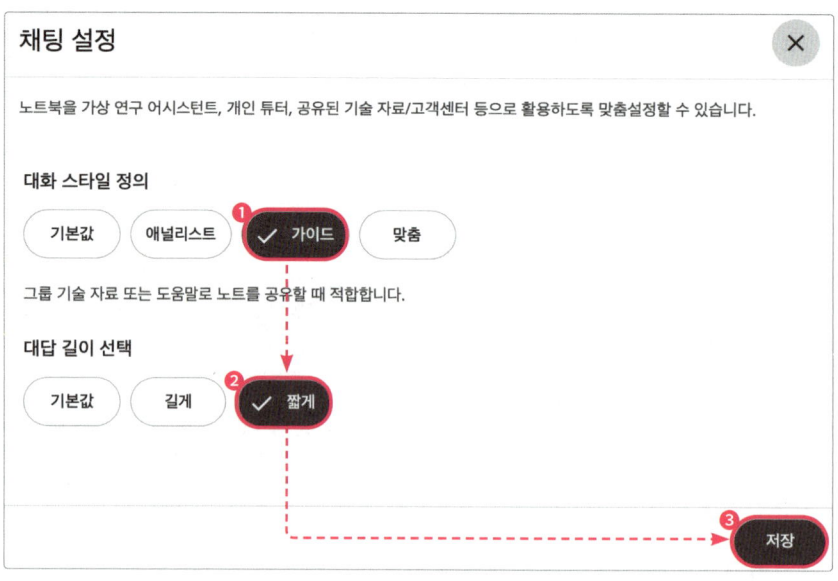

04 소스를 모두 추가했다면 오른쪽 위의 [공유] 버튼을 클릭합니다.

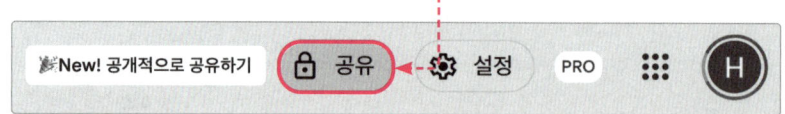

공유 메뉴가 열리면 노트북 액세스는 [링크가 있는 모든 사용자], 뷰어가 다음 항목에 액세스할 수 있음은 [채팅만]으로 설정합니다. 이렇게 설정하면 링크가 있는 누구나 노트북에 접근할 수 있지만, 소스나 메모는 확인하지 못하고 오직 채팅만 할 수 있습니다.

❶ [링크 복사]를 클릭해서 고객들에게 전달할 링크를 복사한 후 ❷ [저장] 버튼을 클릭합니다.

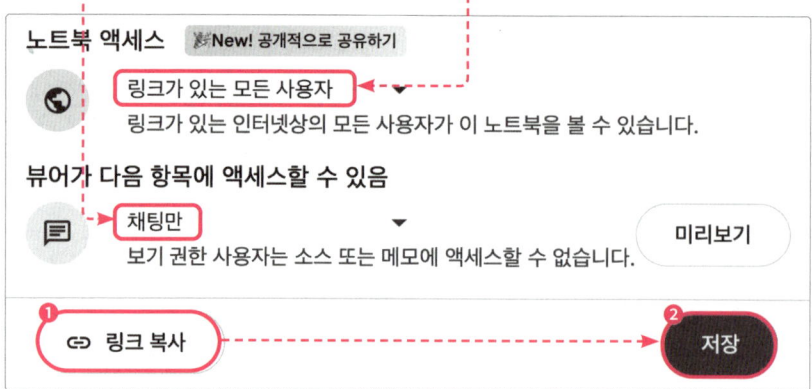

05 공유받은 고객의 시선에서 예제를 진행하겠습니다. 편집 권한이 없는 사람이 링크를 열면 다음과 같이 중앙에 채팅만 덩그러니 있는 걸 확인할 수 있습니다. 배송이 늦다는 문의를 진행해보겠습니다.

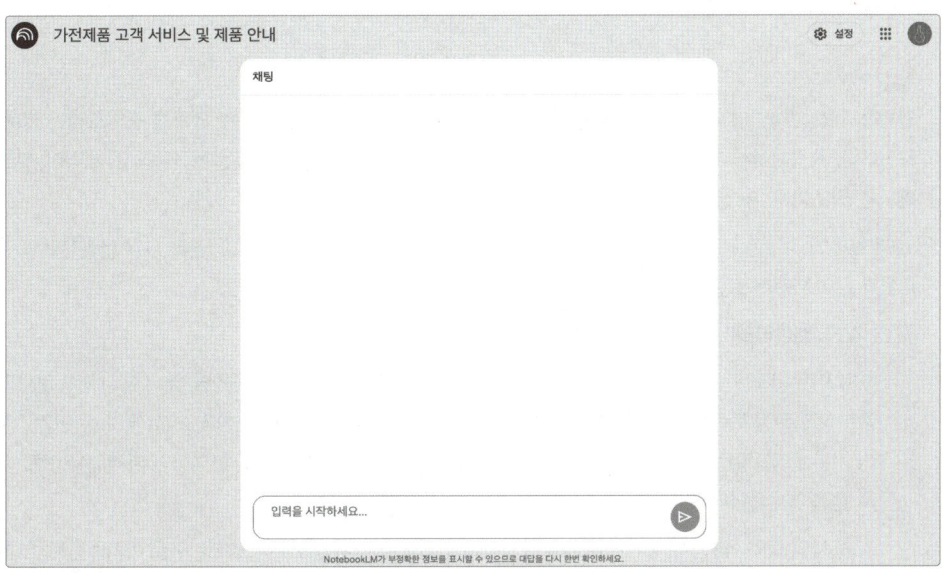

일주일 전에 냉장고를 주문했는데 아직 배송되지 않았어요.

안녕하세요! 고객님의 지식 베이스를 빠르고 효과적으로 이해하실 수 있도록 돕는 개인 가이드입니다. 제공해주신 자료는 가전제품 판매점의 고객 응대 매뉴얼과 다양한 가전제품(냉장고, 세탁기, TV, 청소기, 전자레인지, 오븐 등)에 대한 상세 정보, 그리고 전반적인 고객 서비스 안내를 포함하고 있습니다. 이 자료들을 바탕으로 고객님의 질문에 대한 명확하고 정확한 답변을 제공하고, 필요시 추가적인 정보나 학습 점검을 도와드릴 수 있습니다.

일주일 전에 냉장고를 주문했는데 아직 배송되지 않아 많이 불편하고 속상하셨을 것 같아요. 정말 죄송합니다.

고객님의 냉장고 배송이 예정보다 지연된 점에 대해 제가 직접 배송 현황을 즉시 확인하고, 구체적인 해결 방안과 예상 배송 일정을 최대한 빠르게 파악하여 다시 안내해 드리겠습니다.

제가 냉장고 주문 정보(예: 주문 번호 또는 냉장고 모델명)를 확인해 드릴 수 있도록 알려주시면 도움을 드리겠습니다!

노트북LM에 고객 응대 매뉴얼만 추가했을 뿐인데 고객과 자연스럽게 소통하는 개인 가이드 챗봇으로 작동하는 걸 확인할 수 있습니다.

06 이번에는 제품 추천을 요청하겠습니다.

> 🗨️ 10평 원룸에 놓을 TV, 전자레인지, 청소기를 추천해줘.

> 🤖 안녕하세요! 고객님의 소중한 지식 베이스를 제가 빠르고 효과적으로 이해하실 수 있도록 도와드리는 전문 가이드입니다. 제공해주신 자료는 가전제품 판매점의 고객 대응 매뉴얼과 다양한 가전제품(냉장고, 세탁기, TV, 전자레인지, 청소기 등)의 상세 정보로 구성되어 있습니다.
>
> 10평 원룸에 적합한 TV, 전자레인지, 청소기를 찾고 계시는군요. 원룸의 공간 효율성과 사용 편의성을 고려하여 다음과 같이 추천해 드릴 수 있습니다.
>
> **1. TV 추천: 베이직플러스 스마트 LED TV 43인치 SL-43B3**
> - **추천 이유**: 43인치(108cm) 크기는 10평 원룸에 가장 적합한 사이즈로, 공간을 많이 차지하지 않으면서도 충분히 몰입감 있는 시청 경험을 제공합니다. 풀HD 고화질을 지원하며 넷플릭스, 유튜브 등 인기 OTT 앱이 기본 탑재되어 있어 별도 기기 없이 스마트 기능을 활용할 수 있습니다. 합리적인 가격에 스마트 기능까지 갖춰 경제적입니다.
> - **기술 사양 요약**: 43인치, 풀HD (1920 × 1080), 스마트 기능(안드로이드 TV, 구글 어시스턴트, 크롬캐스트 내장), 가격 520,000원.
>
> …생략…
>
> 이 추천 제품들이 고객님의 원룸 생활에 도움이 되기를 바랍니다. 혹시 이 제품들의 다른 특징이나 사양에 대해 더 자세히 알아보고 싶으신 부분이 있으신가요? 아니면 혹시 다른 종류의 가전제품에 대한 정보도 필요하신지 알려주시면 제가 찾아드리겠습니다.

소스에 추가한 상품 정보에서 탐색한 기술 사양뿐 아니라 고객의 질문에 맞춘 추천 이유를 추가하여 응답하는 것을 확인할 수 있습니다. 제품에 관한 더 자세한 정보를 소스에 추가한다면 훨씬 구체적인 제품 추천도 가능하겠죠.

지금까지 24시간 제품을 추천하고 고객 대응하는 노트북LM 챗봇을 만들어보았습니다. 이제 챗봇을 만들기 위해 필요한 건 자료뿐입니다. 챗GPT의 GPTs나 클로드의 프로젝트처럼 기존에 챗봇을 만들 수 있는 다양한 방법이 존재했지만, 노트북LM은 추가한 자료만으로 응답하여 고객에게 실수할 일이 거의 없고, 따로 응대를 위한 지침을 복잡하게 설정하지 않아도 우수한 성능으로 작동합니다. 무엇보다 최대 300개의 소스를 활용하여 풍부한 답변이 가능한 챗봇을 만들 수 있습니다. 노트북LM으로 다양한 챗봇을 만들어 활용해보기 바랍니다.

이게 되네?

PART 07

다양한 제미나이 활용하기

이보다 좋을 순 없다! 놀라운 기능들

여기서 공부할 내용

지금까지 이 책의 핵심 주제인 제미나이와 노트북LM을 충분히 배웠는데요, 구글은 이 외에도 제미나이가 적용된 다양한 AI 서비스를 제공하고 있습니다. 이들 서비스까지 활용해서 진정한 제미나이 마스터로 성장해봅시다.

💬 이 그림은 제미나이에게 "수달이 신나서 팔을 벌리고 뛰는 모습을 만화 스타일의 삽화로 그려줘."라고 요청하여 받았습니다.

Chapter 20

위스크로
이미지 생성하고 합성하기

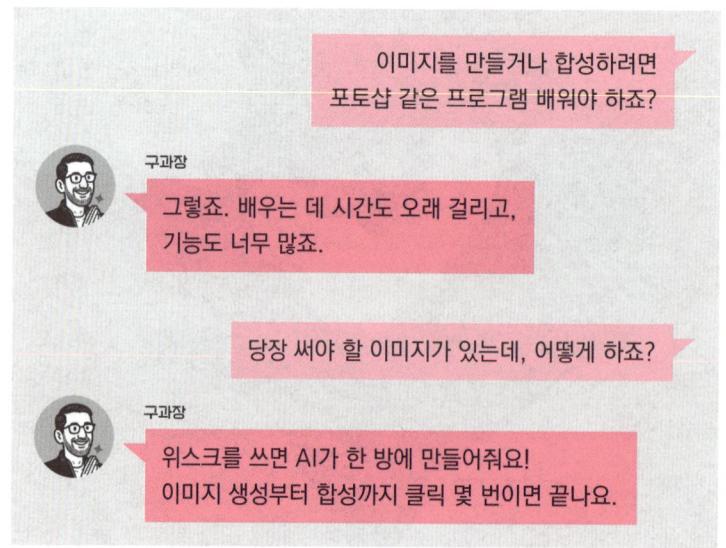

위스크는 길고 상세한 텍스트 프롬프트를 입력하지 않아도 이미지만 입력하여 결과물을 생성할 수 있는 구글의 AI 이미지 생성 도구입니다. 사용자는 피사체, 장면, 스타일에 해당하는 이미지를 업로드만 하면 위스크가 입력된 이미지의 주요 요소들을 조합해서 독창적인 결과물을 생성합니다. 위스크는 다음 링크로 접속할 수 있습니다.

- **위스크** : labs.google/fx/ko/tools/whisk

화면 중앙의 [도구 열기] 버튼을 클릭하여 위스크를 실행하세요.

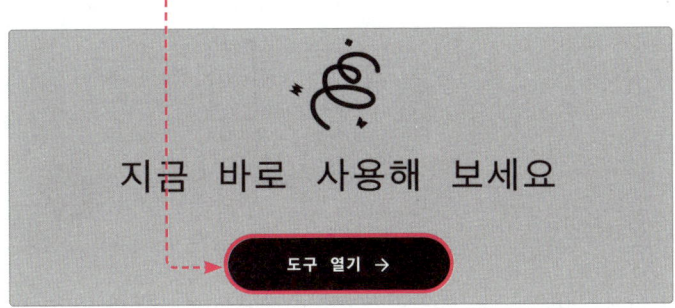

위스크의 기본 화면부터 알아보겠습니다.

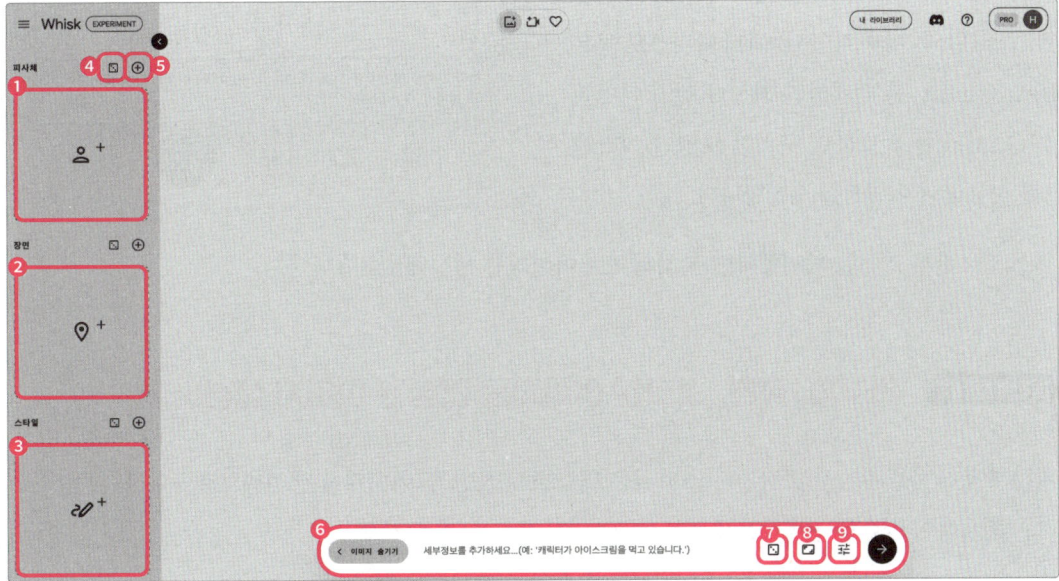

❶ **피사체** : 생성할 이미지의 피사체를 텍스트로 생성하거나 이미지로 추가합니다.

❷ **장면** : 생성할 이미지의 장면을 텍스트로 생성하거나 이미지로 추가합니다.

❸ **스타일** : 생성할 이미지의 스타일을 텍스트로 생성하거나 이미지로 추가합니다.

❹ **무작위 생성** : 피사체, 장면, 스타일을 무작위로 생성합니다.

❺ **추가** : 피사체, 장면, 스타일을 추가합니다.

❻ **프롬프트 입력란** : 이미지를 생성하기 위한 세부 정보를 입력합니다

❼ **무작위 프롬프트** : 프롬프트를 무작위로 생성합니다.

❽ **이미지 비율** : 생성할 이미지의 비율을 1:1. 9:16, 16:9 중에서 선택합니다.

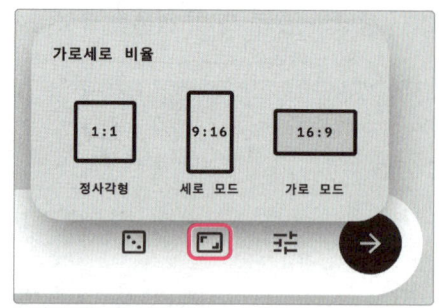

❾ **설정** : 시드를 고정하거나 모델을 선택할 수 있습니다. 시드는 생성한 이미지의 스타일값이라고 생각하면 쉽습니다. 생성한 이미지의 시드를 오른쪽 [🔒 자물쇠] 버튼을 클릭해서 잠그면 비슷한 스타일의 이미지만 출력합니다. 모델은 Best Quality를 선택하면 최신 모델인 이마젠 4, Quality를 선택하면 구버전 모델인 이마젠 3를 사용해서 이미지를 생성합니다.

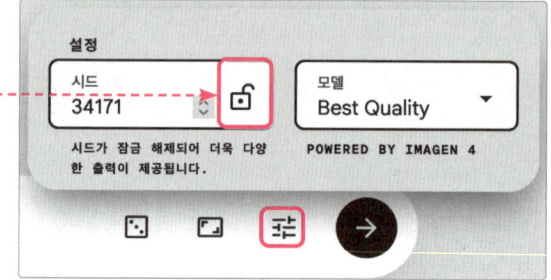

위스크의 기본 기능을 확인했다면 본격적으로 이미지를 생성해보겠습니다.

미친활용 44 피사체, 장면, 스타일 이미지로 합성된 이미지 생성하기

피사체에 사진을 추가하고 장면과 스타일은 텍스트로 설명 후 이미지를 생성해보겠습니다. 다음 이미지를 활용하여 실습을 진행해보세요.

- **피사체 이미지** : bit.ly/3HKmAva

01 피사체에 이미지를 업로드하겠습니다. 피사체 영역에 마우스 커서를 올리면 텍스트 입력과 이미지 입력으로 분리되는데, 아래쪽의 [이미지 업로드]를 클릭해서 피사체로 쓸 이미지를 추가합니다.

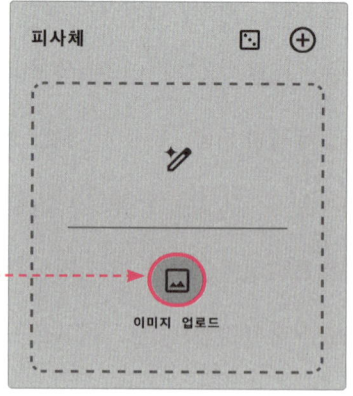

수달 인형 이미지가 추가되었습니다. 피사체를 하나 더 추가하겠습니다.

피사체에서 [⊕ 추가] 버튼을 클릭하여 빈 영역이 나타나면 [이미지 업로드]를 클릭해서 피사체 이미지를 추가합니다. 그럼 오른쪽 이미지처럼 2개의 피사체가 추가된 걸 확인할 수 있습니다.

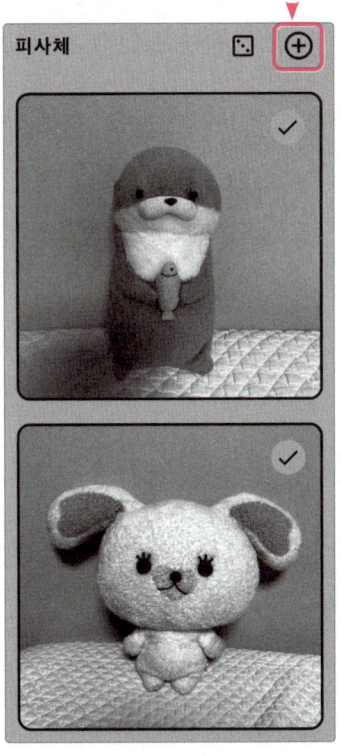

02 이제 장면과 스타일에 텍스트 프롬프트를 입력하겠습니다. 장면 영역에 마우스 커서를 올린 후 ❶ [텍스트 입력]을 클릭합니다. 그럼 이미지 생성 프롬프트를 추가하는 창이 나타나는데, 장면과 스타일 모두 방식은 동일하므로 다음과 같이 프롬프트만 입력 후 오른쪽 하단의 ❷ [생성] 버튼을 클릭합니다.

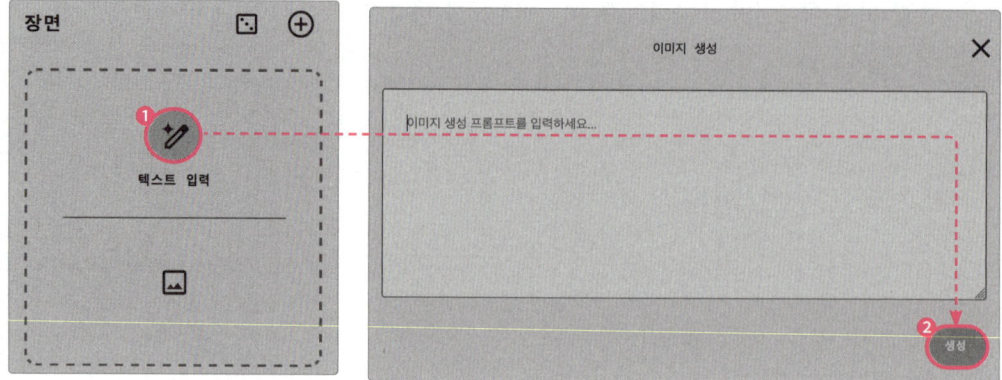

- **장면 프롬프트** : 함께 오솔길을 걷는 장면
- **스타일 프롬프트** : 그림 동화책 스타일

장면과 스타일에 프롬프트를 입력해서 생성하면 프롬프트대로 이미지를 생성할 장면 이미지와 스타일 이미지를 생성해서 추가합니다.

03 피사체, 장면, 스타일에 모두 이미지가 추가되었다면 프롬프트 입력란에 생성할 이미지에 대한 정보를 추가합니다. 프롬프트뿐 아니라 설정도 다음과 같이 하겠습니다.

- **프롬프트** : 캐릭터들이 함께 즐거운 표정으로 오솔길을 걷습니다.
- **이미지 비율** : 16:9
- **모델** : Best Quality / 이마젠 4

프롬프트 입력과 설정을 마쳤다면 입력란 오른쪽의 [→ 입력] 버튼을 클릭하여 이미지를 생성합니다. 그럼 지정한 피사체, 장면, 스타일의 내용을 반영한 이미지를 2장 생성해주는 걸 확인할 수 있습니다.

미친 활용 45 위스크로 생성한 이미지를 동영상으로 만들기

위스크에서 생성한 이미지는 바로 애니메이션을 적용하여 동영상으로 생성할 수 있습니다. 다만, 동영상을 생성하려면 AI 크레딧이 필요합니다. AI 크레딧은 구글 AI 프로 구독자는 매월 1,000개, 구글 AI 울트라 구독자는 매월 1만 2,500개가 지급되며, 위스크에서 1개 동영상을 생성할 때마다 10개 크레딧이 소모됩니다. 즉, 매월 100개의 동영상을 생성할 수 있다는 거죠.

단, 크레딧은 위스크뿐 아니라 크레딧을 사용하는 모든 구글 서비스에서 소모되는 자원입니다. 그러므로 신중하게 사용하세요. 남은 크레딧은 위스크 화면의 오른쪽 상단 프로필 메뉴를 클릭하면 확인할 수 있습니다.

01 **피사체, 장면, 스타일 이미지로 합성된 이미지 생성하기**에서 생성한 이미지로 동영상을 만들겠습니다. 이미지 위에 마우스 커서를 올리면 왼쪽 상단에 [애니메이션 적용]이라는 메뉴가 나타납니다. [애니메이션 적용] 버튼을 클릭합니다.

02 화면이 바뀌면서 이미지 아래 새로운 프롬프트 입력란이 생깁니다. 어떤 동영상을 생성할 건지 입력만 하면 됩니다. **수달과 토끼가 오솔길을 함께 걸어가는 모습**이라는 간단한 프롬프트를 입력하고 생성을 요청하겠습니다.

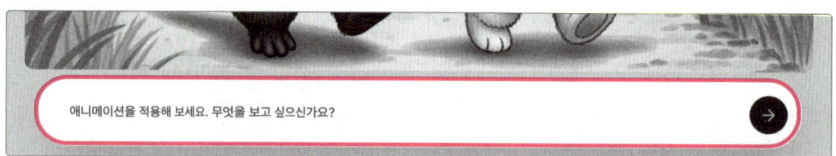

그랬더니 수달과 토끼가 길을 걸어가면서 서로 마주보는 동영상이 생성되었습니다. 아주 높은 품질의 동영상은 아니지만, 이미지에서 피사체가 움직이는 동영상은 위스크에서도 간단히 만들 수 있다는 걸 확인할 수 있습니다.

03 생성한 동영상은 우측 상단의 [다운로드] 버튼을 클릭하면 내려받을 수 있습니다.

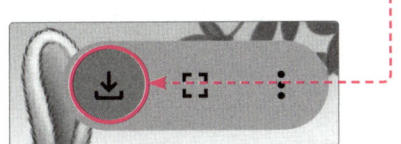

위스크를 사용해서 이미지로 다른 이미지를 생성하고, 생성한 이미지로 동영상도 만들어보았습니다. 위스크의 이미지를 합성하는 능력을 활용하면 이미지를 생성하기 위한 복잡한 프롬프트를 고민하지 않아도 누구나 손쉽게 원하는 이미지를 생성할 수 있습니다. 이미지 생성에서 프롬프트 만들기가 어려웠던 분이라면 위스크로 이미지를 생성해보기 바랍니다.

Chapter 21

플로우로
AI 영화 만들기

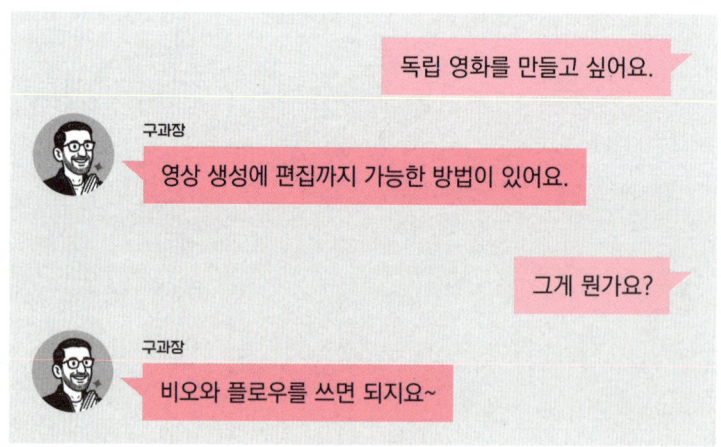

플로우^{Flow}는 2025년 5월 공개된 비오 3 기반 AI 영화 제작 도구입니다. 텍스트 프롬프트를 입력하면 실감나는 영상뿐 아니라 오디오를 함께 생성하여 높은 몰입감의 영상을 만들고, 만든 영상을 장면으로 추가하여 연속된 영상을 생성함으로써 영화 제작 등 작업에 활용할 수 있도록 지원하는 것이 목표입니다.

먼저 가장 최신 동영상 생성 AI이자 동영상 제작 실무에 활용할 수 있게 설계된 따끈따끈한 서비스인 플로우의 사용 방법을 배워보겠습니다. 플로우는 다음 링크로 접속할 수 있습니다.

- 플로우 : labs.google/fx/ko/tools/flow

플로우의 화면 구성은 아주 간단합니다. 새로운 영상을 생성할 때는 [+새 프로젝트]를 클릭하면 됩니다.

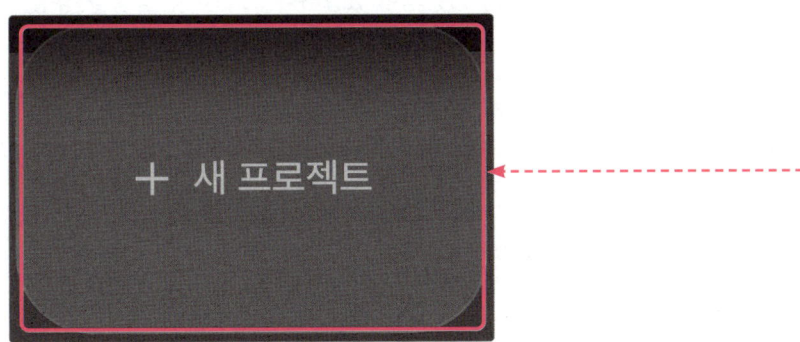

프로젝트가 생성되면 아래 이미지처럼 프롬프트 입력란과 설정 버튼이 보입니다.

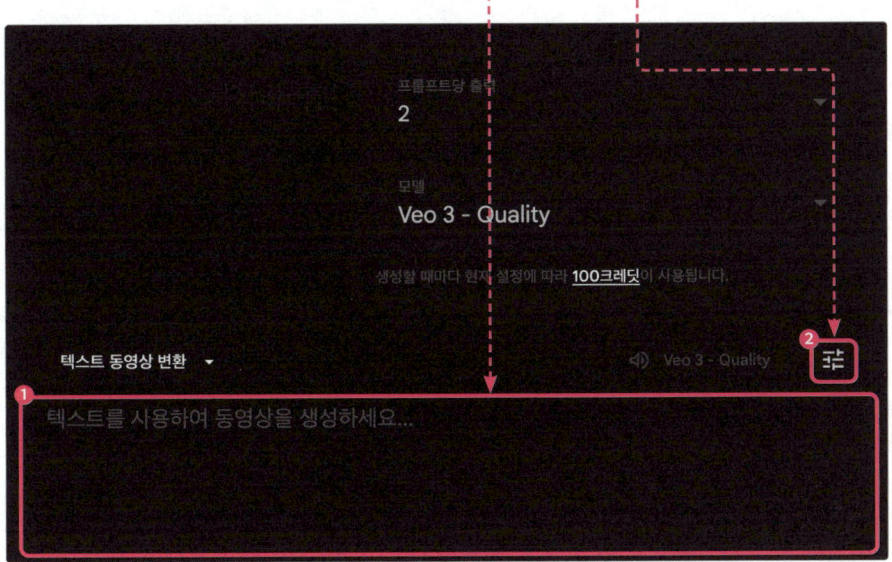

❶ **프롬프트 입력란** : 생성할 동영상에 대한 프롬프트를 입력합니다. 현재는 영어 프롬프트만 입력할 수 있습니다.

❷ **설정** : 한 번에 생성하려는 동영상의 수와 모델을 선택할 수 있습니다.

플로우 화면에 관한 설명이 이게 전부입니다. 이후에는 예제를 직접 해보면서 주요 기능을 파악하겠습니다.

미친활용 46 플로우로 오디오를 포함한 동영상 생성하기

플로우에서는 영상과 오디오를 함께 생성하는 비오 3가 적용되어 있습니다. 그래서 동영상을 생성할 때 설정에서 비오 3만 선택하면 오디오를 포함한 영상을 쉽게 만들 수 있죠. 단, 플로우에서 동영상을 생성하려면 모델에 따라서 차등된 크레딧으로 소모됩니다. 모델별 소모하는 크레딧은 다음 표와 같습니다. 남은 크레딧을 잘 확인해서 동영상을 생성하기 바랍니다.

모델	생성당 소모하는 AI 크레딧
비오 2 (Fast)	10
비오 2 (Quality)	100
비오 3 (Highest Quality)	100

01 플로우로 동영상을 생성하려면 영어 프롬프트가 필요합니다. 영어가 서툴다면 다음 예시처럼 제미나이에게 영어 프롬프트 생성을 요청하기 바랍니다.

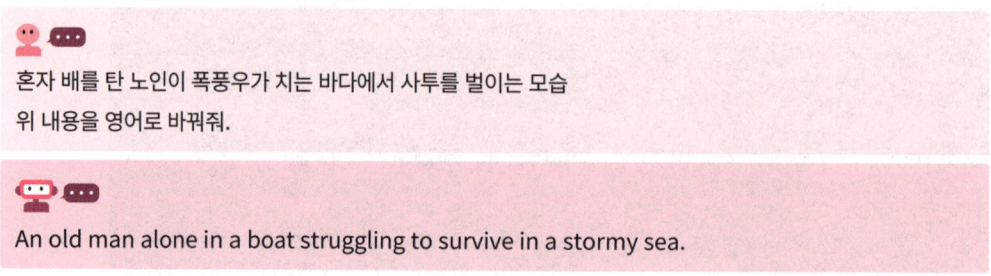

혼자 배를 탄 노인이 폭풍우가 치는 바다에서 사투를 벌이는 모습
위 내용을 영어로 바꿔줘.

An old man alone in a boat struggling to survive in a stormy sea.

02 제미나이가 생성한 영어 프롬프트를 복사하여 플로우의 프롬프트 입력란에 붙여넣습니다. 생성을 시작하기 전에 설정에서 모델을 Veo 3 - Quality로 선택합니다. 프롬프트당 출력 수는 원하는 대로 설정하세요. 예제에서는 2로 설정했습니다. 이제 프롬프트를 입력합니다.

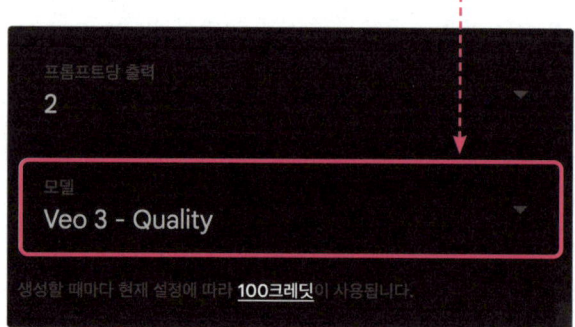

그럼 입력된 프롬프트로 동영상이 생성됩니다. 플로우에서는 상당히 고품질의 영상이 생성되는 만큼 생성 속도가 매우 느립니다.

03 기다리면 비오 3가 생성한 2개 영상을 확인할 수 있습니다.

생성된 동영상을 재생해보면 짧은 프롬프트를 입력했음에도 불구하고 높은 품질의 동영상이 생성된 걸 확인할 수 있습니다. 동영상을 생성할 때마다 크레딧이 소모되는 만큼, 그만큼 품질이 보장된다고 볼 수 있습니다.

미친 활용 47 ▶ 플로우로 연속된 동영상 생성하기

플로우는 고품질 동영상을 생성할 수 있는 것과 더불어 **이전에 생성한 영상을 기초로 다음 장면을 연속해서 연결하는 기능**이 핵심입니다. 구글이 영화 제작 도구라고 소개한 이유도 플로우를 이용하면 연속된 동영상을 쉽게 생성할 수 있기 때문입니다.

이제부터 간단한 방법으로 연속된 동영상을 만들어보겠습니다. 미친 활용 46 플로우로 오디오를 포함한 **동영상 생성하기**에서 만든 동영상에 이어서 진행하겠습니다.

01 연속된 동영상을 생성하려는 동영상에 마우스 커서를 올리면 왼쪽 상단에 [장면에 추가] 버튼이 나타납니다. 이 동영상을 연속된 타임라인에 적용하겠다는 뜻입니다. [장면에 추가] 버튼을 클릭합니다.

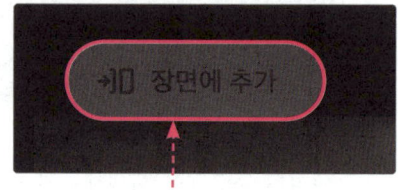

02 그럼 다음과 같이 앞서 생성한 동영상이 타임라인에 추가되고 오른쪽에 [+] 버튼이 생기는 걸 확인할 수 있습니다. [+] 버튼을 클릭합니다.

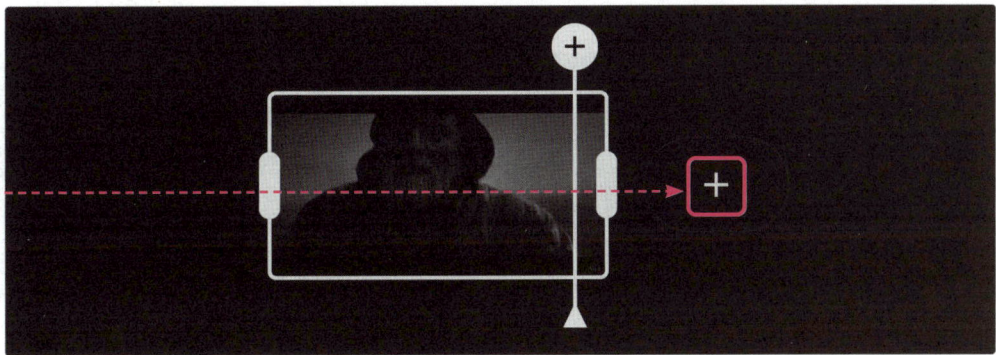

그러면 [바로 이동]과 [확장]으로 2개의 옵션이 나타나는데, [바로 이동]은 이전 영상과 관계없이 새로운 동영상을 생성해서 장면을 넘기는 것입니다. [확장]은 바로 앞 동영상의 내용에 이어서 연속된 동영상을 만드는 것입니다. 확장을 클릭하면 연속된 영상을 생성할 수 있는 프롬프트 입력란이 설정됩니다.

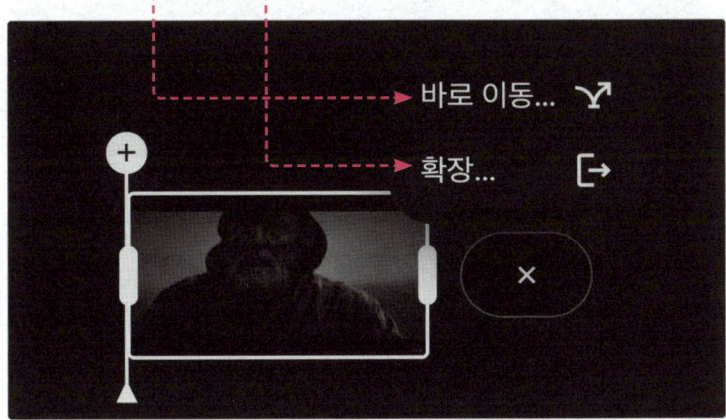

제미나이에게 **큰 파도가 와서 배가 뒤집어진 위기 상황, 노인이 뒤집어진 배에 매달린다**를 영어로 변경해달라고 요청한 후 변경된 영어 프롬프트를 입력란에 추가해서 입력합니다.

A huge wave hits, capsizing the boat, and the old man clings to the overturned vessel in a desperate situation.

앞서 생성한 동영상 뒤에 내용이 연속적으로 이어지도록 생성된 것을 확인할 수 있습니다. 이 같은 방법으로 연속된 영상을 계속 생성하면 재생 시간이 긴 장면도 AI로 생성할 수 있게 됩니다. 아래 이미지는 총 4개 영상을 연결한 것입니다.

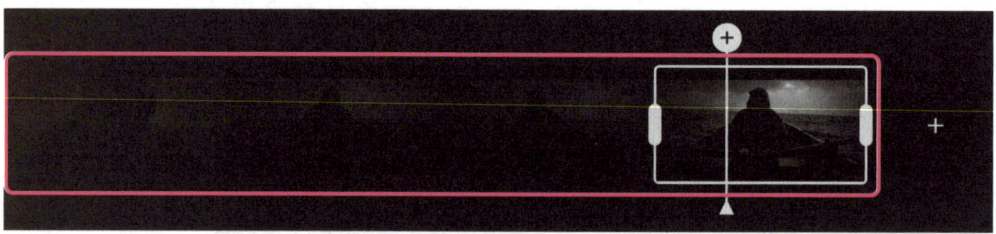

03 물론 AI가 완벽한 건 아니므로 생성해보면 마음에 안 드는 결과물이 포함되어 있을 때가 있습니다. 그럴 때는 왼쪽 상단 네비게이션 메뉴에서 날짜를 클릭합니다. 날짜는 프로젝트를 시작한 날을 표시합니다.

그러면 지금까지 생성한 동영상이 나열된 목록이 나오는데요, 여기서 빼고 싶은 동영상에 마우스 커서를 올리고 왼쪽 상단의 [- 장면에서 삭제] 버튼을 클릭합니다.

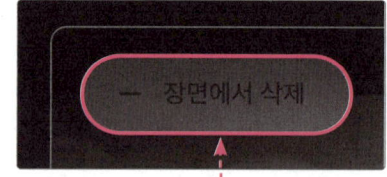

다시 [네비게이션 메뉴] → [장면 빌더]로 이동하면 4개였던 연결된 영상이 3개로 줄어든 걸 확인할 수 있습니다. 이 같은 방법으로 플로우에서 필요할 때 영상을 추가하거나 빼고, 새로운 영상을 계속 생성하면 단순히 연속되기만 한 영상이 아니라 스토리텔링이 가능한 영상으로 확장할 수 있을 겁니다.

구글은 플로우를 소개할 때 "차세대 스토리텔링을 위해 창작자들과 함께 개발한 새로운 AI 영화 제작 도구"라고 설명했습니다. 아직 기능이나 성능에서 완벽하지 않은 부분이 많습니다. 다만, 플로우가 어떻게 작동하는 도구인지, 다른 동영상 생성 AI와 어떤 차별점을 가졌는지 직접 사용하여 이해함으로써 향후 연속된 동영상을 생성할 때는 마땅히 플로우를 사용하게 될 것입니다.

제미나이로 대용량 데이터 분석하기

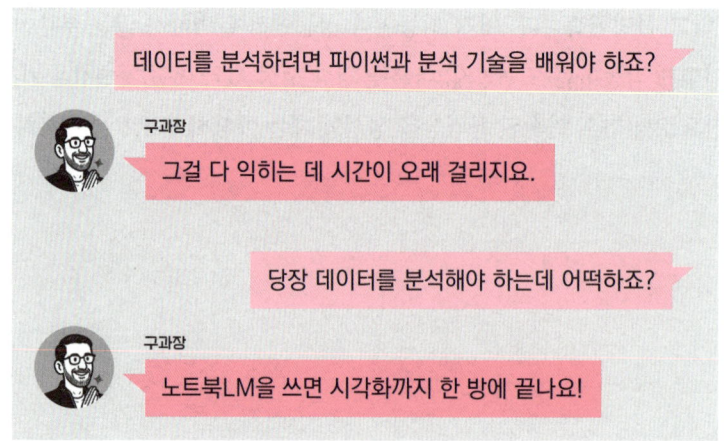

AI를 활용해서 데이터를 분석하는 방법은 AI마다 제각각입니다. 제미나이에서는 크게 **구글 시트를 활용하는 방법**과 **구글 코랩을 사용하는 방법**으로 나눌 수 있습니다. 구글 시트는 데이터를 요약해서 대략적인 분석을 해주고, 코랩을 사용하면 심화 분석을 할 수 있습니다.

Chapter 22 **제미나이로 대용량 데이터 분석하기**에서는 2가지 방법을 사용해서 대용량 고객 데이터를 분석하는 방법을 실습해보겠습니다.

미친 활용 48 제미나이로 고객 문의 데이터 분석하기

구글 시트에 고객 데이터를 수집했다는 가정으로 실습을 진행하겠습니다. 1만 개의 고객 문의 데이터는 고객명, 문의 날짜, 유입 채널, 문의 유형, 제목, 내용, 처리 상태, 담당자, 중요도로 구성되어 있습니다. 실무에서는 실제 데이터를 구글 시트에 추가하여 진행하기 바랍니다.

9992	10991	이채원	2025-05-28	전화	기술 지원	소리 안 나와요	헤드셋 연결했는데 소리가 안 나옵니다.
9993	10992	노지아	2025-05-27	홈페이지	계정/회원	이메일 주소 변경	기존 이메일을 더 이상 사용하지 않습니다.
9994	10993	홍하린	2025-05-26	SNS(페이스북)	이벤트	친구 태그 수 제한 있나요?	5명 태그하면 더 유리한가요?
9995	10994	임하늘	2025-05-25	이메일	결제	결제 진행 중 오류	결제 버튼 누르면 계속 로딩됩니다.
9996	10995	이도아	2025-05-24	홈페이지	배송	배송 시간 얼마나 걸리나요?	서울 도심 기준으로 몇 일이 소요되나요?
9997	10996	한유준	2025-05-23	이메일	기타	자주 묻는 질문 업데이트 요청	정보가 오래되어서 불편해요.
9998	10997	정다인	2025-05-22	전화	상품 정보	A/S는 어디서 받나요?	프린터 고장인데 어디로 가져가야 하나요?
9999	10998	김지안	2025-05-21	채팅 상담	기술 지원	OS 호환 문제	맥북에서 앱 실행이 안 돼요.
10000	10999	윤채은	2025-05-20	이메일	배송	송장 번호 알려주세요	송장이 아직 안 올라왔어요.
10001	11000	한유준	2025-05-23	이메일	기타	자주 묻는 질문 업데이트 요청	정보가 오래되어서 불편해요.

여기서는 실습을 위해 다음의 실습용 고객 문의 데이터를 활용해보세요.

- **실습용 고객 문의 데이터** : bit.ly/4l5rDog

01 구글 시트에서 데이터 분석을 시작하는 방법은 간단합니다. 우선 시트 전체를 선택합니다. 그리고 선택된 아무 셀에서 마우스 오른쪽 클릭을 한 다음 메뉴에서 [Gemini로 분석]을 클릭합니다.

그럼 측면 패널이 열리면서 데이터를 분석한 내용을 생성합니다.

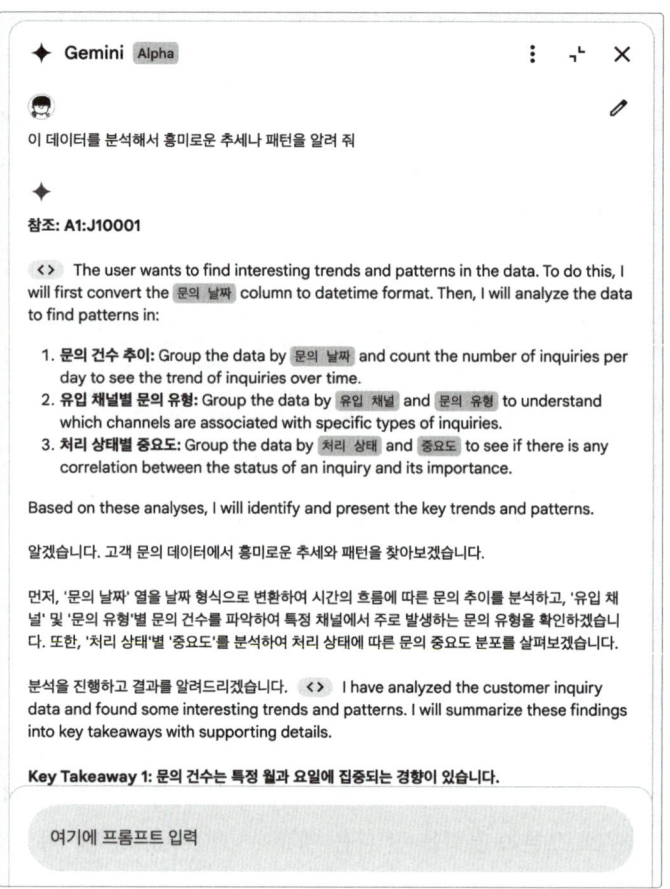

02 제미나이의 기능으로 간단하게 데이터를 분석했지만, 원하는 내용이 출력되지 않을 수 있습니다. 이럴 때는 직접 프롬프트를 입력해서 데이터 분석을 요청해야 합니다. 측면 패널의 프롬프트 입력란에 다음 프롬프트를 입력하겠습니다.

유입 채널 중 가장 처리 완료가 낮은 채널을 찾아줘.

유입 채널별 처리 완료율을 분석하여 처리 완료가 가장 낮은 채널을 찾아보겠습니다.

먼저, 각 유입 채널별 전체 문의 건수와 '처리 완료' 상태의 문의 건수를 계산한 다음, 처리 완료율을 계산합니다. 이를 통해 처리 완료율이 가장 낮은 채널을 확인할 수 있습니다.

The code output shows that 'SNS(인스타)', 'SNS(트위터)', and 'SNS(페이스북)' have the lowest 처리 완료율 at 0.00%. This indicates that there might be an issue with processing inquiries from

> these channels, or that there haven't been any inquiries marked as '처리 완료' from these channels in the dataset.
>
> …생략…
>
> 분석 결과, 처리 완료율이 가장 낮은 유입 채널은 'SNS(인스타)', 'SNS(트위터)', 'SNS(페이스북)'으로 나타났으며, 처리 완료율은 모두 0.00%입니다.
>
> 이는 해당 채널들을 통해 접수된 문의 중 아직 '처리 완료' 상태로 변경된 문의가 없거나, 해당 채널에서 문의가 거의 발생하지 않았기 때문일 수 있습니다.
>
> 좀 더 정확한 원인을 파악하기 위해 다음 사항을 확인해보는 것이 좋습니다.
>
> 1. **각 SNS 채널별 총 문의 건수** : 해당 채널들의 총 문의 건수가 매우 적다면, 0% 처리 완료율이 큰 의미를 가지지 않을 수 있습니다.
> 2. **해당 채널 문의의 현재 처리 상태** : '접수 완료', '처리 중' 등 다른 상태로 남아있는 문의가 있는지 확인하여 처리 프로세스에 병목이 있는지 파악할 수 있습니다.
>
> 이러한 추가 정보를 확인하면 처리 완료율이 낮은 특정 SNS 채널에 대한 개선 방안을 모색하는 데 도움이 될 것입니다.

데이터 분석을 통해 소셜 미디어에서 고객 응대가 처리되지 않고 있는 문제를 발견하였습니다. 이 데이터 분석 내용을 기반으로 소셜 미디어의 고객 응대 수준을 높여야 한다는 의사결정에 도달할 수 있겠죠.

미친 활용 49 코랩으로 고객 문의 데이터 심화 분석하기

구글 코랩Google Colab은 인터넷만 있으면 코딩을 쉽게 연습할 수 있는 구글의 무료 도구입니다. 별도 설치 없이 브라우저에서 바로 실행할 수 있고, 주로 파이썬이라는 쉬운 프로그래밍 언어를 사용합니다. 데이터를 분석하거나 그래프를 그리거나, 인공지능 실험도 할 수 있습니다. 초보자나 비전공자도 쉽게 코딩을 시작할 수 있는 온라인 코딩 노트라고 생각하면 됩니다.

작년 12월, 코랩에 제미나이가 탑재되면서 많은 것이 변했습니다. 특히 데이터 분석의 경우 코딩을 할 줄 몰라도 데이터만 있으면 코랩에 탑재된 제미나이로 해결할 수 있는 수준이 되었습니다.

미친 활용 49 **코랩으로 고객 문의 데이터 심화 분석하기**에서는 AI를 활용해서 누구나 대용량의 데이터를 분석할 수 있는 방법을 배워보겠습니다.

01 `미친 활용 48` **제미나이로 고객 문의 데이터 분석하기**의 고객 문의 데이터를 이번 예제에서도 사용하겠습니다. 코랩에서 데이터를 잘 읽을 수 있도록 CSV 파일로 저장하는 것이 좋습니다. 구글 시트에서 [파일] → [다운로드] → [쉼표로 구분된 값(.csv)]를 클릭하여 데이터를 내려받습니다.

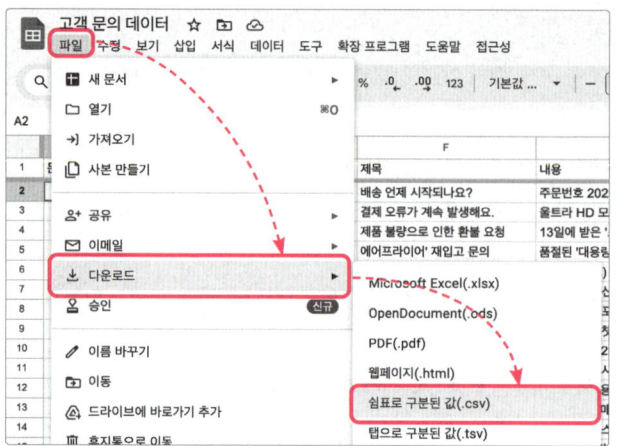

02 아래 링크로 코랩에 접속합니다.

- **구글 코랩** : colab.google

오른쪽 상단의 [New Notebook]을 클릭합니다. 노트북이란 코랩을 실행하는 파일입니다. 구글 문서가 텍스트를 입력하기 위한 파일인 것처럼 노트북은 코드를 입력하기 위한 파일이라고 생각하면 쉽습니다.

03 새로운 노트북을 생성하면 낯선 화면이 나타납니다. 여기서 우리가 주목해야 할 부분은 **코딩을 시작하거나 AI로 코드를 생성하세요**라는 문구 아래에 있는 [Gemini로 파일 분석] 버튼입니다. [Gemini로 파일 분석] 버튼을 클릭합니다.

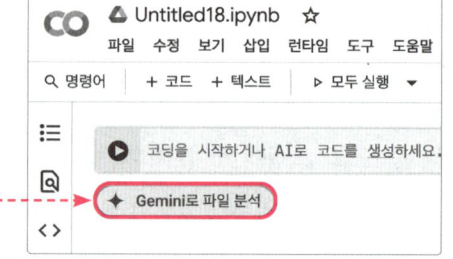

그러면 측면 패널이 열리는 것과 동시에 파일을 추가할 수 있는 창이 나타납니다. 위에서 내려받은 데이터를 첨부하면 다음 이미지처럼 프롬프트 입력란에 데이터 파일이 추가된 모습을 확인할 수 있습니다. 이제 데이터 분석을 요청하는 프롬프트를 입력하겠습니다.

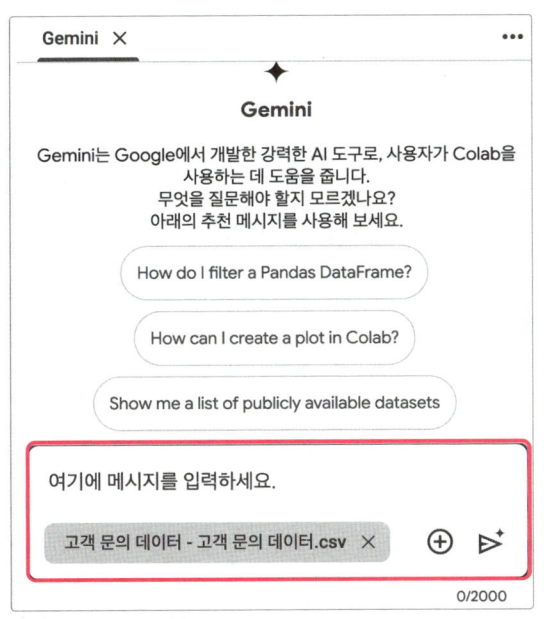

유입 채널과 문의 유형의 상관관계를 분석해줘.

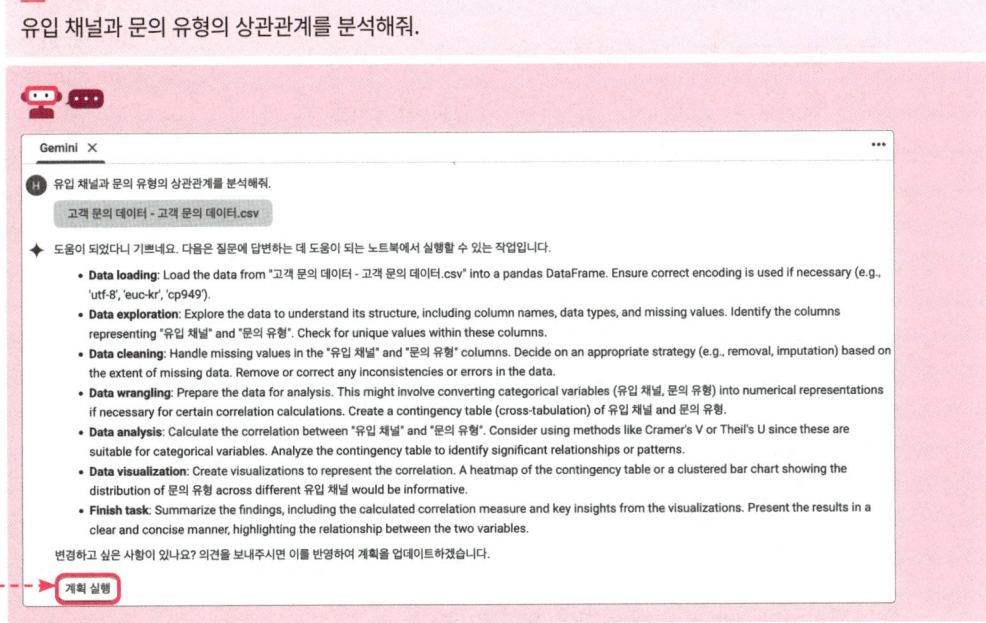

프롬프트를 입력하면 데이터 분석을 시작하기 전에 어떤 과정으로 요청에 대한 데이터를 분석할 것인지 계획을 보여줍니다. 예제에서는 모든 과정을 제미나이에게 맡길 거라 하단의 [계획 실행]을 클릭합니다. 그럼 데이터를 분석하는 동안 코랩을 정상적으로 사용할 수 없다는 안내 메시지가 나타납니다. 오른쪽 하단의 [계속]을 클릭합니다.

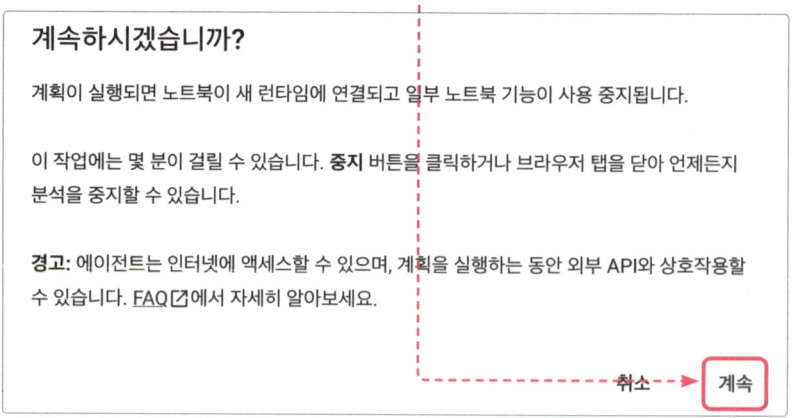

본격적으로 제미나이가 계획에 따라 데이터를 분석하는 모습이 다음 이미지처럼 표시됩니다. 표시되는 과정을 간략하게 정리했습니다. 제미나이가 입력한 데이터를 가지고 다음 과정을 코랩으로 수행하는 거죠.

- **계획 실행 준비 중** : 분석 목표를 명확히 하고, 필요한 도구와 환경을 설정하며, 데이터 수집 방법을 결정하는 단계입니다.

- **Data loading** : 다양한 소스(CSV, 데이터베이스, API 등)에서 데이터를 메모리나 작업 환경으로 불러오는 과정입니다.

- **Data exploration** : 불러온 데이터의 구조, 크기, 변수 타입, 기본 통계량 등을 파악하여 데이터의 전반적인 특성을 이해하는 단계입니다.

- **Data cleaning** : 결측값 처리, 중복 데이터 제거, 이상치 탐지 및 처리 등을 통해 데이터의 품질을 개선하는 과정입니다.

- **Data wrangling** : 분석 목적에 맞게 데이터를 변형, 재구조화, 결합하는 단계로 새로운 변수 생성이나 데이터 형태 변환이 포함됩니다.

- **Data analysis** : 통계적 방법, 머신러닝 모델 등을 활용하여 데이터에서 패턴을 찾고 인사이트를 도출하는 핵심 분석 단계입니다.

- **Data visualization** : 분석 결과를 차트, 그래프, 대시보드 등으로 시각화하여 결과를 효과적으로 전달하는 단계입니다.

- **Finish task** : 분석 결과를 정리하고 보고서를 작성하며, 발견한 인사이트와 권장사항을 문서화하여 프로젝트를 완료하는 단계입니다.

04 데이터 분석을 완료했으면 측면 패널 왼쪽에 실행한 결과가 나타납니다. 데이터 시각화부터 결론 도출까지 진행된 걸 확인할 수 있는데요, 하지만 정돈되지 않은 느낌이라 결과를 파악하기 어렵습니다. 이럴 때는 측면 패널의 프롬프트 입력란을 통해 결과를 한국어로 정리해달라고 요청해야 합니다.

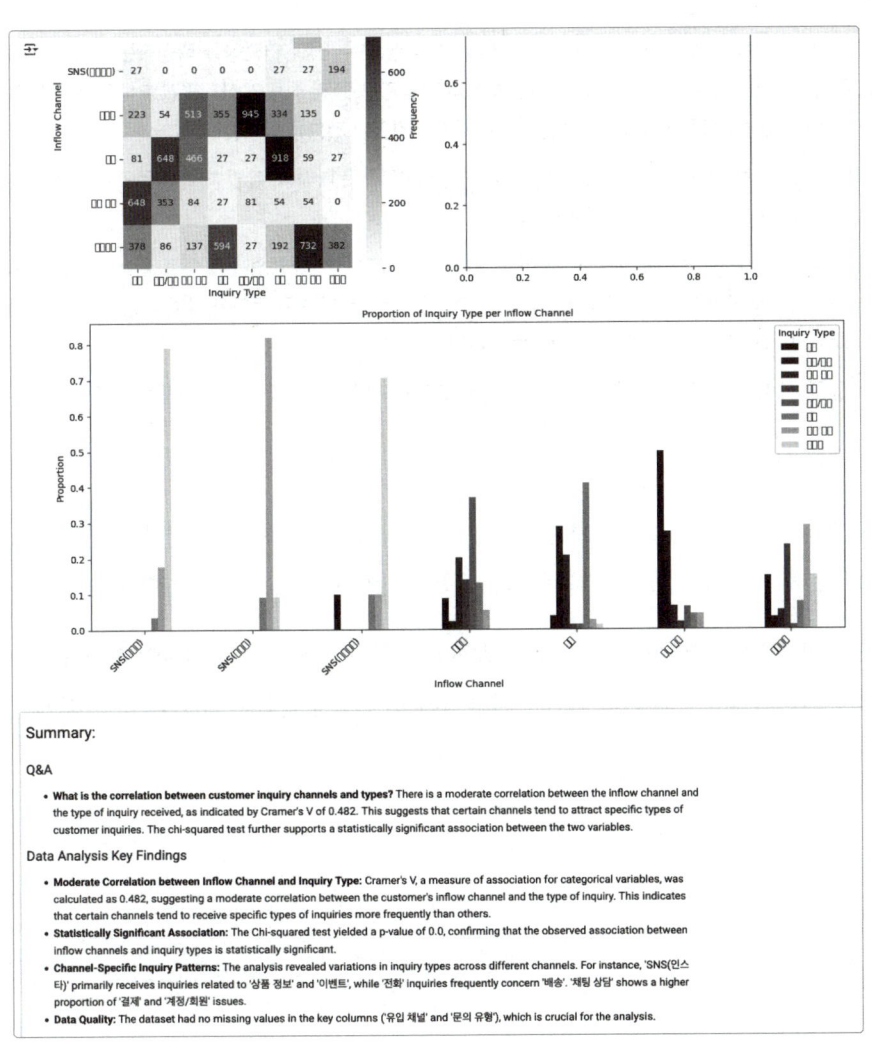

> 데이터 분석 결과를 한국어로 정리해줘.

네, 데이터 분석 결과를 한국어로 정리해 드리겠습니다.

요약

Q&A

- 고객 유입 채널과 문의 유형 간의 상관관계는 무엇인가요? 크래머스 V 값 0.482에서 알 수 있듯이, 유입 채널과 문의 유형 간에는 중간 정도의 상관관계가 있습니다. 이는 특정 채널이 특정 유형의 고객 문의를 유치하는 경향이 있음을 시사합니다. 카이제곱 검정 또한 두 변수 간의 통계적으로 유의미한 연관성을 뒷받침합니다.

데이터 분석 주요 결과

- 유입 채널과 문의 유형 간의 중간 정도의 상관관계 : 범주형 변수 간의 연관성을 측정하는 크래머스 V 값은 0.482로 계산되었으며, 이는 고객의 유입 채널과 문의 유형 간의 중간 정도의 상관관계를 나타냅니다. 이는 특정 채널이 다른 채널보다 특정 유형의 문의를 더 자주 받는 경향이 있음을 의미합니다.
- 통계적으로 유의미한 연관성 : 카이제곱 검정 결과 P-값이 0.0으로 나타나, 유입 채널과 문의 유형 간에 관찰된 연관성이 통계적으로 유의미함을 확인했습니다.
- 채널별 문의 패턴 : 분석 결과에 따르면 채널별로 문의 유형에 차이가 있었습니다. 예를 들어 'SNS(인스타)'는 주로 '상품 정보' 및 '이벤트' 관련 문의가 많았고, '전화' 문의는 '배송' 관련 문의가 자주 발생했습니다. '채팅 상담'은 '결제' 및 '계정/회원' 관련 문의 비율이 높게 나타났습니다.
- 데이터 품질 : 핵심 컬럼('유입 채널' 및 '문의 유형')에 결측치가 없어 분석에 중요한 영향을 미치지 않았습니다.

…생략…

제미나이가 정리한 데이터 분석 결과를 보면 SNS는 주로 상품 정보와 이벤트 관련 문의가 많고, 전화는 배송 관련 문의, 채팅 상담은 결제 및 계정/회원 문의가 많다고 도출한 걸 확인할 수 있습니다.

이처럼 대규모 데이터에서 유의미한 인사이트를 발견하고 싶을 때 코랩과 제미나이를 활용하면 좀 더 높은 정확도의 데이터 분석으로 데이터 기반 의사결정에 큰 도움을 받을 수 있습니다. 이제 데이터 분석은 코랩과 제미나이를 활용해서 해결하세요.

파이어베이스 스튜디오로 바이브 코딩해서 웹 앱 만들기

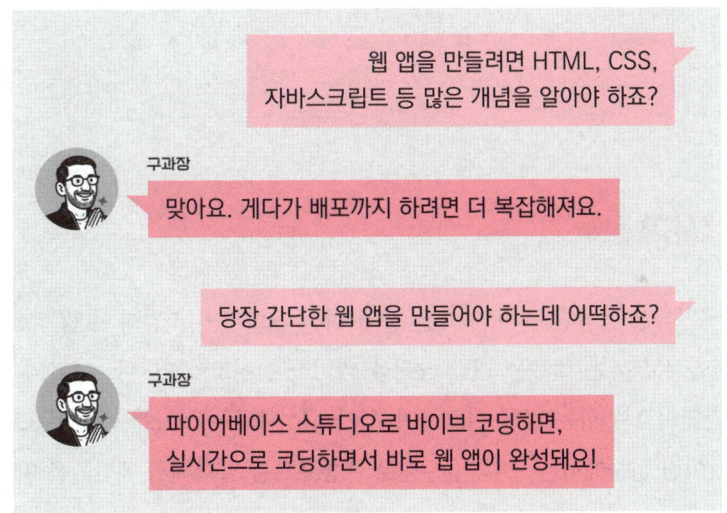

파이어베이스 스튜디오^{Firebase Studio}는 구글의 제미나이를 사용해서 웹사이트나 앱을 개발할 수 있는 개발 에이전트입니다. 개발 지식이 없다면 여전히 복잡한 웹사이트나 앱을 만드는 것은 어려울 수 있지만, 간단한 기능의 프로그램이라면 비개발자도 파이어베이스 스튜디오를 통해 제작할 수 있습니다. 파이어베이스 스튜디오는 다음 주소로 접속할 수 있습니다.

- **파이어베이스 스튜디오** : studio.firebase.google.com

파이어베이스 스튜디오의 구조는 간단합니다. 가운데 커다란 프롬프트 입력란이 있고, 아래에 개발자들이 기존 작업하던 프로젝트를 추가할 수 있는 메뉴들이 나열되어 있습니다. 우리는 기존 프로젝트가 없기 때문에 예제는 프롬프트 입력란만 사용해서 실습할 예정이므로 나머지 기능은 무시해도 좋습니다.

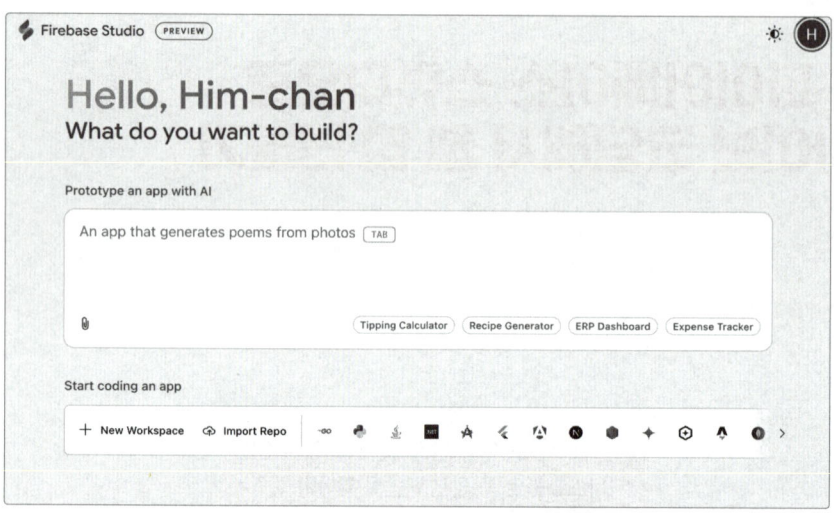

미친 활용 50 계산기 만들기

바이브 코딩Vibe Coding이란 엄격한 논리나 사전 설계 대신 개발자의 직감과 느낌Vibe에 의존하여 AI의 도움을 받아 코드를 작성하는 새로운 개발 방식을 의미하는 신조어입니다. AI와의 대화로 아이디어를 구체화하고, 자연어로 원하는 바를 설명하여 AI가 생성해주는 코드를 즉각적으로 활용하고 수정하는 방식입니다. 이번 실습에서는 느낌 가는 대로 프롬프트를 입력해서 계산기를 만들어보겠습니다.

01 파이어베이스 스튜디오에 입력할 프롬프트가 필요합니다. 구체적인 설계서를 프롬프트로 활용하는 것이 좋은데요, 설계서를 밑바닥부터 작성하는 것은 아주 어려운 일입니다. 그러므로 제미나이에게 계산기의 설계서를 요청하겠습니다.

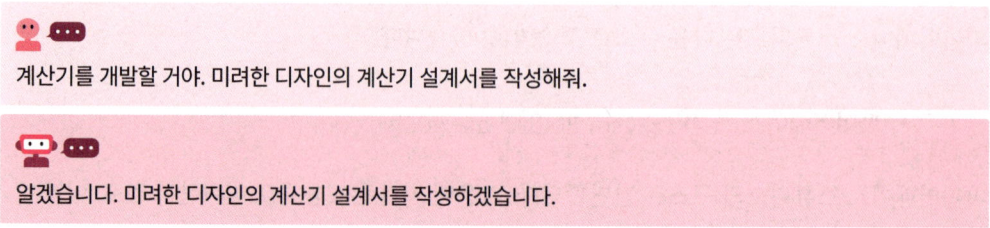

> 계산기 설계서
>
> 1. 설계 목표
>
>   복잡한 계산 기능을 직관적으로 사용할 수 있는 인터페이스 구현
>
>   전문성과 사용 편의성의 균형을 맞춘 시각적 디자인
>
>   오조작 방지 및 사용자 경험 최적화
>
> 2. 레이아웃 구조
>
> 2.1 디스플레이 영역
>
>   위치: 상단 영역 (전체 높이의 25%)
>
>   폰트: 모노스페이스, 고대비 설정
>
>   기능: 수식 입력/결과 표시, 스크롤 지원
>
>   배경: 어두운 톤으로 가독성 향상
>
> 2.2 버튼 영역 배치
>
>   기본 연산 버튼: 우측 세로 배치 (크기: 大)
>
>   숫자 패드: 중앙 하단 3x4 그리드
>
>   고급 함수: 좌측 및 상단 영역 (크기: 中)
>
>   특수 기능: 최상단 행 (Clear, Delete 등)
>
> …생략…

제미나이가 설계 목표부터 기능 및 디자인까지 포함한 설계서를 작성했습니다. 이 설계서를 모두 복사합니다.

02 파이어베이스 스튜디오에 접속해서 프롬프트 입력란에 제미나이가 작성한 설계서를 모두 붙여 넣습니다. 설계서를 붙여넣었다면 오른쪽 하단의 [Prototype with AI] 버튼을 클릭합니다.

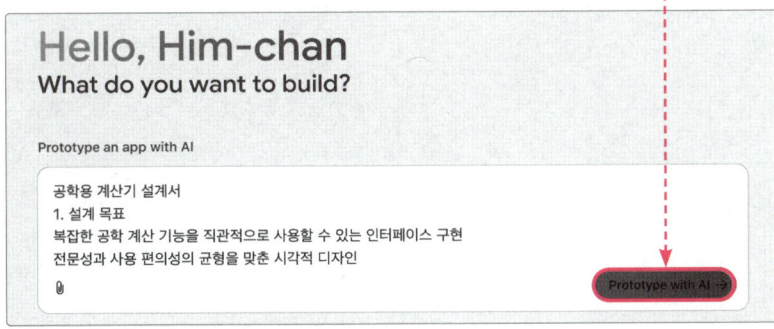

조금만 기다리면 입력한 설계서를 기반으로 어떻게 웹 앱을 개발할 것인지 명세서를 생성합니다. 명세서 내용을 확인했으면 오른쪽 하단의 [Prototype this App] 버튼을 클릭합니다.

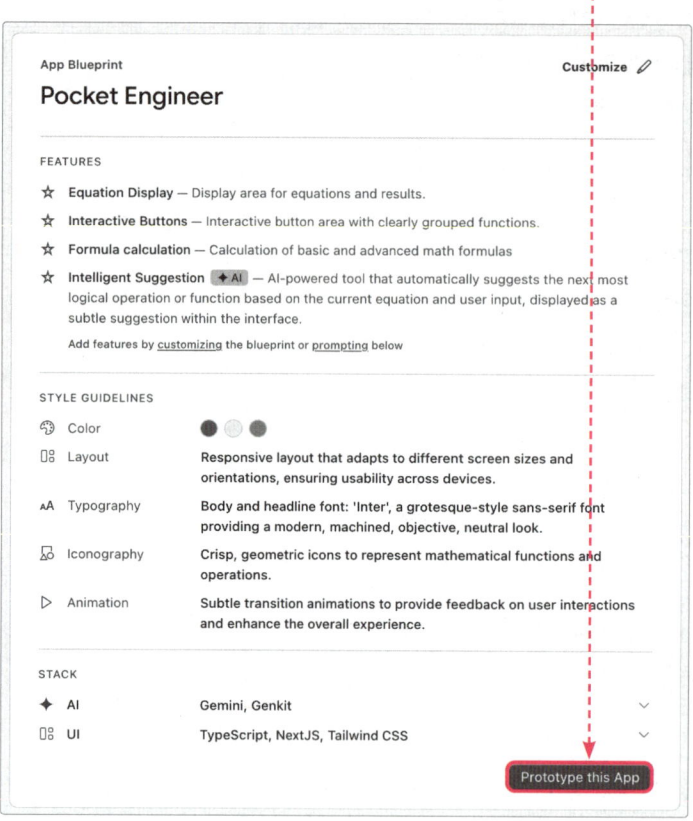

03 그럼 명세서의 내용에 따라서 계산기 개발을 시작합니다. 제미나이가 명세된 내용대로 스스로 코딩하기 때문에 사용자가 무언가를 할 필요가 없습니다.

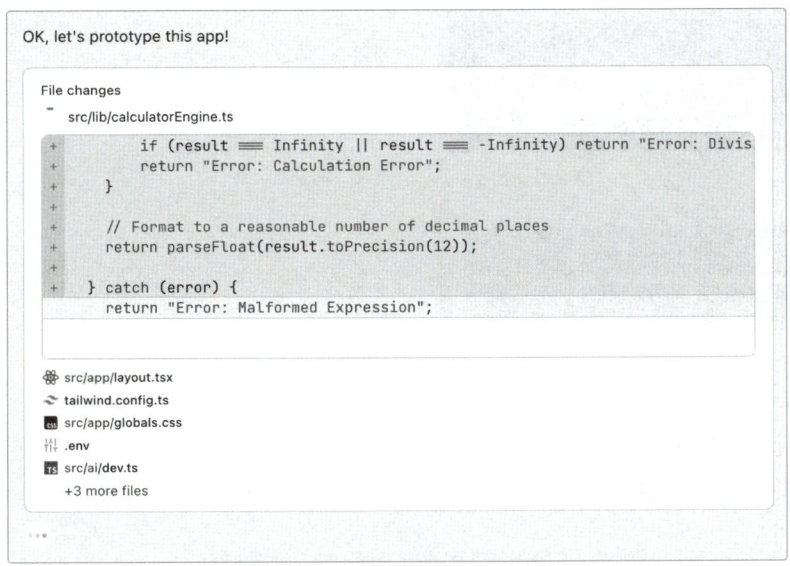

개발이 완료되면 아래 이미지처럼 계산기가 화면에 생성되는 걸 확인할 수 있습니다.

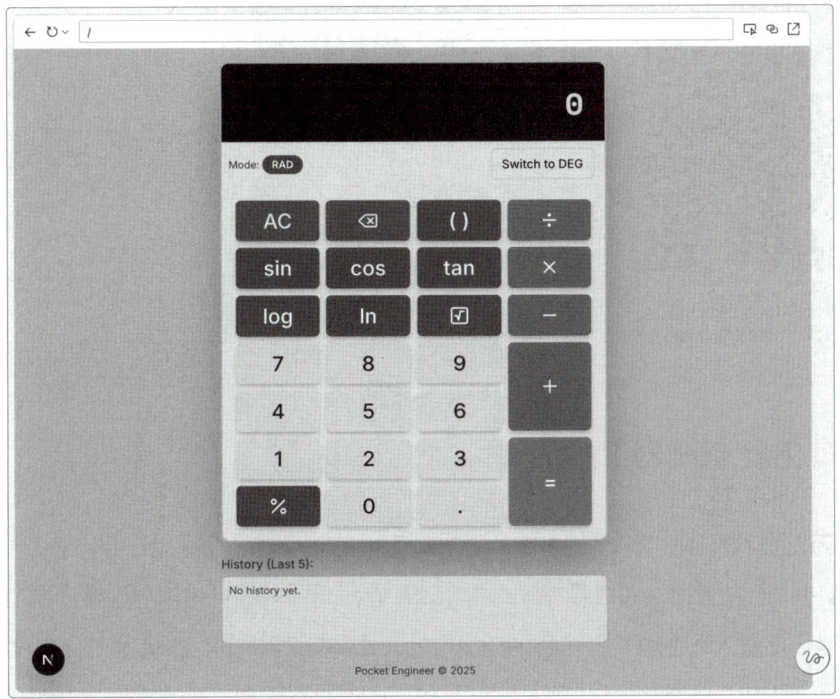

실제로 계산기를 실행해보면 잘 동작하는 것을 확인할 수 있습니다.

계산기 화면 오른쪽 상단에서 ❶ [🔗 공유] 버튼을 클릭하면 바이브 코딩으로 만든 계산기 앱의 프리뷰를 공유할 수 있는 링크를 복사할 수 있습니다. ❷ [Copy Preview URL]을 클릭한 후 복사한 링크를 공유하면 누구나 웹 브라우저 주소창에 입력해서 계산기를 실행해볼 수 있습니다.

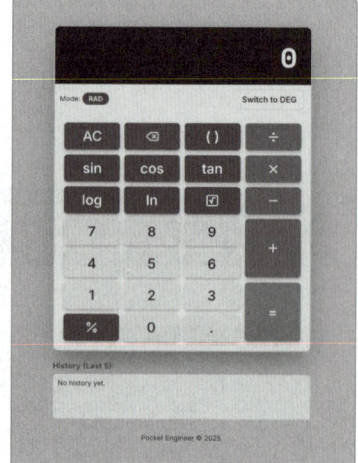

미친 활용 51 AI 와인 검색 앱 만들기

미친 활용 50 계산기 만들기에서는 파이어베이스 스튜디오로 간단하게 계산기를 만들어서 공유하는 방법을 배워보았습니다. 이번에는 파이어베이스 스튜디오로 만든 앱에 제미나이를 연동해서 AI가 와인을 검색해주는 앱을 만들어보겠습니다. 이는 파이어베이스 스튜디오의 가장 큰 특징 중 하나인 바이브 코딩으로 만든 웹사이트나 앱에 제미나이를 통합하여 AI 서비스로 업그레이드할 수 있는 장점을 잘 보여줄 것입니다.

01 미친활용50 **계산기 만들기** 실습을 할 때와 마찬가지로 제미나이에게 설계서를 요청하겠습니다. 실제 바이브 코딩할 때는 원하는 설계 내용이 있을 경우 직접 설계서를 작성해서 진행하여도 괜찮습니다.

> 원페이지에서 와인을 검색하는 웹 앱의 설계서를 작성해줘.
> 프롬프트 입력란에 사용자가 프롬프트만 입력하면 알맞은 와인 품종을 찾아주는 앱이야.
> 품종을 클릭하면 추천 와인에 관한 상세한 정보를 AI가 출력할 수 있어야 해.

> **와인 검색 웹 앱 설계서**
>
> **1. 프로젝트 개요**
>
> **1.1 목적**
>
> 사용자가 자연어 프롬프트를 입력하면 AI가 최적의 와인을 추천하고 상세 정보를 제공하는 원페이지 웹 애플리케이션
>
> **1.2 핵심 기능**
>
> - 자연어 프롬프트 기반 와인 검색
> - AI 기반 와인 추천 알고리즘
> - 와인 상세 정보 제공
> - 반응형 원페이지 UI
>
> …생략…

목적부터 핵심 기능 설명, 기술 아키텍처와 제미나이로 와인을 검색할 때 필요한 프롬프트 엔지니어링까지 모두 포함한 설계서가 완성되었습니다. 설계서 내용을 모두 복사합니다.

02 파이어베이스 스튜디오에 접속해서 프롬프트 입력란에 제미나이가 작성한 설계서를 모두 붙여넣습니다. 설계서를 붙여넣었다면 오른쪽 하단의 [Prototype with AI] 버튼을 클릭합니다. 그럼 다음과 같이 명세서가 생성됩니다.

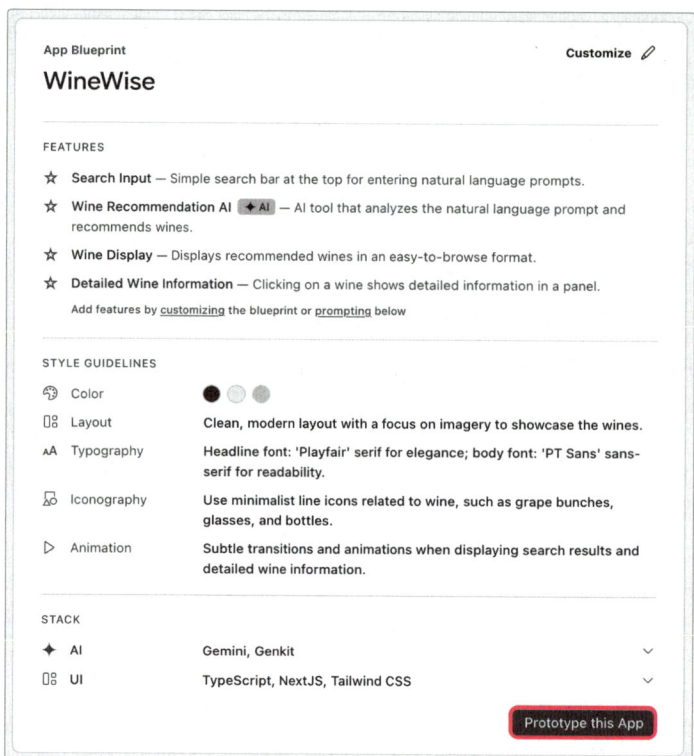

03 이번 예제의 경우 AI 앱을 만드는 것이므로 한국어로 사용할 수 있게 변경하겠습니다.

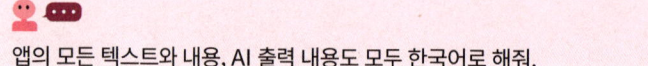

앱의 모든 텍스트와 내용, AI 출력 내용도 모두 한국어로 해줘.

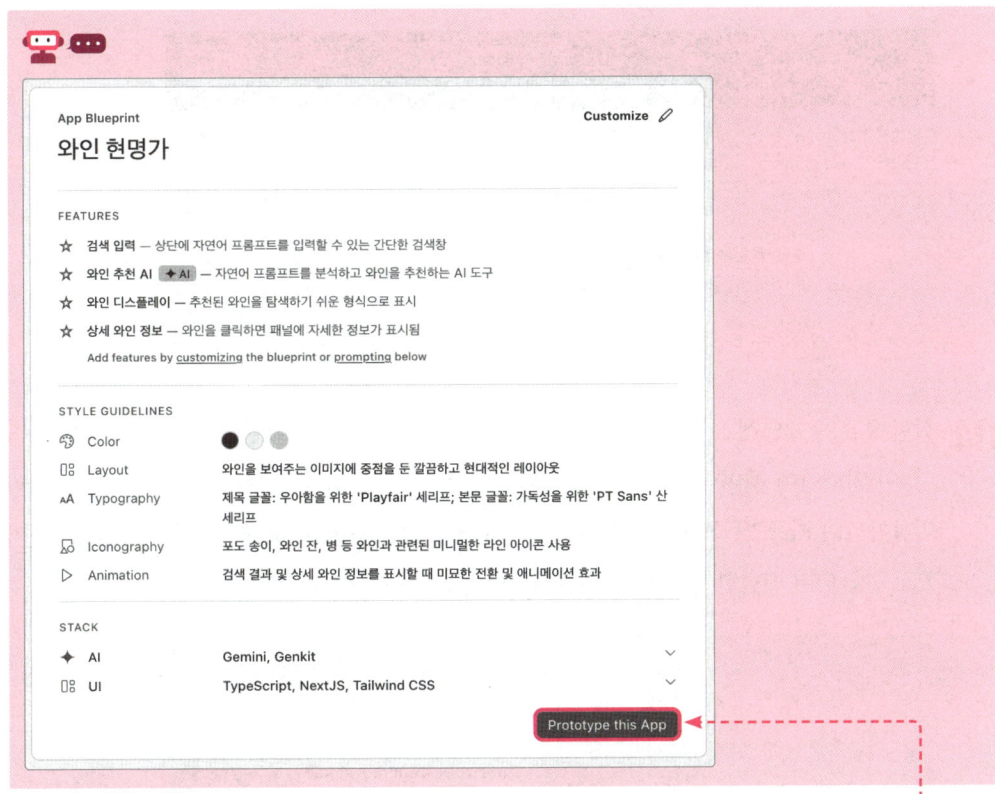

명세서 내용이 모두 한국어로 변경되었네요. 내용을 확인했으면 오른쪽 하단의 [Prototype this App] 버튼을 클릭합니다. 조금 기다리니 와인 현명가라는 와인 검색 서비스가 생성되었네요.

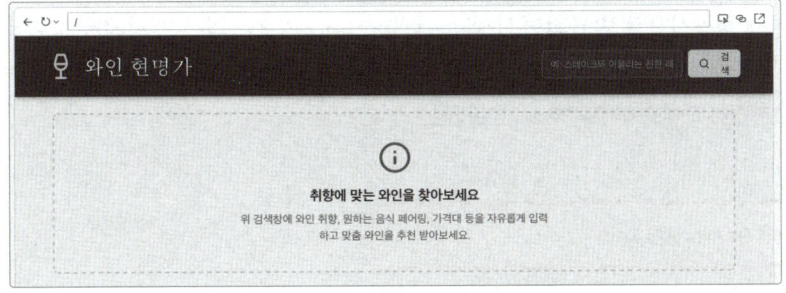

제미나이를 연결하지 않은 상태에서 와인을 검색하면 다음 이미지처럼 추천 와인을 찾을 수 없다는 메시지가 나타납니다. 이제 제미나이를 연결해서 AI 기능을 실행해봅시다.

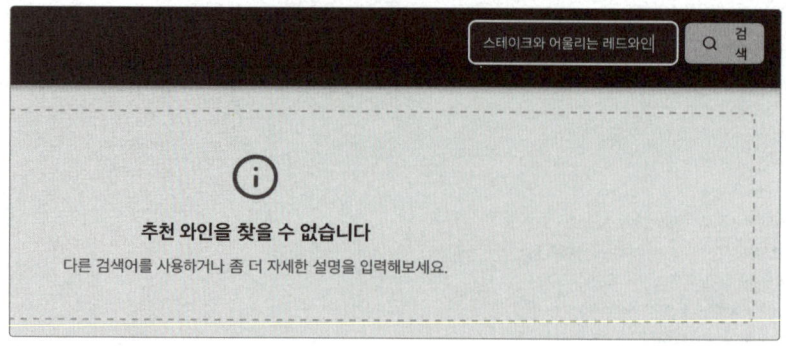

04 화면 오른쪽 패널에 보면 Enter your Gemini API Key라는 입력란이 생긴 걸 확인할 수 있습니다. 이 입력란에 제미나이 API 키를 추가하면 AI 기능을 실행할 수 있다는 뜻입니다. 따라서 제미나이 API 키를 발급받아야 하는데, 친절하게도 [Auto-generate] 버튼을 클릭하면 키가 자동으로 발급되어 개발한 앱에 바로 추가됩니다. [Auto-generate] 버튼을 클릭합니다.

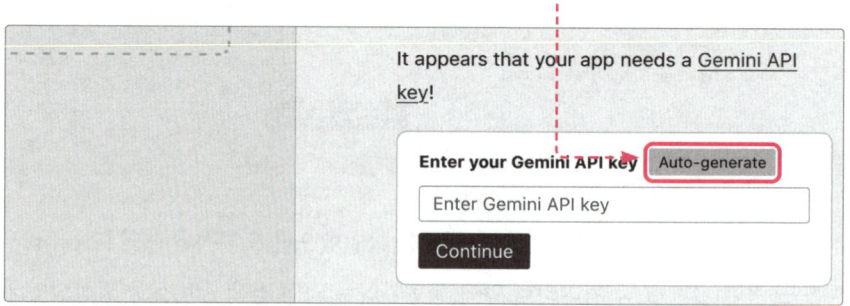

제미나이 API 키가 성공적으로 발급되면 Updated Gemini API Key라는 메시지가 출력됩니다.

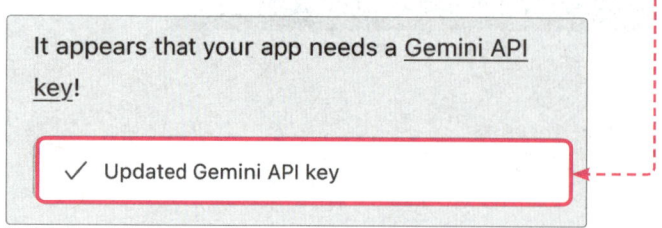

05 다시 와인을 검색해보겠습니다. 이번에는 와인 품종이 잘 검색되는 걸 확인할 수 있습니다.

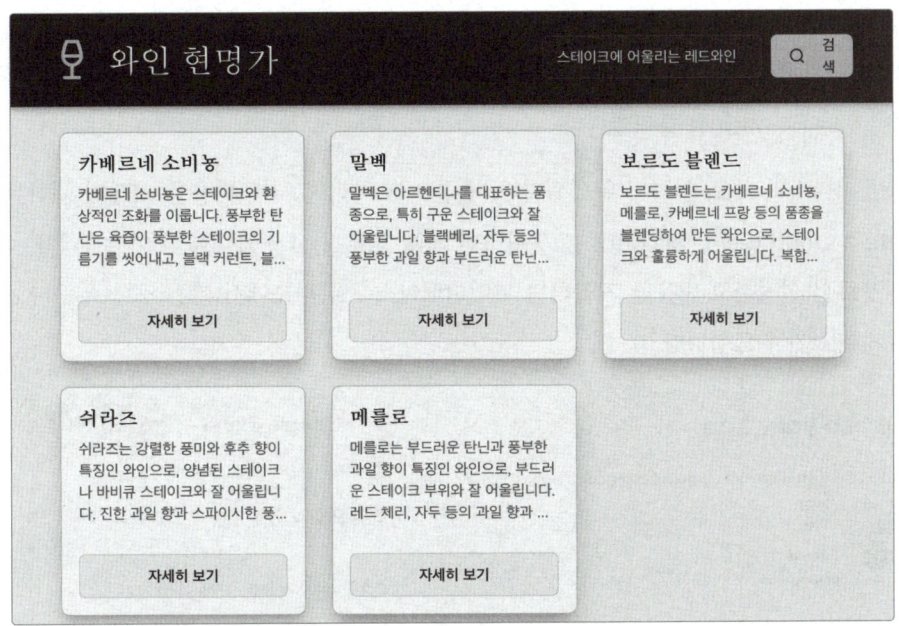

검색 결과를 클릭하면 제미나이가 AI 소믈리에의 상세 노트라는 설명을 생성하여 추가하는 걸 볼 수 있습니다. AI가 적용된 와인 검색 앱이 완성되었네요. 하지만 이 상태로는 테스트하는 용도에 불과합니다. 개발한 앱을 다른 사람들도 쓸 수 있게 하려면 배포를 해야 합니다.

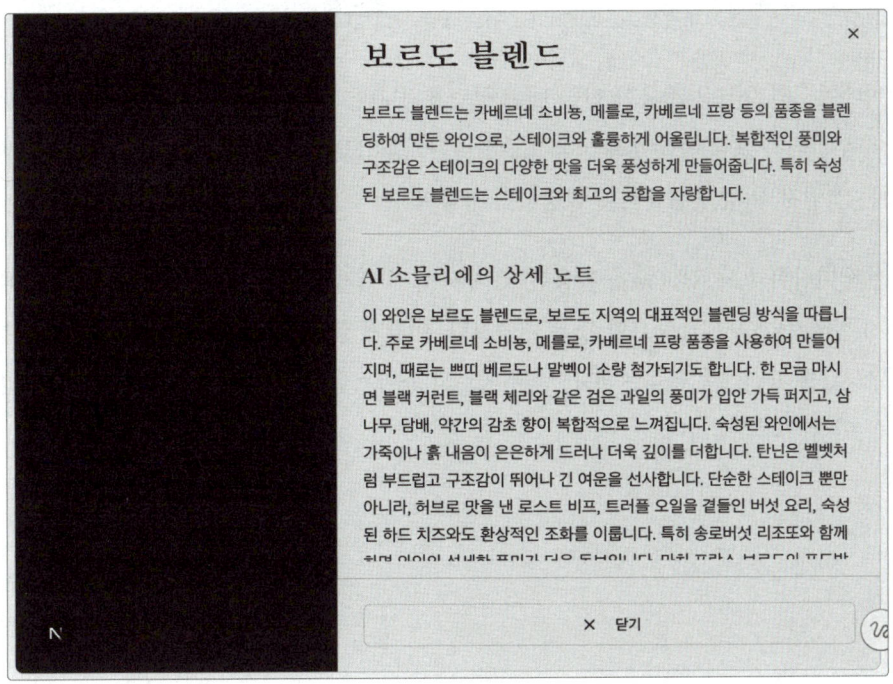

06 파이어베이스 스튜디오에서 개발한 웹사이트나 앱을 배포하는 방법은 간단합니다. 화면 오른쪽 상단에 있는 [Publish]를 클릭합니다.

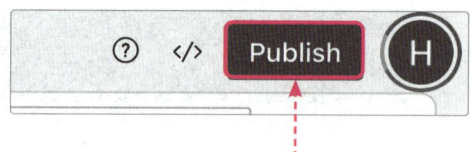

조금만 기다리면 배포 설정이 완료됩니다. 앱을 배포하려면 서버 비용을 지불해야 하는데요, **Create a Cloud Billing account.**를 클릭하면 결제 프로필 설정 페이지로 이동합니다. 여기서 결제 프로필 설정하고 비용만 지불하면 파이어베이스 스튜디오에서 만든 앱을 누구나 사용할 수 있게 배포가 완료됩니다.

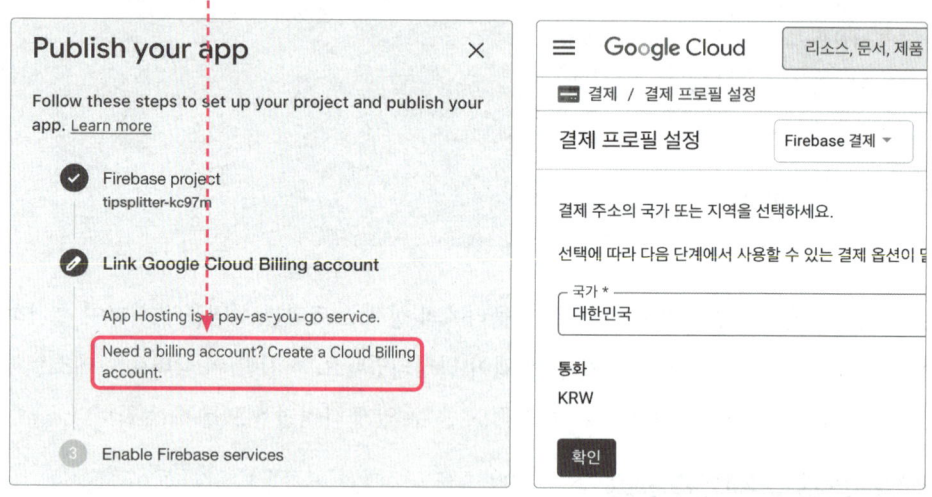

파이어베이스의 요금은 사용한 만큼 내는 종량제입니다. 그래서 배포한 앱에 예기치 않게 높은 요금이 부과되는 요금 폭탄이 발생하기도 합니다. 그러므로 앱을 배포할 때는 신중하게, 배포해야 하는 앱인지 꼭 깊게 판단하여 결정하기 바랍니다.

이 책에서는 제미나이와 노트북LM을 활용한 51가지 실전 예제를 통해, AI 도구를 어떻게 일에 접목할 수 있는지 살펴보았습니다. 중요한 것은 기술보다 '어떻게 활용하느냐'는 관점입니다. 여러분만의 워크플로우에 AI를 자연스럽게 녹여낸다면, 더 빠르고 스마트한 업무 환경을 만들 수 있을 것입니다. 이제, 실전은 여러분의 몫입니다.

51가지 예제 공부를 모두 마쳤습니다. 이 책에 있는 내용을 기반으로 제미나이를 습관처럼 활용해보세요. 그러면 독자 여러분도 저처럼 AI를 활용해 많은 일을 빠르면서도 높은 품질을 유지하면서 해결하실 수 있으실 겁니다. 더 많은 이야기는 책에 소개한 채팅방과 제가 관리하는 www.ai100.co.kr에서 확인하실 수 있습니다. 고생하셨습니다. 감사합니다.

 ▶ ai100.co.kr    ◀ 오픈 카톡

이게 되네?
제미나이 노트북LM 미친 활용법 51제

진짜 실무에서 쓰는 인공지능 활용법!
할 일, 조직 관리, 협업, AI 메모, AI 회의, 챗봇, AI 앱 만들기, 이미지 생성,
영상 제작까지 일잘러 오대리의 AI 업무 자동화

1판 1쇄 발행 2025년 7월 15일
1판 4쇄 발행 2025년 12월 20일

지은이 오힘찬
펴낸이 최현우 · **기획** 최혜민 · **편집** 박현규, 김성경, 박우현, 윤신원, 차진우, 최혜민
디자인 박세진, 이혜진 · **조판** SEMO
마케팅 버즈 · **피플** 최순주

펴낸곳 골든래빗(주)
등록 2020년 7월 7일 제 2020-000183호
주소 서울 마포구 양화로 186 LC타워 4층 449호
전화 0505-398-0505 · **팩스** 0505-537-0505
이메일 ask@goldenrabbit.co.kr
홈페이지 www.goldenrabbit.co.kr
SNS facebook.com/goldenrabbit2020

ISBN 979-11-94383-35-2   93000

* 파본은 구입한 서점에서 바꿔드립니다.

우리는 가치가 성장하는 시간을 만듭니다.

골든래빗은 가치가 성장하는 도서를 함께 만드실 저자님을 찾고 있습니다.
내가 할 수 있을까 망설이는 대신, 용기 내어 골든래빗의 문을 두드려보세요.
apply@goldenrabbit.co.kr

이 책은 대한민국 저작권법의 보호를 받습니다.
일부를 인용 또는 재사용하려면 반드시 저자와 골든래빗(주)의 동의를 구해야 합니다.

골든래빗
바로가기